Italienerinnen und Italiener
am Hofe Friedrich II.
(1740 – 1786)

Italienerinnen und Italiener am Hofe Friedrich II. (1740–1786)

Herausgegeben von

Rita Unfer Lukoschik

Duncker & Humblot · Berlin

Gedruckt mit Unterstützung
der Stiftung Preußische Seehandlung, Berlin

Bibliografische Information der Deutschen Nationalbibliothek

Die Deutsche Nationalbibliothek verzeichnet diese Publikation in
der Deutschen Nationalbibliografie; detaillierte bibliografische Daten
sind im Internet über http://dnb.d-nb.de abrufbar.

Umschlaggestaltung
in Anlehnung an einen Entwurf
von Propaganda B, Berlin, unter Verwendung von
Frontispiz-Kupfer aus Carlo Denina: Nouvelle vie de Frédéric II,
Roi de Prusse ou Essai sur son règne. Amsterdam 1789.
GStA PK, Dienstbibliothek, Signatur: 14a 500/338

ISBN 3-428-12199-1

Gedruckt auf alterungsbeständigem (säurefreiem) Papier
entsprechend ISO 9706 ⊗

Internet: http://www.duncker-humblot.de

Inhalt

C. Dokumentationsteil

(Von *Rita Unfer Lukoschik*)

Bibliographie

Einführung

Von *Rita Unfer Lukoschik*

Der Band „Italienerinnen und Italiener am Hofe Friedrichs II. (1740–1786)" dokumentiert die gleichnamige Ausstellung, die in den Räumen des Italienischen Kulturinstituts, Kulturabteilung der Italienischen Botschaft, vom 16. Mai bis zum 19. Juni 2005 gezeigt und von mir kuratiert wurde, und präsentiert die Ergebnisse der wissenschaftlichen Tagung, die anlässlich der Eröffnung dieser Ausstellung am 13. Mai 2005 im Konferenzraum der Italienischen Botschaft gehalten wurde. Tagung und Ausstellung waren das Ergebnis der Zusammenarbeit zwischen dem Italienischen Kulturinstitut, dem Geheimen Staatsarchiv Preußischer Kulturbesitz und der von bürgerschaftlichem Engagement getragenen gemeinnützigen Gesellschaft für Italienische Sprache und Kultur *Società Dante Alighieri*, Berlin.

Das Buch spiegelt diese beiden Ereignisse wider, indem es in einem ersten Teil, neben dem Grußwort S. E. Silvio Fagiolos, des damaligen Botschafters der Republik Italien, und einem Geleitwort von Prof. Dr. Jürgen Kloosterhuis, Direktor des Geheimen Staatsarchivs Preußischer Kulturbesitz, die Beiträge der an der Tagung beteiligten Wissenschaftler, Prof. Dr. Volker Kapp, Prof. Dr. Klaus Heitmann und Prof. Dr. Laurenz Lütteken, enthält.

In seinem Beitrag eröffnet Jürgen Kloosterhuis eine neue Perspektive zur Interpretation des Gemäldes, in dem Adolph Menzel 1849/1850 Friedrichs „Tafelrunde" in Sanssouci darstellte, das als Schabkunstblatt von Franz August Börner bei der hier dokumentierten Ausstellung gezeigt wurde. Nachdem er die geschichtliche Rolle all der darauf abgebildeten Gäste und der Art ihres Placements am Tisch im Unterschied zu anderen motivgleichen Bildern Menzels einer eingehenden Analyse unterzogen hat, schält Kloosterhuis eine tiefere Sinnschicht des Bildes heraus und liest diese Version der Tafelrunde in Sanssouci als Zeichen der Äquivalenz der beiden romanischen Sphären, Frankreich und Italien, und der selbstbewussten Rolle Preußens am Hof Friedrichs. Die „Tafelrunde" wird somit als der Ort gelesen, wo sich nicht nur Freunde, sondern sehr „wohl zu differenzierende höfische Akteure mit einem Monarchen trafen, der sie brauchte, band oder verbannte".

Volker Kapp arbeitet in seinem Aufsatz „Preußen und Italien im europäischen Kontext des 18. Jahrhunderts" das Verhältnis zwischen dem Preußen Friedrichs II. und Italien heraus, das von italienischer Seite sowohl positive als auch negative Züge aufweist. Er zeigt, dass sich die negativen Stimmen besonders in der Pamphletliteratur gegen Friedrich II. ausdrückten, die aus religiös konservativen Kreisen kamen und Friedrich als Freigeist und Gegner der katholischen Kaiserin Maria Theresia angriffen. Auch in diese negativen Darstellungen mischten sich jedoch positive Züge, da auch seine Gegner Friedrichs Verdienste als Kriegsherr und Musenfreund würdigten. Mythische Züge erhält der Preußenkönig auch im Italien des 18. Jahrhunderts, die Kapp prägnant darstellt und grundsätzlich auf die Rolle zurückführt, welche die französische Kultur für das Italien dieser Jahre spielte. Gerade vor dem Hintergrund der als drückend empfundenen französischen Hegemonial-ansprüche in Europa erhielt die Gestalt des preußischen Königs für die italienische Gelehrtenrepublik die Funktion eines Gegengewichts, denn er wurde zum Modell eines eigenständigen nationalen Weges im französisch ge-prägten Europa. Ferner wirkte sich in der italienischen Gelehrtenrepublik des Königs Wertschätzung für italienische Kunst und Kultur gegen die Ten-denz zur Abwertung italienischer Lebensart und Kultur positiv aus, die in Europa seit der zweiten Hälfte des 17. Jahrhunderts von Frankreich ausging, indem sie als Aufmunterung und Ansporn auf dem Weg der eigenen Identi-tätsfindung diente.

Klaus Heitmann befasst sich in „Italienische Literaten und Akademiker am friderizianischen Hof" mit Francesco Algarotti und Vittorio Alfieri, die jeweils die positive und negative Einstellung Italiens gegenüber dem Preu-ßenkönig verkörpern. Während Algarottis Bild von Friedrich dem Großen, seinem Hof und seinem Land der Faszination entsprach, die sehr viele in Italien bis weit ins neunzehnte Jahrhundert hegten, sind die regelrechten Hasstiraden Alfieris gegen das reizlose Preußen und seinen tyrannischen Herrscher in Wirklichkeit Ausdruck vom Hass des Dichters auf jede Form von Absolutismus und Unterdrückung des Individuums schlechthin.

In seinem Beitrag „Italien in Frankreich. Die friderizianische Hofkapelle im Spannungsfeld der Kulturen" untersucht schließlich Laurenz Lütteken die Musikkultur am Preußenhof in ihrer Spannung zwischen italienischer Musik und französischer Kultur und arbeitet im Dialog beider Kulturen die Konstitution eines deutschen Geschmacks heraus, der als Synthese des fran-zösischen und des italienischen Geschmacks entsteht und als charakteristisch für die friderizianische Kultur insgesamt betrachtet werden kann. Durch die Betrachtung der politisch-ethischen Implikationen dieses ‚gemischten Ge-schmacks" stellt Lütteken fest, dass der Musikkultur am Hofe Friedrichs eine weit über das Musikalische hinausweisende, grundlegende Bedeutung zukommt und sie als „programmatischer Teil der Selbstdarstellung und der kulturellen und politischen Selbstverständigung des Monarchen" betrachtet werden kann.

Der sich anschließende Dokumentationsteil geht anhand von zum größten Teil unveröffentlichten Quellen aus dem Geheimen Staatsarchiv Preußischer Kulturbesitz in zwölf Abschnitten auf die unterschiedlichsten Aspekte der Begegnung zwischen deutscher und italienischer Kultur und auf die bunte, lebendige und sehr differenzierte Wirkung der Menschen aus den unterschiedlichsten Berufssparten ein, die aus Italien an den Hof Friedrichs II. kamen und denen der König, wie allen übrigen arbeitswilligen Europäern, willkommene Gelegenheit bot, ihre Fähigkeiten zum Wohl Preußens einzusetzen. So finden wir Köchinnen, Bäcker, Kaufleute, die Produkte aus Italien importierten, und Handwerker aus den unterschiedlichsten Sparten: Feinmechaniker für den Bau von meteorologischen Instrumenten für die Berliner Akademie der Wissenschaften sowie Maler und Tischler. Besonders für sein Opernhaus bemühte sich der König, die besten Kräfte anzuwerben, indem er sich bei seinen Gesandten und Agenten in Italien ständig über die geeignetsten Mitwirkenden informiert hielt und regelmäßig Vertrauensleute nach Italien schickte, um neue Talente ausfindig zu machen und für seine Bühne zu verpflichten. Dabei galt sein Augenmerk nicht nur den Sängern und Sängerinnen, bzw. Tänzern und Tänzerinnen, sondern all den Kräften, die zur erfolgreichen Aufführung der sehr aufwendigen Opern beitragen mussten, die der König so sehr liebte: Theaterinspekteure, Bühnenarchitekten, Dekorateure, Feuerwerker und Maschinisten. Auch viele Dichter und Gelehrte holte Friedrich II. nach Berlin, und er ließ italienische Gelehrte und Wissenschaftler zu ordentlichen und auswärtigen Mitgliedern seiner königlich preußischen Akademie der Wissenschaften ernennen. Unter diesen zeichneten sich besonders Luigi Giuseppe Lagrange und Giovanni Castiglione aus, die nacheinander Direktoren der Mathematischen Klasse der Preußischen Akademie der Wissenschaften wurden, sowie der Piemontese Carlo Denina. Dieser Gelehrte schrieb in den zweiundzwanzig Jahren, die er in Berlin verbrachte, viele Abhandlungen zur deutschen Literatur und wurde zu einem der bedeutendsten und erfolgreichsten Verbreiter deutscher Literatur in Europa gerade zu einer Zeit, in welcher man sie allgemein – sogar der preußische König tat dies – missachtete. Der Toskaner Girolamo Lucchesini und der Venezianer Francesco Algarotti gehörten ferner zu dem engen Beraterkreis des Königs in politischen und künstlerischen Fragen und, gleichberechtigt mit Voltaire, zu den Gästen an der berühmten Tafelrunde in Sanssouci. Aber auch das Militär weist vom König besonders geschätzte Italiener aus: z. B. den aus dem Piemont stammenden und zum Generalmajor avancierten Francesco Ignazio Pinto, der zu den Gründervätern des preußischen Generalstabs gezählt wird.

„Italienerinnen und Italiener am Hofe Friedrichs II. (1740–1786)" betritt insoweit Neuland, als dieser Bereich des Kulturtransfers von der Forschung weitestgehend vernachlässigt wurde. Während in Deutschland die Studien

über den Einfluss französischer Kultur auf den Hof Friedrichs II., insbesondere über die Rolle Voltaires, sehr zahlreich sind, zählt man nur wenige Darstellungen, meist anekdotischen Charakters, zu der preußisch-italienischen
Begegnung dieser Jahre: die berühmte „Entführung" der Tänzerin Barbarina
aus Venedig, die auf Befehl des Königs geschah, sowie die dubiosen Lotto-
Geschäfte des umtriebigen Casanova. Die einzige wissenschaftlichen An-
sprüchen genügende, etwas umfangreichere Darstellung dieses Themenkom-
plexes wurde am Anfang des 20. Jahrhunderts von Alessandro D'Ancona
vorgelegt und geriet bald in Vergessenheit.[1] In vielerlei Hinsicht ist der Dokumentationsteil vorliegenden Buches ihr verpflichtet; er steht ferner gegenüber der bahnbrechenden Studie von Klaus Heitmann über die Geschichte
des italienischen Deutschlandbildes von den Anfängen bis 1800 in einer tiefen Dankesschuld.[2]

Obwohl die Erforschung der deutsch-italienischen Kulturbeziehungen
sich in den letzen Jahren auf italienischer Seite erfreulich vermehrt hat, existieren zum hier behandelten Themenkomplex keine wissenschaftlichen Untersuchungen. Es ist vielmehr zu sagen, dass das kollektive Gedächtnis des
Landes nachhaltig durch negative Vorurteile dem Preußen des 18. Jahrhunderts und seinem König gegenüber geprägt ist: Sie kolportieren meistens pla-
kativ die negativen Schilderungen des Friedericianischen Berlin durch Vittorio
Alfieri, die der Dichter in seinen Memoiren über seine beiden Berlin-Besu-
che in den Jahren 1769/1770 festhielt.

Der vorliegende Band bietet zum ersten Mal Einblicke in das vielfältige
Leben der italienischen Gemeinde in Berlin und Potsdam zu Zeiten Friedrichs II. und belegt die große Wertschätzung, die Friedrichs Preußen in Italien genoss. Er möchte somit einen Beitrag zum deutsch-italienischen Dialog
liefern, indem er erste Ansätze zur Aufarbeitung der Geschichte des damals
außerordentlich regen Austausches zwischen diesen beiden Kulturlandschaften leistet. Dabei verfolgt, wie S. E. Silvio Fagiolo in seinem Grußwort un-
terstreicht, die Rekonstruktion dieser „eigenen Geschichte" der Italienerinnen und Italiener in Berlin eine dreifache Zielsetzung.

Einerseits hat sie eine historische Dimension. Sie möchte eine Aufklärung
darüber leisten, dass es, anders als es der allgemeinen Kenntnis und Einstellung entspricht, nicht nur eine nach Frankreich ausgerichtete Orientierung
des friderizianischen Preußen gab, die man gemeinhin am Gebrauch der

---

[1] *Alessandro D'Ancona*: Federico il Grande e gli italiani, in: ders.: Memorie e documenti di storia italiana dei secoli XVIII e XIX. Firenze: Sansoni 1913/1914, S. 3–162.
[2] *Klaus Heitmann*: Das italienische Deutschlandbild in seiner Geschichte. Bd. 1:
Von den Anfängen bis 1800. Heidelberg: Winter 2003 (= Studia Romanica 114). Weitere Spezaluntersuchungen werden im Fußnotenapparat zu den einzelnen Sektionen
angeführt.

französischen Sprache im Umkreis des Königs und an seiner Beziehung zu Voltaire festmacht. Durchaus waren auch Größen aus anderen Kulturlandschaften am Hof des preußischen Königs willkommen, u.a. Italienerinnen und Italiener, die wegen ihrer besonderen Befähigungen großzügige Aufnahme fanden oder ausdrücklich nach Berlin geholt wurden, um Hof und Land durch Ihr Können zu bereichern. Diese Belege, darunter Briefe und Handschriften des Preußenkönigs, zeigen in welcher Vielfalt Italienerinnen und Italiener im Berlin der zweiten Hälfte des 18. Jahrhunderts gewirkt haben und welchen großen Beitrag sie zum kulturellen, wissenschaftlichen und wirtschaftlichen Leben ihres Gastlandes geleistet haben.

Vorliegender Band möchte somit ein korrekteres, differenzierteres Bild des kulturellen Austausches zwischen Preußen und Italien entwerfen als allgemein bekannt.

Andererseits hat die hier dargebotene Rekonstruktion auch eine politische Dimension.

Vor über 50 Jahren unterzeichneten die Bundesrepublik Deutschland und Italien ein Abkommen, welches das Anwerben italienischer Gastarbeiter aus Italien nach Deutschland regelte und unterstrich, dass diese – entsprechend dem Bedarf – willkommen waren. Da Gastarbeiter aber überwiegend in einfachen Tätigkeiten zum Einsatz kamen, entstand bald im allgemeinen Bewusstsein der Deutschen ein noch bis zum heutigen Tag nachwirkendes Bild, das Italienerinnen und Italiener als Träger schlichter Kompetenz zeigte. Der vorliegende Band möchte die Möglichkeit zu einer Rückbesinnung auf die jahrhundertlange Geschichte der Beziehungen zwischen Deutschland und Italien bieten und die Vielfalt der Gebiete beleuchten, in denen sich die arbeitenden Gäste auch in der Vergangenheit friedlich und produktiv zum Gedeihen der Wirtschaft, Wissenschaft und Kultur des sie aufnehmenden Landes eingebracht haben. Anderseits will die Darstellung des Reichtums des Kulturlebens am Preußenhof und der mannigfaltigen Interessen des Preußenkönigs gegen landläufige Vorurteile bei Italienern wirken und sie abbauen helfen.

Eine weitere Kontinuität will dieser Band als dritte Zielsetzung aufzeigen: die zukunftsträchtige Bedeutung, die der Kulturaustausch für die friderizianische Zeit hatte. Den Zielen der Aufklärung getreu, glaubte diese Zeit fest daran, dass allein durch den Beitrag aller vernünftigen Kräfte und im konstruktiven Wetteifern der einzelnen Kulturlandschaften der gemeinsame Bau einer zivilisierten und kultivierten Welt möglich sei: eines gemeinsamen, vernunftgeleiteten Europa, das Wiege des Glückes für alle nachkommenden Generationen des Menschengeschlechts sein sollte. Frei von überspanntem Patriotismus und allein auf das Edle und Gute im Menschen ausgerichtet, war man bereit, alles in die eigene Kulturlandschaft aufzunehmen, was dem Erreichen des angestrebten Zieles dienlich sein konnte.

Im vorliegenden Band wird dargestellt, dass auch Italienerinnen und Italiener am friderizianischen Hof, der den Befähigten und aufgeklärten Geistern offen stand, am gemeinsamen Bau eines aufgeklärten, vorurteilsfreien, auf die Zukunft ausgerichteten Europa nach Maßgabe ihrer Fähigkeiten und Rollen mitgewirkt haben. Dabei wird die Kontinuität mit dem Heute, die ideelle Linie deutlich, die diese Rekonstruktion einer Etappe in der Geschichte der Italienerinnen und Italiener im aufgeklärten Berlin anstrebt. Sie möchte durch die dargebotenen Einblicke in die historische Dimension das Bewusstsein dafür schärfen, dass erst und eigentlich nur durch den Klang von unterschiedlichen Stimmen, die sich jede nach Maßgabe ihrer Möglichkeiten zu einem gemeinsamen Ziel verbinden, und zwar dank ihrer Einmaligkeit und Unverwechselbarkeit die vollkommene Harmonie des Ganzen erzielt werden kann, dass hier mit einem Wort in vielerlei Hinsicht, wie Volker Kapp in seinem Beitrag schreibt, „eine gewisse Vorwegnahme unserer eigenen Erfahrung des europäischen Einigungsprozesses" herauszulesen ist.

Da sich dieses Buch an ein deutsches und an ein italienisches Publikum gleichermaßen wendet, wurde es auf deutsch abgefasst und von *Abstracts* und, im Dokumentationsteil, von Zusammenfassungen größeren Umfangs auf Italienisch begleitet, die den deutschen Text nicht *ad verbum* übersetzen, sondern *ad sensum* wiedergeben. Ferner wurde in den italienischen Teilen auf Fußnoten verzichtet, deren Informationen in den Text integriert sind. Als einzige Ausnahme gilt das Grußwort S. E. Silvio Fagiolo, das in beiden Sprachen in vollem Umfang wiedergegeben wurde.

All die italienischen Versionen und Übersetzungen im vorliegenden Band, wenn nicht anders ausdrücklich vermerkt, stammen von mir.

An die Stelle gelangt, an der ich mich der angenehmen Pflicht unterziehen darf, denjenigen zu danken, die es überhaupt möglich gemacht haben, ein Kapitel aus der Geschichte der Italienerinnen und Italiener in Berlin in einer Ausstellung und einer dazugehörigen Veröffentlichung zu rekonstruieren, möchte ich das erste in der langen Reihe von Dankesworten an S. E. Silvio Fagiolo richten, in dessen Amtszeit als Botschafter der Republik Italien Ausstellung und Tagung stattfanden. Ihm gilt meine tiefe Dankbarkeit dafür, dass er das ihm vorgetragene Vorhaben guthieß, es in allen Phasen der Realisierung mit wohlwollendem Auge betrachtete und das Symposium im neu eröffneten Gebäude der Botschaft stattfinden ließ. An dieser Stelle möchte ich meinen besonderen Dank auch dem *Primo Segretario dell'Ambasciata d'Italia*, Dott. Gianluigi Vassallo aussprechen, der das gesamte Projekt und besonders die Verbindung unter den beteiligten Einrichtungen mit großer Sensibilität betreut hat. Es ist mir ein besonderes Anliegen, dem Direktor der deutschen Einrichtung, des Geheimen Staatsarchivs Preußischer Kulturbesitz, Herrn Prof. Dr. Jürgen Kloosterhuis, und dem Direktor der italienischen Einrichtung, Kulturabteilung der italienischen Botschaft, Herrn Prof. Renato Cristin, zu danken, die mit der größten Bereitschaft und Großzügigkeit auf die Initiative der *Società Dante Alighieri, Comitato di Berlino* eingegangen sind.

Sehr herzlicher Dank gebührt den vielen helfenden Geistern, welche die beiden Ereignisse und das Entstehen des Buches, das daraus hervorgegangen ist, mit Rat und Tat konstruktiv gefördert haben.

Allen voran gilt mein Dank den Fachleuten des Geheimen Staatsarchivs Preußischer Kulturbesitz, die durch ihre tatkräftige und hochkompetente Unterstützung und vorzügliche Betreuung die Realisierung der Ausstellung in kürzester Zeit ermöglicht haben. Stellvertretend für die vielen Mitarbeiterinnen und Mitarbeiter des Archivs, die am Zustandekommen des Projekts mitgewirkt haben, möchte ich an dieser Stelle Herrn Dr. Frank Althoff und seiner Mitarbeiterin, Frau Kornelia Bobbe, sowie Frau Anke Klare, Herrn Klaus Tempel, Frau Sigrun Reinhardt und Frau Franziska Mücke ausdrücklich und herzlichst danken. Besonders teuer war mir Frau Klares Hinweis auf eine kostbare, im Geheimen Staatsarchiv aufbewahrte Silbermünze aus dem Jahre 1773, auf deren Rückseite des Theatermalers Bernardino Galliari gedacht wird, der auf eigene Kosten die Innenkuppel der Hedwigskirche ausmalte. Sie war der Beleg für ehrenamtliches, bürgerschaftliches Engagement von Italienern und Italienerinnen in Berlin, das nicht erst eine Erfindung unserer Tage ist, sondern auf eine sehr lange Geschichte zurückblicken darf. Neben den Archivalien wurden einschlägige Bücher aus der Dienstbibliothek des Geheimen Staatsarchivs herangezogen. Es sei der damaligen Leiterin dieser Bibliothek, Frau Herzeleide Henning, ausdrücklich dafür gedankt, dass sie die Erschließung aller einschlägigen Bestände erleichterte. Keineswegs unerwähnt darf die Leistung des Leiters der Photoabteilung des Geheimen Staatsarchivs, Herrn Joachim Kirchmair, bleiben, der aus zum Teil sehr schlechten Vorlagen ausstellungswürdige Exponate geschaffen hat, die im Dokumentationsband übernommen werden konnten. Nicht weniger wirkungsvoll hat sich die Restaurierungswerkstatt des Geheimen Staatsarchivs eingebracht, die den zusammengetragenen Materialien in Bild und Text eine dem Auge wohlgefällige Gestalt verliehen und manches reproduktionsfähig restauriert hat.

Tatkräftige Unterstützung und Betreuung erfuhr ich auch seitens des Italienischen Kulturinstituts, besonders durch Frau Dott. Clorinda Canzio, der für ihre unermüdliche Ausdauer beim Verfolgen des gemeinsamen Zieles meine Dankbarkeit gilt. Aus den eigenen Reihen bin ich Frau Manuela Bonura zu Dank verpflichtet, die sich bei der Realisierung des Ausstellungsprojekts u. a. durch die Übertragung der Texte für die Vitrinen und die Paneele ins Italienische verdient gemacht hat. Bei der Vorbereitung der Veröffentlichung brachte sich Frau Dott. Sara Ridolfi mit Recherchen ein, der hierfür ebenfalls gedankt sei.

Die Entstehung des Dokumentationsteils im vorliegenden Band hat mein Lehrer Prof. Dr. Alfred Behrmann durch viele wertvolle Hinweise, behutsame Kritik und große Anteilnahme kontinuierlich begleitet. Ihm gebührt mein tiefster Dank. Bei der Herstellung des Personenregisters und beim Korrekturlesen des italienischen Textes war mir Frau Dott. Palmira Zaniboni eine unersetzliche Hilfe, der ich ebenfalls von Herzen danke.

Dieses Buch, das aus einer vorbildlichen deutsch-italienischen Kooperation hervorgegangen ist, sei all denjenigen gewidmet, die sich im Laufe der Jahrhunderte um die nicht immer leichte Verständigung zwischen deutscher und italienischer Kultur verdient gemacht haben.

Abstract

Il volume qui presentato «Italiane ed Italiani alla corte di Federico II (1740–1786)» documenta la mostra omonima tenuta presso l'Istituto Italiano di Cultura di Berlino dal 16 maggio al 19 giugno 2005 e presenta al contempo i contributi del simposio tenuto in occasione dell'apertura di questa mostra il 13 maggio 2005 nella sala delle Conferenze dell'Ambasciata d'Italia a Berlino. Mostra e convegno sono stati frutto della collaborazione fra l'Istituto Italiano di Cultura di Berlino, l'Archivio di Stato Segreto Prussiano e la *Società Dante Alighieri, Comitato di Berlino*.

Il volume si articola in una parte introduttiva in cui compaiono le parole di saluto di S. E. Silvio Fagiolo che l'allora Ambasciatore d'Italia a Berlino rivolse ai partecipanti al convegno ed un saggio del professor Jürgen Kloosterhuis, Direttore dell'Archivio di Stato Segreto Prussiano. Ad essi seguono in una prima parte i contributi dei tre studiosi che hanno partecipato al simposio: i professori Volker Kapp dell'Università di Kiel, Klaus Heitmann dell'Università di Heidelberg e Laurenz Lütteken dell'Università di Zurigo. Nella seconda parte viene porta una documentazione, offerta nella mostra succitata, della presenza a largo raggio di Italiani ed Italiane alla corte di Federico II, basata su fonti nella maggior parte inedite che fanno luce su molti settori in cui questa presenza si registra: dall'architettura all'arte in generale, dalla musica alla letteratura, dalla cucina al mondo del commercio, dagli accademici agli artigiani, dai militari ai poligrafi, con una forte predilezione per artisti legati al mondo dell'opera.

Con ciò questo volume offre un contributo ad un settore del transfert culturale finora poco studiato. In esso infatti regna ancora incontrastata la convinzione che solo la Francia sia stata di importanza per la corte di Federico

II, mentre il ruolo che vi giocò l'Italia sarebbe da ridurre alla mera presenza di quei pochi personaggi che, come la ballerina Barbarina o Giacomo Casanova, fecero parlar di sé più le cronache che i libri di storia. Anche per quanto concerne il ruolo che Federico giocò per molti protagonisti della cultura italiana il volume mostra un quadro ben più ricco di quanto finora si conoscesse e rivela quanto molto più bendisposti verso la Prussia fossero gli italiani del tempo di quanto non faccia supporre il quadro negativo che l'Alfieri di questo paese tracciò dopo aver visitato Berlino negli anni 1769/1770.

In tal senso il volume qui presentato offre un contributo nuovo e diversificato al dialogo fra la cultura italiana e quella tedesca e ad una storia della comunità italiana a Berlino da sempre presente ed attiva in questa città in molti settori. Per facilitarne la consultazione anche al lettore italiano digiuno di tedesco si sono offerti in calce al testo tedesco *abstracts* in italiano che non sono mai traduzioni *ad verbum* ma riassunti *ad sensum*. Nella parte di documentazione, dove gli *abstracts* si fanno più corposi, si è rinunciato a ripetere le note a piè di pagina riversandone il contenuto nel testo.

A. Geleitworte zur Eröffnung der Ausstellung „Italienerinnen und Italiener am Hofe Friedrichs II." am 13. Mai 2005

Grußwort S. E. Silvio Fagiolos, Botschafter der Republik Italien

Meine Damen und Herren,

wir freuen uns, diese Begegnung und die anschließende Ausstellung über die Beziehungen zwischen Italien und dem Preußen Friedrichs II. im renovierten Gebäude der Italienischen Botschaft beherbergen zu dürfen. Für die Vorbereitung und die Organisation danke ich dem Italienischen Kulturinstitut, seinem Leiter, Herrn Professor Renato Cristin, Frau Privatdozentin Rita Unfer Lukoschik, der Leiterin der *Società Dante Alighieri* in Berlin, den Herren Professoren Volker Kapp von der Universität Kiel, Klaus Heitmann von der Universität Heidelberg sowie Laurenz Lütteken von der Universität Zürich, die uns über diese Themen berichten werden.

Alles, was dazu dient, die gemeinsamen Wurzeln Europas zu unterstreichen, gewinnt in diesem Augenblick ganz besonders an Bedeutung. Gestern hat der Bundestag die neue Verfassung der Europäischen Union verabschiedet, die spezifische Bezüge zu einem Erbe herstellt, das alle auf diesem Kontinent lebenden Menschen miteinander verbindet und in der Kultur, Wissenschaft, Architektur und Wirtschaft viele Ausdrucksformen findet. Bezogen auf das Verhältnis zwischen Italien und dem Preußen Friedrichs II. sind dies die Themen unserer heutigen Begegnung.

Wie einer der schärfsten Beobachter, der Spanier Ortega y Gasset, bemerkte, hat die europäische Geschichte verschiedene Phasen durchlaufen, in denen sich Nationalismus und Kosmopolitismus abwechselten; Phasen, in denen der Geist des sich Abgrenzens gegenüber anderen Ländern herrschte, und solche, in denen ein starkes Zusammengehörigkeitsgefühl über die nationalen Grenzen hinaus, Kosmopolitismus anstelle eines engstirnigen nationalen Egoismus, überwog. Das neunzehnte Jahrhundert kann als Beispiel dieser ersten Tendenz betrachtet werden, das achtzehnte als bestes Beispiel für die zweite. Das achtzehnte als Jahrhundert des Lichts, der *raison*, der Toleranz, der Entstehung – jenseits des Atlantiks aber auch als Projektion der europäischen Geschichte – des ersten großen Experiments der Souveränität eines Volkes, das in der Verfassung der Vereinigten Staaten von Amerika festgeschrieben wurde.

Im Zentrum unserer Begegnung und der Ausstellung, die wir ansehen werden, steht Preußen im Herzen des achtzehnten Jahrhunderts, also von

1740 bis 1786, den Jahren des Königreiches Friedrichs II. Sie sollen die Beziehungen zwischen Italien und Preußen in dieser Phase unserer Geschichte verdeutlichen. Wir werden Berichte über die Bedeutung der Musik unseres Landes am Hofe des Königs hören; Überlegungen über die Rolle Friedrichs in der italienischen Kultur und über die Bedeutung der Anwesenheit von italienischen Literaten und Gelehrten in Berlin sowie auch von Handwerkern, die dazu beitrugen, der Hauptstadt einer neuen aufstrebenden Macht in der Mitte Europas ein besonderes Profil zu verleihen.

Meiner Ansicht nach trägt diese Ausstellung dazu bei, zwei immer wieder auftretende Vorurteile auszuräumen, somit mehr Licht in unsere Vergangenheit zu bringen und uns dadurch besser auf unsere Zukunft vorzubereiten.

In erster Linie verdeutlicht sie die Vielfalt und den Reichtum des kulturellen, wirtschaftlichen und wissenschaftlichen Lebens im Berlin Friedrichs II. Sie trägt dazu bei, noch stärker den komplizierten Charakter und den Reichtum an Interessen Friedrichs des Großen, seine intellektuelle Neugier aufzuzeigen, die ihn veranlasste, sich mit allem, von der Philosophie bis hin zur Architektur, zu beschäftigen. Mehr als einmal habe ich gehört, wie der ehemalige Bundespräsident Richard von Weizsäcker daran erinnerte – und er tat dies erneut vor einigen Tagen anlässlich der Feier zu seinem 85. Geburtstag im Schloss Charlottenburg –, wie sehr das Preußen Friedrichs, über die mit den nachfolgenden Ereignissen verbundenen Stereotypen hinaus, auch einen der großen Momente der Geschichte der europäischen Aufklärung darstellte. Ein Name mag für alle anderen stehen: Immanuel Kant. Der Bundespräsident erinnerte außerdem daran, dass Preußen der erste europäische Staat war, der mit der entstehenden amerikanischen Nation ein Abkommen schloss. Die Ausstellung im Kulturinstitut wird uns helfen, den Reichtum in der Musik, der Literatur und der Wissenschaft der Hauptstadt Friedrichs II. zu verstehen.

Die zweite Lehre, die wir aus dieser Veranstaltung ziehen werden, betrifft den spezifisch italienischen Beitrag, im Staat wie in der zivilen Gesellschaft, zum Wachstum Preußens. Das Italien des achtzehnten Jahrhunderts war eine Nation, auch wenn es, wie im Übrigen auch Deutschland, noch keinen einheitlichen Staat bildete. Beide mögen die „verspäteten Nationen" in der europäischen Geschichte sein. Aber auch in jenem Italien des achtzehnten Jahrhunderts ist die Epoche der Aufklärung durchaus präsent und wird in der Modernität in allen Bereichen, von der Wirtschaft bis zum Recht, deutlich. Die Ausstellung korrigiert den falschen Eindruck, die europäische Präsenz im Preußen Friedrichs sei einzig und allein französischer Substanz. Dabei handelt es sich um ein Vorurteil, das fast vergleichbar ist mit jenem, das wir auch heute beobachten, wenn von der europäischen Integration die Rede ist und dabei zu Recht die Betonung auf das Verhältnis zwischen Deutschland und Frankreich gelegt wird, die Bedeutung des italienisch-deutschen Beitrags jedoch manchmal vergessen wird. Durch die Briefe und Schriften des Königs von Preußen zeigt uns die heutige Veranstaltung, wie groß und vielfältig die Bedeutung der italienischen Gäste bei der kulturellen und intellektuellen Entwicklung Preußens war.

Gerade im Berlin des wiedervereinigten Deutschlands, in der Stadt, die nach der Teilung wieder neu erblüht und deren Wiedergeburt sich auch auf einen italienischen Beitrag gründet – man denke nur an den Architekten Renzo Piano – ist es wichtig, sich einen der einenden Momente der Vergangenheit zu vergegenwärtigen, um besser darauf vorbereitet zu sein, gemeinsam den Herausforderungen der Zukunft zu begegnen.

Berlin, den 13. Mai 2005

Parole di saluto di S. E. Silvio Fagiolo, Ambasciatore d'Italia

Signore e signori,

è per noi una gioia poter accogliere nel restaurato edificio dell'Ambasciata Italiana a Berlino questo incontro e la successiva mostra sui rapporti tra l'Italia e la Prussia di Federico II. Per i preparativi e l'organizzazione ringrazio l'Istituto Italiano di Cultura, il suo direttore, Professor Renato Cristin, la professoressa Rita Unfer Lukoschik, presidente della *Società Dante Alighieri* di Berlino, i professori Volker Kapp dell'Università di Kiel, Klaus Heitmann dell'Università di Heidelberg e Laurenz Lütteken dell'Università di Zurigo che parleranno intorno a questi temi.

Tutto ciò che può essere utile a sottolineare le comuni radici d'Europa assume in questo momento un'importanza del tutto speciale. Ieri il Bundestag ha varato la nuova costituzione della Comunità Europea che stabilisce rapporti specifici con una tradizione che unisce fra loro tutti gli uomini che vivono su questo continente e che trova nella cultura, nella scienza, nell'architettura e nell'economia molteplici forme d'espressione. Relativamente al rapporto tra l'Italia e la Prussia di Federico II. sono questi i temi del nostro incontro odierno.

Come ha rilevato uno dei più acuti osservatori, lo spagnolo Ortega y Gasset, la storia europea ha attraversato varie fasi nelle quali nazionalismo e cosmopolitismo si sono avvicendati, fasi nel cui corso il darsi precisi confini rispetto agli altri paesi si è alternato al senso di comunione al di là di ogni confine nazionale e nei quali dunque il cosmopolitismo prevalse su angusti egoismi nazionali. L'Ottocento è esemplare per la prima tendenza, mentre il Settecento è il miglior esempio per la seconda tendenza. Il Settecento: il secolo dei lumi, della ragione, della tolleranza, del nascere – oltre oceano, ma come proiezione della storia europea – del primo grande esperimento della sovranità di un popolo, che è fissato nella costituzione degli Stati Uniti d'America.

Al centro dell'evento di quest'oggi e della mostra che vedremo è la Prussia nel cuore del Settecento, dal 1740 al 1786, negli anni del regno di Federico II, ed il loro scopo è di illustrare una fase nei rapporti intercorsi fra Italia e la Prussia in questa fase della nostra storia. Sentiremo relazioni sull'importanza della musica del nostro paese per la corte del re; riflessioni sul ruolo che Federico giocò per la cultura italiana così come sull'importanza della presenza di letterati e studiosi italiani a Berlino, ma anche su artigiani che contribuirono a conferire un particolare profilo alla capitale di una nuova potenza europea dalle grandi aspirazioni.

Questa mostra contribuisce, a mio avviso, ad eliminare due pregiudizi che tornano sempre ad affiorare ed a gettare così maggior luce sul nostro passato, aiutandoci a prepararci meglio per il futuro. In primo luogo essa mostra la molteplicità e la ricchezza della vita culturale, economica e scientifica nella Berlino federiciana, contribuendo a rendere ancor più esplicito il complicato carattere e la ricchezza di interessi di Federico il Grande, la sua curiosità intellettuale che lo portò ad occuparsi di tutto, dalla filosofia all'architettura. Più di una volta ho sentito l'ex presidente della repubblica tedesca, Richard von Weizsäcker, ricordare – ed egli fece ciò nuovamente pochi giorni addietro in occasione della festa per il suo 85° compleanno nel Castello di Charlottenburg – come la Prussia di Federico, ben oltre gli stereotipi scaturiti dagli avvenimenti storici seguenti, fu uno dei momenti peculiari nella storia dell'Illuminismo europeo. Un solo nome, tra i molti, stia a dimostrare ciò: Immanuel Kant. Il Presidente della Repubblica tedesca ha inoltre ricordato che la Prussia fu il primo stato europeo che stipulò un trattato con la sorgente nazione americana. La mostra presso l'Istituto di Cultura ci aiuterà a capire la ricchezza nella musica, nella letteratura e nella scienza della capitale di Federico II.

Il secondo insegnamento che ne trarremo riguarderà il particolare contributo italiano alla crescita della Prussia sia nello Stato che nella società civile. L'Italia del XVIII secolo era una nazione, anche se, come del resto la Germania, non era ancora uno stato unitario. Siano pure entrambe « nazioni tardive », ma anche in quell'Italia del XVIII secolo l'Illuminismo è senz'altro presente e ben evidente nella sua modernità in tutti i settori, dall'economia al diritto. La mostra corregge l'errata impressione che la presenza europea nella Prussia di Federico avesse unicamente una sostanza francese. In realtà si tratta di un pregiudizio paragonabile quasi a quello che osserviamo al giorno d'oggi allorché, parlando di integrazione europea, si pone a ragione l'accento sul rapporto tra la Germania e la Francia e talvolta si dimentica tuttavia l'importanza del contributo tedesco-italiano. L'odierna manifestazione ci mostra attraverso le lettere e gli scritti del re di Prussia come fu grande e molteplice l'importanza degli ospiti italiani per lo sviluppo culturale ed intellettuale della Prussia.

Proprio nella Berlino di una Germania riunificata, nella città che, dopo la divisione, rifiorisce e la cui rinascita si basa anche su un contributo italiano – si pensi solo all'architetto Renzo Piano – è importante richiamare alla mente uno dei momenti unificatori nel passato per esser meglio pronti ad affrontare insieme le sfide del futuro.

Berlino, 13 maggio 2005

Die revidierte „Tafelrunde"

Von *Jürgen Kloosterhuis*

Adolph Menzel hat an seinem Gemälde „König Friedrichs II. Tafelrunde in Sanssouci" vom Sommer 1849 bis zum Frühjahr 1850 gearbeitet. In der Abfolge der Fridericus-Bilder des Malers steht es also zwischen der „Bittschrift" (vollendet im Frühjahr 1849) und dem „Flötenkonzert" (desgl. im Sommer 1852). Im Gegensatz zu diesen Werken muss die „Tafelrunde" heute als Kriegsverlust beklagt werden. Aus ihrem Umkreis sind nur Themenvariationen im Holzschnittverfahren, eine Ölskizze und ein aufs Quadratnetz gelegter Bleistiftentwurf erhalten. Immerhin belegen eine Kopie von Joachim Tietze und zahlreiche Reproduktionen (so zum Beispiel das hier herangezogene Schabkunstblatt von Franz August Börner im Geheimen Staatsarchiv Preußischer Kulturbesitz), wie Menzel seine Geschichte eines Mittagsmahls beim König in Sanssouci erzählte, auf welche Weise er den Hausherrn im engsten Kreis von „Freunden und Gesellschaftern" zeigte. Mit stummer Kunst fing der Maler die Szene eines Tischgesprächs im Geist der Aufklärung ein, wie es im Potsdamer Weinbergschlösschen Friedrichs des Großen um die Mitte des 18. Jahrhunderts gleichsam bei weitgeöffneten Türen gepflegt worden sein könnte.

Als „Local" der Handlung präsentiert sich nach Architektur und Ausstattung zweifelsfrei der Marmorsaal in Sanssouci, den der so sorgfältig-präzise Menzel in vielfachen Studien immer wieder bis ins Detail „durchexerziert" hatte. Die kreisrunde Tafel im ovalen Raum ist nicht mehr mit Speisen beschwert. Zum Nachtisch wird nur Obst gereicht. Die Tischgenossen unterhalten sich bei einem guten Tropfen in gelöster Atmosphäre. Nichts stört den Eindruck eines jetzt vornehmlich intellektuellen Genusses, den der König – nach dem Willen des Künstlers – seinen Gästen beschert. Diese Personen hat uns Menzel in einer Bleistift-Skizze des Gemäldes namentlich bezeichnet. Da ist natürlich zunächst Friedrich der Große: Primus inter pares an einer *table ronde* und doch im Bildmittelpunkt positioniert, leicht versetzt unter der vertikalen Bildachse, die der vordere Deckenlüster betont. Der König hat *den* Stuhl besetzt, den er beim Betreten des Saals vom Flur des von ihm bewohnten, östlichen Schlossflügels aus direkt erreichen kann. Diese Platzierung wird z. B. durch die angeschnittene Statue der Venus Urania am linken Bildrand oder die Allegorie der Architektur auf dem Kuppelsims über der Tür dokumentiert. Das bedeutet auch, dass sich Friedrichs rechts von ihm (in der linken Bildhälfte) sitzende Gäste der schönsten Plätze am Tisch erfreuen, denn sie können den vollen Blick durch die geöffneten Saaltüren über die Schlossterrasse in die Landschaft genießen. Es handelt sich dabei zunächst um Generalmajor von Stille und Voltaire. Neben diesem hat Mylord Marishal George Keith seinen Platz bekommen. Dann folgt eine zivil gekleidete Rückenfigur (in der Ölskizze übrigens als Geistlicher mit Scheitelkäppchen konzipiert, wie ein solcher z.B. auch auf einer Chodowiecki-Radierung „Voltaires Tischrunde" von 1781 zu sehen ist). Im Vordergrund neigt sich der Marquis d'Argens höflich nach rechts: So kann er sich besser mit de la Mettrie unterhalten – und macht beiläufig den Blick auf Friedrich frei. Neben diesem ist der mit dem Schwarzen Adlerorden geschmückte Generalleutnant Graf von Rothenburg platziert; zu dessen Rechten Graf Algarotti, der sich über das Tafelrund beugt; und wieder rechts von diesem Feldmarschall Jacob Keith, den Kopf etwas zurückgeneigt. Mit ihm ist der Kreis zum König geschlossen. Zweifellos sind in dieser Runde glänzende Vertreter der europäischen Aufklärung versammelt, Wissenschaftler und Schriftsteller von Rang, ebenso hochgebildete wie bewährte Offiziere, die meisten von ihnen Mitglieder der Berliner Akademie – und in ihrer Mitte ein philosophisch gebildeter Fürst, der den Adel des Geistes über den der Geburt stellt. Soviel mit sicherer Hand gemalte gesellschaftliche Libertinage reichte offenbar aus, um kurz nach der Revolution von 1848 zu verhindern, dass Menzel mit seinem Bild bei Friedrich Wilhelm IV. Resonanz fand. Es war nicht der „Romantiker auf dem Thron", sondern der bürgerlich-liberale „Verein der Kunstfreunde im Preußischen Staate", der das Gemälde für 2.000 Tlr kaufte.

Der Bildmythos der „Tafelrunde" lebt bis heute von der Ikonographie einer Intellektuellenversammlung. Sinnfällig kontrastiert dieser „Friedrich II. in Sanssouci" – nach landläufiger Meinung – zum Tabakskollegium Friedrich Wilhelms I. Sozusagen auf den ersten Blick unterscheidet sich die feinsinnige Kultiviertheit des Sohnes von der väterlich-derben Geselligkeit; hebt sich subtiler friderizianischer Geist über die plumpe Sinnlichkeit des „Soldatenkönigs". Für dessen barocke Welt steht die Bierbank des Tabakskollegiums, für ihre Rokoko-Gegenwelt der Tischkreis im Marmorsaal. Eine solche *table ronde* kann als Ort friedlicher Konversation von Gleichgesinnten wie als Platz espritbeflügelter Kontroversen von Gleichgestellten dienen, die sich an ihr zu exquisitem Mahl vereinen. Allerdings erscheint mittlerweile auch die Tabagie des „Soldatenkönigs", wie sie wohl Lisiewski um 1737 in Königs Wusterhausen gemalt hat, in neuem, besserem Licht: Nämlich als zeremonialfreier Raum einer möglichst offenen Kommunikation, bei der dem Monarchen aber selbstverständlich die Schiedsrichter-Rolle zukam. Die damit schon von Friedrich Wilhelm I. in Preußen so weit wie möglich riskierte Auflösung europäisch-höfischer Konventionen wird recht deutlich, wenn man sein Tabakskollegium wiederum mit dem seines Vaters Friedrich I. vergleicht, das Leygebe ca. 1710 im Bild festhielt. Die Chancen und Grenzen des preußischen Stilbruchs werden durch die ambivalente Rolle eines Jakob Paul von Gundling bezeichnet. Dieser ist Hoch-Gelehrter und „lustiger Rat", scil. Hofnarr, des Wusterhausener Tabakskollegiums zugleich gewesen. In ähnlicher Weise lässt sich freilich auch das Personal des engeren friderizianischen Hofstaats differenzieren: in den Kreis der gern geladenen Gäste, ernst genommenen und vielleicht sogar befreundeten Diskutanten oder in die Gruppe der weitgereisten Lebemänner und komischen Figuren, die durch ihren weltläufigen Spott unterhielten, aber ebenso selbst verspottet wurden. Dazu kam die Abfolge der „Vorleser" des Königs: auch sie gegebenenfalls respektierte Gesprächspartner, womöglich Freunde, oder doch nur literarische Domestiken, gelegentlich auswärtige Konspirateure. Die Grenzen zwischen diesen Zirkeln waren fließend. Sie konnten Schnittmengen bilden, so dass ein und dieselbe Person heute zu den Vertrauten und morgen zur Clownerie zu zählen war, oder einerseits nur als Vorleser diente und andererseits zur Freundschaft gehörte. Wo freilich Distanz und Nähe, Narretei und Weisheit so eng beieinander stehen, changieren sie mühelos in philosophische Sphären – und plötzlich zieht sich eine Verbindungslinie vom angeblich ungeschliffenen Tabakskollegium zur fraglos geistreichen Tafelrunde. Auf einmal rückt auch Voltaire in fatale Nähe zu Gundling, mit dem er das Schicksal des gelehrten „lustigen Rates", eines abhängigen Dienstleisters, allemal mehr teilte, als es Geisteswissenschaftlern gelegentlich lieb ist. Doch Klio hat Friedrichs zynische auf den Dichter gemünzte Sentenz, dass man die Orange auspresse und ihre Schale wegwerfe, wenn der Saft getrunken ist, ebenso zu berichten wie Voltaires boshafte Klage, dass er als Kritiker der königlichen Verseschmiede die Rolle eines Dieners gebe, der seines Herren schmutzige Wäsche waschen müsse. Kurz, auch die „Tafelrunde" zu Sanssouci ist in den geistigen Horizont der im 18. Jahrhundert in eine Modernisierungskrise geratenen Hofkultur zu platzieren.

Damit eröffnet sich eine neue Perspektive zur Bildinterpretation, die den tradierten Mythos vielleicht aufbrechen kann. Wenn Friedrichs Tafelrunde auch das fragwürdige Dasein höfischer Gelehrter im Umbruch reflektierte, würde womöglich die angenommene Idylle des friedlichen Reigens intellektueller Geister in Menzels „Tafelrunde" täuschen? Worauf soll dann aber die Aussage des Bildes hinauslaufen? Ist sie zu differenzieren in eine an der Oberfläche spielende und eine vom Maler tiefer intendierte Situation? Könnte in diesem Fall die bislang eher kunstgeschichtliche Betrachtung des Gemäldes z.B. durch Gisold Lammel oder Hubertus Kohle tatsächlich vom Historiker-Archivar ergänzt werden? Zu diesem Ziel konzentrieren wir uns einmal – ohne die sechs im Bildhintergrund eifrig wirkenden Diener und Lakaien, geschweige denn Friedrichs (scil. italienische) Windspiele zu übersehen – auf die vom König geladenen Teilnehmer der Tafelrunde (und notieren am Rande, dass im Weinbergschlösschen üblicherweise Damen nichts zu suchen hatten). Was waren das für Herren, von welcher Herkunft, mit welchen Lebensläufen? Hatten sie Gemeinsamkeiten, galten sie als mit dem König befreundet? Gerade weil die fleißig positivistische Forschung längst herausgefunden hat, dass diese *Chevaliers de la table ronde* aufgrund ihrer jeweiligen biographischen Daten so nie zusammengesessen haben konnten, ist umso mehr nach Menzels Zielsetzung zu fragen, diese Akteure, und keine anderen, dennoch genau so zu komponieren. Dabei kann davon ausgegangen werden, dass der Künstler, der die Physiognomien seiner Personen womöglich nach Porträts gab, auch von ihren Werken und Tagen genauere Kenntnis besaß – wobei er wohl vor allem das wusste, was seinerzeit zum Beispiel in der Nicolaischen Anekdotensammlung, der populären „Geschichte Friedrichs des Großen" von Franz Kugler oder der wissenschaftlichen Friedrich-Biographie von Johann David Erdmann Preuss zu lesen war.

Aus Frankreich ist zunächst Jean-Baptiste Boyer Marquis d'Argens (1704–1771) vorzustellen, der freigeistige Verfasser der „Philosophie du bonsens" und kauzige Schreiber von „Lettres juives" oder „Lettres chinoises", ab 1742 literarischer Berater und Kammerherr des Königs. Der *Provençale* hing ihm fast 30 Jahre lang in dankbarer Treue an, obwohl er manches Mal Friedrichs Witze über seine abergläubische Hypochondrie schlucken musste. Sein Landsmann Julien Offray de la Mettrie (1709–1751) galt gleichermaßen als Mediziner und Philosoph. Der Autor der Streitschrift „Der Mensch eine Maschine" war bekennender Radikal-Materialist und deswegen erst aus Frankreich, dann aus den Niederlanden verbannt worden. De la Mettrie weilte seit 1748 an Friedrichs Hof, wo er eher zu den komischen Figuren mit Hang zu Geschmacklosigkeiten zählte, bis der verspottete Spötter unversehens an einer Fleischvergiftung starb – angeblich, weil er sich vermessen hatte, eine ganze Trüffelpastete allein und auf einmal zu vertilgen. Die Akademiker d'Argens und de la Mettrie wurden bei weitem vom dritten Franzosen überstrahlt: von François-Marie Arouet de Voltaire (1696–1778), der zwischen 1750 und 1753 in Potsdam weilte, dort Kammerherr, Akademie-Mitglied und Ritter des Ordens *Pour le mérite* wurde. Voltaire personifizierte philosophisches Denken und französische Sprachmeisterschaft *par excellence*. Friedrich II. verehrte ihn lange als Fixstern am Firmament rationalistisch-aufgeklärter Geistigkeit und ließ ihn dann doch fallen – während der Meister den König zunächst als Salomo des Nordens pries und ihn am Schluss als Potsdamer Variante des Syrakuser Dionys beschmutzte. Nein, Voltaire nahm keinen guten Abgang aus dem Kreis der Tafelrunde, nachdem er eine bösartige Fehde gegen den Berliner Akademiepräsidenten Maupertuis angezettelt und sich obendrein in so habgierige wie verbotene Geldspekulationen verstrickt hatte. Darunter zog Friedrich II. 1753 den lapidaren

Schlussstrich mit der Bemerkung, „Was für einen Lärm ein Narr in einer Gesellschaft machen kann", und bezeichnete damit auch die Position, auf die Voltaire mittlerweile für ihn abgesunken war. Erst auf Distanz haben sich König und Dichter wieder schätzen gelernt.

Dagegen erfreute sich der Venezianer Francesco Algarotti (1712–1764) stets der königlichen Gunst. Dem umfassend gebildeten und geschmackvollen Schöngeist eilte der Autorenruhm des Buches „Il Newtonianismo per le dame" voraus. Friedrich hatte ihn 1739 kennengelernt und ein Jahr später in seine ständigen Dienste geholt. Obwohl mit Hofämtern und Grafenwürden bekleidet, vermochte er dort zunächst nicht recht Fuß zu fassen, wechselte nach Dresden und kehrte doch nach Preußen zurück, wo er von 1747 bis 1753 blieb. Der italienische, gut katholische Kosmopolit zählte zweifellos zu den lebhaften Glanzpunkten der Tafelrunde, auch wenn sich eine engere Vertrautheit zwischen Friedrich und seinem „cher cygne de Padoue" erst in ihrer Korrespondenz in den Jahren nach 1753 entwickelt zu haben scheint. In vergleichbarer Weise stieg auch „le divin Marquis" d'Argens besonders in den „bösen Sieben Jahren" vom freigeistigen Kauz zum Korrespondenzpartner in verständnisvoll freundschaftlicher Nähe des Königs auf. Beiden hat er nach ihrem Tod, dem einen in Pisa, dem anderen in Aix en Provence, würdige Grabdenkmäler setzen lassen.

Zweifellos können die beiden „typisch preußischen" Repräsentanten – aktive Soldaten, die wie ihr Landesherr Uniform tragen – a priori als Freunde des Königs gelten; zumal sein „Mignon" Christoph Ludwig von Stille (1696–1752), ein Tafelrunden-Teilnehmer, der schon in den frohen Rheinsberger Jahren zu Friedrichs ständiger Umgebung gehört hatte. Der gebürtige Berliner studierte zunächst an der Universität Helmstedt, ging 1715 zur Armee, führte aber auch seine Studien in Halle a.S. fort. Belesen, sprachgebildet und protestantisch-deutsch gesinnt, avancierte er zum Kürassieroffizier, fungierte seit 1740 als Erzieher der Prinzen Heinrich und Ferdinand, wirkte als Kurator der Akademie der Wissenschaften und focht in den Bataillen bei Hohenfriedeberg (verwundet), Soor und Kesselsdorf tapfer mit. Als Stille 1752 als Generalmajor starb, wurde er vom König in einer Eloge betrauert. Wie bei diesem Offizier verbanden sich *Courage* und *Amitié*, Dienst und Bildung in Friedrich Rudolf Graf von Rothenburg aus schlesischem Adel (1710–1751), der nach einem Studium in Frankfurt a.d. Oder und Lunéville seit 1727 im französischen Militär stand und 1741 in preußische Dienste gewechselt war. Dort avancierte er bei den Dragonern, in manchen Schlachten bewährt und verwundet, bis zum Generalleutnant, von dem die preußischen Armee-Annalen etwa nach der Soorer Bataille zu verkünden wussten, dass er sich krankheitshalber in einer Hängematte ins Gefecht hatte tragen lassen: „Da ihm die Stangen, an welchen man ihn trug, zerschossen wurden, so bestieg er ein Pferd, und blieb so lange im Treffen gegenwärtig, bis die Preu-

ßen gesiegt hatten." Über alledem wurde Rothenburg, ein konvertierter Ka-
tholik und Förderer des Hedwigskirchenbaues, zu einem der engsten
Freunde Friedrichs, nach dem heiteren weiland Keyserlingk zu Remusberg
sein zweiter „Cäsarion" (und daher von vielen angefeindet).

Zwischen Respektspersonen und Vertrauten rangierten schließlich die Gebrüder Keith, zwei reformierte Stuartanhänger, die von Geburt Schotten waren, doch durch Gunst und Neigung Preußen wurden. Von ihnen ist zunächst der jüngere Jacob von Keith (1696–1758) zu nennen, der nach Studien
in Aberdeen und Edinburg in spanischen bzw. russischen Diensten gegen
Türken und Schweden kämpfte. Er befand sich ab 1747 in Friedrichs Umgebung, wurde Feldmarschall, Gouverneur von Berlin und ab 1752 in aktiver
militärischer Funktion verwendet. Der Wahl-Preuße *sans peur et reproche*
diente seinem König im Siebenjährigen Krieg bis in das Lager von Hoch-
kirch, vor dem er den Roi Connetable vergeblich warnte: „Wenn die Öster-
reicher uns hier nicht angreifen, verdienen sie gehängt zu werden" – worauf
Friedrich replizierte: „So müssen wir hoffen, dass sie uns mehr als den Gal-
gen fürchten". Doch das der Tafelrunde würdige Bonmot verblasste im Mor-
gengrauen der Schlacht, in der Keith am 14. Oktober 1758 fiel. Sein älterer
Bruder George, Earl Marshal of Scotland (1692–1778), hatte einmal für die
glücklosen Kronprätendenten Jakob Edward und Charles Edward, ein an-
dermal für Spanien gefochten, bevor auch er 1751 in Preußen Zuflucht
suchte. Friedrich II. nahm ihn gern in seine diplomatischen Dienste und
übertrug ihm 1754 das Gouvernement über Neuchâtel. Nach kurzer Tren-
nung 1763 kam der Schotte 1765 nach Potsdam zurück, wo ihm Friedrich
das „Marquisat" gegenüber dem Schloss Sanssouci am Fuße des Weinbergs
zur Wohnung einrichten ließ. Der alte, edle Lord war wohl des Großen
Königs letzter Freund.

Also diese Acht und noch Einer haben an der Tafelrunde des Preußenkönigs gleichermaßen Platz bekommen. Verfügt sie trotzdem über ein geistiges Zentrum, gebildet von Friedrich und Voltaire? Nein, ein solcher bild-
dominanter Bezug zwischen dem philosophischen König und dem König
der Philosophen ist in Menzels Ölgemälde von 1850 nicht auszumachen.
Dagegen wurde er vom Künstler in einer um 1840 geschaffenen Illustration
für das Kugler-Buch deutlich herausgearbeitet, der die Tafelrunde diesmal
beim nächtlichen Souper zeigt. Hier kommunizieren in der Bildmitte vor allem Friedrich und der direkt neben ihm sitzende Voltaire. Alle anderen
Mahlteilnehmer bilden lediglich zuhörende Staffage; und so womöglich noch
drastischer in einer weiteren Holzschnittvariante der frühen 1840er Jahre,
bei der Menzel wiederum nur Voltaire und Friedrich, diesmal im Vordergrund als halbe Rückenfiguren, parlieren lässt. Im Kontrast dazu geben
schon die Ölskizze wie der im Quadratnetz genau berechnete Bleistiftentwurf zum späteren Hauptgemälde und selbstverständlich dieses selbst leicht

zu erkennen, dass die gängige Bildinterpretation, die aus der Spannung Friedrich–Voltaire lebt, offensichtlich an der „Tafelrunde" letzter Hand vorbeigeht. Vielmehr ist festzustellen, dass Menzel sein Bild völlig neu auf der Konstellation eines Wortwechsels zwischen Voltaire und Algarotti aufgebaut hat. Darauf reagieren die meisten Personen am runden Tisch, so auch der König (den Voltaire freilich auch im Blick zu haben scheint). Es liegt auf der Hand, aus solcher Komposition Menzels feinfühliges Verständnis für den gleichberechtigten Einfluss abzuleiten, den Frankreich und Italien auf Friedrich den Großen ausübten. In der Tat faszinierte die französische Kultur den Geist, die italienische das Gemüt des Preußenkönigs.

Versucht man aber nach Helmut Börsch-Supans Aufforderung, darüber hinaus das Menzel-Gemälde noch schärfer mit Menzels Augen zu sehen, erhält die Äquivalenz der beiden romanischen Sphären an dieser Tafelrunde in Sanssouci noch weitere bildmotivische Gewichte, eben durch die qualitative Präsenz der anderen Tischgenossen und die reflektierte Art ihres Placements. Dabei kann von de la Mettrie einmal abgesehen werden, der allzu sehr den Hofnarren gab – und vielleicht in der anonymen (gemeinhin aber als Maupertuis bezeichneten) Rückenfigur links ein Pendant gefunden hätte, wenn dieser von Menzel die Züge des Kammerherrn Karl Ludwig von Pöllnitz verliehen worden wären. Geradezu spiegelbildlich zu einer gleichsam westöstlichen Bildvertikalen, die Friedrich und der brave d'Argens markieren, sind in der Horizontalen von Nord nach Süd Voltaire und Algarotti angeordnet, sowie beide gleichgewichtig von je einem „natürlichen" Preußen aus alten und neuen Landesteilen (der Märker Stille, der Schlesier Rothenburg) und von je einem „naturalisierten" Preußen (die Schottenbrüder Keith) umrahmt. In Menzels Sanssouci kommen Franzosen und Italiener zur Geltung, doch sitzen ihnen Preußen von Geburt oder Neigung ebenbürtig zur Seite. Deren gleichsam über den Tisch verschränktes Quartett repräsentiert in dialektischer Verflechtung Borussias Stärke: Athen und Sparta zugleich zu sein. Sie beide bilden die ambivalenten Pole, zwischen denen sich der aufgeklärte Spannungsbogen der Diskutanten erheben kann. Doch alle Linien, von Voltaire zu Algarotti, von Rothenburg zu Stille, und von George zu Jacob Keith, laufen bei Friedrich dem Großen zusammen, der eben auch am runden Tisch *der* König bleibt und bei den Wortgefechten seiner Gäste den unparteiischen Ausschlag gibt – so, wie sein Vater einst die Schiedsrichterrolle im Tabakskollegium einnahm. Diesen judikalen Habitus scheint eine Geste des Königs zu betonen, der (so jedenfalls auf dem Börner-Blatt) mit dem Zeigefinger seiner rechten Hand in ein vor ihm aufgeschlagen liegendes Buch weist. Kann die „Tafelrunde" so revidiert werden, hat sie Menzel zwar als einen proklamierten Freundschafts-Ort gemalt, an dem sich aber nicht unbedingt Freunde, sondern sehr wohl zu differenzierende höfische Akteure mit einem Monarchen trafen, der sie brauchte, band oder verbannte. Der

Künstler bot und bietet seinem Betrachter damit weder bloßes historisches Genre noch eine romantisch-einseitig instrumentalisierbare Intellektuellen-Idylle, sondern eine komplexe und kritisch ausgewogene, von „Kraft und Geist" zugleich geprägte preußische Realität – die er allerdings im friderizianischen Jahrhundert verortete und der eigenen Zeit als Vorbild und Mahnung zugleich im Bild-Spiegel vorhielt. Doch es mag sein, dass der Künstler hinter „Kraft und Geist" noch eine weitere, letzte Perspektive erkennt, wenn er den Bildbetrachter durch die Saaltür am rechten Bildrand auf die Terrasse in Richtung auf das Friedrich-Grab schauen lässt: „Quand je serais là, je serais sans, souci".

Zweifellos war damit Menzels vielschichtige Friedrich-Welt wirklich und wahr – und wurde so zum Beispiel von Karl August Varnhagen von Ense verstanden (aus dessen Tagebuch jenes Wort von „Kraft und Geist" stammte). Doch die meisten Zeitgenossen hielten sich lieber an das eher eindimensionale Figurenprogramm des 1840 von Rauch geschaffenen Reiterdenkmals Unter den Linden, auf dem zwar Jacob Keith *en relief* sowie die Namen von Stille und Rothenburg standen, aber George Keith, Voltaire und Algarotti völlig fehlten. Immerhin veröffentlichte der „Kladderatsch" damals eine ulkige Annonce des „Alten Fritzen": „Mein Voltaire ist mir abhanden gekommen. Der ehrliche Finder wird gebeten, ihn beim Friedrichdenkmal zurückzustellen". Ebenso gut hätte es in der satirischen Zeitschrift heißen können: Mein Algarotti ist mir abhanden gekommen!

Von Äquivalenz und Ambivalenz des Menzel-Bildes der „Tafelrunde" ist der Weg zu der Archivalienpräsentation schnell geebnet, die Ihnen heute „Italienerinnen und Italiener am Hof Friedrichs II." zeigt. Über die Bezüge zwischen Preußen und Italien im 18. Jahrhundert und ihre weitreichenden Folgen haben wir am Nachmittag im Symposion Gelehrtes und Interessantes gelernt; über die vielfältigen und überraschenden Details dieser Beziehungsgeschichte zwischen Kunst und Wissen, Opernbühne und Generalstab, *Pour le mérite* und Parmesan werden Ihnen die Dokumente selbst erzählen. Dass Sie die Ausstellung sehen können, ist das Verdienst von Frau Privatdozentin Dr. Rita Unfer Lukoschik, Präsidentin der *Società Dante Alighieri*, Berlin; dass diese von Ihnen allen in diesem beeindruckenden Ambiente besucht werden kann, das Ergebnis der Kooperationsbereitschaft zwischen dem Italienischen Kulturinstitut und dem Geheimen Staatsarchiv Preußischer Kulturbesitz. Sie erwartet, so meine ich, eine sehr italienische Schau, bunt, lebendig, vielfältig, anspruchsvoll – und eine sehr preußische Präsentation zugleich, denn sie wurde in kürzester Zeit in präziser Arbeit hocheffizient zusammengestellt. Mein Dank an alle, die im Kreis der Projektbeteiligten zum Gelingen dieser Präsentation beigetragen haben, verbindet sich daher gerne mit dem Wunsch, dass sie Ihnen allen – und in der Folge möglichst vielen Besucherinnen und Besuchern gefallen möge.

Benutzte Literatur

1. Friedrich II.-Biographie

Kraus, Hans-Christof: Friedrich der Große als Philosoph von Sanssouci, in: Bernd Heidenreich/Frank-Lothar Kroll (Hrsg.): Macht- oder Kulturstaat? Preußen ohne Legende. Berlin: Berlin-Verlag 2002, S. 111–124.

Kugler, Franz: Geschichte Friedrichs des Großen. Gezeichnet von Adolph Menzel. Leipzig: Seemann 1840–1842.

Kunisch, Johannes: Friedrich der Große. Der König und seine Zeit. München: Beck 2004.

Nicolai, Friedrich (Hrsg.): Anekdoten von König Friedrich II. von Preußen und von einigen Personen, die um Ihn waren. 6 Hefte. Berlin/Stettin 1788–1792.

Preuß, Johann Erdmann: Friedrich der Große. Eine Lebensgeschichte. 5 Bde. Berlin: Nauck 1832–1834.

Schieder, Theodor: Friedrich der Große. Ein Königtum der Widersprüche. Frankfurt a. M. u. a.: Propyläen-Verlag 1983.

2. Höfische Gesellschaftsstrukturen, Teilnehmer der Tafelrunde

Blanning, Timothy Charles William: Das alte Europa 1660–1789. Kultur der Macht und Macht der Kultur. Oxford: Oxford University Press 2002 (dt. Übers. Darmstadt 2006).

Fontius, Martin: Voltaire in Berlin. Zur Geschichte der bei G. C. Walther veröffentlichten Werke Voltaires. Berlin: Rütten & Loening 1966.

Garst, Tobias: Ein Vorstoß zur Erneuerung der Grabmalkunst. Das Algarotti-Monument im Camposanto zu Pisa und der Beitrag Friedrichs des Großen, in: Forschungen zur brandenburgischen und preußischen Geschichte, N. F., 12, 2002, S. 175–209.

Giersberg, Hans-Joachim/*Ibbeken*, Hillert: Schloss Sanssouci. Die Sommerresidenz Friedrichs des Großen. Berlin: Nicolai 2005.

Petrat, Gerhardt: Die letzten Narren und Zwerge bei Hofe. Reflexionen zu Herrschaft und Moral in der Frühen Neuzeit. Bochum: Winkler 1998 (u. a. betr. Gundling, Baron Poellnitz).

Priesdorff, Kurt von: Artikel Jakob Keith, Rothenburg bzw. Stille, in ders. (Hrsg.): Soldatisches Führertum. Bd. 1. Hamburg: Hanseatische Verlagsanstalt [1937], Nr. 367, 331 bzw. 290.

Sabrow, Martin: Herr und Hanswurst. Das tragische Schicksal des Hofgelehrten Jacob Paul von Gundling. Stuttgart/München: Dt. Verl.-Anst. 2001.

Seifert, Hans-Ulrich/*Seban*, Jean-Lup (Hrsg.): Der Marquis d'Argens, Wiesbaden: Harrassowitz 2004.

3. Adolph Menzel

Börsch-Supan, Helmut: Das Porträt als Historienbild. Menzels Bildnisse friderizianischer Generale, in: Forschungen zur brandenburgischen und preußischen Geschichte, N. F., 14, 2004, S. 113–121.

Bushart, Bruno: „Es ist das schwerste, was es gibt, solch ein Kronleuchter". Zu Menzels Hoffestbildern, in: Adolph Menzel. Gemälde, Gouachen, Aquarelle, Zeichnungen aus der Sammlung-Dr.-Georg-Schäfer-Stiftung, Schweinfurt. Ausstellungskatalog Bad Homburg v. d. Höhe 19. Oktober–13. Dezember 1998. Hrsg. von Jens Christian Jensen. München: Hirmer 1998, S. 45–49.

Keisch, Claude: Adolph Menzels „Ansprache Friedrichs des Großen an seine Generale vor der Schlacht bei Leuthen", in: Staatliche Museen zu Berlin, Forschungen und Berichte, 26, 1987, S. 259–282.

Keisch, Claude/*Riemann-Reyher,* Marie-Ursula (Hrsg.): Adolph Menzel 1815–1905. Das Labyrinth der Wirklichkeit. Ausstellungskatalog Paris, Musée d'Orsay, 15. April–28. Juli 1996/Washington, National Gallery of Art, 15. September 1996–5. Januar 1997/Berlin, Nationalgalerie im Alten Museum, 7. Februar–11. Mai 1997. Berlin: Nationalgalerie und Kupferstichkabinett SMB PK 1996.

Kohle, Hubertus: Adolph Menzels Friedrich-Bilder. Theorie und Praxis der Geschichtsmalerei im Berlin der 1850er Jahre. München/Berlin: Dt. Kunstverlag 2001.

Lammel, Gisold: Adolph Menzel. Frideriziana und Wilhelmiana. Dresden: Verlag der Kunst 1988.

Lammel, Gisold: Zwischen Legende und Wahrheit – Bilderfolgen zur brandenburgisch-preußischen Geschichte. Münster: Lit-Verlag 1997.

Winner, Matthias: Der Pinsel als „Allégorie réelle" in Menzels Bild „Kronprinz Friedrich besucht Pesne auf dem Malgerüst in Rheinsberg", in: Jahrbuch der Berliner Museen, N. F., 45, 2003, S. 91–130.

Abstract

La „Tavola rotonda" rivisitata
di *Jürgen Kloosterhuis*

Nel suo saggio Jürgen Kloosterhuis apre una nuova prospettiva di lettura per interpretare il quadro in cui Adolph Menzel nel 1849/1850 raffigurò la «Tavola rotonda» di Federico II a Sanssouci e che, andato poi perduto, fu consegnato ai posteri nella mezzatinta di Franz August Börner qui riprodotta. Vi è raffigurato un circolo di amici ed invitati particolari nella Sala Ovale di marmo a Sanssouci che Menzel ha proposto in una particolare costellazione. Alla destra del re, raffigurato nel centro, siedono il Generale Maggiore Christoph Ludwig von Stille, Voltaire, Mylord Marishal George

Keith, un personaggio non identificabile, di schiena ed in abiti civili, in primo piano si vede il Marquis d'Argens rivolgersi in conversazione a de la Mettrie, al cui lato vediamo il Generale di Corpo d'Armata Friedrich Rudolf Graf von Rothenburg. Alla destra di quest'ultimo siede Francesco Algarotti che si piega in avanti proteso verso l'altro lato del tavolo, mentre, alla sua destra, siede il Feldmaresciallo Jacob von Keith. Proprio perché ormai da tempo è stato provato che questi *Chevaliers de la table ronde* a causa delle loro rispettive biografie non sarebbero mai potuti essere contemporaneamente presenti ad una delle famose cene di Federico, ci si deve interrogare sul perché della scelta operata da Menzel. Essa è, indubbiamente, guidata dalla volontà di far svolgere un dialogo tra Algarotti e Voltaire, alla cui animata discussione, infatti, quasi tutti i presenti, persino il re, mostrano di reagire in qualche modo. In questa versione della «Tavola rotonda», che Menzel dipinse molte altre volte con altre costellazioni, l'artista intende esprimere l'equivalenza fra le due sfere culturali presenti alla corte prussiana. Accostandovi rappresentanti della sfera culturale tedesca, egli mostra inoltre una Prussia in scambio dialettico con esse, e come il suo punto di forza consistesse nell'essere al contempo Atene e Sparta. Non si deve tuttavia dimenticare che tutte le linee, sia quelle che partono da Voltaire e conducono ad Algarotti o da Rothenburg a Stille, sia quelle che da George portano a Jacob Keith, hanno il loro punto di fuga in Federico il Grande che, appunto, a tavola è e resta sempre la figura dominante, il sovrano, e che, nelle discussioni fra i commensali, è istanza *super partes* che decide a chi conferire la palma della vittoria.

In tal modo la «Tavola rotonda» deve essere rivisitata come luogo in cui si celebra l'amicizia, a cui tuttavia non partecipano esclusivamente amici, ma attori in un rituale di corte dalle modalità ben differenziate che vi incontrano un sovrano e che questi si serve di essi a suo piacimento, legandoli a sé o cacciandoli dalla sua corte.

Abb. 1: *Adolph Menzel*: König Friedrich II. in Sanssouci – Die Tafelrunde.
Schabkunstblatt von Franz August Börner
(GStA PK, IX HA Bilder, Slg. PAE, Nr. 11393)

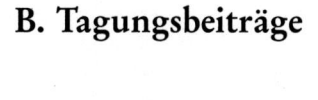

B. Tagungsbeiträge

Preußen und Italien im europäischen Kontext des 18. Jahrhunderts

Von *Volker Kapp*

Das Verhältnis zwischen dem Preußen Friedrichs II. und Italien ist von der bisherigen Forschung in der Regel als ein ausschließlich bilaterales Problem der deutsch-italienischen Kulturbeziehungen behandelt worden. Selbst Studien wie die von Ada Annoni über Italien im Europa des 18. Jahrhunderts[1] bilden hiervon keine Ausnahme. Zweifellos kann ein solcher Ansatz fruchtbar sein. Das erweist sich an Klaus Heitmanns vorzüglichem Buch über „Das italienische Deutschlandbild in seiner Geschichte. Band I: Von den Anfängen bis 1800"[2], das in zwei informativen Kapiteln über Preußen zunächst die dezidiert positiven Stellungnahmen der italienischen Literaten zu Friedrich dem Großen und danach die harsche Kritik am berühmten König von Preußen behandelt. Diese negativen italienischen Stimmen zu Friedrich II. können aber nicht verhindern, „dass hinfort das Preußenbild dort fast identisch mit dem Bild des Königs wurde, ja sich auf dieses reduzierte"[3]. Diese bemerkenswerte Tatsache verdient es, näher untersucht zu werden.

Goethe dokumentiert in der „Italienischen Reise" diese Begeisterung der Italiener. In Perugia berichtet ihm ein Gesprächspartner von dem in Italien kursierenden, erstaunlichen Gerücht, dass Friedrich der Große, „den jedermann für einen Ketzer hält, wirklich katholisch sei und vom Papst die Erlaubnis habe, es zu verheimlichen"[4], weil er ansonsten mit seinen preußischen Untertanen Probleme bekomme. Als dann der König stirbt, notiert Goethe in Rom mit einer Anspielung auf dieses Gespräch in Perugia, nun habe „der große König, dessen Ruhm die Welt erfüllte, dessen Taten ihn sogar des katholischen Paradieses wert machten, endlich auch das Zeitliche gesegnet"[5].

---

[1] *Ada Annoni*: L'Europa nel pensiero italiano del Settecento. Milano: Marzorati 1959.

[2] Heidelberg 2003. Vgl. hierzu auch *Italo Michele Battafarano* (Hrsg.): Deutsche Aufklärung und Italien. Frankfurt am Main u. a.: Lang 1992.

[3] *Klaus Heitmann*: Das italienische Deutschlandbild in seiner Geschichte. Bd. 1: Von den Anfängen bis 1800. Heidelberg: Winter 2003 (= Studia Romanica 114), S. 366.

[4] *Johann Wolfgang Goethe*: Poetische Werke. Vollständige Ausgabe. Band 9: Autobiographische Schriften. Bd. 2. Stuttgart: Cotta 1953, S. 314.

[5] Ebd., S. 370.

Goethe meint überdies, er müsse in Caltanissetta das Ableben des Preußenkönigs verheimlichen, „um nicht durch eine so unselige Nachricht unsern
Wirten verhaßt zu werden"[6]. Goethe unterstellt mit dieser Notiz seinen italienischen Gastgebern eine affektive Bindung an den fernen König, dem sie
nie persönlich begegnet sind. Diese Notizen dokumentieren in unbezweifel-
barer Weise eine Bewunderung für den Monarchen, die sich keineswegs auf
jene kleine Zahl von Privilegierten beschränkt, die in der einen oder anderen
Weise von Friedrich II. profitieren wollten oder profitiert haben.

Es gibt offensichtlich auf Seiten der Italiener Gründe, derentwegen sie
Friedrich II. zum Mythos verklären. Deren Motivation verdient es analysiert
zu werden, weil, bisher zumindest, keineswegs erwiesen ist, dass der italienische Mythos dieses Preußenkönigs in allen Einzelheiten mit dem Mythos
übereinstimmt, der in Deutschland und im übrigen Europa verbreitet ist. Es
geht dabei nicht lediglich um die Feststellung, dass dieser Monarch auf der
Apenninenhalbinsel im 18. Jahrhundert und lange danach einen legendären
Ruf besitzt, sondern um die Erforschung der vielfältigen Hoffnungen und
Erwartungen, die eine solche Mythenbildung in Italien begünstigen.

Das Entstehen von Mythen setzt nicht nur bei den Italienern, sondern
auch beim Preußenkönig gewisse Dispositionen voraus, über die sich die
Forschung bisher offenbar selten Gedanken gemacht hat. Wenn man die
zahlreichen Veröffentlichungen über Friedrich II. durchsieht, die in den letzten Jahrzehnten erschienen sind, so gewinnt man den Eindruck, das Verhältnis zwischen diesem großen Monarchen und den Italienern verdiene keine
wissenschaftliche Erörterung. In dem von Jürgen Ziechmann herausgege-
benen Handbuch über „Friedrich den Großen und seine Epoche" werden
die italienischen Staaten nach Portugal, neben dem Kirchenstaat und der
Schweiz, jedoch keineswegs so wie Frankreich behandelt. Die Beziehung der
Italiener zum König thematisiert speziell das Unterkapitel „Friedrich und
Preußen im Urteil italienischer Literatur". Hans Felten beschränkt sich dort
auf eine völlig klischeehafte Entgegensetzung von Alfieris Polemik gegen
den „quella universal caserma prussiana"[7] regierenden Monarchen und der
Glorifizierung Friedrichs als „sapiente [...] in sedia reale"[8] durch Algarotti.
Er erweckt damit den falschen Eindruck, dass nur einige der von Friedrichs
geistigen Interessen profitierenden Literaten, die wie Algarotti oder Denina

---

[6] Ebd., S. 512.

[7] *Vittorio Alfieri*: Vita. A cura di Anna Dolfi. Milano: Mondadori 1987, S. 129; vgl.
dazu *Hans Felten*: Die Italienischen Staaten, in: Jürgen Ziechmann (Hrsg.): Panorama
der Fridericianischen Zeit: Friedrich der Große und seine Epoche. Ein Handbuch.
Bremen: Ziechmann 1985 (= Forschungen und Studien zur Fridericianischen Zeit 1),
S. 842–850: 849 f.

[8] *Opere di Francesco Algarotti e Saverio Bettinelli*. A cura di Ettore Bonora. Mi-
lano/Napoli: Ricciardi 1969, S. 336.

in den preußischen Dienst traten, bzw. jene, die wie z. B. Cesare Beccaria durch die Wertschätzung ihrer Schriften seitens des Königs geschmeichelt waren, ein positives Bild von Friedrich dem Großen verbreiteten. Zu dieser Vorstellung mag jener kommen, der seine Untersuchung auf die wenigen Autoren beschränkt, die im derzeitigen deutschen Kanon italienischer Literatur des 18. Jahrhunderts überhaupt noch enthalten sind. Sobald man sich jedoch die Mühe macht, das literarische Leben der Epoche zu studieren, trifft man auf das erstaunliche Phänomen, dass nicht nur die Gebildeten, die sich literarisch betätigten, sondern auch die breite Öffentlichkeit in Italien lebhaft über den König des fernen Preußen diskutiert. Man erkennt dann aber auch, dass es sich nicht um eine einseitige, sondern auch um eine wechselseitige Wertschätzung handelt, weil nämlich der König ebenso eine Offenheit, vielleicht sogar Voreingenommenheit zugunsten der Bewohner der Apenninenhalbinsel an den Tag legt, wie die Italiener Sympathien für Friedrich II. bekunden.

Friedrich II. empfängt bereitwillig jene, die aus Italien auf der Durchreise in Berlin vorbeikommen, und unterhält sich in der Regel freundlich mit ihnen. Überdies beschäftigt er in den verschiedensten Bereichen seines Staates, also nicht nur in der Berliner Akademie, Italiener. Greifen wir einen besonders bemerkenswerten Fall für ein solches Beschäftigungsverhältnis heraus. Girolamo Lucchesini aus Lucca ist 1779 an die Spree gekommen und dann Friedrichs Vertrauter – Gesprächspartner und zugleich allseits informiertes Faktotum – geworden. Zuvor haben Wien und Dresden die Chance verpasst, ihn für sich zu gewinnen. Da Lucchesini eine umstrittene Persönlichkeit ist – Hardenberg hält ihn nicht für vertrauenswürdig, Graf Haugwitz nennt ihn ein Chamäleon –,[9] müssen die anderen Höfe durch dieses Versäumnis nicht unbedingt einen schweren Verlust erlitten haben. Gleichwohl ist es offenkundig, dass der König, dem Lucchesini durch den sardischen Botschafter, Graf Fontana, vorgestellt wurde, den wortgewandten Unterhalter bewusst engagiert, der Italiener aber die Tätigkeit in Berlin und Potsdam für eine Chance zur Entfaltung seiner durch gründliche naturwissenschaftliche und mathematische Studien geschulten geistigen Fähigkeiten gehalten hat. Seiner Mutter schreibt er am 6. Mai 1780, er sei zwar kein Voltaire und kein Algarotti, doch verdanke er „l'onorevolezza di questa appellazione né a lettere né a raccomandazioni"[10]. Dieses unverdächtige Zeugnis entnehme ich der fundamentalen Studie aus dem Jahre 1891, in der Alessandro D'Ancona eine Fülle von Zeugnissen über „Federigo il Grande e gli Italiani" zusammengetragen und klug kommentiert hat.

---

[9] s. zu Lucchesini den einschlägigen Abschnitt im Dokumentationsteil vorliegenden Bandes.

[10] Zit. in *D'Ancona*: Federigo il Grande e gli Italiani, S. 91. Diese materialreiche Studie zitiere ich im Folgenden lediglich mit dem Namen des Verfassers.

D'Anconas Studie ist seinerzeit ins Deutsche übersetzt[11] und von Gustav
Bertold Volz in seinem zweibändigen Werk über „Friedrich der Große im
Spiegel seiner Zeit" (1926–1927) berücksichtigt worden. Erst danach scheint
die deutsche Forschung sie aus dem Auge verloren zu haben[12]. Die Vernach-
lässigung dieser ausgezeichneten Analyse erklärt sich womöglich damit, dass
D'Anconas Materialien sich nicht leicht in die beiden dominierenden Tendenzen der Geschichtsschreibung integrieren lassen: die Feier Friedrichs des
Großen als Ikone deutscher Kultur bzw. die Vereinnahmung des Königs für
die Aufklärungsbewegung, die einer Integration in die französische Kultur
gleichkommt. Um diesen scheinbaren Antagonismus zu überwinden, müssen
wir in europäischen Dimensionen denken und die ambivalente Stellung der
italienischen Aufklärung zu Frankreich berücksichtigen. Der Zwiespalt, der
die literarische Welt im Italien des 18. Jahrhunderts kennzeichnet, muss unbedingt bei der Deutung des Verhältnisses zum großen Preußenkönig berücksichtigt werden, weil die Vermutung nahe liegt, dass die Italiener von
Friedrich manches erhoffen, was sie von dem für sie ebenfalls als Vorbild
geltenden Frankreich nicht bekommen können. Deshalb werde ich zunächst
auf die grundsätzlichen Schwierigkeiten des italienischen *Settecento* in Bezug
auf die französische Kultur eingehen, ohne mich dabei an die Bedingung zu
halten, dass die jeweils angesprochenen Belege einen direkten Bezug zu
Preußen und seinem König haben.

Die Schwäche der bisherigen Forschung besteht meines Erachtens darin,
nicht die größeren Rahmenbedingungen zu berücksichtigen, in denen sich in
Italien die Bildung einer mythischen Vorstellung vom preußischen König ab-
spielt, sondern die Untersuchung ausschließlich auf die Frage zu reduzieren,
in welcher Form die Italiener über den Monarchen sprechen. Das Unaus-
gesprochene ist jedoch ebenfalls von Bedeutung. Schauen wir uns in diesem
Sinne exemplarische Äußerungen von Vertretern des literarischen Lebens an,
um uns einen Zugang zu den Hintergründen zu verschaffen, die im Verhal-
ten und in den Äußerungen von Italienern zu Preußen und seinem König
vorausgesetzt sind, ohne dass sie explizit thematisiert werden.

Voltaire genießt europaweit im 18. Jahrhundert unter den Anhängern der
Aufklärungsbewegung einen legendären Ruf. Carlo Denina bringt diese
Wertschätzung in den Sätzen zum Ausdruck:

> A' giorni nostri M. de Voltaire è riguardato in tutta Europa come principe del mo-
> derno Parnasso. Niuno è che gli contenda il pregio e la lode di fecondo e sublime, e
> grandioso tragico. I suoi nazionali se lo propongono per la facilità, la scelta e la ni-
> tidezza dello stile in verso come in prosa. Tutti generalmente, benché con qualche

---

[11] *Alessandro D'Ancona*: Friedrich der Große und die Italiener. Dt. Übersetzung
von Albert Schnell. Rostock: Stiller 1891 ([2]1902).

[12] Felten übergeht sie, Heitmann wertet sie aus.

riserva ed eccezione, lodano la sua Enriade come il primo e il solo poema epico che abbia la nazione e la lingua francese.[13]

Denina bringt hier lediglich die weit verbreitete Meinung über Voltaire zum Ausdruck, der im 18. Jahrhundert ein Dichterfürst ist. Friedrich II. holt ihn wegen dieses Prestiges nach Berlin, Casanova rühmt sich, ihn aufgesucht und mit ihm Konversation betrieben zu haben. Auch Giuseppe Parini bewundert Voltaire, mischt aber in den ihm gewidmeten Versen des „Giorno" Lob mit Tadel:

> O de la Francia Proteo multiforme,
> Voltaire, troppo biasmato, e troppo a torto
> lodato ancor, che sai con novi modi
> imbandir ne' tuoi scritti eterno cibo
> ai semplici palati, e se' maestro
> di coloro che mostran di sapere;[14]

Wie Denina[15], so huldigt Parini dem literarischen Genie und anerkennt, dass Voltaire leicht verständliche geistige Nahrung für jene vermittelt, die sich im Sinne der Aufklärung formen lassen möchten. Er distanziert sich aber von Voltaires Rolle als Erzieher für einen aristokratischen, dem Luxus frönenden Lebensstil[16], dessen Fehlen, wie wir sehen werden, Casanova als Manko Preußens ansieht. Seine Kritik an der allzu sehr der Frankreichmode verfallenen, kultivierten Aristokratie scheint bei oberflächlicher Betrachtung geradezu einen Gegensatz zum Preußenkönig zu bilden, der selbst die französische Kultur zum Vorbild genommen, das Französische für sein eigenes literarisches Schaffen wie als Sprache seiner Berliner Akademie gewählt und diese Akademie mit Glanzlichtern der französischen Aufklärung zu schmücken gesucht hat. Doch gilt die Berliner Akademie für die Italiener wegen der starken Betonung der Wissenschaften, wenn nicht als Vorbild, so doch wenigstens als Modell für ihre eigenen Bestrebungen zu einer Reform der zahlreichen heimischen Akademien, die sie aus Zentren konservativer Pflege der Muttersprache zu Trägern des wissenschaftlichen Fortschritts umgestalten wollen. Die zahlreichen kritischen italienischen Äußerungen zu den Sprachakademien passen deshalb zur Haltung der Mitglieder jener italienischen Akademien, die einen naturwissenschaftlichen Schwerpunkt haben

---

[13] *Carlo Denina*: Bibliopea o sia l'arte di compor libri. Ristampa a cura di Emilio Mattioli. Modena: Mucchi 1994 (Torino: Reycends [1]1776), S. 55.

[14] *Giuseppe Parini*: Poesie e prose con appendice di poeti satirici e didascalici del Settecento. A cura di Lanfranco Caretti. Milano/Napoli: Ricciardi 1952, S. 46.

[15] Auch Denina thematisiert die Kritik an Voltaire und rät: „che niuno cerchi imitarlo, salvo che in quelle cose che più universalmente gli acquistarono lode" (Bibliopea, S. 56).

[16] Vgl. *Ulrich Schulz-Buschhaus*: Moralistik und Poetik. Hamburg: Lit-Verlag 1997, S. 223–232.

und diesen als Streben nach Reformen verstehen. Dieser Zusammenhang wird in verschiedenen Briefen an den König ausdrücklich thematisiert.

Es gibt viele italienische Forscher, die ihre Studien Friedrich II. in der Hoffnung zuschicken, korrespondierendes Mitglied der Berliner Akademie zu werden. Der bedeutendste unter ihnen ist Lazzaro Spallanzani, der aus Pavia am 11. November 1775 dem König die Bitte vorträgt, in seine Akademie aufgenommen zu werden. Das französische Schreiben enthält die üblichen Lobeshymnen auf den Schirmherrn „des Sciences et des Lettres":

> [...] Animées par la Bienveillance Royale, soutenuées par son Auguste Munificence, on les voit fleurir par tout dans son Royaume fortuné, et à plus d'un titre Berlin peut se vanter le berceau et les délices des Muses. C'est ici ou une Academie de Savans represente la splendeur de la Nation, et dont les noms célébrés aujourd'hui par la voix de la Renommée ne laisseront de retentir avec éclat dans les siècles futurs. C'est de cette illustre Assemblée réputée avec raison comme une des plus fameuses de l'Europe, que souhaitent ardemment de devenir Membres les savants étrangers, regardant cette Aggregation comme le plus noble fleuron de leur couronne littéraire. Moi aussi que je serois heureux si je pouvois me voir au nombre de cette respectable Compagnie![17]

Spallanzani erwähnt, dass der Sekretär der Akademie De la Grange ihn zu dieser Bewerbung um eine Mitgliedschaft aufgefordert hat, verschweigt aber, dass Lucchesini bei ihm studiert hat, den er zu einem späteren Zeitpunkt als Mittelsmann in seiner Beziehung zum König benutzt.

Ein Brief vermittelt eine Vorstellung davon, wie Lucchesini als Dolmetscher für seinen Herrn fungiert und dann dem Gelehrten eine Nachricht des Königs übermittelt:

> Come la lettera vostra per S. M. mi pervenne, era il tempo degli esercizj militari e dei viaggi per la rassegna delle sue truppe poste nelle provincie più remote del Brandeburgo. Egli ritornò dalla Prussia, ed avendogli detto che mi era giunto un libro vostro per lui, mi ingiunse di fargliene un minuto estratto e di presentarglielo quando me lo avesse richiesto. Ciò avvenne ha già 10 giorni, e dopo averlo letto, e spesso e molte volte parlato meco delle belle e veramente maravigliose vostre scoperte, tanto nell'economia della digestione, quanto nel gran mistero della generazione, accolse l'opera stessa e la lettera vostra con sommo piacere.[18]

Die Fortsetzung von Lucchesinis Brief belegt Friedrichs reges Interesse an den medizinischen Forschungen Spallanzanis, der sich für Naturwissenschaf-

---

[17] *D'Ancona*: Friedrich der Große, S. 43. Das im Archiv der Berliner Akademie der Wissenschaften aufbewahrte Original dieses Briefes ist knapper, weil der Satz mit dem Lob auf Berlin „et à plus d'un titre Berlin peut se vanter le berceau et les délices des Muses" fehlt.

[18] Ebd., S. 45 f. Da der Brief von 1782 stammt, handelt es sich vermutlich um *Spallanzanis* Dissertazioni di fisica animale e vegetabile. Modena: Società Tipografica 1780.

ten im damaligen Sinne des Wortes, gleichzeitig aber auch für literarische Fragen wie Salvinis Homer-Übersetzung interessiert und mit bedeutenden Vertretern der europäischen Aufklärung korrespondiert. Es ist sicherlich nicht unangemessen, wenn man eine gewisse geistige Wahlverwandtschaft zwischen dem Gelehrten und dem Monarchen sieht, die mit deren gemeinsamer Teilhabe an der europaweiten Aufklärungsbewegung in Verbindung zu bringen ist.

Wieder anders liegen die Verhältnisse bei Anton Maria Lorgna aus Verona, der durch Michel Enrico Sagramoso, der 1777 nach Berlin kam, dem König eine Publikation überreichen lässt. Welche Art von Bezug in diesem Fall besteht, erhellt ein Brief von Lucchesini, der dem König am 12. August 1784 schreibt:

> Le chevalier Lorgna de Verone m'a chargé de mettre aux pieds de V. M. ce livre et les hommages de son respect. C'est le premier volume des memoires d'une nouvelle societé litteraire, que l'amour des Sciences Physiques et mathematiques a formé en Italie sans le secours d'aucun Souverain; car l'Italie en pleurant ses Medicis, ses La Rovére, et ses Ducs de Ferrare envie à l'Allemagne son Fréderic.[19]

Klären wir zunächst die Begrifflichkeit, die in diesem Brief verwendet wird. Lucchesini spricht von „le premier volume des mémoires d'une société littéraire", doch interpretiert man die Bezeichnung falsch, wenn man an einen literarischen Zirkel denkt, denn gleichzeitig ist die Rede von der Liebe zu den „sciences physiques et mathématiques", die zur Gründung dieser Akademie geführt habe. Die von Lorgna in Verona gegründete wissenschaftliche Gesellschaft, die übrigens bis heute weiter besteht, gehört zu den naturwissenschaftlichen Vereinigungen, die der königlichen Akademie in Berlin mehr entsprechen als die üblichen italienischen Sprachakademien. Es besteht somit eine größere Gemeinsamkeit mit der Berliner Akademie, als sie sonst bei den italienischen Akademien vorhanden ist. Der König hat überdies für naturwissenschaftliche Forschung und für praxisbezogenes Wissen mehr Interesse als für literarische Erzeugnisse.

Die Berliner Akademie ist im Gegensatz zu den Akademien in Paris sehr international und kann durch ihre Offenheit nach außen für das in verschiedene Kleinstaaten aufgeteilte Italien vorbildlich erscheinen. Lucchesini schmeichelt seinem Dienstherrn mit einem nostalgischen Blick auf die große Vergangenheit Italiens, wenn er ihm nahe legt, dass fürstliches Mäzenatentum dort einst die Blüte der Akademien ermöglicht hat. Ein Brief Lorgnas vom 1. Januar 1784 thematisiert die Analogien, die der Gelehrte zwischen Deutschland und Italien sieht, um sein Unternehmen zu skizzieren. In bei-

---

[19] GStA PK, BPH, Rep. 47 Kg Friedrich II., J Nr. 458, fol. 36. Der Brief ist weiter unten abgedruckt. Ich danke Frau PD Dr. Rita Unfer Lukoschik für die großzügige Bereitstellung von Materialien, die sie im Archiv gefunden hat.

den Fällen steht die staatliche Zersplitterung der Sammlung der Kräfte entgegen, wie sie im zentralistischen Frankreich möglich ist. Auch wenn dieser
letztere Gedanke unausgesprochen bleibt, bildet er die Kontrastfolie zum
angepriesenen Modell einer Sammlung der übers Land verstreuten hochran-
gigen Gelehrten. Hier erweist sich, wie in den Augen des Italieners die Berliner Akademie Vorbildfunktion für sein eigenes Projekt hat.

Lorgnas Brief könnte bei oberflächlicher Lektüre als Selbstanpreisung gelesen und damit gründlich missverstanden werden. In Wirklichkeit möchte
der Briefschreiber dem König verständlich machen, in welcher Weise ihn
dessen Mäzenatentum bei der Gründung seiner wissenschaftlichen Vereinigung inspiriert hat:

> Il aurait été bien surprenant, que l'Italie partagée en tant de gouvernemens differens
> entre eux en tous sens, et à tous égards eut jamais pû sortir de l'assoupissement ou
> elle etoit plongée, et former un corps de scavans national, si un hazard bien heureux
> n'alloit faire eclore un moyen fort singulier de combiner les Italiens, et de les faire
> agir comme si ils etoient tous unis sous un même gouvernement. Il me vint dans la
> pensée qu'il pouvoit ne pas être impossible d'assortir une Société de Sciences Ita-
> lienne composée des meilleurs sujets épars par l'Italie qui occupent une chaire dans
> l'université d'une ville, qui vivent à soi meme dans une autre, les plus distingués
> pourtant, et dont la célébrité ne fût pas equivoque. Il ne falloit pas imposer des loix
> à des hommes libres relativement à cette institution, dont le succès dependoit de
> leur bonne volonté. On devoit naturellement surmonter bien d'obstacles, se prêter
> aux conseils de tous, et même aux caprices, bien choisir pour ne pas remplir la liste
> d'hommes mediocres, etablir et hasarder un fond pour l'impression des Memoires,
> et enfin faire jouer tous les ressorts de l'amour propre, de la gloire, de l'honneur
> national [...].[20]

In diesen Zeilen ist nie von Preußen die Rede, doch erwähnt Lorgna in
der Folge dieses Briefes die Tatsache, dass der König ihn in seine Akademie
aufgenommen hat, und folgert daraus, dass seine eigene Unternehmung mit
dem königlichen Ehrerweis zusammenhängt, denn die nun veröffentlichten
Akten seiner Institution sollen die königliche Bibliothek als Beweis dafür
zieren, dass die italienischen Gelehrten eine besondere Sympathie für Friedrich II. hegen[21]. Wenn man diese panegyrische Aussage in heutige Sprache
übersetzt, so bedeutet sie, dass Lorgna die königliche Politik, hochrangige
Gelehrte aus ganz Europa in seine Akademie zu berufen, zum Modell
nimmt, um auch in Italien eine Sammlung der Besten in einer wissenschaftlichen Vereinigung zu initiieren. Damit verwirklicht der Veroneser in gewis-

---

[20] GStA PK, BPH, Rep. 47 Kg Friedrich II., J Nr. 458, fol. 37.
[21] Im Brief heißt es: „[...] en me proposant d'augmenter Sa Bibliothèque par un
très grand nombre de ces Volumes, qui seront un monument perpetuel de la devotion
particuliere qu'ont les Scavans d'Italie pour V. M. R. et de sa profonde veneration
avec laquelle l'Instituteur de la Societé ose présenter leurs prémices, et son ouvrage"
(ebd.).

ser Weise das, was Ludovico Antonio Muratori schon lange vor ihm als Reformprogramm entworfen hat[22].

Interpretiert man, wie ich dies eben getan habe, Lorgnas Huldigungsadresse an Friedrich II. als Zeugnis für die komplexe Verbindung der italienischen Gelehrtenrepublik mit dem Preußenkönig, dann kann man auch ermessen, inwiefern dieses ferne nordische Vorbild mit den sonstigen dortigen Bemühungen um eine neue Eigenständigkeit angesichts der französischen Vormachtstellung, und in Abgrenzung gegen die dominierende französische Kultur, befruchtend wirken kann. Die italienische Gelehrtenrepublik ist seit der zweiten Hälfte des 17. Jahrhunderts bestrebt, sich neben der französischen bzw. gegen sie, ihr eigenes Profil zu sichern[23]. Muratoris Reformprogramme entspringen dieser Abwehrhaltung gegenüber Frankreich. Die wissenschaftliche und die literarische Welt stehen dabei in einem gemeinsamen Kampf gegen die Abwertung durch die Franzosen.

Die Theoretiker der französischen Literatur des 17. Jahrhunderts definieren die Besonderheit dessen, was bereits im 18. Jahrhundert als „le classicisme français" bezeichnet und europaweit bewundert wird[24], in einer polemischen Herabsetzung der italienischen Vorbildfunktion. Boileaus abfällige Bemerkung im „Art poétique" über die italienische Dichtung[25] sowie seine geradezu sprichwörtlich gewordene Formel „le clinquant du Tasse"[26] empören die Italiener ebenso wie die Tasso-Schelte von Dominique Bouhours in den „Entretiens d'Ariste et d'Eugène" und in „La Manière de bien penser dans les ouvrages d'esprit". Giovan Gioseffo Orsi verfasst eine voluminöse Widerlegung der Thesen von Bouhours, und die letzte Edition dieser Schrift[27], die eine vollständige Dokumentation der Kontroverse vorweist, enthält eine Biographie Orsis aus der Feder von Muratori, der Reformvorschläge für die italienischen Akademien wie für die italienische Dichtung[28]

---

[22] Vgl. *Verf.*: Muratori e l'idea della Repubblica letteraria d'Italia, in: Romanische Forschungen 114 (2002), S. 191–205.

[23] Vgl. *Françoise Waquet*: Le modèle français et l'Italie savante: conscience de soi et perception de l'autre dans la république des lettres (1660–1750). Rom: École Française de Rome 1989.

[24] Vgl. *Alain Génetiot*: Le classicisme. Paris: Presse Universitaire de France 2005.

[25] „Laissons à l'Italie/De tous ces faux brillants l'éclatante folie" (Chant I, 43 f.).

[26] Satire IX, 176.

[27] Considerazioni del Marchese *Giovan-Gioseffo Orsi* sopra La Maniera di ben pensare ne' componimenti, già pubblicata dal Padre Domenico Bouhours della Compagnia di Gesù; s'aggiungono tutte le Scritture, che in occasione di questa letteraria contesa uscirono a favore e contro al detto Marchese Orsi. Colla Vita di lui, e colle sue Rime in fine. Modena: Soliani 1735.

[28] Vgl. besonders *Lodovico Antonio Muratori*: Della perfetta poesia italiana. A cura di Ada Ruschioni. 2 voll. Milano: Marzorati 1971. Zur darin enthaltenen Auseinandersetzung mit Boileaus Kritik an den Italienern vgl. *Corrado Viola*: Tradizioni letterarie

publiziert hat. Diese Verknüpfung von Gelehrsamkeit und Dichtungstheorie in der Person Muratoris offenbart, wie innig beide Bereiche im italienischen *Settecento* miteinander verwoben sind. Deshalb ist auch Friedrichs Wirkung in diesem gesamten Feld zu untersuchen, obwohl der König selbst mit der italienischen Literatur wenig gemein hat.

Setzen wir bei der Reaktion der Italiener gegen das französische Literaturkonzept an, um zu erwägen, wie der Mythos von Friedrich dem Großen im europäischen Kontext auch auf diesem Gebiet Früchte zeitigen kann. Benedetto Menzini kehrt in seinem Lehrgedicht „Dell'arte poetica" Boileaus berühmten, auf den Reformer Malherbe gemünzten Vers aus dem „Art poétique" „Enfin Malherbe vint [...]"[29] programmatisch um, wenn er apodiktisch schreibt:

> Non aspettar Boelò, che dalla Senna
> T'additi il buon sentiero [...][30]

Menzini mahnt seine Landsleute, sie sollten nicht das französische statt des antiken Vorbilds wählen, und erweckt damit den Eindruck, er selbst halte sich nur an die klassisch antike bzw. an die italienische Tradition. In Wirklichkeit steht sein Lehrgedicht in einem ständigen Dialog mit Boileaus „Art poétique"[31], doch kaschiert er in seinem umfangreichen Selbstkommentar sorgfältig die massiven intertextuellen Bezüge zu Boileaus „Art poétique"[32], weil deren Offenlegung die Zielsetzung seines Lehrgedichts konterkarieren würde. Menzini lässt sich sozusagen von Boileau den guten Weg zur großen italienischen Dichtungstradition zeigen und versucht damit, die italienischen Vorstellungen wieder in den Vordergrund zu rücken, an die der französische Dichtungstheoretiker angeknüpft hat. Auf diese Weise möchte er den Beitrag der italienischen Literatur zum Aufschwung der französischen sichtbar und seinen Landsleute den hohen Rang ihrer eigenen Dichtungstradition bewusst machen. Sein Vorgehen steht exemplarisch für die Haltung vieler Vertreter der italienischen Gelehrtenrepublik und der dortigen literarischen Welt, die von den französischen Leistungen fasziniert, über die Herabsetzung ihrer eigenen literarischen Tradition empört und darum bemüht

---

a confronto: Italia e Francia nella polemica Orsi-Bouhours. Verona: Fiorini 2001, S. 264–280.

[29] Chant I, 131.

[30] Opere. Venezia 1769, Bd. II, S. 127.

[31] Vgl. *Ulrich Schulz-Buschhaus*: Honnête Homme und Poeta doctus – Zum Verhältnis von Boileau und Menzinis poetologischen Lehrgedichten, in: ders.: Moralistik und Poetik. Hamburg: Lit-Verlag 1997, S. 155–176.

[32] Vgl. *Verf.*: Das Erhabene in Menzinis *Dell'arte poetica* und Boileaus Deutung von Longinos *Peri hypsous*, in: Werner Helmich/Helmut Meter/Astrid Poier-Bernhard (Hrsg.): Poetologische Umbrüche. Romanistische Studien zu Ehren von Ulrich Schulz-Buschhaus. München: Fink 2002, S. 224–239.

sind, die Werke ihrer Vorgänger in der Weise neu zu verstehen, dass sie die italienischen Besonderheiten zur Abwehr der Überfremdung durch das Französische verwenden können.

Die ambivalente Haltung der Italiener gegenüber dem französischen Hegemonialanspruch im sprachlichen und literarischen Sektor zieht sich durch das ganze 18. Jahrhundert hindurch. Die literarische Welt auf der Apenninenhalbinsel steht seit dem Ende des 17. Jahrhunderts vor der schwierigen Aufgabe, die Konkurrenz der französischen Literatur zu den antiken Modellen, deren lateinische Variante seit der Renaissance in Italien gewissermaßen zur eigenen Tradition zugeschlagen wird, auszuhalten. Sie muss den Prestigeverlust der eigenen Literatur im Gefolge der aus Frankreich kommenden kritischen Gleichsetzung von Petrarca und Tasso mit Marino und dem Marinismus durch eine Besinnung auf die eigene Tradition überwinden, ohne den Verdacht der Rückständigkeit dadurch zu nähren, dass sie sich gegen die in ganz Europa hoch geachtete, neuere französische Kultur abschottet. Die Sprachenfrage spielt dabei eine nicht unerhebliche Rolle.

Carlo Gozzi polemisiert gegen jenen „Genio attuale", dessen Vertreter „per una fantastica prevenzione [...] l'attributo della dolcezza alla propria lingua"[33] negieren. Diese Leute, die sich in ihren sprachlichen Äußerungen modisch verhielten, begingen den Irrtum „scompigliare la nostra lingua legittima", so dass man „non piú d'eloquenza italiana, ma d'impiastrata eloquenza francese"[34] sprechen müsse. Gozzi nimmt mit diesem Angriff Melchiorre Cesarotti ins Visier. Er schießt dabei insofern völlig über das Ziel hinaus, als Cesarotti mit seiner Ossian-Übersetzung der italienischen Dichtungssprache jene Ausdrucksmöglichkeiten verschafft, die notwendig sind, um Italien den Anschluss an die europäische Romantik und somit an die damals moderne Literatur zu erschließen[35]. In der Langzeitperspektive hat weder Gozzi noch Cesarotti wirklich Unrecht, und gerade diese Tatsache macht die schwierige Lage der literarischen Welt und der Gelehrtenrepublik im 18. Jahrhundert schlaglichtartig bewusst, wo es darum geht, einen Mittelweg zwischen modischer Nachahmung der Franzosen und anachronistischem Festhalten an den überholten Privilegien Italiens zu finden.

Carlo Denina bezieht gegenüber Frankreich einen freundlicheren Standpunkt, wenn er auf die Wirkung der französischen Literatur zu sprechen

---

[33] Chiacchiera di C. Gozzi intorno alla lingua letteraria italiana, zit. in: *Maurizo Vitale*: La Questione della lingua. Palermo: Palumbo 1960, S. 339.

[34] Chiacchiera, S. 339.

[35] Vgl. *Verf.*: Die Unterminierung des Modellcharakters der griechisch-römischen Antike durch die französische und italienische Romantik, in: Volker Kapp/Helmuth Kiesel/Klaus Lubbers/Patricia Plummer (Hrsg.): Subversive Romantik. Berlin: Duncker & Humblot 2004, S. 170–175.

kommt: „[…] i Francesi del passato secolo poteano preservar dall'infezione gli avi nostri e conservare in Italia il buon gusto".[36]

Dieser Satz steht in seiner „Bibliopea". Die erste Auflage des Werkes erscheint 1776, d.h. bevor Denina in den Dienst des preußischen König tritt. Für den späteren Gefolgsmann Friedrichs II. ist die heilsame Wirkung der Franzosen auf die Italiener dort unbestritten, wo es um die Überwindung des Marinismus ging. Doch hütet sich der Polygraf, der modernen französischen Literatur den Vorzug vor der antiken zu geben, denn er fordert einen Vergleich der modernen mit den antiken Autoren:

> Confrontisi la loro maniera di scrivere con la norma degli antichi; procurisi di sapere qual sia il parere delle altre nazioni e province dove pur non s'ignora che fioriscono le lettere, dove la buona critica domina e regna, dove niuno è che osi dire che il buon gusto sia spento; si esamini, se ciò che i nostri paesani approvano e lodano, sia egualmente approvato e lodato dagli stranieri.[37]

Denina vertritt in Hinsicht auf literarästhetische Fragen eine kosmopolitische Position, weil er immer wieder Parallelen zwischen den herausragenden Leistungen antiker und moderner Literatur zieht und keiner einen klaren Vorrang zuerkennt. Vielleicht könnte man seine Ausführungen als erste Elemente einer Vorstellung von Weltliteratur im Sinne von Goethe interpretieren. Wie immer man seine Konzepte deuten mag, so lässt sich doch im uns hier interessierenden Zusammenhang innerhalb von Deninas Programm einer Universalgeschichte der Literatur ein deutliches Bewusstsein davon feststellen, dass Europa nicht nur *ein* geistiges Zentrum, Paris, und *eine* dominante Literatur bzw. Sprache, die französische, sondern *viele* Zentren und *viele* gleichberechtigte Sprachen besitzt. Deshalb bedeuten für ihn wie für viele Italiener die engen Bande des preußischen Königs zu Frankreich weniger einen Beweis für die absolute Geltung der dortigen Sprache, Literatur und Kultur als ein Gegengewicht gegen die französischen Hegemonialansprüche. In geographischen Dimensionen besagt diese Haltung eine Abwertung des Zentrums gegenüber dem Peripheren verschiedener kultureller Zentren, von denen Berlin neben Dresden oder München ebenso eines sein kann wie St. Petersburg, Wien oder London.

Da für Denina aus italienischer Perspektive mehrere attraktive Gravitationspunkte der europäischen Kultur und Literatur nebeneinander bestehen, müssen wir überlegen, wie Friedrich II. in diesem komplexen Beziehungsgeflecht zu situieren ist. Die starken Sympathien des Königs zur französischen Aufklärung sind dabei lediglich die eine Seite, während seine unübersehbar periphere Stellung gegenüber dem Zentrum der französischen Kultur in Paris die andere Seite ausmacht. Der vergebliche Versuch, führende fran-

---

[36] Bibliopea, S. 57.
[37] Ebd., S. 57.

zösische Aufklärer wie d'Alembert nach Berlin zu holen, sowie der Bruch mit Voltaire, der es in Preußen nicht aushält, muss diesem König gerade in den Augen der mit Frankreich sympathisierenden Italiener nicht nur zum Nachteil gereichen, sondern kann auch als ein Zeichen für die Eigenständigkeit Berlins interpretiert werden und diesem ein gewisses Prestige sichern, das sich in den literarischen Äußerungen zum friderizianischen Preußen manifestiert. Nicht das Programm der Aufklärung als solches verbindet somit in erster Linie die Italiener mit Preußen, sondern das Streben nach analogen Zielsetzungen, zu denen als wichtiger Programmpunkt die Überzeugung gehört, dass die französische Aufklärung Vorstellungen propagiert, die zur Verbesserung des Gemeinwesens, der Kultur und Literatur außerhalb Frankreichs beitragen können, ohne dass die regionalen Divergenzen aufgegeben werden müssen. Die Italiener sehen im König von Preußen den Garanten für dieses Programm und verbinden mit der Person Friedrichs die Hoffnung, dass die Ideen der Aufklärung auch zur Erneuerung der Verhältnisse auf der Apenninenhalbinsel beitragen können. Deshalb huldigen sie ihm genauso wie den Großen der französischen Aufklärung, deren Ideen sie sich zu Eigen machen.

D'Ancona verweist auf mehrere Sammlungen von literarischen Äußerungen, von denen sich einige speziell mit dem Siebenjährigen Krieg befassen. Nach seinen Informationen befinden sich einschlägige Sammelhandschriften in Florenz, Bologna, Parma und Venedig. Er verzeichnet auch ein dreibändiges Manuskript mit Dichtungen von 1757 zum Krieg gegen Österreich aus der Preußischen Staatsbibliothek, das er aber selbst nicht in Händen hatte. Der Kollegin Rita Unfer Lukoschik und dem Leiter der Handschriftenabteilung der Staatsbibliothek Berlin, Prof. Dr. Eef Overgauuw, möchte ich an dieser Stelle danken, dass sie dieses Manuskript identifiziert und für mich konsultiert haben. Zu unser aller Überraschung stellte sich heraus, dass es von Carlo Goldoni zusammengestellt und vorwiegend mit Schmähgedichten auf Friedrich den Großen und Huldigungen an seine Gegnerin Maria Theresia gefüllt ist. Insgesamt scheinen dort satirische und burleske Texte zusammengetragen zu sein, die teilweise auch nichts mit den beiden Herrschern zu tun haben. Es müsste in einer eigenen Studie einmal ein Vergleich dieser verschiedenen Handschriften vorgenommen und untersucht werden, ob sie eventuell miteinander zusammenhängen bzw. ob sie primär aus politischen, gar propagandistischen Zwecken kompiliert wurden oder eher literarischen Zielsetzungen folgen, sofern sie überhaupt Gemeinsamkeiten aufweisen. Es ist nämlich nicht auszuschließen, dass sie viele gemeinsame Texte enthalten und womöglich einem österreichischen Propagandaunternehmen ihren Ursprung verdanken. Was immer eine solche Untersuchung ergeben möge, so besteht doch kein Zweifel, dass die Italiener leidenschaftlich für die beiden streitenden Parteien in einer erstaunlich breiten Schicht Stellung bezogen haben.

Francesco Maria Zanotti, Professor für Philosophie an der Universität Bologna, Mitglied des dortigen *Istituto delle Scienze* und seit dem 23. Oktober 1760 Auswärtiges Mitglied in der Königlich Preußischen Akademie der Wissenschaften in Berlin,[38] berichtet in einem Brief an Algarotti vom Juli 1757 über die Aufregung, die der siebenjährige Krieg in Bologna hervorbringt:

> [...] Me hanno per prussiano, e già ho avuto lettere cieche. Hanno sparso sonetti e scritti, e sento che uno n'è contro di voi. Van dicendo che il Principe vi ha vietato di metter piede in Venezia e in Padova, ordinandovi che misuriate le vostre parole; e dicono che in Verona sono stati appiccati due ingaggiatori del Re di Prussia, che avevano corrispondenza con voi. La rabbia, con cui si parla, è incredibile; e tal che, quantunque io faccia una vita, come sapete, ritiratissima, pure me n'è giunto il rumore; e ne fui fatto certo da alcuni, che usano alle conversazioni e ai caffè.[39]

Dieser Brief umreißt die Hintergründe, die zur Produktion von Pamphletliteratur gegen Friedrich II. beigetragen haben. Er muss jedoch auch mit der Person des Verfassers in Beziehung gesetzt werden. Zanotti genießt so großes Ansehen in der europäischen Gelehrtenrepublik, dass er in die Akademien von Montpellier und London, aber auch von Berlin aufgenommen wird. Als Anhänger Newtons ist er vielleicht auch der Freigeisterei verdächtigt, weswegen die Hetze gegen den freidenkerischen König von Preußen ihn ebenso wie Algarotti einbezieht, der in preußischem Dienst steht.

Der Preußenkönig ist nach dem Zeugnis von D'Ancona bei seinen italienischen Gegnern als Freigeist verschrien. Insgesamt scheint dort Maria Theresia als die „gute Deutsche" Friedrich II. als „dem Teufel aus Preußen" gegenübergestellt zu werden. Nach D'Ancona erscheint in ihnen Maria Theresia als eine zweite Judith, die dem zweiten Holofernes Friedrich den Garaus macht[40]. Ein Sonett von einem unbekannten Venezianer gestaltet einen Dialog zwischen einem Deutschen und einem Preußen. Kritisch fragt der erstere – ich zitiere die Übersetzung im oben genannten Werk von Volz:

> Dem Kriegmann und dem Schöngeist sollt' ich Ehre
> Antun, der doch als Ketzer ist in Bann,
> Der nichts von Priestern hält und Kirchenlehre –
> Ich als ein Katholik und frommer Mann? –[41]

Das Klischee des Katholiken, der nichts mit dem freigeistigen König zu schaffen haben möchte, trifft sich bestens mit der Vorstellungswelt religiös konservativer Kreise in Italien, so dass hier Identifikationsmuster angeboten werden. Friedrich wird im Gedicht aber nicht nur als Freidenker, sondern auch als Krieger und Musenfreund vergegenwärtigt. Unter diesen Vorzeichen

---

[38] s. hierzu den Abschnitt ab S. 196 des Dokumentationsteils in vorliegendem Band.

[39] *Algarotti*: Opere. Edizione nuovissima. 17 voll. Venezia: Palese 1794, Bd. XII, S. 273, zit. in: *D'Ancona*: Friedrich der Große, S. 7.

[40] Vgl. *D'Ancona*: Friedrich der Große, S. 19 f.

[41] *Volz*: Friedrich der Große, Bd. II, S. 185.

wird er häufig von den Italienern thematisiert, die darin eine ideale Verbindung von politischer Gewalt und aufgeklärter Förderung des Gemeinwesens und der Kultur sehen. Das Sonett präsentiert somit den Preußenkönig so, dass es ein Leichtes ist, ihn zu verteidigen.

Der Preuße argumentiert im ersten Terzett zugunsten seines Königs:

Wenn er sich Ruhm erwarb in vielen Schlachten,
Gebührt ihm drum nicht minder unser Lob?
Ist Tugend nicht, wo sie auch strahlt zu achten?[42]

Das venezianische Sonett endet mit der Aufforderung, sich in Ehrfurcht zu üben, auf diese Weise könne man Friedrichs Verdienste nicht leugnen. Diese Art von Huldigung an den fernen König bedeutet gleichzeitig eine Mahnung an die Fürsten in Italien, sich diesen zum Vorbild für ihre eigene Regierung zu nehmen, denn dann können auch in ihren Territorien Reformen in Angriff genommen und das Gemeinwohl verbessert werden. Handelt es sich demnach um eine Apologie Friedrichs II.? Volz zitiert das Sonett vermutlich, weil er in ihm zumindest Ansätze eines positiven Bildes von Friedrich II. sieht.

Eine Variante des Themas vom Krieger und Musenfreund liefert ein Gedicht in Form eines Epitaphs. Es spricht vom großen Friedrich, der Alexander und Lykurg nacheifert, mit anderen Worten gleichzeitig ein großer Feldherr und ein umsichtiger Staatenlenker ist:

Hier ruht der Held von Brandenburg
Der große Friedrich,
Nacheifernd Alexander und Lykurg.
Sein Geist, der hier verblich,
War kluger Sinn und Tapferkeit
Und einzige Beharrlichkeit.
Sein größter Feind Fortuna war,
Sie blieb ihm kalt unwandelbar;
Doch hätt' es dieser große Kriegsheld
Auch aufgenommen mit der ganzen Welt.
Er ging dahin.
Allein es blieben seine Niederlagen
Ruhmvoller stets als ein Gewinn,
Den andere davongetragen.[43]

Dieses Epigraph aus dem Berliner Manuskript ist noch zwiespältiger als das eben zitierte Sonett, denn hier stehen sich der Krieger und Fortuna feindlich gegenüber. Auch die Behauptung, dass Friedrichs Niederlagen ruhmvoller als die Siege seiner Gegner sind, ist ein fragwürdiges Lob, da im 18. Jahrhundert die Panegyrik Niederlagen eher verschweigt.

---

[42] Ebd., Bd. II, S. 185.
[43] Ebd., Bd. II, S. 187.

Es ist für uns heute oft schwierig zu erkennen, was damals die Italiener dazu bewogen hat, Position für oder gegen den Preußenkönig zu beziehen. Die Ermittlung der Motivation dürfte in den wenigsten Fällen so einfach wie bei Metastasio sein, der in Wien die Stelle des kaiserlichen Dichters innehat, und selbstverständlich für die Kaiserin Partei ergreift. Alfieri schmäht Metastasio dafür, dass er Maria Theresia seine Reverenz erweist. Seine Kritik am kaiserlichen Dichter erwächst aus seiner grundsätzlichen Aversion gegen alle Fürstenherrschaft, wie sie auch seine oben erwähnten bösen Bemerkungen über Friedrichs Preußen inspiriert hat. Die politische Bindung an Österreich liefert sicherlich eine der Begründungen für die pro-österreichische Haltung. Die Lombardei gehört damals den Habsburgern, die es bekanntlich verstanden haben, die dortigen Aufklärer in ihre Reformbestrebungen einzubinden. Damit wird die nahe liegende Vermutung hinfällig, allein die freidenkerischen Aufklärer hätten sich auf die Seite Friedrichs gestellt, während die konservativen Katholiken für Österreich waren. Die italienischen Aufklärer nehmen unterschiedliche Positionen ein, wobei der bereits erwähnte Beccaria beweist, dass einer für Österreich sein kann, ohne sich unbedingt gegen Preußen sperren zu müssen. Eines scheint jedoch sicher zu sein: dass die Sympathie für den Preußenkönig das Ergebnis einer bewussten Entscheidung jedes einzelnen ist. Während im Falle von Österreich eine direkte politische Bindung Grund für Huldigungsadressen und Parteinahme liefert, wird der Preußenkönig durch sein persönliches Charisma zur Leitfigur vieler Italiener, die auf ihn ihre Hoffnung setzen, sei es, dass sie ihn als Philosophenkönig in ihre idealen Staatsentwürfe integrieren, sei es, dass sie sich von ihm irgendwelche Vorteile versprechen.

Das Verfassen von Panegyrik auf Friedrich II. wird durch die Rolle der Akademien im literarischen und kulturellen Leben der Apenninenhalbinsel des 18. Jahrhunderts begünstigt. Diese Akademien werden von ihren Gegnern zu Brutstätten des Mittelmaßes erklärt. Voltaire bringt sie mit der „fureur des sonnets"[44] in Verbindung, die Voltaire, so behauptet wenigstens Casanova, im Gespräch mit dem Abenteurer 1760 den Italienern vorwirft. Neben der persönlichen Verehrung für den fernen Preußenkönig könnte der Hang von Mitgliedern der Sprachakademien, Huldigungsadressen zu verfassen, ebenfalls für das Entstehen der Panegyrik auf Friedrich II. verantwortlich sein. Vermutlich sind viele Gelegenheitsdichtungen auf Friedrich II. ebenso der Suche nach einem aktuellen, vielleicht sogar modischen Thema wie einer entschiedenen Bezugnahme auf die Person des Königs zu verdanken. Doch bezeugt die Tatsache, dass es wünschenswert erscheint, diese Thematik zum Gegenstand von Dichtung zu machen, die Popularität des Preußenkönigs.

---

[44] *Casanova*: Histoire de ma vie suivie de textes inédits. Édition présentée et établie par Francis Lacassin. Paris: Laffont 1993, Bd. II, S. 404.

Manche Dichtungen hält D'Ancona mit Recht für kurios. Ein Patrizier aus Vicenza, Giulio Ferrari, veröffentlicht 1756 einen In Quart Band von 248 Seiten mit Gedichten auf Friedrich II., Girolamo Ascanio Molin schreibt gar ein ganzes Epos von 37 440 Versen mit dem an Tassos Epos erinnernden Titel „La Slesia riconquistata"[45]. Es ist nicht immer klar ersichtlich, ob alle diese Werke bis nach Potsdam gelangt sind. Der König scheint auf die Zusendung solcher Dichtungen in der Regel mit einem unverbindlichen, freundlichen französischen Briefchen geantwortet zu haben. Bedeutet diese Reaktion, dass er die ihm gewidmeten Bücher gelesen hat? Lucchesini versichert in einem Brief vom 11. Dezember 1781, er selbst verstehe kaum Englisch, „e il Re comprende quasi meno d'italiano"[46]. Er fügt hinzu: „Chi non scrive in francese o chi non ha un traduttore non potrà mai vantarsi d'esser letto da Federico"[47]. Vielleicht wiegten sich die italienischen Verehrer des Königs in der eitlen Hoffnung, von ihm verstanden zu werden. Auch wenn die Widmungsschreiben immer die eitle Hoffnung betonen, von dem Widmungsträger gelesen zu werden, gibt es genügend literarische Zeugnisse dafür, dass die Vertreter der Gelehrtenrepublik es für wenig wahrscheinlich halten, dass ein Buch, das einem Fürsten oder Hocharistokraten geschickt wird, jemals dessen Aufmerksamkeit erweckt.

Mehr Chancen haben beim König jene Italiener, die er für praktische Angelegenheiten einsetzen kann. Casanova berichtet in der „Histoire de ma vie", dass ihn Friedrich für einen Ingenieur gehalten und über die venezianische Armee und über Steuerprobleme befragt hat[48]. Man mag der Wahrhaftigkeit von Casanova misstrauen, doch passt sein Zeugnis zu der historisch verbürgten Tatsache, dass sehr viele Italiener damals für die verschiedensten Aufgaben in preußischen Dienst aufgenommen wurden. Diesen Umstand haben die historischen Untersuchungen der deutsch-italienischen Beziehungen in jener Epoche vielleicht nicht hinreichend herausgekehrt. Das Schöngeistige ist dem König als Huldigung recht, weil es seinen Ruhm vermehrt, doch lässt er sich auf Literaten aus Italien nur ein, wenn sie bereits ein gewisses Ansehen in der literarischen Welt Europas besitzen oder ihm in irgendeiner Weise nützlich sein können. Diese Haltung mögen manche Italiener nicht immer ganz richtig eingeschätzt haben, weil der König grundsätzlich für jene Leute ein Ohr hatte, die von der Apenninenhalbinsel kamen.

---

[45] Vgl. *D'Ancona*: Friedrich der Große, S. 32 f.

[46] Zit. in *D'Ancona*: Friedrich der Große, S. 38.

[47] Ebd.

[48] Casanova soll mit ihm über den Garten von Sanssouci sprechen und bringt Versailles ins Gespräch, wobei der König seinen vergeblichen Versuch thematisiert, Wasserspiele wie in Versailles bauen zu lassen. Als Casanova mit einer Schmeichelei antwortet, bemerkt der König: „Je vois que vous êtes architecte hydraulique" (Histoire de ma vie, Bd. III, S. 353).

Wie kann ein Italiener in Preußen tätig werden, ohne dass sich Verständigungsprobleme einstellen? Selbstverständlich, weil er sich der im damaligen Europa allen Gebildeten gemeinsamen Sprache, des Französischen, bedient. Die universelle Geltung der französischen Sprache bildet die unabdingbare Voraussetzung für die damalige Mobilität innerhalb Europas, von der Abenteurer wie Casanova ebenso profitiert haben[49] wie die vielen Italiener, die in die Akademie von Berlin oder in sonstige Aufgaben des preußischen Staates eingebunden wurden. Die Sprachenfrage muss jedoch ebenfalls in europäischer Perspektive betrachtet werden.

Es ist sicherlich legitim, dass die Sammelwerke das literarische Schaffen Friedrichs innerhalb der allen gebildeten Europäern gemeinsamen Tendenz situieren, sich der französischen Sprache zu bedienen. Der bekannte Rhetoriker Marc Fumaroli, Mitglied der *Académie française,* veröffentlichte 2001 eine repräsentative Auswahl von einschlägigen Texten unter dem vielsagenden Titel „Quand l'Europe parlait français", um an die wichtige historische Rolle der französischen Kultur des 18. Jahrhunderts innerhalb dessen zu erinnern, was er die europäische Gelehrtenrepublik nennt. Dieser Begriff heißt auf Französisch „la République des Lettres", und der Begriff „lettres" stellt besser als der deutsche Begriff „Gelehrte" den Bezug zur literarischen Welt her, die hier im Sinne des alten, weiten Literaturbegriffs verstanden wird. Die zu dieser Gelehrtenrepublik Gehörenden schreiben zwar Französisch, haben jedoch ein differenziertes Verhältnis zu dieser Sprache.

Schauen wir uns zunächst Friedrich II. an, der in drei Kapiteln dieser Anthologie vergegenwärtigt wird: im Dialog mit Voltaire, mit seiner Schwester Sophie Wilhelmine, der Markgräfin von Bayreuth, und mit einem Italiener, Francesco Algarotti, den Fumaroli einen „italienischen Star der Gelehrtenrepublik"[50] nennt. Diese Zeugnisse spiegeln drei ganz unterschiedliche Facetten des Phänomens wider. Voltaire, der für den Preußenkönig wie für seine Zeitgenossen die Leitfigur dieser Gelehrtenrepublik darstellt, korrespondiert europaweit mit der besseren Gesellschaft und mit der kulturellen Elite auf Französisch und festigt, trotz seiner Öffnung nach England, letztlich die kulturelle Hegemonie Frankreichs, auch wenn er sich in seinem persönlichen Leben von Paris absetzt. Die Korrespondenz des Königs mit ihm unterscheidet sich von der mit der Schwester darin, dass das Französische die als Ausweis guter Bildung geltende Sprache des Königs und deshalb auch die Verkehrssprache innerhalb des deutschen Fürstenhauses ist. Selbstverständlich

---

[49] Vgl. *Verf.*: Der Abenteurer als Demonstrationsobjekt und Skandalon der französischen Aufklärung. Zum Funktionswechsel von erlebten Abenteuern, in: Euphorion, Heft 79 (1985), S. 232–250.

[50] „[…] vedette italienne de la République des Lettres", *Marc Fumaroli* (Hrsg.): Quand l'Europe parlait français. Paris: De Fallois 2001, S. 146.

kommuniziert er mündlich wie schriftlich mit den Italienern ebenfalls auf Französisch. Hierin unterscheidet er sich von diesen, und dieser Unterschied ist im vorliegenden Zusammenhang von grundlegender Bedeutung. Die Italiener verständigen sich mit dem König auf Französisch, publizieren und korrespondieren ansonsten jedoch häufig in ihrer Muttersprache, sofern sie nicht für Friedrich II. schreiben[51]. Sie sind somit in den beiden Sprachen gleichermaßen beheimatet und pflegen diese Zweisprachigkeit ganz bewusst. Während also im einen Fall die deutsche von der französischen Sprache überlagert wird und sozusagen ein Kulturtransfer angestrebt ist, wird im anderen Fall die eigene Sprache bewusst neben jene der europäischen Gelehrtenrepublik gestellt.

Die Zweisprachigkeit kennzeichnet die italienischen Repräsentanten der europäischen Gelehrtenrepublik im 18. und frühen 19. Jahrhundert und ermöglicht ihnen große Mobilität, die nicht nur ihnen selbst bzw. der italienischen, sondern auch der ganzen europäischen Kultur zugute kommt. Casanova, der großräumig agiert, profitiert von seiner italienischen Herkunft, so z.B. 1764 bei seinem Aufenthalt in Berlin, wo er sogleich bei Italienern Anschluss bekommt und durch die Vermittlung der italienischen Tänzerin Giovanna Denis alias *La Pantaloncina* zum König eingeladen wird.[52] Als Friedrich ihm den Posten eines Erziehers in einer Kadettenschule für junge Adlige aus Pommern anbietet, schaut er sich den künftigen Wirkungsort an, erschrickt über die spartanisch ärmlichen Lebensbedingungen und zieht eine Weiterreise nach Sankt Petersburg vor, nachdem er sich zuvor noch mit der nicht mehr ganz jungen Tänzerin vergnügt hat. Casanova kommt mit dem Preußenkönig nicht zurecht, da die preußische Lebensart sein Bedürfnis nach Luxus nicht befriedigen kann. Hier kommt einem unmittelbar Voltaire in den Sinn, der sich letztlich auch bei seinem Gastgeber nicht wohl fühlt und aus enttäuschter Erwartung ihn sowie die Deutschen mit Spott und Hohn überschüttet[53]. Der negative Ausgang solcher Begegnungen ändert aber nichts an der Tatsache, dass der König grundsätzlich eine Offenheit für Gäste von der Apenninenhalbinsel bekundet, sofern sie sich mit ihm auf Französisch unterhalten können. Die Teilhabe an der europaweiten französischsprachigen Kultur ist somit einerseits die Voraussetzung für den Dialog, der andererseits aber die Besonderheiten der Italiener nicht außer Acht lässt.

Der König erhebt keineswegs die Assimilation der übergreifenden Kultur zum Qualitätskriterium, sondern weiß sehr wohl zwischen italienischer und

---

[51] Casanova weicht von diesem Schema ab. Er schreibt wohl deshalb seine Autobiographie auf Französisch, weil er nicht primär an eine italienische Leserschaft denkt.

[52] s. hierzu den Dokumentationsteil, ab S. 299 in vorliegender Arbeit, besonders den Text zur Abb. 57.

[53] Vgl. *Wolfgang Leiner*: Das Deutschlandbild in der französischen Literatur. Darmstadt: Wiss. Buchgesellschaft 1989, S. 60–78.

europäischer Kultur zu unterscheiden. Er beschränkt auch mitnichten sein
Interesse an Italien auf das Gebiet der Musik, bei dem ein internationales
Netzwerk von Italienern besteht, wie aus Da Pontes „Memorie" zu ersehen
ist. Doch verraten gerade die „Memoiren" des Mozart-Librettisten, dass die
Italiener im 18. Jahrhundert den Ehrgeiz besitzen, ihrer Literatur und Kultur
zu neuem Ansehen außerhalb des eigenen Sprachkreises zu verhelfen[54]. Die
europäische Gelehrtenrepublik dient für sie deshalb auch als Plattform, um
die eigene italienischsprachige Literatur und Kultur zu propagieren. Kann
Friedrich II. bei diesem Projekt ebenfalls nützlich sein?

Die Zweisprachigkeit und die Zweigleisigkeit des literarischen und kulturellen Lebens gehören zusammen und charakterisieren die europäische Gelehrtenrepublik. Die französische Literatur außerhalb Frankreichs ist im
18. Jahrhundert ebenso etwas Besonderes wie die frankophone Literatur im
20. Jahrhundert. Daher ist für die damalige literarische Welt außerhalb Frankreichs nicht nur der Bezug zu Paris, sondern ebenso die Beziehung zu anderen Kreisen von Literaten und Gelehrten quer durch Europa von Bedeutung.
Berlin bzw. Potsdam bilden für die Italiener eine der Alternativen zu Paris,
und sie teilen diese Funktion mit anderen Metropolen wie London, Dresden
oder Sankt Petersburg, während Wien auf Grund der habsburgischen Herrschaft in Norditalien eine Sonderstellung einnimmt. Das Überwechseln von
einem kleinen italienischen Territorium in eine dieser Metropolen bringt die
Chance einer Ausweitung des Horizonts mit sich, sofern es nicht einfach darum geht, den Schikanen des Provinziellen auf der Apenninenhalbinsel zu
entfliehen und eine freiere Teilhabe am Diskurs der Aufklärung zu erringen.
Preußen bietet aber den Italienern mehr Möglichkeiten zur Identifikation als
beispielsweise England oder Russland, weswegen es eine willkommene Gelegenheit liefert, durch die Zusammenarbeit mit Friedrichs staatlichen und
kulturellen Institutionen der französischen Hegemonie zu widerstehen.

Diese Distanzierung von der französischen Hegemonie besitzt für die Italiener einen höheren Stellenwert als für den preußischen König. Algarotti
hat zwar durch seine Partizipation am dominanten französischen Diskurs in
der europäischen Gelehrtenrepublik Bedeutung erlangt, doch hat er im Gegensatz zum Preußenkönig seine Hauptwerke auf Italienisch geschrieben.
Die französische Sprache, Literatur und Kultur liefern die Basis für die Integration in die europäische Gelehrtenrepublik, denn sie stecken den Radius
eines Wirkens über die Apenninenhalbinsel hinaus ab. Algarotti geht 1734

---

[54] Vgl. *Verf.*: Vom kaiserlichen Librettisten zum New Yorker Buchhändler. Lorenzo
Da Ponte, in: Horst Albert Glaser/Sabine Kleine-Roßbach (Hrsg.): Abenteurer als
Helden der Literatur oder: Wie wurden oder machten sich Schwindler, Spione, Kolonialisten oder Militärs zu großen Gestalten der europäischen Literatur?. Stuttgart/Wei-
mar: Metzler 2002, S. 215–226.

nach Paris und schreibt dort das italienische Werk, das ihn europaweit bekannt machen wird, „Il Newtonianismo per le Dame" (Mailand 1737). Fontenelles „Entretiens sur la pluralité des mondes" (1686) haben dieser populärwissenschaftlichen Darstellung der Physik Newtons Pate gestanden, weswegen der Autor die erste Auflage Fontenelle gewidmet hat. Algarotti ahmt jedoch nicht nur das französische Modell nach, sondern macht überdies die neuesten wissenschaftlichen Erkenntnisse aus England in erster Linie der breiten italienischen Öffentlichkeit, in letzter Konsequenz aber auch der breiten europäischen Öffentlichkeit zugänglich. Er widmet die 1752 in Berlin bei Hertz erschienene Ausgabe dieses Werkes Friedrich II. und betont, dass er sie nicht dem „Conquérant" oder dem „Législateur", sondern dem „Écrivain" und „Philosophe"[55] dediziere. Sein Widmungsbrief ist französisch geschrieben, damit ihn der König selbst ohne Dolmetscher verstehen kann, er wird jedoch am Anfang eines italienisch geschriebenen Werkes veröffentlicht[56].

Die französische Sprache hat selbstverständlich auch zur Wirkungsgeschichte dieser Schrift beigetragen. Die deutsche Übersetzung ist 1745 in Braunschweig unter dem Titel „Newtons Welt – Wissenschaft für das Frauenzimmer oder Unterredungen über das Licht, die Farben und die anziehende Kraft" erschienen. Es handelt sich um eine so genannte Sekundärübersetzung, das heißt der namentlich nicht bekannte Übersetzer ging nicht vom italienischen Original, sondern von der französischen Fassung aus, die Louis Adrien du Perron de Castera erstellt hat[57]. Über solche Sekundärübersetzungen hat im 18. Jahrhundert die literarische Öffentlichkeit in Italien vielfach Kenntnis von der englischen und deutschen Literatur erhalten, da das Französische den Mitgliedern der Gelehrtenrepublik vertraut, die anderen Sprachen, mit Ausnahme des Latein aber wenig geläufig waren. Das Verfahren der Sekundärübersetzung ist also nichts Ungewöhnliches und belegt die bereits angesprochene Vorherrschaft des Französischen in der Gelehrtenrepublik. Es bestätigt die Mittlerfunktion dieser Sprache, die eben nicht nur die französische Hegemonie gefestigt, sondern ebenso die internationale Verbrei-

---

[55] Opere di Francesco Algarotti e Saverio Bettinelli, S. 11.

[56] *Algarottis* Saggio sopra la necessità di scrivere nella propria lingua, dessen Widmungsschreiben an Saverio Bettinelli den Eintrag „Potsdamo, 8 novemb. 1750" aufweist, richtet sich zwar mehr gegen jene, die das Latein der Gelehrten ihrer Muttersprache vorziehen, doch liegt eine Übertragung auf die französisch Schreibenden nahe. Der im selben Jahr Scipione Maffei gewidmete „Saggio sopra la lingua francese" lobt zwar die Qualität dieser Sprache seit dem 17. Jahrhundert, greift aber Fénelons Kritik aus der „Lettre à l'Académie" auf, um die Grenzen des Französischen herauszustellen. (Beide Texte in: Opere di Francesco Algarotti e Saverio Bettinelli, S. 511–546).

[57] Vgl. *Volker Kapp/Frank Rutger Hausmann/Stefani Arnold/Christine Asiaban*: Bibliographie der deutschen Übersetzungen aus dem Italienischen von 1730 bis 1990. Tübingen: Niemeyer 2004, Bd. II/1, S. 21, Nr. 1287.

tung anderer Literaturen bzw. den Kulturtransfer und den wissenschaftlichen Austausch begünstigt hat.

Sekundärübersetzungen werden damals vor allen Dingen von den Werken der Literaturen hergestellt, die Madame de Staël gegen Ende des 18. Jahrhunderts unter dem Sammelbegriff der „Literaturen des Nordens" zusammenfasst und die für die neue, damals als „romantisch" bezeichnete Literatur von großer Bedeutung sind. Berücksichtigt man diesen letzteren Gesichtspunkt, dann erscheint die französische Vermittlungsebene in einem anderen Licht. Französische und italienische Kultur ergänzen sich innerhalb des europäischen Kontexts. So erklärt es sich, dass Denina ausgerechnet in seiner ursprünglich auf Französisch für Jean-Henry Formey, den Präsidenten der Preußischen Akademie geschriebenen „Autobiografia berlinese" behauptet, er habe im Geiste von Friedrich II. Partei für Spanien gegen den einschlägigen Artikel in der „Encyclopédie" ergriffen[58]. Es steht außer Zweifel, dass dieses Engagement für Spanien nicht durch Sympathien Friedrichs II. für jenes Königreich inspiriert sein kann, das für die Aufklärer den Inbegriff von Intoleranz und Inquisition verkörpert. Denina lässt sich jedoch durch seinen Dienstherrn zum Protest gegen Herrschaftsdiskurse anregen, weil er aus eigener Anschauung Alternativen zum Zentrum Paris kennt und ahnt, dass sich die europäische Gelehrtenrepublik als vielgestaltige, multinationale Kultur weiter entwickeln muss. Diese Eigenständigkeit hat später, nämlich 1801, Cesarotti, dem die Italiener die Übersetzung von Ossian und damit eine neuartige Dichtungssprache verdanken, in einem an Merian in Berlin geschriebenen polemischen Brief wiederum gegen Deninas französisch geschriebene Herabsetzung von Padua in Anspruch genommen. Dort handelt es sich allerdings um persönliche Empfindlichkeiten und politische Probleme im Zusammenhang mit der napoleonischen Ära, die hier nicht mehr zur Debatte stehen[59].

Die Biographie der mit Friedrich II. verbundenen Italiener veranschaulicht den eben angesprochenen Sachverhalt, denn sie wechseln oft rasch zwischen verschiedenen Zentren der europäischen Kultur. Es sei nur ein Beispiel hierfür genannt, Algarottis Reiseroute. Er geht nach Paris und wechselt von dort nach London, wo er in die *Royal Society* aufgenommen wird. Von London gelangt er 1739 mit der englischen Delegation nach Sankt Petersburg, um an den Feierlichkeiten anlässlich der Hochzeit der Zarenenkelin mit An-

---

[58] „Mosso dallo sdegno in leggendo queste parole: „E che cosa si deve alla Spagna? Dopo due secoli, dopo quattro, dopo dieci, che cosa ha ella fatto a pro dell'Europa?" credei di dover far uso della libertà che Federico II ci concedeva di dire e di scrivere quanto si giudicava a proposito, tanto in materia di politica, che di letteratura." (Autobiografia berlinese 1731–1792. A cura di Fabrizio Cicoira. Bergamo: Lubrina 1990, S. 101).

[59] Vgl. *Melchiorre Cesarotti*: Opere scelte. A cura di *Giuseppe Ortolani*. Firenze: Le Monnier 1945, Bd. I, S. 429–457.

ton Ulrich von Braunschweig teilzunehmen. Auf dem Rückweg von Sankt Petersburg trifft er in Schloss Rheinsberg erstmals den jungen Kronprinzen, den er im 8. Brief seiner „Viaggi di Russia"[60] mit den Hoffnungen in Beziehung setzt, die ein Aufklärer mit einem Philosophen auf dem Fürstenthron verbindet. Das lange, intensive Gespräch mit dem Kronprinzen setzt die beiden gemeinsame französische Kultur voraus; diese ermöglicht jedoch den Dialog zwischen zwei Repräsentanten jenes komplexen Gebildes Europa, in dem der künftige Preußenkönig ebenso wie sein italienischer Gesprächspartner eigene Wege für ihre jeweiligen Kulturen suchen.

Der König verhilft den zum ihm kommenden Italienern nicht nur zu Anerkennung und materiellem Gewinn, sondern auch zu einer Vertiefung ihres eigenen Selbstverständnisses, und diese Leistung zählt vor allem auch für jene, die nicht persönlich nach Berlin reisen. Diese ideelle Seite bewirkt, dass nach seinem Tode Domenico Caminer, der zusammen mit seiner Tochter Elisabetta Caminer Turra durch seine Zeitschriften „Europa letteraria" und „Giornale enciclopedico" einen entscheidenden Beitrag zur Verbreitung der Literatur und des Gedankenguts der Aufklärung in Italien geleistet hat[61], in Venedig eine fünfbändige „Storia della vita di Federigo II il Grande, Re di Prussia […] Tratta da Originali e Classici Documenti […] Aneddoti e Ritratti" veröffentlicht. Caminer ist Journalist und stark um den Aktualitätsbezug bemüht, weswegen er seiner Tochter die Herausgabe der Zeitschriften überlässt, um sich besser auf die Berichterstattung über Aktuelles konzentrieren zu können. Friedrich II. gehört für ihn zu den Aktualitäten, die eine italienische Leserschaft interessieren. Deshalb kompiliert er diese Biographie. Wir sahen eingangs, dass deutsche Italienreisende diese Einschätzung bestätigen. Es handelt sich dabei nicht um eine vorübergehende Modeerscheinung, denn die Historiographie des *Risorgimento* evoziert vielfach den Preußenkönig als Kronzeugen für die unterschiedlichsten Einschätzungen der italienischen Identität, wie sie sich in der historischen Entwicklung der Verhältnisse auf der Apenninenhalbinsel darstellt. Dieser Aspekt meines Themas verdiente eine eigene Untersuchung.

Was lässt sich als Ergebnis der vorliegenden Überlegungen fixieren? Die Italiener können bei Friedrich dem Großen eine große Offenheit für die verschiedensten Seiten der Apenninenhalbinsel antreffen. Er schätzte nicht nur die Kunst oder die Architektur, sondern auch Delikatessen aus Italien. Seine Hochachtung vor italienischer Kultur hat zur Folge, dass er viele Italiener mit Funktionen betraut, die der italienischen Minorität in Preußen ein unübersehbares Gewicht verleihen. Diese Förderung der Italiener ist innerhalb

---

[60] Opere di Francesco Algarotti e di Saverio Bettinelli, S. 256 f.
[61] Vgl. Elisabetta Caminer Turra. Una letterata veneta verso l'Europa. A cura di *Rita Unfer Lukoschik*. Verona: Essedue 1999.

der Aufklärung insofern von großer Bedeutung, als sie die Tendenz zur Abwertung italienischer Lebensart und Kultur, die seit der zweiten Hälfte des 17. Jahrhunderts von Frankreich aus massiv betrieben wird, bremst und den Italienern, zumindest indirekt, hilft, ihre eigene Identität neu zu bestimmen. Madame de Staël wiederholt noch im Jahre 1800 das traditionelle französische Klischee, wenn sie im 18. Kapitel von „De la littérature" mit dem Titel „Pourquoi la nation française était-elle la nation de l'Europe qui avait le plus de grâce, de goût et de gaieté?" behauptet:

> La recherche dans les idées et les sentiments, qui vint d'Italie gâter le goût de toutes les nations de l'Europe, nuisit d'abord à la grâce française; mais l'esprit, en s'éclairant, revint nécessairement à la simplicité.[62]

Die Herabsetzung der italienischen Literatur durch die Franzosen bleibt somit auch zu Beginn des 19. Jahrhunderts bestehen, doch macht die Hartnäckigkeit solcher Vorurteile deutlich, wie sehr die Italiener auf Verbündete angewiesen sind, und wie willkommen ihnen Friedrich II. ist, den sie zur Stärkung ihres Selbstverständnisses benötigen. Wie der König, so haben auch seine südländischen Verehrer am französischen Diskurs der Aufklärung regen Anteil genommen, doch haben sie in ihm als bewundertem Herrscher eine Bestätigung dafür gefunden, dass man nicht Franzose sein muss, um diesen Diskurs voranzutreiben. Sie haben vielleicht ihre eigene Stellung nicht mit dem europäischen Gedanken verbunden. Es dürfte aber für uns klar geworden sein, dass ihre Erfahrung in vielerlei Hinsicht eine gewisse Vorwegnahme unserer eigenen Erfahrung des europäischen Einigungsprozesses ist.

Abstract

La Prussia e l'Italia nel contesto europeo del XVIII secolo
di *Volker Kapp*

Nel suo intervento l'autore prende in esame il rapporto fra la Prussia di Federico II e l'Italia e fa osservare come, da parte italiana, esso mostri tratti sia positivi che negativi, tenendo per fermo che l'immagine che si ha della Prussia coincide con l'immagine che si ha del suo re.

Le voci negative sono espresse soprattutto dalla letteratura panflettistica contro Federico II proveniente dai suoi avversari italiani dei circoli del cattolicesimo conservatore, i quali lo tacciano di essere un libero pensatore e lo

---

[62] *Madame de Staël*: De la littérature. Édition établie par Gérard Gengembre et Jean Goldzink. Paris: Flammarion 1991, S. 275. Vgl. dazu *Mariane Bury*: La nostalgie du simple. Essai sur les représentations de la simplicité dans le discours critique au XIXᵉ siècle. Paris: Champion 2004, S. 79–86.

oppongono come «il diavolo prussiano» all'imperatrice Maria Teresa, la «buona tedesca». È da notare che anche nelle rappresentazioni negative si rintracciano tuttavia tratti positivi, poiché Federico non vi viene solo raffigurato come «libero pensatore», ma anche come guerriero ed amico delle arti. In tal senso egli è spesso fatto oggetto d'attenzione dagli italiani che vi ravvedono un'unione ideale tra potere politico e promozione illuminata della collettività e della cultura.

Una mitizzazione del re prussiano è rintracciabile anche nel Settecento italiano e vi gioca un ruolo particolare il rapporto fondamentalmente difficile del Settecento italiano con la cultura francese. In Italia si è, nell'uso della lingua e nella letteratura, affascinati dalla Francia, ma anche indignati per il discredito in cui versa la propria tradizione letteraria, discredito che viene esercitato dalla Francia in modo massiccio a partire dalla seconda metà del XVII secolo. Nel doppio tentativo di difendersi, da un lato, dall'eccessivo influsso della letteratura e cultura francese e di cercare, dall'altro, un proprio percorso all'interno di un'Europa cosmopolita, competerà al re prussiano un ruolo del tutto particolare, assumendo egli il compito di fare in un certo senso da contrappeso alle pulsioni egemoniche della Francia. L'atteggiamento benevolo del re prussiano nei riguardi dell'arte e della cultura italiana e di molti italiani, che egli accoglie alla sua corte e nella sua accademia e che fa oggetto di particolari onori, agisce da correttivo sulla tendenza di discreditare la cultura e lo stile di vita italiani ed aiuta, almeno indirettamente, gli italiani a definire una nuova propria identità. Il re prussiano assurge per gli italiani, inoltre, anche a modello di una possibile via da percorrere in modo originale in un'Europa che fortemente porta l'impronta francese.

Sarà la Reale Accademia Prussiana delle Scienze, in modo particolare, ad assurgere a modello per la Repubblica dei Letterati quale esempio di una riforma perseguita in modo indipendente che porterà queste istituzioni a farsi da custodi conservatrici della lingua nazionale a portabandiera del progresso scientifico.

Ein Bewunderer und ein Hasser Friedrichs des Großen: Francesco Algarotti und Vittorio Alfieri

Von *Klaus Heitmann*

Aus der Reihe der literarischen Eindrücke italienischer Besucher Preußens, seines Hofes und seiner Hauptstadt zur Zeit Friedrichs des Großen[1] sollen im Folgenden zwei besonders markante Autoren vorgestellt werden, deren Berichte die ganze Spannweite der Beurteilung des Preußenkönigs aus italienischer Sicht damals erkennen lassen: Francesco Algarotti und Vittorio Alfieri. Sie verkörpern die Extreme: Denn ist der eine Bericht von verklärender Bewunderung getragen, so durchzieht den anderen eine apriorische Antipathie gegen den großen Friedrich.

Francesco Algarotti aus Venedig (1712–1764) war einer der namhaftesten – das Wort im positiven Sinn genommen – Polygraphen seines Jahrhunderts, ein Intellektueller, der sich in der Welt des Theaters, der Musik, der Architektur, der Malerei und der Literatur ebenso auskannte wie in der Physik, der Mathematik, der Geschichte, der Altertumskunde, der Philosophie und dem Militärwesen. Sein Kosmopolitismus steht exemplarisch für den des *Settecento* überhaupt, konkret gesprochen: für die stärker noch als bei den übrigen europäischen Nationen ausgeprägte weltoffene Gesinnung in einem noch nicht national geeinten Land.

Einen großen Teil seines Lebens brachte Algarotti im Ausland, speziell an ausländischen Höfen, zu. Mit diesem seinen, wie man es genannt hat, *vagabondaggio cortigiano*[2] erinnert er ein wenig auch an die vielen italienischen Abenteurer, die im 18. Jahrhundert ihr Glück in der Fremde suchten und deren berühmtester Vertreter Giacomo Casanova war. Seine Weltläufigkeit haben ihm spätere Generationen verdacht. Im Zeitalter des Nationalismus geriet sie für lange Zeit als Mangel an Vaterlandsliebe in Misskredit; wie denn überhaupt der Kosmopolitismus der Aufklärung als zu europäisch und zu wenig italienisch verrufen war. Von einer neuen Optik zeugte es erst wieder im 20. Jahrhundert, als Antonio Gramsci die weltoffenen Intellektuellen

---

[1] Ausführlich hierzu *Verf.*: Das italienische Deutschlandbild, §§ 68 f. und Verweise dort.

[2] *Franco Arato*: Il secolo delle cose. Scienza e storia, in: ders.: Francesco Algarotti. Genova: Marietti 1991, S. 17.

des *Settecento* in ihrer Funktion als Sendboten und Propagatoren italienischer Kunst und Kultur für das übrige Europa rehabilitierte.[3]

In den dreißiger Jahren unternahm Algarotti zwei Reisen nach Frankreich,
wo ihn Voltaire 1735 rühmte als „jeune homme qui sait les langues et les
mœurs de tous les pays".[4] 1738/39 lebte er in England. Von dort brach er
im Frühjahr 1739 als Teilnehmer einer Gesandtschaft an den Zarenhof zu
der denkwürdigen Reise auf, die ihn über Holland, Dänemark und das heutige Estland nach Petersburg und zurück über Danzig, Dresden, Leipzig,
Potsdam und Hamburg führte. Auf dieser Unternehmung führte er ein
(noch unveröffentlichtes) Tagebuch, auf dessen Grundlage er später seine
viel gelesenen „Viaggi di Russia" schrieb. Diese als Sammlung von zwölf fik-
tiven Briefen angelegte Reisebeschreibung, die in einer ersten Fassung, betitelt „Saggio di lettere sopra la Russia", 1760 erschien, ihre endgültige Form
aber erst 1763 bzw. 1764 erhielt, eben unter dem Titel „Viaggi di Russia",
unterscheidet sich vom Tagebuch, abgesehen von der rhetorisch-stilistischen
Ausarbeitung, dadurch, dass alles auf Zweck und Anlass der Reise Bezüg-
liche wegfällt, dass der Autor sich in politischen und religiösen Dingen größere Zurückhaltung auferlegt, und für unsere Fragestellung schließlich vor
allem dadurch, dass er für den Deutschland betreffenden Teil Erfahrungen
und Eindrücke späterer Jahre mit einbezieht.

Uns interessiert, was der Autor der „Viaggi di Russia" in Preußen bemerkenswert fand. Er lernte es in dem Entwicklungszustand kennen, den es am
Ende der Regierungszeit Friedrich Wilhelms I. erreicht hatte. Der Vater
Friedrichs des Großen erscheint in der Optik des Aufklärers Algarotti als
der „riformatore [...] dello stato"[5], der sein Land in Ordnung brachte, so
wie ein strenger Abt einen Orden reformiert, und der „Posdammo", Potsdam, in ein „chiostro militare", ein Militärkloster, verwandelte. Mit spür-
barer Zustimmung führt der italienische Beobachter aus, was die Politik des
Herrschers seinem unter der vorhergehenden Regierung finanziell ruinierten
Land an Fortschritten brachte. Er schildert, wie der Soldatenkönig – dessen
Vorliebe für die berühmten „Langen Kerls" er mit mildem Spott bedenkt –
eine starke, disziplinierte Armee aufstellte und damit seinem Land Respekt
verschaffte; wie er in spartanischer Weise der eingerissenen höfischen Ver-
schwendung ein Ende setzte; wie er ökonomisch perfekt die Finanzen sa-
nierte; wie er durch Seuchen entvölkerte Provinzen neu kolonisierte; wie er
Verbesserungen in der Landwirtschaft als der wichtigsten aller „Künste"

---

[3] Vgl. *Nicola Merola*: Francesco Algarotti saggista e scrittore di viaggio, in: La
regione e l'Europa. Viaggi e viaggiatori emiliani e romagnoli nel Settecento. A cura di
Elvio Guagnini. Bologna: Il Mulino 1986, S. 91.

[4] *Arato*: Il secolo delle cose, S. 17.

[5] *Algarotti*: Viaggi di Russia. A cura di William Spaggiari. Parma: Guanda 1991,
S. 144.

(man merkt den Physiokraten Algarotti) einführte und die von den Huge-
notten betriebenen Manufakturen, vor allem die Tuchindustrie, beförderte.
Die Seiten über Preußen geben, wie die „Viaggi" insgesamt und auch andere
Schriften des Autors, die Sympathie für entwickelte, wirtschaftlich aktive, in
Gewerbe und Handel dynamische Staaten zu erkennen, deren Prototyp für
ihn England war. Auf das preußische Militärwesen kommt Algarotti, der im
Anschluss an Machiavelli der Kriegskunst eine wichtige Rolle für die Kon-
solidierung von Staaten beimaß, auch noch bei anderen Gelegenheiten zu
sprechen. So namentlich in seinem „Discorso sopra gli esercizj militari de'
Prussiani in tempo di pace"[6] aus den vierziger Jahren, wo das preußische
Manöverwesen beschrieben und dargelegt wird, wie in dem Königreich die
gesamte staatliche Ordnung unter der Obhut der perfektesten Waffen stehe,
die es in der Welt geben könne. Sehr auffällig ist, dass sich diese ganze positive Wertung der Verhältnisse in Preußen im ursprünglichen Reisetagebuch
noch nicht findet. Das einzige, was Algarotti hier, im Tagebuch, lobenswert
gefunden hatte, war die religiöse Toleranz. Im Übrigen ist der Ton im Tagebuch eher kritisch. Dies vor allem, was das „chiostro militare" betrifft, das
hier als Ort der Unfreiheit und der Despotie erscheint.[7] Wie sich jedoch er-
gibt, hielt der Verfasser der „Viaggi" an seinem ersten Eindruck auf Dauer
nicht fest.

In Potsdam machte Algarotti die Bekanntschaft des Kronprinzen, des späteren Friedrich des Großen. Der Thronfolger fand Gefallen an dem liebenswürdigen, gewandten und gebildeten Italiener und schenkte ihm eine Gunst,
deren sich dieser sein Leben lang erfreuen sollte, auch in Zeiten seiner Ab-
wesenheit von Preußen. Algarotti wurde dem Thronfolger und dann dem
König unentbehrlich. Er hielt ihn von 1739 bis Anfang 1742 und dann wieder von 1747 bis 1753 in seiner engsten Umgebung und ernannte ihn noch
im Jahre seiner Thronbesteigung 1740 zum Grafen. Algarotti hatte ihm zuvor in einer Versepistel gehuldigt als Freund Minervas, der Göttin der Weisheit und der Musen, und prophezeit, dass unter seiner Herrschaft eine neue
goldene Ära der Künste anbrechen werde. In Berlin sieht er Athen und
Rom wiederauferstehen: „Ed in Berlino risorge Atene e Roma".[8] In einem
Brief an Scipione Maffei ermuntert er diesen, nach Berlin zu kommen, wo er
antike Tugend, literarische Bildung, vermählt mit dem Waffenhandwerk, und
einen Weisen auf dem Thron antreffen werde, „il fiore della virtù antica, le
lettere addomesticate con l'armi, un sapiente in sedia reale."[9] Er durfte sich

---

[6] *Algarotti*: Opere. Edizione novissima. 17 voll. Venezia: Palese 1791/94; Bd. V,
S. 175–283.

[7] Vgl. *Arato*: Il secolo delle cose, S. 95 f.

[8] Opere, Bd. I, S. 1 f.

[9] *Pietro Toldo*: L'Algarotti oltr'Alpe, in: Giornale storico della letteratura italiana,
71 (1918), S. 1–48: 8. Vgl. unten Anm. 11.

bis zu seinem Lebensende wie wenige andere als Intimus des Kronprinzen bzw. Königs betrachten. Schon vor dessen Regierungsantritt fungierte er für seinen Gönner als eine Art *Factotum*. Er versorgte ihn mit italienischer Literatur und Musik; lieferte ihm Gedichte, Canzonen, Ballette und Operntexte sowie auch Sämereien für den Garten in Rheinsberg und stand stets für Aufträge bereit. Friedrich lobte ihn als ausgezeichneten Geschäftsmann.

Über das Leben in Berlin äußert Algarotti sich in einem Brief an seinen Bruder Bonomo Ende 1740 zurückhaltend. Die Stadt sei nicht sehr amüsant, aber Politik, Nachdenken und Studien gestalteten ihm den Aufenthalt dennoch recht angenehm.[10] Ganz anders, nämlich geradezu schwärmerisch im Ton, ist dann die Schilderung, die er elf Jahre später, im Mai 1751, in einem aus – wie er die Stadt meist nennt – „Posdammo" datierten Brief an Scipione Maffei gibt.[11] Zwar, heißt es hier, werde er nie die Sehnsucht, Italien wiederzusehen, verlieren. Aber warum wolle der Adressat nicht nach Potsdam kommen, um ihm einen gewissen Ausgleich zu bieten? Diese Gegend liege nicht so weit vom Wege der Sonne ab, dass sie nicht in allen Dingen mit Ländern besseren Klimas wetteiferte; und wo die Natur nicht so gnädig gewesen sei, da verschafften Kunst und Studium eine Entschädigung. Der Briefempfänger solle nur nicht glauben, dass man von diesem Land sagen könne, was in Warschau gesagt worden sei, dass nämlich ein Zitrönchen aus Neapel so kostbar sein werde, dass der König, wenn er es hätte, es in sein königliches Diadem einfügen würde. Vielmehr könne er dort die besten Pfirsiche, gute Melonen und auch Feigen essen, die mitunter den heimischen in nichts nachstünden, und dann die Ananas, dieses Manna, diese Königin der Früchte: Sie sei da etwas Alltägliches. Bauten gebe es hier – fährt Algarotti (ein Kunstfreund mit klassizistischem Geschmack) fort –, die man fast mit denen von Palladio vergleichen könne. In Berlin atme jegliches Ding Ordnung, und wie in anderen hochkultivierten Ländern finde man hier große Gastfreundschaft und gleiche Liebenswürdigkeit („In Berlino ogni cosa è ordine; e quanto in altro cultissimo paese ci si trova grande ospitalità con pari gentilezza"). Viele Stunden des Tages bringe er, Algarotti, mit den Musen zu, inmitten all dieser Soldaten, die durch ihre Disziplin im Kriege dem Feinde so furchtbar würden und in Friedenszeiten die besten Bürger der Welt seien.

Sechs Jahre später, als Algarotti bereits wieder in die Heimat zurückgekehrt war, fochten diese Soldaten im Siebenjährigen Krieg. Dessen ersten Verlauf verfolgte der Intimus Friedrichs des Großen, von diesem selbst gele-

---

[10] Nach *Ida Frances Treat*: Un cosmopolite italien du XVIIIᵉ siècle: Francesco Algarotti. Trévoux: Jeannin 1913, S. 107.
[11] Opere, Bd. IX, S. 184 ff.; *P. D. Fischer*: Friedrich der Große und die Italiener, in: Deutsche Rundschau 15 (1888), S. 400–418: 406 f.

gentlich informiert, aus der Ferne. Er verfasste dazu einen „Discorso" in
Briefform, betitelt „Sopra il principio della guerra fatta al re di Prussia
dall'Austria, dalla Francia e dalla Russia"[12], in dem er für sich selbst und
einen akademischen Kollegen Kriegsrat hält, und der ein weiteres Dokument
für sein Interesse an allem Militärischen darstellt.

Eine lange Unterbrechung erfuhr Algarottis Präsenz in der Umgebung
Friedrichs des Großen in der Zeit von Anfang 1742 bis Anfang 1747. Diese
fünf Jahre brachte er am sächsischen Hof in Dresden bzw. in dessen Auftrag
in Italien zu. Er stand in hohem Ansehen beim dortigen Landesherrn, Kur-
fürst Friedrich August II. (zugleich als August III. König von Polen). Der
prunk- und kunstliebende Monarch schickte ihn 1743 als Agenten zum Ankauf von Gemälden nach Italien, wo Algarotti für die Dresdener Galerie an
die hundert Bilder erwarb. Er hatte Sachsen bereits auf der Rückkehr von
der Russlandreise kennen gelernt. In „Viaggi di Russia" verbindet er die Eindrücke, die er damals gewann, mit denen des späteren Aufenthaltes.[13] Er findet wie für Preußen so auch für Sachsen Worte voll des Lobes. Er setzt bei
seinen Lesern Dresden als so bekannt voraus, dass er auf eine Beschreibung
glaubt verzichten zu können. Doch hebt er die „grandissima […] pulitezza"
dort hervor, die außerordentliche Artigkeit und feine Lebensart (*pulitezza*
entspricht als Gallizismus dem französischen *politesse*), der der Glanz des
Hofes, „lo splendor della corte", nicht nachstehe. Er rühmt die Kostbarkeiten der kurfürstlichen Schatzkammer und bewundert das Meißener Porzellan. Auf der Reise von Dresden nach Leipzig hat er das schönste Land der
Welt, „il piú bel paese del mondo", durchfahren. Sachsen, meint er, ist nur
eine Spanne groß, aber das am besten bestellte Land, das man zu sehen bekomme, reich an Bevölkerungszahl und Industrie – „un palmo di terra, si
può dire, ma la meglio coltivata che un possa vedere; piena di popolo e d'industria.[14] Auch hier hat er ein besonderes Augenmerk auf Wirtschaft und
Gewerbe. Er spricht von der Bedeutung der Leipziger Messe für den internationalen Warenaustausch und als Quelle des Reichtums für das Land. Ein-
gehend gibt er Auskunft über noch eine weitere Reichtumsquelle: den Sil-
berbergbau in Freiberg, wobei ihn auch die Arbeits- und Lebensbedingungen der Bergleute interessieren.[15] Die Elogen für Sachsen in den „Viaggi"
finden ihre Bestätigung in Algarottis Korrespondenz aus den frühen vierziger Jahren. Mehrfach pries er den Freunden in der Heimat gegenüber die in
Sachsen herrschende Höflichkeit und Liebenswürdigkeit („nella Sassonia
regna la cortesia e la gentilezza").[16] Schwärmerisch wie über das Leben in

---

[12] Opere, Bd. V, S. 351–367; *Fischer*, S. 416.
[13] Viaggi di Russia, S. 136 ff.
[14] Ebd., S. 138.
[15] Ebd., S. 139 f.
[16] Opere, Bd. XI, S: 243 f.

Potsdam äußert er sich in noch unveröffentlichten, in der Biblioteca Comunale von Treviso aufbewahrten Briefen an Bonomo auch über das in Dresden. Er nennt die sächsische Residenzstadt das Paris Deutschlands, „il Parigi dell'Allemagna" (Brief vom 5. März 1742), und verdeutlicht, worin die dortige *cortesia* und *gentilezza* besteht:

> Ich werde in dieser reizvollen Stadt (in questa dilettosa città) noch einige Zeit zubringen, erstens weil ich nicht weit entfernt vom König bin, von dem ich neulich den freundlichsten Brief der Welt bekommen habe; zweitens, weil die Gesellschaft hier besser ist als in jeder anderen Stadt Deutschlands, die feine Lebensart ganz außerordentlich (la pulitezza infinita) ist und die Ausgaben unbeträchtlich sind.[17]

Offensichtlich hat der Italiener sich in Dresden und am sächsischen Hof noch wohler gefühlt als in Potsdam und am preußischen.

Gesundheitliche Gründe zwangen Algarotti 1753, sein Wanderleben durch Europa zu beenden und nach Italien zurückzukehren. Als er 1764 in Pisa starb, ließ ihm Friedrich im dortigen *Camposanto* ein Grabdenkmal errichten, das noch heute existiert.

Die Gesamtdauer seiner diversen Aufenthalte in Deutschland beläuft sich auf rund zehn Jahre. Was sich davon an Eindrücken in seinen Schriften niedergeschlagen hat, ist nicht allzu viel. Jedoch stößt man bei ihm durchaus auf imagologisch Relevantes. So in dem Brief vom Mai 1751, wo er in Italien offensichtlich bestehende Vorurteile in Bezug auf Deutschland auszuräumen versucht, Vorurteile gegenüber einem Land mit einem Klima „tanto lungi dal cammino del sole", das daher auf so viele Gaumenfreuden verzichten müsse, einem Land, dessen Bewohner in dem Ruf stehen, dass ihre Disziplin während des Krieges sie dem Feinde furchtbar mache, und weniger in dem ihrer großen Gastfreundschaft und ihrer ebensolchen Freundlichkeit. Der Briefschreiber glaubt bei seinem Adressaten – und wohl nicht nur bei ihm – keine allzu hohe Meinung von der Lebensqualität unter den Deutschen voraussetzen zu können, wenn er mit Nachdruck herausstellt, wie wohl er sich dort bei allem Verlangen nach Italien fühle. Diesem seinerzeit authentisch empfundenen Wohlempfinden entsprach es, wenn er späterhin, im November 1760, im Gedanken an die Heimsuchung Preußens im Siebenjährigen Krieg, bekannte, er betrachte dieses Land als sein zweites Vaterland, dessen Leiden die eigenen seien.[18] Wichtig waren ihm zweifellos – und hierin zeigt sich die markante aufklärerische Komponente seines Denkens – die Vorstellungen, die er in Preußen von einem modernen, politisch, ökonomisch und militärisch starken Staatswesen gewann; Erfahrungen, die ihn in seiner Erkenntnis des Verlustes der einstigen Vorrangstellung Italiens in Europa bestärken mussten.

---

[17] Brief vom 12. Februar 1742, zitiert nach *Treat*: Un cosmopolite italien, S. 127 f.
[18] Opere, Bd. XVI, S. 384.

Algarotti achtete die Deutschen. Einem deutschen Freiherrn schrieb er 1752, dieser wisse schon, ob er, Algarotti, eine Nation schätze, in deren Mitte er seit einiger Zeit lebe.[19] Aber diese Nation interessierte ihn nicht im gleichen Maße wie andere, die er kennen gelernt hatte. Er stellte sich mehrfach die Frage, worin der Charakter eines Volkes mit seinen „umori dominanti", seinen dominanten Veranlagungen, begründet liege, ob in seinen Institutionen und seiner Regierungsform oder in den natürlichen Gegebenheiten des Klimas und des Bodens; wobei er für den Determinismus der „qualità fisiche" optierte und die Ansicht vertrat, dass Nationalcharaktere unveränderlich seien und bei jedwedem institutionellen Wandel immer noch durchschimmerten („caratteri indelebili che tralucono a traverso qualsivoglia mutazione di stato"). So in dem Brief an den deutschen Freiherrn und so in einem speziellen Essay zu dieser Frage.[20] Auch hat er sich in dem ganzen Zusammenhang konkret mit den *umori* einzelner Nationen beschäftigt. In seinem kleinen Roman „Il Congresso di Citera" (1745) nimmt er sich den englischen, den französischen und den italienischen Genius vor, nicht jedoch auch den deutschen, der ihm offensichtlich nicht bekannt und auch nicht wichtig genug war.

Blickt man genauer hin, so erkennt man, dass Algarotti zu Deutschland kein wirkliches Verhältnis entwickelt hat; dass sich dieses Verhältnis vielmehr auf die Beziehung zu einzelnen Personen, allen voran zu Friedrich dem Großen, und höfischen Kreisen reduzierte. Er lebte, pointiert gesagt, eigentlich gar nicht in Deutschland, sondern vielmehr in einer transnationalen Sphäre, in der das deutsche Element fast unsichtbar wurde, überdeckt wie es in Potsdam durch die französische und in Dresden durch die italienische Leitkultur wurde. Wie die große Mehrzahl der im *Settecento* in Deutschland weilenden Italiener aus der Ober- und Eliteschicht brauchte Algarotti kein Deutsch zu lernen.

Nein, Madame, – schreibt er 1762, zwei Jahre vor seinem Tode, an eine Bekannte – ich kann kein Deutsch, obschon ich, wie Sie sagen, die Wonne eines deutschen Hofes gewesen bin (No, madama, io non so il Tedesco, benchè io abbia fatto, come ella dice, le delizie di una corte tedesca).[21]

Algarottis von Respekt und Bewunderung getragenes Bild von Friedrich dem Großen, seinem Hof und seinem Land entsprach der Faszination, die halb Italien bis weit ins neunzehnte Jahrhundert für den Sieger im Siebenjährigen Krieg erfasste.[22] Eine Vielzahl von Zeugnissen der Zeit, darunter

---

[19] Opere, Bd. IX, S. 216.

[20] Opere, Bd. IV, S. 247–269.

[21] Opere, Bd. XVII, S. 106.

[22] Vgl. dazu die reichhaltige Dokumentation von *D'Ancona:* Federico il Grande e gli italiani, S. 3–162.

ein Bericht Goethes, belegt die erstaunliche Popularität, deren sich der preußische Monarch selbst noch im tiefsten Sizilien erfreute. Aber es wurden
auch ganz andere Stimmen hörbar. Unter den Deutschlandreisenden regte
sich neben all den Elogen doch selbst bei manchen Bewunderern Kritik, die
sich bei anderen bis zur radikalen Aversion gegen den großen Friedrich ver-
schärfen konnte. Der preußische Militärstaat, in dem bis zu vier Fünftel der
Einnahmen in die Armee flossen, und die auf Blut und Eisen setzende kalt-
blütige, aggressive Machtpolitik des „magno Federigo", der, ohne den Schein
des Rechtes zu wahren, drei Eroberungskriege führte, waren dazu angetan,
virulente Proteste hervorzurufen. Man mag, was die Reaktionen in Deutschland selbst betrifft, an den Hass auf Friedrich den Großen denken, der Win-
ckelmann 1757 nach der siegreichen Schlacht von Rossbach dazu brachte, in
einem Brief zu schreiben:

> Ich beweine die grausame Niederlage so vieler Menschenkinder, die von neuem zur
> Schlachtbank geführet seyn. Ein Abscheu für die Menschlichkeit ein Held: ein
> Name der nicht anders als mit dem Zusatz: Gott schone die Menschen sollte aus-
> gesprochen werden.[23]

Eine Parallele zu einer solchen Radikalität der Verurteilung bietet sich in
den Empfindungen, die Vittorio Alfieri (1749–1803) hatte, als er im September 1769 auf seiner Europareise nach Preußen kam. Dort wie in Deutschland
überhaupt gefiel es ihm nicht. Deutschland war für ihn ein reizloses Land,
voll von Bettlern und Soldaten. In einem Brief aus Berlin vom 30. September
1769 teilte er seinem Schwager mit:

> Je trouve fort peu d'agrément dans ce voyage d'Allemagne: c'est de tous les pays de
> l'Europe le moins curieux à voir, et on s'ennuie bientôt de ne voir que des gueux et
> des soldats.[24]

In der „Vita" stellen seine Erinnerungen an den Preußenkönig und sein
Regiment einen einzigen Zornesausbruch dar. Die Staaten des „gran Federico" kamen ihm als ein großes, zusammenhängendes Militärlager vor, als
„la continuazione di un solo corpo di guardia".[25] In schärfsten Worten gei-
ßelt er den preußischen Militarismus, diese Grundlage der Tyrannei:

> [...] mi sentii raddoppiare e triplicare l'orrore per quell'infame mestier militare, in-
> famissima e sola base dell'autorità arbitraria, che sempre è il necessario frutto di
> tante migliaja di assoldati satelliti, ([...] ich fühlte, wie sich in mir der Abscheu vor
> diesem allerwiderwärtigsten Militärwesen verdoppelte und verdreifachte, der wider-

---

[23] *Horst Rüdiger:* Literarisches Klischee und lebendige Erfahrung. Über das Bild
des Deutschen in der italienischen Literatur und des Italieners in der deutschen Literatur. Düsseldorf: Dt. Fraternitas-Vereinigung für Brüderl. Verständigung [1975],
S. 13.
[24] *Alfieri:* Opere. Vol. XIV: Epistolario I. A cura di Lanfranco Caretti. Asti: Casa
d'Alfieri 1963, S. 5.
[25] *Alfieri:* Vita. A cura di Giulio Cattaneo. Milano: Garzanti 1977, S. 95.

wärtigsten und einzigen Basis der Willkürherrschaft, die allzeit die zwangsläufige Frucht von soviel Tausenden soldatischen Dienern ist).

Als er dem König vorgestellt wurde, empfand er weder Staunen noch Respekt, nur Entrüstung und Rage. „Non mi sentii nel vederlo alcun moto né di maraviglia né di rispetto, ma d'indignazione bensì e di rabbia". Ihm in die Augen schauend, dankte er dem Himmel, dass er ihn nicht als Sklaven des Königs habe geboren werden lassen.[26] Mitte November reiste er aus dieser allumfassenden preußischen Kaserne, „quella universal caserma prussiana", ab, mit dem gehörigen Abscheu, „abborrendala quanto bisognava". Er begab sich weiter nach Dänemark, wo ihm ähnlich wie in Holland die Blüte von Handel und Gewerbe und der darauf beruhende allgemeine Wohlstand Zeugnis von einer besseren Regierungsweise abzulegen schienen. Der Hauptgrund für sein Gefallen an Kopenhagen bestand darin, dass Kopenhagen nicht Berlin und Preußen war, d.h. nicht jenes Land, das ihm wie kein anderes einen unangenehmen Eindruck gemacht hatte, trotz seiner schönen, großartigen Bauten. Preußen, schreibt Alfieri, war und blieb für mich immerfort

[il] paese, di cui niun altro mi ha lasciato una più spiacevole e dolorosa impressione, ancorché vi siano, in Berlino massimamente, molte cose belle e grandiose in architettura.

Diese ewigen Soldaten – heißt es in der „Vita" weiter – kann ich nicht einmal jetzt schlucken, ohne dass sich in mir die damalige Wut bei ihrem Anblick erneuerte:

Ma quei perpetui soldati, non li posso neppur ora, tanti anni dopo, ingojare senza sentirmi rinnovare lo stesso furore che la loro vista mi cagionava in quel punto.

Im Sommer 1770 kam der junge Reisende auf der Rückkehr von einem Aufenthalt in Russland noch einmal durch Preußen. Inzwischen hatte sein Despotenhass im Reiche Katharinas der Großen neue Nahrung bekommen. So traf er denn in Berlin ein, „e Russi e Prussi" verwünschend, und überhaupt alle, die mit verlogenem Menschengesicht sich wie Vieh von ihren Tyrannen misshandeln ließen.[27] Angesichts der Massengräber der im Siebenjährigen Krieg bei Zorndorf Gefallenen, über deren Leichen nun das Korn üppig wuchs, überlegte er sich, dass Sklaven wahrlich dazu geboren seien, Dünger zu werden. All diese preußischen Scheußlichkeiten, „tutte queste prussianerie", ließen in ihm die Sehnsucht nach dem glücklichen England, „la beata Inghilterra", weiter wachsen. Das Inselreich war für Alfieri wie für so viele seiner Zeitgenossen als Hort der Freiheit der Gegenpol zur Despotie. Nach drei Tagen beendete er seine „berlinata seconda", seinen zweiten Berlin-Aufenthalt.

---

[26] Ebd., S. 96.
[27] Ebd., S. 102.

Das düstere Bild, das die *Vita* von Friedrich dem Großen entwirft, fällt
hinter den poetischen Nachruf zurück, den der Dichter einige Jahre zuvor,
1786, dem damals soeben verstorbenen Monarchen gewidmet hatte. In dem
Sonett CLXII mit dem Incipit „Il gran Prusso tiranno"[28] erscheint der Tote
zwar erneut als Tyrann, dem der Kriegsgott Ruhm verlieh und der den Ma-
kel der absoluten Herrschaft trug, „macchiato di assoluto regno". Aber auf
der anderen Seite wird er groß genannt. Er hat seinen Ruhm auch von Pallas
Athene, es umgibt ihn dank seines hohen Strebens nach Unsterblichkeit
schon jetzt eine Art lichter Aura, die ihn auch dem „libero ingegno", be-
wundernswert macht, selbst dem, der ihn am wenigsten liebt, „ammirabile
(…) a chi men l'ama". Vielleicht war er würdig, nicht zum König geboren
zu werden, lautet der Schluss des Gedichts: „Ma, di non nascer re forse era
degno".

Zu dieser ausgewogenen Beurteilung passt wiederum nicht der Tenor einer
zweiten, diesmal in gebundener Rede verfassten Beschreibung der Reise von
1769/70. Es handelt sich um die 1797 entstandene neunte Satire (dortiges
Capitolo secondo).[29] Fast sechzig Verse hindurch überschlägt Alfieri sich
hier förmlich in Verwünschungen des friderizianischen Regimes. Schon das
Land, „l'orribil Brandeburgo", versetzte ihn mit seinem Sand und seinen
Kiefern in eine düstere Stimmung („m'infunesta"). Was den Herrscher betrifft, so gibt er zwar zu, dass Friedrich inmitten der Herrscherplebs dastehe
wie die Tausend der Null gegenüber. Aber der da nun der Große genannt
werde, habe in ihm mehr Zorn erregt als irgendein kleiner König. Denn alles
Unheil, das die vielgestaltige infame Tyrannei in der Welt verbreite, sei Blu-
menschmuck für seine Girlanden: Steuerlast, Unterdrückung, Militarismus
(„soldateria"), Gallomanie („gallume"), Brutalität, Stupidität, die in Deutschland eingewurzelte Päderastie („teutonizzata la pederastia") – kurzum, die
widerwärtigste Fäulnis aller Laster von sechs Europas sei da Frucht des königlichen Scharfsinns gewesen –

> E in somma il più schifoso putridume
> Di quanti darian vizj Europe sei,
> Quivi eran frutto di quel regio acume.

Mit Geringschätzung spricht Alfieri jetzt von Friedrich als „re filosofante"
und Literat, mit Verachtung von seinen Bewunderern. Der Satiriker kommt
dann schnell zu Ende mit seinem Poem. Er erwähnt noch kurz, wie er nach
der Flucht aus Berlin im friedlichen Hamburg, dem „pacifico Amburgo",
zur Ruhe kam, um dann mit dem Bekenntnis zu schließen, es bliebe zwar

---

[28] *Alfieri*: Opere. Bd. IX: Rime. A cura di Francesco Maggini. Asti: Casa d'Alfieri
1954, S. 137.
[29] Viaggiatori del Settecento. A cura di Leonello Vincenti. Torino: UTET 1950,
S. 617–621.

noch viel von der Reise in den Norden, dem „boreal viaggio", zu berichten, aber über sie zu schreiben, bereite ihm das gleiche „fastidio" wie damals, sie zu machen.

Der harsche, polemische Ton der Berichte von der Reise ist bezeichnend für den schroffen Charakter des Autors, wie er sich an zahlreichen Stellen seiner Autobiographie kundgibt. Alfieri selbst war sich dieses seines Wesens wohl bewusst. Viele Male spricht er in der „Vita" von seinem „ferreo carattere"[30], seiner „ritrosa e selvaggia indole"[31], seinem „bastantemente insoave ed irto carattere"[32] und macht in Erinnerung an seine Jugend speziell die „bollente indole" und die „giovanile insofferenza"[33] geltend. Diese Wildheit und Widerborstigkeit, die er sich selbst zusprach, manifestierte sich besonders in seinem obstinaten Tyrannenhass, der ebenso wie die damit korrespondierende Freiheitsliebe vielen seiner Tragödien das Gepräge gibt. Der „odio purissimo della tirannide in astratto"[34], die „profonda ferocissima rabbia ed aborrimento contra ogni qualsivoglia tirannide"[35], die im Grunde jedwede Herrschaft ablehnt und somit anarchoide Züge trägt, ist dem Anschein zuwider nicht politischer Natur. „Tyrann" und „Tyrannei" sind bei Alfieri existentiell besetzte Begriffe. Sie beziehen sich nur oberflächlich besehen auf kontingente Situationen. Vielmehr stehen sie symbolisch für alles den Menschen Begrenzende, ihn in seine Endlichkeit Einschließende und an der Entfaltung seines Ich als „libero uomo" Hindernde. Der individualistische Protest des piemontesischen Aristokraten gegen den Absolutismus in Berlin und sogar in Wien hat an einen deutschen Zeitgenossen denken lassen, den jungen Friedrich Schiller mit seinem „In tyrannos". Mit Lionello Vincenti[36] darf man Alfieri als italienischen Geistesverwandten des deutschen Sturm und Drang verstehen.

---

[30] *Alfieri*: Vita, S. 143.
[31] Ebd., S. 105.
[32] Ebd., S. 128.
[33] Ebd., S. 72.
[34] Ebd., S. 101.
[35] Ebd., S. 151.
[36] *Leonello Vincenti*: Alfieri e lo ‚Sturm und Drang' e altri saggi di letteratura italiana e tedesca. Firenze: Olschki 1966.

Abstract

Un ammiratore ed un denigratore di Federico il Grande:
Francesco Algarotti e Vittorio Alfieri
di *Klaus Heitmann*

Klaus Heitmann presenta nel suo saggio due autori che rappresentano in modo esemplare i due atteggiamenti agli antipodi che all'epoca caratterizzavano il giudizio espresso dagli italiani nei riguardi del re prussiano: Francesco Algarotti e Vittorio Alfieri, mosso il primo da sconfinata ammirazione, animato il secondo da un'altrettanto sconfinata antipatia *a priori*. Algarotti rappresenta in modo positivo già gli sviluppi della Prussia sotto Federico Guglielmo I, ma è particolarmente la Prussia di Federico il Grande, in cui trascorse alcuni anni (1739–1742 e 1747–1753) come consigliere del re alla corte prussiana, che egli celebra come nuova patria delle arti e delle scienze, descrivendo la vita a Berlino con tratti molto positivi ed addirittura, intorno al 1750, in toni entusiastici.

L'immagine che Algarotti dà di Federico il Grande, della sua corte e del suo paese riflette il fascino che il vincitore della Guerra dei Sette Anni esercitò su gran parte d'Italia fino al XIX secolo avanzato. Come rappresentante, invece, delle voci italiane che si levarono contro Federico, si distingue senz'altro, per la radicale avversione che esprime, Vittorio Alfieri, recatosi in Prussia nel settembre del 1769 durante il suo viaggio in Europa. Come si evince dalla sua autobiografia, egli giudica la Germania come un paese per lui del tutto privo di attrattiva, popolato da mendicanti e soldati, il cui re era addirittura un tiranno e Berlino un'unica gigantesca caserma.

Per tutta la sua vita Alfieri restò fedele al giudizio qui tratteggiato, forse con un'unica eccezione: il necrologio poetico che egli dedicò al re in un sonetto dell'anno 1786, in cui Federico viene sì di nuovo apostrofato come tiranno, ma in cui, d'altro canto, se ne celebra la grandezza. Il tono aspro e polemico di Alfieri nella sua descrizione della Prussia di Federico si riferisce, tuttavia, solo superficialmente a situazioni contingenti.

Le sue frecciate velenose scagliate contro il «Prusso tiranno» hanno un preciso riscontro nell'ostinato odio ai tiranni e nelle espressioni d'amore per la libertà a tale odio corrispondenti, che animano tante tragedie dell'Astigiano. L'aspra critica di Alfieri a Federico ed alla Prussia è simbolo dell'odio che egli nutre per tutto ciò che limita la libertà umana e che impedisce al singolo di realizzarsi come «libero uomo».

Nel suo atteggiamento verso Federico il Grande e la Prussia, insomma, il nobile piemontese esprime la sua protesta individuale contro l'assolutismo, in qualsiasi luogo gli si presenti.

Italien in Frankreich.
Die friderizianische Hofkapelle im Spannungsfeld der Kulturen

Von *Laurenz Lütteken*

1. Einleitung

Der preußische Kriegsrat Johann Friedrich Borchmann veröffentlichte im Jahr 1778 umfangreiche „Briefe, zur Erinnerung an merkwürdige Zeiten und rühmliche Personen, aus dem wichtigen Zeitlaufe, von 1740, bis 1778", eine ausgedehnte Apologie Friedrichs II., in der keineswegs nur beiläufig die Rede ist von der Musik, jener Kunst also, die Friedrich schon bei seinem Regierungsantritt programmatisch, durch die Gründung einer Hofkapelle und durch die Errichtung eines Hofopernhauses, in den Mittelpunkt seines kunstpolitischen Programms gestellt hatte. Borchmann nun erinnert sich unter anderem an eine typische Musikdarbietung, wahrscheinlich in Schloss Sanssouci:

> Das lange gewünschete Kammerconcert nahm seinen Anfang mit einer Symphonie von *Graun*, welche – Da hast Du die Zeichen, deren wir uns, in unseren Tagen, zu bedienen pflegen, wenn wir unsere Gedanken nicht ausdrücken können, oder nicht sagen wollen, – Gedankenstriche. Ich habe kein Wort, mit welchem ich *Grauns* Lob ausdrücken könnte. Du, deren Herz so ganz in seine Musik schlägt, denke es Dir selbst. Denke Dir auch zugleich unsere Gesellschaft, welche an den Schloßfenstern im Garten, auf die Musik horchend, stand, und sich von nie so schön gehörten Harmonien, mit welchen sich auch eine angenehme Menschenstimme vermischte, bezaubert fühlete. Mitten unter diesem Wettstreite entzückender Töne ließ sich eine Flöte [die Flöte Friedrichs II.] hören. Der junge B*** glaubte, ein Geist des Himmels hauche in selbige seine rein gestimmeten Empfindungen. Seine weiche Seele ward ganz Gefühl, – von unaussprechlicher Lust durchströmtes Gefühl. Alle vorher gehörte Musik verlohr, für dieses Gefühl, Reiz und Eindruck; [...].[1]

---

[1] [*Johann Friedrich Borchmann:*] Briefe, zur Erinnerung an merkwürdige Zeiten, und rühmliche Personen, aus dem wichtigen Zeitlaufe, von 1740, bis 1778. Berlin: Spener 1778, S. 34 f. [Hinzufügung L. L.]; zum Kontext auch *Christoph Henzel* (Hrsg.): Quellentexte zur Berliner Musikgeschichte im 18. Jahrhundert. Wilhelmshaven: Heinrichshofen 1999 (= Taschenbücher zur Musikwissenschaft 135).

Borchmann also beschreibt hier eine Aufführung des früheren königlichen Kapellmeisters Carl Heinrich Graun (1703/04–1759), der zum Zeitpunkt der Veröffentlichung fast zwanzig Jahre tot war, im Zusammenspiel mit seinem königlichen Gönner, der sich mit seiner Flöte unmittelbar in die musikalische *Soirée* eingemischt hatte. Unabhängig von der Stilisierung dieser Szene ist ersichtlich, dass die Musikkultur am preußischen Hof schlagartig, mit dem Regierungsantritt 1740, eine Qualität erreicht hat, die sie, zumindest bis gegen die Mitte der 1760er Jahre, zu einem europäischen Zentrum ersten Ranges hat werden lassen, ungeachtet der erheblichen, durch die großen Kriege Friedrichs verursachten politischen, wirtschaftlichen und militärischen Wirren. Dabei war die besondere inhaltliche Ausrichtung dieser Hofmusik für einen apologetischen Beobachter wie Borchmann ganz offenkundig. In denselben Briefen erinnerte er sich nämlich an die Bestallung des braunschweigischen Vizekapellmeisters Graun, der dem preußischen Kronprinzen Friedrich aufgefallen war bei seiner Eheschließung mit Elisabeth Christine von Braunschweig-Bevern 1733 in Schloss Salzdahlum:

> Das Adlerauge *Friederichs* erkannte, mitten unter dem Gepränge seiner Vermählung, *Grauns* inneren Werth in der Oper *Timareta* [gemeint: *Lo specchio della fedeltà*, L. L.], und er fand, an ihm, – was er vielleicht nie, unter allen Teutschen, zu finden glaubte, – den einzigen Virtuosen, welcher, mit italienischer Kunst, und Leichtigkeit, die Seele der Musik, – das Rührende, Gefühlerregende, – in seine Töne zu verwenden weiß.[2]

Graun hat sofort nach dieser Begegnung versucht, in Ruppin in Friedrichs Dienste zu gelangen, was 1736 schließlich geglückt ist. Tatsächlich also war dem Thronfolger offenbar die italienische Ausrichtung seiner künftigen Hofkapelle von vornherein wichtig, und unmittelbar nach dem Regierungsantritt wurde Graun nicht nur zum Hofkapellmeister ernannt, sondern er wurde zugleich nach Italien geschickt, um Sänger für die neue Hofoper, die anfangs noch im Interimstheater des Alabastersaales im Schloss spielte, zu verpflichten. Dieses allerdings war der erste Italienaufenthalt des neuen Hofkapellmeisters überhaupt, und welche möglichen Auswirkungen er auf die Musikpolitik in Berlin gehabt haben könnte, ist derzeit noch offen.[3]

Damit aber zeichnen sich zwei sehr merkwürdige Eigenheiten der friderizianischen Musikpolitik ab. Offenkundig entschied sich der Monarch, der nach der Kapellauflösung durch seinen Vater bei der Wiederbegründung einer musikalischen Institution keiner dynastischen Tradition verpflichtet war,

---

[2] *Borchmann*: Briefe, S. 105; zu den biographischen Umständen und zum Werk *Christoph Henzel*: Art. „Graun", in: Die Musik in Geschichte und Gegenwart 2, Personenteil 7, 2002, Sp. 1506–1525.

[3] Vgl. dazu auch *Christoph Henzel*: Zu den Aufführungen der großen Oper Friedrichs II. von Preußen 1740–1756, in: Jahrbuch des Staatlichen Instituts für Musikforschung Preußischer Kulturbesitz 1997, S. 9–57.

eindeutig für eine am Vorbild Italien ausgerichtete Hofkapelle. Das war im Kontext höfischer Musikinstitutionen im Reich nicht ungewöhnlich, die berühmten Kapellen in Dresden oder in München folgten, wenn auch bedeutend früher gegründet und durchaus aus unterschiedlichen Motiven, ebenfalls und ohne Einschränkungen dem italienischen Modell, von der kaiserlichen Kapelle in Wien ganz abgesehen. Ungewöhnlich ist allerdings die Tatsache, dass sich Friedrich, mit Ausnahme der Sänger, nicht ernstlich dazu entschloss, sein Personal direkt aus Italien anzuwerben, ja den Hofkapellmeister zu einem Zeitpunkt verpflichtet hat, als dieser Italien noch nicht einmal gesehen hatte. Diese Rekrutierung weicht deutlich vom Modell anderer Residenzen ab: In München etwa wirkte zu derselben Zeit der Venezianer Giovanni Porta (ca. 1675–1755) als Hofkapellmeister;[4] der mit zahlreichen italienischen Musikern bestückten Dresdner Hofkapelle stand der in Neapel und Venedig triumphal erfolgreiche Johann Adolf Hasse (1699–1783) vor;[5] und Hofkapellmeister am braunschweigischen Hof war ab 1750/51 der Neapolitaner Ignazio Fiorillo (1715–1787).[6] Doch auch im Falle der Sänger war die Politik Friedrichs letztlich nicht konsequent. Es gehörten zum Hofopernpersonal zwar nachweislich Berühmtheiten wie die Kastraten Felice Salimbeni (um 1712–1751) oder Giovanni Carestini (1700–1760) sowie die Tänzerin Barbara de Campanini (1721–1799), die Berlin als Barbarina begeisterte.[7] Doch spätestens mit der aus Kassel stammenden Gertrud Elisabeth Schmeling (1749–1833), die 1767 als Primadonna an den preußischen Hof verpflichtet wurde und dort, gegen den Widerstand des Königs, den Cellisten Johann Baptist Mara (1746–1808) geheiratet hat, wurde auch dieses Prinzip durchbrochen.[8] So gehörten der friderizianischen Kapelle 1754 zwar acht

---

[4] Vgl. *Richard Schaal*: Dokumente zur Münchner Hofmusik 1740–1750, in: Die Musikforschung 26 (1973), S. 334–341.

[5] *Eberhard Steindorf*: „Wie von altem Gold". 450 Jahre Sächsische Staatskapelle in Dresden. Kassel et al.: Bärenreiter 1998, S. 66 ff.

[6] Vgl. *Ludwig Finscher*: Art. „Fiorillo", in: Die Musik in Geschichte und Gegenwart 2, Personenteil 6, 2001, Sp. 1223–1229.

[7] Vgl. dazu *Louis Schneider*: Geschichte der Oper und des Königlichen Opernhauses in Berlin mit den architektonischen Plänen des 1740 vom Freiherrn von Knobelsdorff und des 1844 vom königl. Ober-Bau-Rath Langhans neuerbauten Berliner Opernhauses. Berlin: Duncker & Humblot 1852; zu den Sängern in Berlin auch *Claudia Maria Korsmeier*: Der Sänger Giovanni Carestini (1700–1760) und „seine" Komponisten. Die Karriere eines Kastraten in der ersten Hälfte des 18. Jahrhunderts. Eisenach: Wagner 2000 (= Schriften zur Musikwissenschaft aus Münster 13), S. 142 ff.; s. ferner die einschlägigen Abschnitte im Dokumentationsteil vorliegenden Bandes.

[8] Vgl. hier *Carl Scherer*: Gertrud Elisabeth Schmeling und ihre Beziehungen zu Rudolf Erich Raspe und Carl Matthaei. Ein Beitrag zur Lebensgeschichte der Künstlerin in den Jahren 1766–1774, in: Vierteljahrsschrift für Musikwissenschaft 9 (1893), S. 99–127.

italienische Sänger an, die 42 Instrumentalisten stammten, inklusive Hofkapellmeister, sämtlich aus Deutschland.[9]

Dieser Paradoxie einer strikten Ausrichtung der Hofmusik nach Italien mit in der Regel, ausgenommen die Sänger, nicht aus Italien stammenden Protagonisten steht eine andere, weit verwunderlichere gegenüber. Friedrich war wie wahrscheinlich kein anderer deutscher Regent auf Frankreich fixiert und, vor allem in seiner frühen Zeit, außergewöhnlich stark beeindruckt von der französischen Aufklärung. Sein Engagement für Voltaire, mit dem er bereits 1736 in Verbindung trat, für Maupertuis, Gresset, schließlich und vor allem auch für La Mettrie, der von 1748 bis zu seinem frühen Tod 1751 als Vorleser in der Nähe des Königs gewirkt hat,[10] wies, gerade angesichts einer skandalträchtigen Figur wie La Mettrie, geradezu demonstrativ nach Frankreich, das dem geistigen und kulturellen Leben am Hof die Richtung geben sollte, und zwar so deutlich, dass die Entscheidung für eine strikt italienische Hofmusik ebenso spektakulär wie isoliert erscheinen musste. Diese vermeintliche Inkonsequenz ist umso auffälliger, als sich das französische Vorbild mühelos auch im musikalischen Berlin hätte etablieren lassen, etwa durch eine intensive Rameau-Rezeption. Doch Friedrich war schon in Ruppin und Rheinsberg, wo sich die künftige Hofkapelle gewissermaßen schrittweise formiert hat, ganz und gar auf Italien fixiert. Selbst in seinem eigenen, auch kompositorisch mit etlichen Werken bedachten Instrument, der vollständig auf französische Vorlieben weisenden *flûte traversière*, ließ er sich ab 1728 von Johann Joachim Quantz (1697–1773) unterrichten, dem Dresdner Hofflötisten, der seine prägenden Jahre zwischen 1724 und 1727 in Italien verbracht hatte und ab 1741 endgültig in den Diensten Friedrichs stand, nachdem er bereits 1733 ein Angebot ausgeschlagen hatte, nach Ruppin zu kommen.[11]

---

[9] *Anonym*: Nachricht von dem gegenwärtigen Zustande der Oper und Musik des Königs, in: Friedrich Wilhelm Marpurg (Hrsg.): Historisch=Kritische Beyträge zur Aufnahme der Musik. Bd. 1. Berlin: Wittwe Schütz 1754. Reprint Hildesheim, New York: Olms 1970, S. 75–84, S. 500–504, sowie den Nachtrag in Bd. 2, 1755, S. 271 f.; vgl. auch *Ernest Eugene Helm*: Music at the Court of Frederick the Great. Norman: University of Oklahoma Press 1960, S. 107 ff.

[10] Vgl. *Carl Eduard Vehse*: Die Höfe zu Preußen. Friedrich II., der Große. 1740 bis 1786. Mit dreißig zeitgenössischen Abbildungen. Leipzig: Kiepenheuer 1993, passim.

[11] Vgl. *Mary A. Oleskiewicz*: Quantz and the Flute at Dresden. His Instruments, His Repertory and Their Significance for the Versuch and the Bach Circle. Ann Arbor: Diss. Duke Univ. 1998.

2. Frankreich versus Italien

Bedenkt man also die Prämissen von Friedrichs Hofkultur, seine Begeisterung für die französische Sprache, Philosophie und Literatur, bedenkt man,
dass im unmittelbaren Umfeld des Monarchen mit einer später noch zu erör-
ternden Ausnahme bevorzugt Franzosen wirkten und ausschließlich Französisch gesprochen wurde,[12] bedenkt man zudem, dass der König bereits im
ersten Regierungsjahr eine französische Schauspielgesellschaft nach Berlin
verpflichtet hatte, die im Kurfürstensaal des Schlosses u.a. mit Voltaires
Zaïre auftrat, bedenkt man alles das, so ist die vorsätzliche Entscheidung für
eine italienische Musikkultur um so auffälliger. Sie ist es zudem, weil der
entschiedene und als unversöhnlich geltende Gegensatz zwischen italienischer und französischer Musik bereits seit dem späten 17. Jahrhundert
nachdrücklich und breit kontextualisiert gewesen ist.[13] An den deutschen
Höfen, an denen schon im späten 16. Jahrhundert die italienische Musik als
vorbildlich rezipiert wurde, war dieser Gegensatz nach 1648 durch die zu-
nehmende Orientierung am Absolutismus französischer Prägung auch zu einer kulturpolitischen Aporie geworden. Friedrich I. etwa war in dieser Frage
unentschlossen, da er seiner Hofkapelle sowohl italienische wie französische
Musik verordnete, insgesamt aber wohl eher zum französischen Vorbild ten-
dierte. In Hannover oder Celle hingegen etablierte man Hofkapellen ganz
nach französischem Vorbild.

Die Differenzen zwischen dem musikalischen Frankreich und dem musikalischen Italien waren um 1700 klar benennbar, und sie betreffen zwei
unterschiedliche Ebenen: die institutionelle und diejenige, die man etwas
unscharf die stilistische nennen kann.[14] Institutionell erwies sich das französische Musikleben durch die geschickte Politik Jean-Baptiste Lullys, der
selbst Florentiner war, als vollkommen abhängig von der zentralistisch orga-
nisierten, 1669 gegründeten *Académie Royale de Musique,* die 1672 zum
dominierenden Machtinstrument Lullys geworden war. Aus ihr gingen die
Richtlinien für eine höfisch kontrollierte Musikpraxis hervor, die zugleich
einen unverbrüchlichen, bis zur Französischen Revolution gültigen Kanon
der Werke und Gattungen mit dem imaginären Zentrum der *tragédie lyrique* garantierte.[15] In Italien hingegen konkurrierten zahlreiche, sehr unter-

---

[12] Vgl. dazu auch *Corinna Petersilka*: Die Zweisprachigkeit Friedrichs des Großen.
Ein linguistisches Portrait. Tübingen: Niemeyer 2005 (= Zeitschrift für romanische
Philologie 331).

[13] Zum Problem grundsätzlich *Ludwig Finscher*: Die Entstehung nationaler Stile in
der europäischen Musikgeschichte, in: Forum Musicologicum IV. Winterthur: Amadeus 1984, S. 33–56.

[14] Vgl. zum Problem generell *Wilhelm Seidel*: Art. „Stil", in: Die Musik in Geschichte und Gegenwart 2, Sachteil 8, 1998, Sp. 1740–1759.

schiedlich organisierte Zentren, die jeweils sehr eigene musikalische Physiognomien in sehr heterogenen politischen Kontexten herausgebildet haben. Die wichtigsten dieser Zentren waren Neapel, Venedig und Rom, danach folgten Turin, Mailand, Genua und viele andere, und an allen diesen Orten sind auch konkurrierende Repertoires entstanden, in deren Zentrum das eben nicht auf langfristig organisierte Repertoires angelegte *dramma per musica* stand.[16]

Neben diesen institutionellen Differenzen spielten solche im Habitus der Musik eine entscheidende Rolle, Differenzen, die sich, etwas vordergründig, als stilistische beschreiben lassen. Im Mittelpunkt der Musikkultur stand nach wie vor die Vokalmusik und in deren Zentrum die neue höfische Repräsentationsgattung der Oper, als *tragédie lyrique* oder als *dramma per musica*. Beide Gattungen zeichnen sich, neben großen Kontrasten in der Dramaturgie, vor allem durch ein äußerst unterschiedliches Verhältnis zwischen Musik und Sprache aus. Im französischen Kontext entschieden Metrum und Vers der Sprache konstitutiv die Verfasstheit der Musik, die sich folglich in ihrem Metrum den Vorgaben der Dichtung anzupassen hatte. Im italienisch geprägten Verständnis hingegen war die musikalische Metrik gewissermaßen versbestimmend, sie generierte einen einheitlichen (und regelmäßig akzentuierten) Takt, der der Musik deswegen sehr viel mehr Selbständigkeit gewährt und zudem eigene formale Modelle hervorgebracht hat. Die dreiteilige *Da Capo*-Arie kann als das erfolgreichste dieser Modelle gelten. Die somit erreichte formale und metrische Eigenständigkeit der Musik hatte zudem ein verblüffendes Resultat, nämlich die immer weiter vorangetriebene Verselbständigung der Musik ohne Worte, der Instrumentalmusik, die kurz nach 1700 in den Formen der Sonate und des Konzerts Foren der virtuosen instrumentalen Selbstdarstellung zur Verfügung stellten, die es in dieser Form in Frankreich nicht gab.[17]

Italienische und französische Musik waren demnach, und zwar nicht nur in ihren Herkunftsländern, sehr klar abgegrenzte kulturelle Chiffren, die aufgrund ihrer sofort erkennbaren kompositorischen Unterschiede durchaus Entscheidendes zur kulturellen Selbstverständigung beitragen konnten, weit über das bloß Musikhistorische hinaus.[18] Folglich galten schon deswegen

---

[15] *Herbert Schneider*: Die Rezeption der Opern Lullys im Frankreich des Ancien Régime. Tutzing: Schneider 1982 (= Mainzer Studien zur Musikwissenschaft 16).

[16] Vgl. *Franco Piperno*: Das Produktionssystem bis 1780, in: Lorenzo Bianconi/ Giorgio Pestelli (Hrsg.): Geschichte der italienischen Oper. Systematischer Teil. Band 4. Die Produktion: Struktur und Arbeitsbereiche. Übers. aus d. Ital. von Claudia Just und Paola Riesz. Laaber: Laaber 1990, S. 15–79, bes. S. 47 ff.

[17] Vgl. *Norbert Dubowy*: Arie und Konzert. Zur Entwicklung der Ritornellanlage im 17. und frühen 18. Jahrhundert. München: Katzbichler 1991 (= Studien zur Musik 9).

beide Haltungen als prinzipiell unvereinbar. Carl Heinrich Graun hat diese Unvereinbarkeit der Positionen in den frühen 1750er Jahren in einem Briefwechsel mit dem hamburgischen Musikdirektor Georg Philipp Telemann (1681–1767) nochmals betont, einem leider nur fragmentarisch erhaltenen Briefwechsel, der gleichwohl zu den bedeutendsten musikästhetischen Dokumenten des gesamten 18. Jahrhunderts gehört. Bezogen auf das französische Rezitativ, also den metrischen, dem Versmaß folgenden Gesang bekannte Graun schließlich gegen Telemann freimütig und bei aller Freundschaft etwas gereizt:

> *Enfin,* mir gefält die französische Recitatif Art gantz und gar nicht, und wie ich in meinem Leben erfahren habe, so gefält sie auch in keinen Theile der Welt, als nur in Franckreich, so bald aber selbige über die Gränzen tritt, verursachet sie Eckel.[19]

Graun und Telemann erörtern ihre Haltung ausführlich an Beispielen von Jean-Philippe Rameau (1683–1764), der in doppelter Hinsicht als paradigmatisch gelten kann. Einerseits verwirklicht sich in seiner Sprachvertonung besonders konsequent der Vorsatz, das musikalische Metrum ganz und gar den Vorgaben des Verses anzupassen. Andererseits vertrat der als Theoretiker gefeierte Komponist die Auffassung, dass die Gesetze und Regeln der musikalischen Zusammenklänge, also die Harmonien in streng logischen Hierarchien geordnet seien und deswegen die Melodie aus dieser Harmonie abgeleitet werden müsse – jene Melodie, der gerade in einem italienischen Modell der Sprachvertonung der Primat zukommt, der also die Harmonie nachgeordnet wird.[20] Rameaus Auffassung und damit auch diejenige Telemanns galt deswegen als naturgesetzlich, diejenige der italienischen Komponisten und damit auch diejenige Grauns (die sich wenig später, in einer erbitterten Kontroverse, Rousseau, dann zudem Herder zueigen machen sollte) als natürlich.

In einem komplexen System wie der sorgfältig geplanten und entworfenen friderizianischen Hofkultur kann folglich der Konflikt zwischen französischer Ausrichtung des gesamten kulturellen Lebens und italienischer Musikkultur kein Zufall sein, und sie zeigt sich bereits ganz äußerlich, in Knobelsdorffs Bau des Opernhauses, das zweifellos dem Vorbild italienischer Operntheater folgt.[21] Die Entscheidung für eine bestimmte musikalische

---

[18] Auch hierin dürfte, neben vielem anderen, die Attraktivität der Gattung als Modell für die dynastische Repräsentation und Abgrenzung begründet sein.

[19] Carl Heinrich Graun an Georg Philipp Telemann am 9.11.1751; zit. nach *Georg Philipp Telemann*: Briefwechsel. Sämtliche erreichbare Briefe von und an Telemann. Hrsg. von Hans Grosse und Hans Rudolf Jung. Leipzig: Deutscher Verlag für Musik 1972, S. 276–280, hier S. 279.

[20] Dazu vom *Verf.*: Das Monologische als Denkform in der Musik zwischen 1760 und 1785. Tübingen: Niemeyer 1998 (= Wolfenbütteler Studien zur Aufklärung 24), S. 109 ff.

Konstellation, vom überaus musikkundigen Monarchen schon in Ruppin und Rheinsberg getroffen, ist demnach alles andere als mäzenatischer Zufall, auch nicht einfach eine unreflektierte Begeisterung für ein bestimmtes Idiom. Sie ist eingebettet in ein offenbar als produktiv empfundenes Spannungsfeld, das schon deswegen auffällig ist, weil mit Ausnahme der Sänger die musikalischen Protagonisten allesamt nicht aus Italien stammten. Demnach stellen sich angesichts dieser Überlegungen zwei Fragen: Wie italienisch war die italienische Musikkultur am Hofe Friedrichs eigentlich? Und welche Rolle spielte dabei der französische literarische Kontext?

3. Italienische Ausrichtung der Hofkapelle

Es ist unzweifelhaft, dass die Struktur des höfischen Musiklebens der einer italienisch geprägten Hofkapelle entsprach. Äußerlich sichtbar ist das bereits daran, dass Friedrich eben nicht, nach französischem Vorbild, eine zentralistische Musikakademie errichten, sondern das italienische Opernhaus als musikalischen Mittelpunkt erbauen ließ. Der üppig besoldete Hofkapellmeister war zugleich verantwortlich für die Oper, und auch hierin entsprach die Struktur einem italienischen Muster, allemal, weil der Mäzen auf die Inhalte direkten Einfluss nehmen konnte (und es in seinen eigenen Libretti auch tat). Jenseits der Oper existierte ein reiches höfisches Musikleben, mit gelegentlicher Vokalmusik, vor allem aber bunter Instrumentalmusik: Konzerte, Sonaten, andere Kammermusiken. Im Mittelpunkt standen die brillanten Instrumentalisten wie Grauns Bruder Johann Gottlieb (1701/02–1771) als Geiger, der Cembalist Carl Philipp Emanuel Bach (1714–1788), der Lautenist Ernst Gottlieb Baron (1696–1760) und andere. Sie waren um den virtuosen Flötisten Johann Joachim Quantz und seinen Schüler, den musizierenden Monarchen selbst zentriert. Die Werke waren Eigentum und Verfügungsmasse des Hofes, eine ausgedehnte Druckpraxis oder überhaupt nur ein funktionierendes Musikverlagswesen existierte in Berlin nicht. Anders als in Paris, wo über ein ausgeklügeltes System von Druckprivilegien sogar, eine der Hauptaufgaben der *Académie,* die Opernpartituren vervielfältigt wurden, blieb in Berlin, getreu dem italienischen Vorbild, fast alles ungedruckt.

Johann Friedrich Borchmann beschreibt schließlich die idealtypische Besetzung der Hofkapelle:

> zwey Flügel, zwölf Violinen, vier Violen, oder Bratschen, vier Violoncello's, drey Contre=Violons, vier Flöten, zwey Bassons, zwey Waldhörner, vier Hautbois; auch abwechselnd zu manchen Stücken, eine Theorbe, eine Harfe.[22]

---

[21] Vgl. dazu *Georg Quander* (Hrsg.): Apollini et Musis. 250 Jahre Opernhaus unter den Linden. Frankfurt a. M./Berlin: Propyläen 1992.

[22] *Borchmann*: Briefe, S. 101; in den Bemühungen um eine „historische" Aufführungspraxis haben solche Hinweise bislang keine Rolle gespielt.

Das entspricht einem erweiterten Orchester italienischer Prägung, wie man es auch in Dresden antreffen konnte, während in Frankreich die Streicher- und Bläseranteile ganz anders verteilt waren und man sich insbesondere nicht mit vier Bratschen zufriedengegeben hätte. Es gehört zu einer italienisch ausgeprägten Musikpolitik, dass man saisonweise Opernaufträge vergab, bevorzugt natürlich an den Hofkapellmeister, dass man reichhaltige und in jedem Fall nur innerhöfische Instrumentalkonzerte organisierte – und dass man bei Bedarf auswärtige Virtuosen an den preußischen Hof engagierte. Der heute berühmteste von ihnen war der königlich-sächsische Hofkomponist und städtische Musikdirektor aus Leipzig, Johann Sebastian Bach (1685–1750), der im Mai 1747 unter großer Anteilnahme am Hof zu Gast war.[23] Auch hier zeigt sich die Zurückhaltung gegenüber französischer Musik: der aus Paris stammende François-André Danican Philidor (1726–1795), der sich 1751/52 in Berlin aufhielt, wurde vom König nicht als Musiker empfangen, sondern als eine Berühmtheit in einer ganz anderen Disziplin, als Schachspieler.[24]

Die reichhaltige virtuose Instrumentalpraxis, die in zahlreichen Nachmittagsstunden am Hofe kultiviert wurde, ist ein besonders deutliches Indiz für diese italienische Orientierung der musikalischen Kultur. Antonio Vivaldi in Venedig, Francesco Maria Veracini oder Johann David Heinichen in Dresden, sie alle glänzten durch virtuose Selbstdarstellung in der ganz neuen Mustergattung des Konzerts. Diese Gattung wurde in Berlin reichlichst gepflegt, und im Mittelpunkt stand natürlich stets und besonders bevorzugt das königliche Instrument selbst, die Flöte. Johann Joachim Quantz schrieb etwa ein e-Moll-Concerto für Flöte ausdrücklich für seinen Gönner und verzichtete dennoch nicht auf einen in der Sprache des Hofes verfassten Vermerk über der Partitur: *Pour Potsdam*. Diese merkwürdige Inkonsistenz mag ein Zeichen sein dafür, dass es in dieser so eindeutig an Italien ausgerichteten Musikkultur dennoch merkwürdige Brüche gab, die sich überdies nicht linear auflösen lassen. Der auffälligste ist der weitestgehende Verzicht auf geistliche Musik. Während an italienischen Höfen, so auch in Dresden, die festliche Ausgestaltung der Hl. Messe und anderer Anlässe zum wesentlichen Bestandteil der Musikkultur gehörten – diesem Umstand ver-

[23] Vgl. den Überblick bei *Andreas Holschneider*: Johann Sebastian Bach in Berlin, in: Hellmut Kühn (Hrsg.): Preußen. Dein Spree-Athen. Beiträge zu Literatur, Theater und Musik in Berlin. Reinbek: Rowohlt 1981 (= Preußen. Versuch einer Bilanz 4), S. 135–145.

[24] Zur Rolle des Schachspiels am friderizianischen Hof vgl. *Hans Holländer*: Karl Wilhelm Ramler und die Schachkultur des 18. Jahrhunderts, in: Verf./Ute Pott/Carsten Zelle (Hrsg.): Urbanität als Aufklärung. Karl Wilhelm Ramler und die Kultur des 18. Jahrhunderts. Göttingen: Wallstein 2003 (= Schriften des Gleimhauses Halberstadt 2), S. 39–57.

dankt sich ein Werk wie Bachs für Dresden geschriebene h-Moll-Messe –, während auch in Versailles zumindest die geistliche Musik gewissermaßen jenseits der Messe eine gewichtige Rolle spielte (etwa im *Grand Motet*), so ist sie in Berlin praktisch nicht existent. Das liegt sicher nicht vorrangig am Luthertum der Hohenzollern, sondern offenbar an einer generellen Skepsis gegenüber der Kirche und ihrer prachtvollen Liturgie. So waren die Vertreter der italienischen Hofmusik in Berlin nicht nur keine Italiener, sie waren in der Regel auch keine Katholiken und komponierten keinerlei Kirchenmusik. Die wenigen repräsentativen Kirchenwerke in Berlin hatten ausschließlich politische Hintergründe, und sie waren überdies lateinisch, so Grauns *Te Deum* (GSV 74), mit dem im Mai 1757 der Sieg der preußischen Truppen über Österreich gefeiert wurde, oder das großangelegte *Magnificat* von Carl Philipp Emanuel Bach (H 772), das 1749 für einen nicht sicher bestimmbaren staatspolitischen Anlass in Berlin entstanden ist. In beiden Fällen sind die Werke im Schaffen der Komponisten vollständig isoliert, sie repräsentieren also gerade nicht einen hofmusikalischen Anspruch.

Im Gegensatz zu anderen Höfen, an denen die Sänger zu den unumstrittenen gesellschaftlichen Mittelpunkten zählten – wie z.B. Hasses Gattin Faustina Bordoni in Dresden –, blieben die italienischen Sänger in Berlin merkwürdig isoliert. Da sie in der Regel nicht als Komponisten tätig waren, schenkte man ihnen über die Oper hinaus keine Beachtung. Für den gerne mit französischen Literaten und Philosophen sich umgebenden König, der in seinen Konzerten allenfalls Instrumentalmusik gelten ließ, spielten sie keine Rolle, auch im Falle einer Berühmtheit wie Carestini nicht. Sie wirkten offenbar im höfischen Kontext wie Fremdkörper, forciert durch die Tatsache der reinen Französischsprachigkeit ihrer Umgebung. Es zeichnet sich die Musikkultur in Berlin jedoch noch durch eine weitere Besonderheit aus, die es so sicher nicht in italienischen Zentren gab, allerdings, wenigstens partiell, auf die musikalische Wirklichkeit in Paris verweist. Denn die höfischen Musiker formierten, jenseits der Hofkultur, eigene Organisationen der musikalischen Betätigung, sie partizipierten an musikalischen oder geselligen Zirkeln der bürgerlich-urbanen Wirklichkeit des gelehrten und geselligen Berlin, kurzum: sie nahmen teil an einer Konstellation, für die es in Paris den Ausdruck des Salons gab. Ob diese Salons nun *Mittwochsgesellschaft, Montagsclub* oder *Musikübende Gesellschaft* hießen: Musiker des Hofes nahmen an ihnen teil, prägten diese oder dominierten sie sogar, und die Sprache des Umgangs ist sicherlich in allen Fällen Deutsch gewesen.

Der Hof und insbesondere sein Mittelpunkt, der König, partizipierten sicher nicht an diesen Wirklichkeiten, ja es ist nicht einmal sicher, ob Friedrich mehr als flüchtige Kenntnis von ihnen hatte. Und es ist auffällig, dass die höfischen Musiker gerade hier das höfisch verordnete Programm der italienisch verfassten Musikkultur besonders nachdrücklich verlassen haben.

Carl Philipp Emanuel Bach etwa komponierte Charakterstücke für Cembalo nach dem französischen Vorbild Couperins, mit denen er Mitglieder des Berliner Patriziats portraitierte. Und man hat in hochfliegenden Experimenten sogar ganz neue Gattungen hervorgebracht. Im Umfeld der deutschsprachigen literarischen Elite formierte sich, insbesondere auf Anregung Karl Wilhelm Ramlers, eine neue Art des klavierbegleiteten Gesangs, die man *Ode* nannte.[25] An der Komposition solcher Clavier-Oden beteiligten sich nahezu alle prominenten Hofmusiker, auch der Hofkapellmeister selbst, wobei es als sicher gelten kann, dass der König für solche Musiken kaum mehr als Verachtung aufgebracht haben dürfte.

Und es gab auch ein Interesse an ganz anders kontextualisierten geistlichen Musiken, als deren Prominenteste das Oratorium *Der Tod Jesu* gelten kann, dessen Text Ramler auf einen Vorwurf von Friedrichs Schwester Anna Amalia schrieb.[26] Es ist auffällig, dass das 1755 im Dom uraufgeführte Werk vom Hofkapellmeister Graun komponiert wurde, aber eben in Verantwortung der Musikübenden Gesellschaft. Und es ist weiter auffällig, dass der italienische Opernkomponist Graun hier ganz andere Wege beschritten hat, wobei er die produktive Konkurrenz nicht mit einer höfischen, sondern einer bürgerlichen Institution gesucht hat. Denn er hat offenbar mit dem hamburgischen Musikdirektor Georg Philipp Telemann, die Kontroverse des Briefwechsels aufgreifend und zuspitzend, das Experiment einer gleichzeitigen Vertonung verabredet, wobei Graun gewissermaßen eine eher italienische, Telemann eine eher französische Perspektive verfolgte. Auch wenn das Stück später zur offiziellen Karfreitagsmusik des preußischen Hofes geworden ist – erst im späten 19. Jahrhundert abgelöst durch Bachs *Matthäus-Passion* –, so hat seine Entstehung mit dem Hof nur am Rande zu tun. Und so beschreitet der Komponist Graun in seinem deutschsprachigen Werk, ungeachtet seiner Prägung durch die italienische Tradition, weitgehend neue Wege – was zur überwältigenden Rezeption im 18. Jahrhundert beigetragen haben dürfte.

---

[25] Vgl. hier *Hans-Günter Ottenberg*: Die 1. Berliner Liederschule im Urteil der zeitgenössischen Presse, in: Gudrun Busch/Anthony J. Harper (Hrsg.): Studien zum deutschen weltlichen Kunstlied des 17. und 18. Jahrhunderts. Amsterdam/Atlanta: Rodopi 1992 (= Chloe 12), S. 247–268.

[26] Vgl. hier *Herbert Lölkes*: Ramlers „Der Tod Jesu" in den Vertonungen von Graun und Telemann. Kontext – Werkgestalt – Rezeption. Kassel et al.: Bärenreiter 1999 (= Marburger Beiträge zur Musikwissenschaft 8); sowie vom *Verf.*: Das Monologische als Denkform, S. 371 ff.

4. Versöhnung mit Frankreich: Musikästhetik

Diese neue Form der bürgerlichen, der literarischen Öffentlichkeit hat überdies zu einem Ereignis beigetragen, das sich vollends vom italienischen Vorbild entfernte. Im Jahre 1748, also kurz nach dem Ende des ersten Schlesischen Krieges, wurde in Berlin, wesentlich getragen von Mitgliedern der Hofkapelle, eine publizistische Kontroverse über Musik eröffnet. Einen vergleichbaren Vorgang gab es vor 1750 in keiner anderen Residenzstadt Europas, mit der bezeichnenden Ausnahme von Paris. So knüpfte diese Debatte auch an ein sehr konkretes französisches Vorbild an, den um 1700 zwischen den Literaten Jean Laurent LeCerf de la Viéville (1674–1707) und François Raguenet (1660–1722) in Paris eröffneten Schlagabtausch, ob nun der französischen oder der italienischen Oper der Vorzug zu geben sei.[27] Diese Debatte ist bemerkenswert aus zweierlei Gründen: erstens, weil man in Paris über den Gegensatz zwischen Frankreich und Italien in der Musik stritt, nicht etwa in Italien, und weil es Vertreter der französischen literarischen Elite waren, deren Musikkenntnisse bestenfalls die von Liebhabern waren. Diese Diskussion mündete in die radikale Position von Charles de Saint-Denis de Saint-Evremond (1610–1703), der schließlich beides, die italienische und die französische Oper, für verfehlt erklärte, weil Oper an sich, als Bühnenhandlung nicht sprechender, sondern singender Akteure bereits unentschuldbar unvernünftig sei. Diese Diskussion wurde 1728 vom Leipziger Gelehrten Johann Christoph Gottsched (1700–1766) in den deutschen Sprachraum getragen, mit einer Invektive gegen die Oper an sich, da sie die unvernünftigste Kunstform sei, allemal vor dem Hintergrund des regelmäßigen französischen Dramas.

Inmitten der italienisch dominierten Musikkultur im friderizianischen Berlin wurde nun, möglicherweise begünstigt durch den König selbst, eine Debatte in deutscher Sprache nach Pariser Vorbild losgetreten, in der es um die Bevorzugung der italienischen oder der französischen Musik ging.[28] Gleichwohl gab es von vornherein gravierende Unterschiede. Oper war in der berlinischen Debatte zwar ein wichtiges, nicht aber das einzige Thema. Und in

---

[27] Dazu auch *Wilhelm Seidel*: Saint-Evremond und der Streit um die Oper in Deutschland, in: Wolfgang Birthel/Christoph-Hellmut Mahling (Hrsg.): Aufklärungen. Studien zur deutsch-französischen Musikgeschichte im 18. Jahrhundert. Einflüsse und Wirkungen. Heidelberg: Winter 1986 (= Annales Universitatis Saraviensis. Reihe Philosophische Fakultät 20), S. 46–54.

[28] Vgl. vom *Verf.*: Moses Mendelssohn und der musikästhetische Diskurs der Aufklärung, in: Michael Albrecht/Eva J. Engel (Hrsg.): Moses Mendelssohn im Spannungsfeld der Aufklärung. Stuttgart-Bad Canstatt: Fromann-Holzboog 2000, S. 159–193; sowie ders.: Musikästhetische Reflexion im hugenottischen Berlin um 1760. Yves Marie André, Jean Henri Samuel Formey und Ernst Gottlieb Baron, in: Neues Musikwissenschaftliches Jahrbuch, 9 (2000), S. 49–65.

Berlin debattierten nicht musikbegeisterte Literaten, wie in Paris, sondern, erstmals überhaupt, Musiker mit einem professionellen Hintergrund. Den Auftakt dieser neuartigen musikalischen Kontroverse in der preußischen Residenzstadt bildete die noch anonym bzw. mit Pseudonymen geführte Auseinandersetzung zwischen dem durch seinen Paris-Aufenthalt geprägten späteren königlichen Lotteriedirektor Friedrich Wilhelm Marpurg (1718–1795), der noch kein höfisches Amt bekleidete, und dem ganz auf Italien fixierten späteren Hofkapellmeister Johann Friedrich Agricola (1720–1774). Man stritt über den Vorzug der italienischen und der französischen Musik, also ein Thema, das zweifellos aus Frankreich stammte. Das Besondere dieses durchaus heftigen Schlagabtausches lag freilich einerseits darin, dass die beiden deutschsprachigen Autoren den festen Bezugspunkt der französischen Kombattanten, die Oper, aufgegeben hatten und sich auch der Instrumentalmusik zuwandten. Andererseits wurde die Diskussion über den nationalen Gegensatz zugespitzt, in dem man gewissermaßen eine tiefere Schicht freizulegen versuchte. Diese Schicht betraf die Frage nach der musikalischen Phantasie, der, mit den Worten des 18. Jahrhunderts, „Einbildungskraft". Marpurg wollte diese Einbildungskraft domestizieren in der französischen Musik, da „die meisten Italiäner das wahre verlassen", „ihrer Einbildung zuviele Freyheit erlauben" und sich dabei „gar zu oft vergessen und dabei ein dunckles Nichts schreiben".[29] Sein Gegner Agricola hingegen verteidigte die italienische Musik, weil „die meisten Französischen Setzer [...] ihrer Einbildung in der Musik allzuwenig Freyheit erlauben".[30]

Dieser Konflikt spiegelte zweifellos die realen Verhältnisse im musikalischen Berlin. Denn der strikt frankreichzentrierte, französischsprachige Monarch mit seinem Hausphilosophen Voltaire, einem Parteigänger Rameaus und damit LeCerf de la Viévilles, war zugleich Mäzen der weitgehend italienisch dominierten Musikkultur. Die Auseinandersetzung zwischen Marpurg und Agricola, die möglicherweise zum Schrecken des Monarchen auf deutsch geführt wurde, besaß also, ganz anders als in Paris um 1700, eine lebensweltliche Basis, und vor diesem Hintergrund kommt ihr eine weitere Bedeutung zu. Indem die „nationale" Abgrenzung der Musik keiner Staatsidee mehr dienen konnte, war sie gleichsam neutralisiert – und konnte für beide Seiten auf das zentrale, gleichsam „innermusikalische" Thema der Einbildungskraft umgelenkt werden. Damit aber wurde, getreu der auf Chris-

---

[29] *Friedrich Wilhelm Marpurg* (Hrsg.): Der critische Musicus an der Spree. Erstes Stück. Berlin, Dienstag, den 4. Martii 1749, Bg. A[1]r.

[30] [*Johann Friedrich Agricola*:] Schreiben eines reisenden Liebhabers der Musik von der Tyber, an den Critischen Musikus an der Spree. Berlin [o.V.] 1749 [datiert: 11. März]; zit. nach *Hans-Günter Ottenberg*: (Hrsg.): Der Critische Musicus an der Spree. Berliner Musikschrifttum von 1748 bis 1799. Eine Dokumentation. Leipzig: Reclam 1984 (= Reclams Universal-Bibliothek 1061), S. 89.

tian Wolff zurückreichenden Vorstellung, dass der Ort der Einbildungskraft
die Seele sei, der abgrenzenden Wahrnehmung der Musik etwas beigegeben,
was es vorher nicht gab. Indem nämlich bestimmte kompositorische Haltungen direkt mit der Seele ihrer Erzeuger in Verbindung gebracht wurden,
musste das Französische oder das Italienische, also das „Nationale" in der
Musik Ausdruck der Seelenlage eines Komponisten sein – und damit auch
der Seelenlage der „Nation", der er sich damit zuordnete.[31] In den Auseinandersetzungen um Wirklichkeit und Wahrhaftigkeit der musikalischen
Darstellung musste diese Engführung zwischen „Nation" und Einbildungskraft besonders bedeutsam sein. Denn sie garantierte gewissermaßen, dass
das Schöne der Musik Rückschlüsse zulassen konnte auf die affektive Glaub-
würdigkeit der Erzeuger, mithin also der Nation, der sich der Komponist
verpflichtet fühlt. Auf nichts anderes zielt Marpurg, wenn er behauptet, dass
„die meisten Italiäner das wahre verlassen". Aus dem Verhältnis zwischen
Musik und Natur, das noch Raguenet und LeCerf de la Viéville bewegt
hatte, war das Verhältnis zwischen Musik und Wahrhaftigkeit im Blick auf
eine „Nation" geworden.

Die berlinische Debatte über Musik, die ab den 1750er Jahren in vielfältigen Publikationen erfolgt ist,[32] war also von vornherein eine Diskussion
über die kompositorische Wahrhaftigkeit, die sich für die Protagonisten mit
den Stichworten „Italien" oder „Frankreich" verband. Das darin erkennbare
Spannungsfeld war auch entscheidend für die großen Instrumentalschulen,
die im Berlin der 1750er Jahre erschienen sind: Carl Philipp Emanuel Bachs
Clavierschule von 1753 und Marpurgs Gegenmodell von 1755, Agricolas
Gesangsschule von 1756, die getreu der höfischen Maxime eine deutsche
Übersetzung der Gesangsschule von Pier Francesco Tosi ist, Marpurgs (französisch) ausgerichtete Kompositionslehre von 1753, Leopold Mozarts dezidiert von Berlin aus angeregte und ganz italienisch geprägte Violinschule
von 1756. Den Auftakt bildete die 1752 veröffentlichte Schule von Johann
Joachim Quantz, die im Rückgriff auf das 1707 publizierte französische Vorbild Jacques-Martin Hotteterres dem königlichen Instrument, der Flöte, gewidmet ist.[33] Gerade diese Publizistik belegt auch eine weitere Eigentüm-

---

[31] Dazu vom *Verf.*: „Die Tichter, die Fideler, und die Singer". Zur Rolle Bodmers
und Breitingers in der musikalischen Debatte des 18. Jahrhunderts, in: Schweizer Jahrbuch für Musikwissenschaft, N. F., 20 (2000), S. 39–61, hier S. 47 ff.

[32] Vgl. hier auch vom *Verf.* (Hrsg.): Die Musik in den Zeitschriften des 18. Jahrhunderts. Eine Bibliographie. Mit Datenbank auf CD-ROM. Kassel et al.: Bärenreiter
2004 (= Catalogus Musicus 18).

[33] [*Jaques-Martin*] Hotteterre: Principes de la flute traversière ou flute d'Allemagne,
de la flute a bec ou flute douce, et du haut-bois, divisez par traitez. Amsterdam: Roger
o.J. [1710]. [Faksimile] Mit deutscher Übertragung und einem Nachwort von Hans
Joachim Hellwig. Kassel et al.: Bärenreiter 1982 (= Documenta Musicologica 1, 34);

lichkeit: während es für die Musik selbst, getreu dem italienischen Vorbild, keine Verlage gab, existierte für das Musikschrifttum, getreu dem französischen Vorbild, ein hochdifferenziertes publizistisches Forum.

In der Flötenschule von Johann Joachim Quantz, an der Johann Friedrich Agricola offenbar einen maßgeblichen Anteil hatte, vor allem in den ästhetischen Kapiteln, findet sich eine ausführliche Auseinandersetzung mit dem Geschmack, dem *goût*. Quantz führt den guten Geschmack, im Gegensatz etwa zum von Johann Christoph Gottsched und damit der französischen Aufklärung beeinflussten Johann Adolf Scheibe (1708–1776), letztlich auf die „Empfindung" zurück. Und so mündet die von Marpurg und Agricola beschriebene Unvereinbarkeit von italienischer und französischer Musik in den Versuch, das Geschmacksurteil gleichsam synthetisch zu begründen, und zwar in jener Leerstelle, die in der Musikpolitik des friderizianischen Hofes notwendig entstehen musste:

> In einem Geschmacke, welcher, so wie der itzige deutsche, aus einer Vermischung des Geschmackes verschiedener Völker besteht, findet eine jede Nation etwas dem ihrigen ähnliches; welches ihr also niemals misfallen kann.[34]

Damit hatte die zwischen den Frankreich-Verehrern und den Italien-Liebhabern ausgetragene publizistische Debatte ein ganz ungewöhnliches Ergebnis gezeitigt. Da die Kombattanten beider Parteien sich auf die Gunst des Königs berufen konnten, war als Resultat neben dem Italienischen und dem Französischen unvermittelt auch ein Deutsches in der Musik definiert, ein Deutsches, das sich aus der vergleichenden Abgrenzung definiert. Diese Technik der vergleichenden Abgrenzung hat auch Quantz übernommen, denn in seiner Flötenschule handelt er ausführlich sowohl von der französischen wie der italienischen Musik, ohne allerdings die Präferenz für die italienische zu leugnen. Die Schaffung des deutschen Geschmacks basiert jedoch gerade nicht auf der Technik der Abgrenzung: sie versteht sich nicht als Opposition zum einen oder anderen, sondern als Synthese. Im Mittelpunkt steht dabei offenbar der Wille, das aus der Auseinandersetzung um die Einbildungskraft resultierende Problem zu lösen. Die Technik der Vermischung gestattet so viel „Phantasie", dass niemand daran Anstoß nehmen

---

die weiteren Nachweise bei *Verf.*: Moses Mendelssohn und der musikästhetische Diskurs der Aufklärung, S. 184 ff.

[34] *Johann Joachim Quantz*: Versuch einer Anweisung die Flöte traversière zu spielen; mit verschiedenen, zur Beförderung des guten Geschmacks in der praktischen Musik dienlichen Anmerkungen begleitet, und mit Exempeln erläutert. Nebst XXIV. Kupfertafeln. Berlin: Voß 1752. Reprint der Ausgabe Berlin 1752. Mit einem Vorwort von Hans-Peter *Schmitz*. Mit einem Nachwort, Bemerkungen, Ergänzungen und Registern von Horst *Augsbach*. München: Deutscher Taschenbuch Verlag/Kassel et al.: Bärenreiter 1992 (= dtv/Bärenreiter 4900), S. 333.

kann, und garantiert zugleich die Wahrhaftigkeit einer diesem Prinzip verpflichteten Musik.

Implizit ist damit allerdings schon bei Quantz etwas angelegt, was die friderizianische Kultur insgesamt auszeichnet. Der synthetisierende Charakter
entsteht ja nicht durch Abgrenzung, sondern durch ausgleichende Zusam-
menfügung. Der Widerspruch einer italienischen Musikkultur in einem französischen Umfeld war somit, durchaus im Sinne des Monarchen, aufgelöst
zu einem spezifisch „Deutschen", das schließlich nicht nur die Musik bestimmen sollte. Lebensweltlich war das nach außen eben daran sichtbar, dass
in Friedrichs italienischer Hofkapelle mit Ausnahme der Sänger keine Italiener gewirkt haben, und so ist, und zwar durchaus explizit bei Quantz, erkennbar, dass dieses synthetisierende „Deutsche" auch so etwas begründen
sollte wie einen musikalischen Hegemonieanspruch. Was, so Quantz, „niemals misfallen kann", erweist sich auch unter den Auspizien der Vernunft
nicht nur als wahr, sondern als unangreifbar. In diesem komplizierten Sinne
wird der vermischte Geschmack dann allerdings Teil der friderizianischen
Staatsraison, die sich einerseits als synthetisierende Zusammenbindung diver-
gierender Kräfte verstand, andererseits – und nicht zuletzt in der rabiaten
Eroberungspolitik des Monarchen – als hegemonialer Herrschaftsanspruch
eben nicht nur im machtpolitischen, sondern letztlich auch im ethischen Bereich. Die Vorstellung, diese Synthese sogar musikalisch verwirklichen zu
können, musste daher weit mehr sein als die Beglaubigungsurkunde der besonderen Verfasstheit Hofkapelle, sondern vielmehr ein aus ihr abgeleitetes
ästhetisches Programm mit Wirkungen weit über die Musikkultur hinaus.

5. Paradigma des neuen Stils: Oper

Bedenkt man, dass diese Debatte weitestgehend auf deutsch ausgetragen
worden ist und deswegen, ungeachtet einer tiefen Übereinstimmung mit
Positionen des Monarchen, wahrscheinlich weitgehend an seiner Person vor-
bei, so fragt sich, an welchen Punkten er sie dennoch willentlich gesteuert
haben könnte. Tatsächlich bildet eine ihrer wichtigsten Voraussetzungen die
höfische Repräsentationsgattung schlechthin, die Oper, also jene Gattung,
die, ganz anders als in Paris, in den publizistischen Auseinandersetzungen
gerade keine zentrale Rolle gespielt hat. Die Oper erweist sich daher als ein
Paradigma für das friderizianische Musikprogramm, und ausgerechnet in
dieses Umfeld gehört, kaum zufällig, die Tätigkeit des bedeutendsten Italieners am Hofe Friedrichs, eines Italieners, der eben kein Musiker, aber (unter
anderem) ein Musikgelehrter gewesen ist. Der venezianische Literat Francesco Algarotti (1712–1764) wirkte von 1740 bis 1742 am Hof Friedrichs,
programmatisch schon im ersten Regierungsjahr, und er hielt sich von 1746

bis 1753 erneut in Berlin auf, verbrachte also insgesamt mehr als zehn Jahre in Preußen und wurde vom König auf alle erdenkliche Weise gefördert, am Ende zum Kammerherrn ernannt und in den Adelsstand erhoben.[35]

Algarotti, als Italiener in einem französischsprachigen Umfeld, hat 1755, kurz nach seinem Fortgang aus Berlin, eine theoretische Rechtfertigung der Oper geliefert, die sich gewissermaßen als Resultat seiner Tätigkeit in Berlin lesen lässt.[36] Der anspruchsvolle Text stellt so etwas dar wie das musikästhetische Kunstprogramm des friderizianischen Hofes. Für Algarotti steht außer Frage, dass die Oper in ihrer Synthese verschiedener Künste an der Spitze aller literarischen, musikalischen und theatralischen Gattungen steht, zugleich aber der strengen Kontrolle des verantwortlichen Librettisten bedarf. Den im italienischen Einflussbereich als maßstäblich akzeptierten Vorwurf eines höfisch-rationalen Musiktheaters des kaiserlichen Hofdichters Pietro Metastasio (1698–1782) hat Algarotti zurückgewiesen, im Gegenteil, er bekannte sich zur besonderen Bedeutung des „Wunderbaren" in der Oper als dem eigentlichen *Movens* des Bühnengeschehens. Damit korrigierte Algarotti, im Auftrag seines Königs, die metastasianische Bühnenkonzeption entscheidend, also jenes Modell, das in den allerersten Jahren auch die königliche Oper in Berlin geprägt hat. In den fünfziger Jahren erfuhr, mit entscheidender Hilfe Algarottis und sicherlich unter konzeptioneller Anteilnahme des Monarchen, dieser metastasianische Ansatz Veränderungen – durch die aktive Einbeziehung französischer Dramatik. Racine, Quinault und Voltaire waren die Vorbilder für ein neugefügtes musikalisches Drama, das dennoch auf Italienisch aufgeführt und mit italienischer Musik versehen wurde.[37]

Friedrich selbst überwachte diese im europäischen Kontext ebenso ambitionierte wie isolierte Lösung, und er steuerte für fünf Werke die französischen Vorlagen bei, die dann ins Italienische übersetzt und ausgearbeitet werden mussten, die staatspolitisch anspruchsvollste, „Montezuma" (1755),

---

[35] Zu Algarotti vgl. auch die grundlegenden Beiträge von *Volker Kapp* und *Klaus Heitmann* und die Absch. I–III des Dokumentationsteils im vorliegenden Band.

[36] *Francesco Algarotti*: Saggio sopra l'opera in musica. o. O. 1755; die früheste deutsche Ausgabe in: Gelehrte Beyträge zu den Braunschweigischen Anzeigen, 2, 1762, Sp. 105–128; zudem [*Francesco*] *Algarotti*: Versuch über die musicalische Opera, in: ders.: Versuche über die Architektur, Mahlerey und musicalische Opera aus dem Italiänischen des Grafen Algarotti übersetzt von R[udolf] E[rich] Raspe, Hochf. Hessischen Rath und Prof. der Alterthümer. Kassel: Hemmerde 1769, S. 217–300; in Teilen nachgedruckt in: Wöchentliche Nachrichten und Anmerkungen die Musik betreffend 3, 1768/69, S. 387–394, S. 395–402 u. Anhang, S. 1–8, S. 9–16 und S. 17–22; Nachweise in *Verf.*: Die Musik in den Zeitschriften des 18. Jahrhunderts, passim.

[37] Hierzu grundlegend *Michele Calella*: Metastasios Dramenkonzeption und die Ästhetik der friderizianischen Oper, in: Verf./Gerhard Splitt (Hrsg.): Metastasio im Deutschland der Aufklärung. Bericht über das Symposium Potsdam 1999. Tübingen: Niemeyer 2002 (= Wolfenbütteler Studien zur Aufklärung 28), S. 103–123.

sogar ohne literarisch-motivisches Vorbild. Als Komponist fungierte ausschließlich Carl Heinrich Graun, der somit die Details dieser Konzeption
genau gekannt haben, möglicherweise konzeptionell an ihnen beteiligt gewesen sein wird. Die Opernproduktion stellt sich also vor diesem Hintergrund
als nicht weniger dar denn der ambitionierte Versuch, die italienisch geprägte
Musikkultur mit der französisch geprägten literarischen Kultur zu versöhnen
– und damit die zentrale Aporie der Hofkultur insgesamt aufzuheben. Publizistische Auseinandersetzung, höfische Wirklichkeit und musiktheatralischer
Neuansatz bilden demnach ein kompliziertes Geflecht wechselseitiger Ab-
hängigkeiten, wobei der Oper die Rolle des Paradigmatischen zugekommen
ist. Der Italiener Algarotti sollte dieses Paradigmatische gewissermaßen un-
terfüttern und beglaubigen. So ist dieses von Friedrich entscheidend ver-
änderte *dramma per musica* in nahezu allen Aspekten der literarischen und
der dramaturgischen Konstellation in Konflikt geraten mit dem europaweit
unangefochtenen Modell Pietro Metastasios. Sie ist es aber nicht in der Musik, die vom Hofkapellmeister Graun, wie er gegenüber Telemann dargelegt
hat, bewusst und kompromisslos dem italienischen Vorbild verpflichtet war,
wie sich schon programmatisch im Eröffnungswerk des Knobelsdorff-Thea-
ters „Cleopatra e Cesare" (Dezember 1742) zeigt, ebenso programmatisch
nicht auf einen Text Metastasios komponiert, sondern auf ein Libretto von
Giovanni Gualberto Bottarelli.

Damit allerdings wird die Oper als Synthese von Frankreich und Italien
zum Paradigma einer synthetischen Kulturverschmelzung insgesamt, aus der
zunehmend, auch bei Friedrich selbst, Hegemonialansprüche abgeleitet werden. Die Selbstdarstellung im „Montezuma" lässt diese Ansprüche sogar als
dezidiertes politisches Programm erkennen. Damit aber ist die Oper nicht
nur Teil des musikästhetischen Konfliktes in den 1740er und 1750er Jahren,
sie führte paradigmatisch eine Lösung vor, die Quantz und Agricola als
mustergültig gepriesen haben: das „Deutsche" als das „Vermischte". Die italienische Musikkultur im französischen Umfeld war also keinem wider-
sprüchlichen Zufall, keiner Tageslaune geschuldet, formierte eben keine un-
gelöste Aporie, sondern erweist sich als Teil eines programmatischen Ver-
suchs, verschiedene Tendenzen im höfischen Berlin zu versöhnen. Die
Musik, die von Friedrich zumindest bis zum Beginn der 1770er Jahre besonders verehrte Kunst, wurde somit in besonderer Weise zum programmatischen Teil der Selbstdarstellung des Monarchen. Diesen Anspruch hat auch
Johann Friedrich Borchmann noch 1778 festgehalten, indem er zur italienischen Musik bemerkte:

> Uebrigens ist Neapel der Mittelpunkt der vortreflichen Musik in Italien; obgleich
> *Grosley* schreibt, daß die dasige Musik etwas von dem Geschmack der *Neapolitaner*
> an dem *Cappricioso* und *Stravagante* an sich habe. Sie wird also wohl nicht den
> Beyfall eines Graun, welcher das Natürliche, und nicht das Ausschweifende, nicht

das Kühne in der Tonkunst liebte, im Ganzen erhalten haben. Doch ein musikalisches Genie weiß auch aus fehlerhaften Stücken der Tonkunst Lehren zu ziehen.[38]

6. Schluss

Die italienische Musikkultur am französischen Hof erweist sich als Teil eines komplizierten Konstrukts: sie wird inszeniert als das Natürliche gegen das Ausschweifende, als das Wahre gegen das nur Vorgetäuschte. Bei ihr handelt es sich eben nicht um „reine" italienische Musik, wie auch die Protagonisten der Hofkapelle allesamt keine Italiener sind. Es ist eine italienische Musik, die gewissermaßen geläutert ist durch bestimmte Momente der französischen Kultur: den Diskurs, die schriftliche Debatte, die ästhetische Begründung, die literarisch-philosophische Beglaubigung. An keinem anderen europäischen Hof, schon gar nicht am für Friedrich sonst so attraktiven Dresdner Hof, dürfte die italienische Musik in dieser Weise funktionalisiert worden sein – so, wie ja die französische literarische Kultur auch funktionalisiert worden ist. Dass in diesem Umfeld das „Deutsche" als das „Vermischte" konstituiert worden ist, und zwar von Friedrichs Flötenlehrer und von dessen späterem Hofkapellmeister, ist daher kein Zufall, denn dieses Deutsche ist sicher nicht, und schon gar nicht in der Oper, das Deutschsprachige. Es sollte aber, wie auch Borchmann bemerkt, diese Synthesebildung die großen Vorbilder Italien und Frankreich am Ende, so offenbar das Ziel, nicht nur überflügeln, sondern überflüssig machen. Der Musikkultur kommt damit eine weit über das Musikalische hinausweisende, grundlegende Bedeutung zu. Dass dieser Anspruch, der sich durchaus mit den politisch-militärischen Hegemonialbestrebungen Friedrichs verbinden lässt, am Ende isoliert in Europa blieb, ist eine ironische Pointe dieser Konstellation. Jedenfalls war gerade die italienische Musik von Quantz, Agricola und Graun längst vergessen zu einem Zeitpunkt, als der politische Hegemonialanspruch immer deutlicher und schließlich immer rücksichtsloser verfolgt worden ist.

---

[38] *Borchmann*: Briefe, S. 63.

Abstract

Italia in Francia. La Cappella di Corte federiciana nel campo
di tensione tra le culture
di *Laurenz Lütteken*

Laurenz Lütteken si occupa nel suo intervento di una peculiarità rimarchevole nella politica musicale federiciana, tesa tra musica italiana e particolari elementi della cultura francese. La cultura musicale italiana in una corte di impronta francese si rivela parte di una complicata costruzione, poiché essa viene messa in scena come il Naturale in contrapposizione all'Intemperato, come il Vero in contrapposizione al solamente Simulato. Nella cultura musicale italiana non si tratta insomma di « pura » musica italiana, così come tra i protagonisti della Cappella di Corte non c'è nessun italiano, essendo tutti rigorosamente tedeschi. Si tratta di una musica italiana che è stata in un certo senso depurata passando attraverso determinati elementi della cultura francese relativi ad aspetti della teoria estetica, letteraria e filosofica.

Sullo sfondo del dibattito svolto a partire dal 1748 a Berlino sulla falsariga di quanto si discute a Parigi intorno alla preferenza da accordare alla musica italiana o a quella francese e prendendo nella dovuta considerazione l'apporto personale di Federico II alla teoria ed alla pratica della produzione operistica alla sua corte, il presente saggio mostra inoltre come la componente tedesca rappresentasse la « Mescolanza », rivelandosi il gusto tedesco quale sintesi del gusto francese e di quello italiano e venendo così ad essere caratteristico per la cultura federiciana nel suo insieme. Il gusto misto diviene così parte della ragion di stato federiciana e vuole essere da un lato unione sintetizzante di forze divergenti, dall'altro rivendicazione egemoniale di potere assoluto non solo nel campo della politica, ma anche, in fin dei conti, in campo etico. Dispute nella pubblicistica, realtà di corte ed un nuovo inizio nel teatro in musica formano dunque un complicato intreccio di interdipendenze reciproche, nel cui seno l'Opera musicale assume il ruolo paradigmatico di sintesi tra Francia ed Italia. La cultura musicale italiana in un contesto francese non fu dunque un caso né una contraddizione né tanto meno un effimero estro od un'aporia irrisolta, ma si rivela come parte integrante di un esperimento dal carattere programmatico: la volontà di riunire cioè diverse tendenze alla corte di Berlino, riappacificandole tra loro. La cultura musicale assume così un ruolo che va ben oltre il contingente momento musicale per farsi elemento fondamentale: la musica diviene in modo del tutto speciale parte integrante in un programma di autorappresentatività ed espressione della propria concezione culturale e politica del monarca.

C. Dokumentationsteil

Friedrich II. und Italien:
Kunst und Lebensart

Zu allen Zeiten reisten junge Adlige und Bürgersöhne, Künstler und Dichter aus deutschen Landen nach Süden, im Zuge der „Cavalierstouren", welche die europäische *jeunesse dorée* vergangener Jahrhunderte als festen Posten ihres Erziehungs- und Bildungsprogramms zu absolvieren gehalten war, oder um ihrer Neigung und ihren Sehnsüchten zu folgen.

Italien galt europaweit als bevorzugtes Ziel eines jeden Reisenden, der seinen Geschmack in Fragen der Kunst und der Musik bilden wollte und sollte.

Friedrich II. unternahm nie eine Bildungsreise, weder an andere Höfe (sieht man vom Aufenthalt des sechszehnjährigen Kronprinzen am sächsischen Hof ab), noch ins Ausland, denn das Reisen wurde ihm in jungen Jahren durch die harte Erziehung seines Vaters verwehrt. Später hinderten ihn die zwei Schlesischen Kriege und der Siebenjährige Krieg sowie die drückenden Amtsgeschäfte daran, das Versäumte nachzuholen.[1]

Italien, das zu einem Land seiner Sehnsucht wurde, ließ er sich jedoch dank eines Netzes von Agenten und Beratern, zu denen neben dem Geheimrat und Mitglied der Berliner Akademie der Wissenschaften Giovanni Luigi Bianconi (1717–1781) auch Graf Algarotti zwischen 1740 und 1753 gehörte, quasi ins Haus bringen[2]: Weinstöcke für die Terrassenanlage in *Sanssouci*,

---

[1] Friedrich und die Kunst. Katalog der Ausstellung zum 200. Todestag Potsdam, Neues Palais in Sanssouci, 19. Juli–12. Oktober 1986. Hrsg. von der Generaldirektion der Staatlichen Schlösser und Gärten Potsdam/Sanssouci. Red. *Hans-Joachim Giersberg/Claudia Meckel*. Potsdam: Generaldirektion der Staatlichen Schlösser und Gärten Potsdam/Sanssouci 1986, S. 64; *Johann Georg Prinz von Hohenzollern*: Fürstliches Sammeln, in: Friedrich der Große: Sammler und Mäzen. Ausstellungskatalog München, Kunsthalle der Hypo-Kulturstiftung, 28. November 1992–28. Februar 1993. Hrsg. von *Johann Georg Prinz von Hohenzollern*. München: Kunsthalle der Hypo-Kulturstiftung/Hirmer Verlag 1992, S. 11–32: 29.

[2] Friedrich sandte bereits Knobelsdorff nach Italien, wo dieser von 1736 bis 1737 die bedeutendsten Etappen der klassischen Italienreise dieser Jahre absolvierte: Venedig, Ferrara, Rimini, Fano, Ancona, Macerata, Abruzzen, Neapel, Rom, dann zurück über Florenz und Venedig. Während dieser Reise zeichnete er antike Plastiken, Bauten und Landschaften: Tivoli, den dortigen Rundtempel und Kirchen. Ferner berichtete er dem Daheimgebliebenen von den bedeutenden Opernhäusern in Rom, Florenz und Venedig und bemühte sich, in geheimem königlichen Auftrag, Sänger und Sängerinnen für die Kapelle am neuen Rheinsberger Hof zu engagieren. In seinem Tagebuch findet man deshalb auch Zeichnungen von „charakteristischen Operngesten oder be-

Statuen bzw. Büsten sowie Kopien von Skulpturen aus der römischen Antike,[3] Blöcke von Carrara-Marmor für anzufertigende Skulpturen, Säulen
bzw. Säulenteile. Für seine Bildergalerie und das Neue Palais erwarb er Bilder von Hauptmeistern der italienischen Renaissance und des Barock. Waren
die Gemälde zu teuer, z. B. die Werke des damals sehr beliebten Correggio,
ließ er sich Kopien anfertigen.

Auch zeitgenössische italienische Künstler, die sich besonders ausgezeichnet hatten, hinterließen Spuren ihres Schaffens in Berlin und Potsdam.[4]

Für Kunstübungen an der Akademie erteilte der König ferner Aufträge an
zeitgenössische Maler wie Pompeo Girolamo Battoni, o Batoni, (1708–1787),[5]
und berief 1763 Gregorio Guglielmi (1714–1773) nach Berlin[6]. Der römische

---

stimmte[n] Tanzbewegungen [und] Kostüme[n]", s. *Daniel Rahn*: Knobelsdorffs Reise
nach Italien. Anmerkungen zum Skizzenbuch der Italienreise, in: Zum Maler und
zum großen Architekten geboren – Georg Wenzeslaus von Knobelsdorff 1699–1753.
Ausstellung zum 300. Geburtstag Berlin, Schloss Charlottenburg, 18. Februar–
25. April 1999. Hrsg. v. der Stiftung Preußische Schlösser und Gärten Berlin-Brandenburg. Red. Ute-G. Weickardt. Berlin: Stiftung Preußische Schlösser und Gärten Berlin-Brandenburg 1999, S. 59–66: 63.

[3] s. die Liste der aus Rom erworbenen Objekte in *Matthias Oesterreich*: Beschreibung und Erklärung der Grupen [sic], Statuen, ganzen und halben Brust-Stücke, Basreliefs, Urnen und Vasen von Marmor, Bronze und Bley, sowohl von antiker als moderner Arbeit, welche die Sammlung Sr. Majestät, des Königs von Preußen, ausmachen
[…]. Berlin: Decker 1775. Reprint Potsdam: Generaldirektion der Staatlichen Schlösser
und Gärten Potsdam-Sanssouci 1990, passim. Hier wird erwähnt, das neben Algarotti
(S. 22 f.) auch sich Giovanni Luigi Bianconi, „Chursächsischer Minister am Römischen Hofe", für die Anschaffung italienischer Kunstwerke für Friedrich einsetzte, cfr.
dort die Seiten 42, 46, 52, 55, 85 und 117.
Friedrichs Ankäufe antiker Skulpturen waren nicht einem musealen Zweck untergeordnet, denn er strebte nicht den Bau eines Antikenkabinetts an, wie es sein Groß-
vater, König Friedrich I., im Berliner Schloss besaß, sondern er stellte seine Antiken
entweder im Freien auf oder integrierte sie in bestehende Galerien oder andere Räume
der Potsdamer Schlösser, s. *Johann Georg Prinz von Hohenzollern*: Fürstliches Sammeln, S. 29. Über Friedrichs Beziehung zur Antike s. „Friedrich und die Kunst", S. 64
und *Uwe Steiner*: Auch ein Gespräch über die Poesie, in: Friedrich der Große und
Voltaire. Ein Dialog in Briefen. Ausstellungskatalog Potsdam, Neues Palais im Sanssouci, 25. Januar–20. Februar 2000. Hrsg. v. der Generaldirektion der Stiftung Preußische Schlösser und Gärten Berlin-Brandenburg SPSG/Forschungszentrum Europäische Aufklärung e. V. FEA. Red. *Uwe Steiner*. Potsdam: SPSG/FEA 2000, S. 32.

[4] Wie für andere Bereiche wird man auch bezüglich der Herausarbeitung italienischer Präsenz aus diesem Feld mit dem Problem der Quellen konfrontiert: alle 416
Bände der Akten des Königlichen Oberhofbauamtes, aus denen man wichtige Angaben zu Künstlern und Handwerkern hätte gewinnen können, die am Hofe Friedrich II. tätig waren, sind im 2. Weltkrieg verbrannt.

[5] Friedrich und die Kunst. Sektion VII: Friedrich II. als Sammler von Gemälden.

[6] Guglielmi wird auch in einem Werk rühmlich erwähnt, das im Besitz des Königs
war: *Christian Ludwig von Hagedorn*: Lettre à un Amateur de la Peinture avec des
Eclaircissemens historiques sur un Cabinet et les Auteurs des Tableaux qui le compo-

Historienmaler genoss zur damaligen Zeit europäischen Ruhm und hatte Fresken in Turin, Rom, Neapel, Bergamo, Wien, Augsburg, Dresden und St. Petersburg für bedeutende Auftraggeber gemalt, wie z. B. Papst Benedikt XIV, Pietro Metastasio, Etienne Falconet, Maria Theresia und, später, die Zarin Katharina II. Friedrich ließ ihn kommen, damit er nach des Königs Bildprogramm[7] die Deckengemälde des Fest- und Audienzsaals und der Großen Galerie des Prinz-Heinrich-Palais, des heutigen Hauptgebäudes der Humboldt-Universität, malte. Wie der König seinem Bruder schrieb, sei seine Wahl auf Guglielmi gefallen, weil er sich schon in Schönbrunn ausgezeichnet habe und, nach Meinung der Experten, der geschickteste sei, der gegenwärtig zu diesem Behufe in Italien zu haben sei, „le plus habile qu'il y ait à present en Italie."[8] Das ovale Deckengemälde des Fest- und Audienzsaals, das Guglielmi 1764 vollendete, ist leider 1944 bei einem Bombenangriff völlig zerstört worden, die Fresken in der Großen Galerie, schon um 1786 ausbesserungsbedürftig,[9] waren bereits in den Jahren 1836 bis 1840 dem Umbau des Palastes zum Opfer gefallen.[10]

Unter den weiteren Künstlern findet sich der Piemonteser Kunstmaler Pietro Bailo, der am 8. September 1744 in Berlin eingebürgert wurde;[11] der Bild-

sent. Ouvrage entremêlé de Digressions sur la vie de plusieurs Peintres modernes. Dresden: Walther 1755, 7. Brief, Leipzig 12. Oktober 1764, S. 38 f.

   [7] *Friedrich Nicolai*: Beschreibung der königlichen Residenzstädte Berlin und Potsdam, aller daselbst befindlicher Merkwürdigkeiten, und der umliegenden Gegend. Dritte, völlig umgearbeitete Auflage. Berlin: Nicolai 1786, in: ders.: Sämtliche Werke, Briefe, Dokumente: kritische Ausgabe mit Kommentar. Hrsg. v. P. M. Mitchell. Bd. 8. Historische Schriften I. 2 Teile. Bearb. v. Ingeborg Spriewald. Bern u.a.: Lang 1995, T. I, S. 593: „Im Hauptsaale und auf der Galerie [...] zeichnen sich die Deckenstücke von Gregorio Gulietmi [sic] besonders aus. Die Gegenstände derselben sind allegorisch, und dem Maler vom Könige selbst zum Andenken der Thaten seines Bruders vorgeschrieben." Eine Beschreibung des Deckenfreskos gibt Nicolai in einem Brief aus Leipzig vom 12. Oktober 1764 an Christian Ludwig von Hagedorn, in: Torkel Baden (Hrsg.): Briefe über die Kunst von und an Christian Ludwig von Hagedorn. Leipzig: Weidmann und Mohr 1797, Brief Nr. 7, S. 263 f.

   [8] Brief Friedrichs an den Prinzen Heinrich vom 16. Juli 1763, in: Œuvres de Frédéric le Grand. Bd. XXVI, Teil IV: Correspondance de Frédéric avec son Frère le Prince Henri. 3 Février 1737–28 Juin 1786. Berlin: Decker 1855, S. 277. Vgl. auch Friedrichs Brief an den Bruder vom 11. Juli 1763, ebd., S. 278.

   [9] *Klaus-Dietrich Gandert*: Vom Prinzenpalais zur Humboldt-Universität. Die historische Entwicklung des Universitätsgebäudes in Berlin mit seinen Gartenanlagen und Denkmälern. 3. bearb. und erw. Auflage. Berlin: Henschel 1992, S. 39.

   [10] Zu Guglielmi gibt erschöpfende Auskunft die faktengesättigte Arbeit von *Stefanie von Langen*: Die Fresken von Gregorio Guglielmi, München: Herbert Utz Verlag 1994 (= TUDUV-Studien. Reihe Kunstgeschichte 64), die dankenswerterweise das Bildprogramm der verlorengegangenen Berliner Werke Guglielmis rekonstruiert (S. 193–211) und die relevanten Briefe Friedrichs im Anhang abdruckt, S. 324 f.; s. ferner die einschlägigen Ausführungen in *Gandert*: Vom Prinzenpalais zur Humboldt-Universität, S. 38 f., 44, 98.

nis- und Miniaturmaler Giovanni Campigli, der 1777 in Berlin und Potsdam arbeitete,[12] und der Bologneser Giuseppe Raimondi, der sich im Schloss Friedrichsfelde einbrachte. Er kam 1785 nach Berlin auf Einladung des Herzogs von Kurland, um alle Decken im Schloss Friedrichsfelde „alfresko in Arabesken Geschmacke" [sic] auszumalen,[13] die zum Teil verlorengegangen sind, zum Teil aber, in aufwendiger Restaurierung, wiederhergestellt wurden.[14]

Obgleich die Verpflichteten meist französischer Herkunft waren, findet sich in den Quellen unter den Künstlern auch die Spur italienischer zeitgenössischer Bildhauer, die der König anwerben ließ: die Brüder Silvano sowie Matteo (oder Giuseppe) Girola und Felice Cocci. Girola und Cocci fertigten 1756 für den Park in Sanssouci sechs Statuen an und weilten wohl recht lange in Berlin, da sie „Pension hatten, und zeither [sic] unter Aufsicht Adams [= François-Gaspard Balthasar Adam] in Berlin gearbeitet hatten"[15]. Girola betätigte sich außerdem auch in Rheinsberg, wo er u.a. das marmorne Brustbild des verstorbenen Prinzen August Wilhelm von Preußen und die gegenüberstehende Urne im Garten schuf.[16]

Eine hervorragende Rolle spielt der bedeutende neoklassizistische Bildhauer Bartolomeo Cavaceppi (1717–1779).[17] Der Römer war 1768 anlässlich

---

[11] *Carl Schulz*: 3000 Berliner Kolonisten und Kolonistensöhne: 1686–1812. Neustadt an der Aisch: Degener 1972 (= Schriftenreihe der Stiftung Stoye der Arbeitsgemeinschaft für mitteldeutsche Familienforschung 3), S. 22.

[12] *Friedrich Nicolai*: Nachricht von den Baumeistern, Bildhauern, Kupferstechern, Malern, Stukkateuren und andern Künstlern welche vom dreyzehnten Jahrhundert bis jetzt in und um Berlin sich aufgehalten haben und deren Kunstwerke zum Theil daselbst noch vorhanden sind, in: ders.: Sämtliche Werke. Bd. 8. Historische Schriften I. Teil II, S. 921.

[13] Ebd., S. 930.

[14] Vom Lustschloss zum Museumsschloss. Schloss Friedrichsfelde und seine wechselvolle Geschichte. Ausstellungskatalog Berlin, 7. Juni–9. August 2002. Berlin: Stiftung Stadtmuseum Berlin 2002 und *Ernst Wipprecht*: Schloss Friedrichsfelde – Ein Schicksal zwischen Abriß und Aufbau zu einem Museumsschloss, in: Jahrbuch Stiftung Stadtmuseum Berlin, 5 (1999), S. 178–294.

[15] *Heinrich Ludwig Manger*: Baugeschichte von Potsdam, besonders unter der Regierung König Friedrichs des Zweiten. Bd. 1. Berlin/Stettin: Nicolai 1789. Reprint Leipzig: Zentralantiquariat der DDR 1987, S. 236 f. mit genauer Angabe der Sujets dieser Statuen; *Oesterreich*: Beschreibung und Erklärung, S. 9 f. Ob es sich beim Bildhauer und Steinmetzemeister Calam um einen Italiener handelt, konnte nicht mit Sicherheit festgestellt werden.

[16] *Nicolai*: Nachricht von den Baumeistern, S. 923; *Horvath*: Potsdam's Merkwürdigkeiten, S. 165.

[17] Zu Cavaceppis. Von der Schönheit weissen Marmors. Zum 200. Todestag Bartolomeo Cavaceppis. Ausstellungskatalog, Wörlitz, Schloß Wörlitz/Galerie am Grauen Haus, 19. Juni–5. September 1999. Hrsg. von *Thomas Weiss*. Dessau: Kulturstiftung Dessau-Wörlitz 1999 (= Wissenschaftliche Bestandskataloge der Kulturstiftung Dessau-Wörlitz 2), ferner *Seymour Howard*: Bartolomeo Cavaceppi, Eighteenth-Century

einer von Girolamo Lucchesini angeregten Reise nach Deutschland gereist und bis Berlin und Potsdam gekommen. Hier hatte er für den Dessauer Prinzen Johann Georg einige Bozzetti und Büsten und eine Studie zu einer Porträtbüste Friedrich II. verfertigt, die Cavaceppi im Auftrag des Prinzen Johann Georg nach seiner Rückkehr 1770 in carrarischem Marmor ausführte.[18] Diese Bildnisbüste, die sich heute in der Bibliothek des Schlosses *Sanssouci* befindet, entstand nach einem längeren Gespräch des Künstlers mit Friedrich, einer Audienz von „fünf Viertelstunden", bei welcher Cavaceppi Gelegenheit erhielt, das Gesicht Friedrichs genauer zu studieren. Sie ist recht ungewöhnlich, denn sie bietet keine typisierte, sondern eine nach genauer Beobachtung geradezu psychologisierende Darstellung des Königs.[19]

Ferner beauftragte Friedrich den Künstler während dessen Aufenthalts in Potsdam mit Restaurierung von Antiken und erwarb, wie weiter unten ausgeführt, vom Heimgekehrten einige seiner Werke (antikisierende Vasen und Marmorkopien) sowie Antiken für den Park Sanssouci[20].

Da Friedrichs Vorlieben der italienischen Oper und der französischen Literatur galten, finden sich am preußischen Hof wenige Italiener unter den Poeten. Es handelt sich hauptsächlich um *Poeti di corte,* Hofdichter, die sich überwiegend mit der Abfassung italienischer Libretti und der Übertragung deutscher Werke ins Italienische und italienischer Werke ins Deutsche befassten. Es eröffnet den Reigen Giovanni Gualberto Bottarelli, Librettist des Königs von 1742 bis 1745.[21] Ihm folgten Leopoldo de Villati, der von 1746

Restorer. New York: Garland Pub. 1982 und *Carlo Gasparri/Olivia Ghiandoni*: Lo studio Cavaceppi e le collezioni Torlonia. Roma 1994 (= Rivista dell'Istituto Nazionale d'Archeologia e Storia dell'Arte, III Serie, A. XVI, 1993).

[18] *Ingo Pfeifer*: Cavaceppi und seine Beziehungen nach Anhalt-Dessau, in: Von der Schönheit weissen Marmors, S. 73–77: 76 und *Saskia Hünecke,* ebd., Kat. Nr. 49, S. 135–137.

[19] Cavaceppi selbst beschreibt seine Begegnung mit Friedrich II. in seiner „Raccolta di antiche statue, busti, teste cognite ed altre sculture antiche scelte restaurate dal Cavalier Bartolomeo Cavaceppi". Bd. II., Rom 1769, Sp. 7; die einschlägige Passage ist in deutscher Übersetzung nachzulesen bei *Johann Bernoulli*: Sammlung kurzer Reisebeschreibungen und anderer zur Erweiterung der Länder- und Menschenkenntniß dienender Nachrichten, 1. Bd. Berlin: Altenburg und Richter 1781, S. 83–89. Bernoulli druckt auch Teile der Begegnung in der Originalsprache ab (S. 83–85).

[20] s. den weiter unten abgedruckten Brief vom 13. April 1782, in welchem der Bildhauer dem König mitteilt, dass die von ihm in Auftrag gegebenen Statuen des Apoll und die Büsten des Ovid und des Vergil versandfertig seien, GStA PK, I. HA Rep. 96 Geheimes Zivilkabinett, ältere Periode, 434 B, fol. 98. Hierzu auch *Pfeifer*: Cavaceppi, in: Schönheit weissen Marmors, S. 73–77: 76 und *Hünecke,* ebd., Kat. Nr. 49, S. 135–137: 137. Über die vom preußischen König erworbenen Arbeiten Cavaceppis s. die ersten zwei Bände seiner „Raccolta di antiche statue, busti, teste cognite ed altre sculture antiche" und *Oesterreich*: Beschreibung und Erklärung, passim und wie weiter unten in der Anm. 40.

bis zu seinem frühen Tod am 9. Juli 1752 tätig war, Giovanni Pietro Tagliazucchi (1716–1768), der zugleich als Prinzenerzieher für die königliche Familie tätig war,[22] und Antonio Landi (1729–1785), der 1757 auf Vorschlag Metastasios ernannt worden war.[23]

Eine große Ausnahme bildet Veronica Cantelli Tagliazucchi, Ehefrau von Giovanni Pietro, von der weiter unten die Rede sein wird.

Italienische Gastronomie war auch zu Zeiten Friedrichs in Berlin und Potsdam gut vertreten, denn es gab öffentlich zugängliche „Italiänerkeller", meist in Geschäften von Kaufleuten, die italienische Produkte vertrieben, „wo allerhand Delikatessen, als Austern, Sardellen und fremde Weine zu haben [waren]"[24] und wo die Gäste das Angebotene bequem im Sitzen verzehren durften. Aber auch der König zeigte eine besondere Neigung zur italienischen Küche und zu italienischen Delikatessen wie Mortadella aus Bologna,[25] Bottarga, Trüffeln, Broccoli und Melonen, die er u. a. durch Algarotti direkt aus Italien erhielt.[26] Ein bevorzugter Lieferant war auch der Graf Giulio Cesare Bernardini Masini della Massa (1722–1791) aus Cesenatico, der auf Bestellung Friedrichs nicht nur Gemälde und sonstige Kunstwerke, sondern auch Käse, Wein, Granatäpfel, Weintrauben, Schokolade mit und ohne Vanillegeschmack sowie Parmesan sandte.[27]

---

[21] Zu Bottarelli s. S. 272 ff. vorliegender Arbeit.

[22] Zu Tagliazucchi s. *Girolamo Tagliaboschi*: Biblioteca Modenese. T. 5. 1784, S. 280, *ad vocem*, jetzt in: Archivio Biografico Italiano. München: Saur, Fiche Nr. 938, und S. 338 vorliegender Arbeit.

[23] s. den Brief Landis im GStA PK, I. HA Rep. 96 Geheimes Zivilkabinett, ältere Periode, Nr. 401 T, fol. 63. Landi schrieb u. a. das Libretto für den Einakter „Oreste e Pilade", mit Musik von Johann Friedrich Agricola, der 1772 an der königlichen Hofoper aufgeführt wurde. Zu Landi s. *Carlo Denina*: La Prusse Littéraire sous Frédéric II ou histoire abrégée de la plupart des auteurs, des académiciens et des artistes qui sont nés ou qui ont vécu dans les états prussiens depuis MDCCXL jusqu'à MDCCLXXXVI par ordre alphabétique. Précédée d'une Introduction, ou d'un tableau général des progrès qu'ont faits les arts & les sciences dans les pays qui constituent la monarchie prussienne. Bd. II. Berlin: Rottmann 1790, S. 384 f.

[24] *Nicolai*: Beschreibung der königlichen Residenzstädte. T. I, S. 627; s. weiter unten die Namen der Kaufleute, bei welchen diese Leistung angeboten wurde (u. a. bei Sala Tarrone und Morino).

[25] Eintrag im Speiseplan vom 28. und 30. Mai 1748 in GStA PK, I. HA Geheimer Rat, Rep. 36 Hof- und Güterverwaltung, Nr. 1337.

[26] Vgl. u. a. den Brief Friedrichs an Algarotti vom Februar 1752, in: Œuvres de Frédéric le Grand. Säkularausgabe. Hrsg. v. J. Preuß. 30 Bde. Berlin: Decker 1846–1857: Bd. XVIII, Brief Nr. 74, S. 83 und den Text zur Abb. 25.

[27] Nach *Alessandro D'Ancona* (Federico il Grande e gli italiani, S. 51–66) bestellte Friedrich 1768 diese Delikatessen bei Masini. Leider sind die 38 Briefe Friedrichs an Masini, die 150 Briefe Masinis an de Catt und an den Bankier Michelet und die politisch relevante „Memoria di S. M. Prussiana", die D'Ancona im Familienarchiv der Gräfin Virginia Masini-Ghini einsehen und auswerten durfte, laut Auskunft der *So-*

Zu den regelmäßig aufgetischten Speisen auf der königlichen Tafel in Berlin und Potsdam gehörten auch italienische Gerichte. Dabei zeigte sich die besondere Vorliebe des Königs für Speisen mit Parmesan, unter denen Ravioli, eine „Mehlspeise von Hirse mit Parmesan",[28] und Friedrichs Lieblingsessen, eine stark mit Knoblauch gewürzte *Polenta,* zählten, durch die er „sich öfters Koliken- und Indigestionen zu(zog)".[29]

Das nimmt nicht wunder, wenn man das Rezept für Friedrichs *Polenta* erfährt, das des Königs Leibarzt Johann Georg Zimmermann (1728–1795) mitteilt, wie es ihm vom General von Görtz beschrieben wurde:

[dieses] italienische[...] Gericht [...] (besteht) zur Hälfte aus türkischem Waizen [sic] [...] und zur Hälfte aus Parmesanerkäse; dazu giebt [sic] man den Saft von ausgepresstem Knoblauch, und dieses alles wird in Butter solange gebacken, bis eine harte, eines Fingers dicke Rinde umher entsteht; über alles giesset man endlich eine ganze aus den heissesten [sic] Gewürzen bestehende Brühe und diese [...] Lieblingsschüssel, hieß Polenta![30]

Das Gericht war, wie Zimmermann angibt, auf Anregung von George von Keith auf die königliche Tafel gekommen, aber es war in der oben angegebenen Variante „von dem Könige emendirt[...] und corrigirt[...]" worden.

Man findet zwar, neben Deutschen und Franzosen, auch Italiener unter den Köchen seiner Majestät,[31] darunter wahrscheinlich Giovanni Rosetti, der mit Frau und drei Söhnen 1774 aus Florenz kam.[32]

---

praintendenza Archivistica per l'Emilia Romagna nicht mehr auffindbar. Im hier erwähnten Aufsatz D'Anconas finden sich einige dieser Briefe in Abschrift. Über Masini della Massa als Kunstvermittler Friedrichs s. auch *Paul Seidel*: Friedrich II. und die bildende Kunst. Berlin/Leipzig: Giesecke und Devrient 1922, S. 174. Friedrichs Vorliebe für Schokolade beschreibt auch *Dieudonné Thiébault*: Mes Souvenirs de vingt ans de séjour à Berlin ou Frédéric le Grand, sa Famille, sa Cour, son Gouvernement, son Académie, ses Écoles et ses Amis littérateurs et philosophes. 5 Bde. Paris: Buisson 1804; hier: Bd. I, S. 265.

[28] U.a. im Speisezettel vom 7. April 1751 findet sich eine „Mehlspeise von Hirse mit Parmesan", GStA PK, I. HA Geheimer Rat, Rep. 36 Hof- und Güterverwaltung, Nr. 1373.

[29] *Schöning*: Friedrich der Zweite, König von Preußen. Über seine Person und sein Privatleben. Ein berichtigender Nachtrag zur Charakteristik vom verstorbenen Geheimen-Rath Schöning. Berlin: Oehmigke 1808, S. 9. Zu Friedrichs Essgewohnheiten s. *Thiébault*: Mes Souvenirs de vingt ans, Bd. I, S. 265–270 und *Anja Knott*: Die Tafelfreuden der preußischen Könige. München: Collection Rolf Heyne 2005.

[30] *Johann Georg Ritter von Zimmermann*: Fragmente über Friedrich den Großen zur Geschichte seines Lebens, seiner Regierung und seines Charakters. Bd. 3. Frankfurt am Main/Leipzig: Weidmann 1790, S. 62.

[31] „Il avoit douze cuisiniers, qui étoient assez bien payés, les uns Allemands, les autres François, et quelques-uns Italiens, Anglois et Russes", *Thiébault*: Mes Souvenirs de vingt ans. Bd. I, S. 265–271: S. 266.

[32] *Schulz*: 3000 Berliner Kolonisten, S. 89.

Besonders gerne bediente sich aber Friedrich italienischer Fachkräfte auf diesem Gebiet, wenn sie Zuckerbäcker waren, wie die venezianischen Martin Masiger und Bartolomeo Mutius.[33] Der italienische *confettiere* Tamanti, den Friedrich mit dem Angebot aus Italien anwarb, ihm 500 Ecus monatliches Gehalt und die Reisekosten zu bezahlen, machte als *Pâtissier de la Cour* in Berlin sein Glück.[34]

Federico II e l'Italia: arte e stile di vita

In tutte le epoche giovani nobili e ricchi borghesi, artisti e poeti si recarono in viaggio dalla Germania verso il Sud, seguendo un percorso obbligato nel programma di educazione della gioventù dorata europea od assecondando propri desideri e pulsioni. Nei secoli passati l'Italia era considerata in tutta Europa la meta privilegiata di chi volesse o dovesse coltivare il proprio gusto in campo artistico e musicale. Federico II non ebbe mai occasione di svolgere questi viaggi di formazione né presso altre corti (eccezion fatta per il viaggio alla corte di Sassonia che il giovane pretendente al trono fece all'età di sedici anni) né all'estero, poiché in gioventù il viaggiare gli fu proibito dal severissimo padre ed in seguito le guerre condotte e gli impegni di governo gli impedirono di rimediare alle lacune accumulate.

Grazie ad una fitta rete di consiglieri ed agenti, tra i quali, accanto a Giovanni Luigi Bianconi, si annovera il conte Algarotti tra il 1740 ed il 1753, Federico II si fece tuttavia portare, per così dire, l'Italia a casa, paese che restò per il sovrano, sempre, meta sognata. Egli si fece, infatti, inviare viti per le terrazze di *Sanssouci* ed acquistò, ad esempio, sculture, originali ed in copia, blocchi di marmo di Carrara per statue, colonne e quadri di maestri italiani del Rinascimento e del Barocco sia per la sua Pinacoteca sia per il *Neues Palais,* commissionando copie dei quadri che fosse stato troppo costoso acquistare, come era il caso per i dipinti di Correggio, pittore allora molto richiesto.

Anche artisti italiani viventi lasciarono l'impronta del loro lavoro a Potsdam ed a Berlino. Tra essi si ricordano Pompeo Girolamo Battoni, o Batoni, cui il re commissionò opere per la sua accademia d'arte, ed il pittore romano Gregorio Guglielmi. Artista di fama europea, Guglielmi aveva creato affre-

---

[33] Masiger und Mutius sind, laut Quellen, 1743 als venezianische Zuckerbäcker in Berlin tätig, s. *Ernst Kaeber* (Hrsg.): Die Bürgerbücher und die Bürgerprotokollbücher Berlins von 1701–1750. Berlin: Gsellius 1934 (= Veröffentlichungen der historischen Kommission für die Provinz Brandenburg und die Reichshauptstadt Berlin I, 4), S. 373. Nach *Schulz*: 3000 Berliner Kolonisten, S. 72, wurde Masiger am 9. Januar 1743 eingebürgert.

[34] *D'Ancona*: Federico il Grande e gli italiani, S. 55.

schi per Torino, Roma, Napoli, Bergamo, Vienna, Augusta, Dresda e San Pietroburgo, annoverando tra i suoi committenti nomi eccelsi come Papa Benedetto XIV, Pietro Metastasio, Etienne Falconet, Maria Teresa e, piú tardi, la zarina Caterina II. Federico, ritenendolo, come scrive al fratello, il migliore in questo settore in tutta l'Italia, lo chiamò a Berlino nel 1763, perché egli affrescasse il palazzo del principe Enrico, oggi sede della Humboldt-Universität, secondo un programma iconografico scelto dal re. Questi lavori di Guglielmi non sono, purtroppo, giunti fino a noi: gli affreschi della Grande Galleria erano già andati perduti durante i lavori di ristrutturazione del palazzo eseguiti tra il 1836 ed il 1840, mentre l'affresco della sala delle feste ed udienze, che egli aveva terminato nel 1764, fu distrutto durante un bombardamento nel 1944.

Tra gli altri artisti italiani attivi nella Berlino federiciana si ricordano inoltre il pittore piemontese Pietro Bailo che ottenne la cittadinanza berlinese l'8 settembre 1744, il miniaturista e ritrattista Giovanni Campigli, che lavorò a Berlino e Potsdam nel 1777, il pittore bolognese Giuseppe Raimondi, che si prodigò in lavori al castello Friedrichsfelde in parte ancora visibili grazie a lunghi lavori di restauro, gli scultori Felice Cocci, i fratelli Silvano e Matteo (o Giuseppe) Girola autori, nel 1756, di sei statue per il parco di Sanssouci, che vissero a lungo a Berlino dove godettero i privilegi di una pensione reale. Di Girola le fonti riportano che prestò la sua opera anche per sculture nel castello di Rheinsberg.

Un ruolo importantissimo svolse lo sculture neoclassico Bartolomeo Cavaceppi, giunto da Roma alla corte di Federico nel 1768 durante un viaggio alla volta della Germania intrapreso su suggerimento del Marchese Girolamo Lucchesini. Cavaceppi, come egli ci informa nei suoi ricordi di viaggio, ebbe la rara possibilità, nel corso di un'udienza privata durata piú di un'ora, di studiare dal vivo il monarca per poi immortalarlo in un busto di grande forza suggestiva ed impatto psicologico, da lui scolpito in marmo di Carrara al suo ritorno nel 1770 per commissione del principe di Dessau Johann Georg. Il re, inoltre, incaricò Cavaceppi già durante il suo soggiorno berlinese di compiere alcuni lavori di scultura (vasi anticheggianti e copie in marmo di busti e statue) destinati al parco di Sanssouci e di proseguire poi quest'attività anche una volta rientrato a Roma, come si avrà modo di dire piú avanti.

Data la predilezione di Federico per l'opera italiana e per la letteratura francese, alla corte prussiana si registrano pochi poeti italiani e quei pochi sono in genere, oltre che traduttori di opere tedesche in italiano, soprattutto poeti di corte incaricati della stesura di libretti per l'Opera Reale. Si ricordano, tra loro, Giovanni Gualberto Bottarelli, librettista del re dal 1742 al 1745 di cui si dirà piú avanti, Leopoldo de Villati, attivo a corte dal 1746 alla sua prematura morte avvenuta il 9 luglio 1752, Giovanni Pietro Tagliazucchi, impegnato a Berlino anche come educatore della famiglia reale, ed Antonio Landi, chiamato nel 1757 su suggerimento di Metastasio.

Una vera eccezione è rappresentata da Veronica Cantelli Tagliazucchi, moglie di Giovanni Pietro, di cui si dirà più avanti.

Oggetto di grande interesse a Berlino e Potsdam fu la gastronomia italiana, non da ultimo grazie a «Cantine Italiane» situate nei negozi che, tenuti in genere da chi commerciava in queste merci, offrivano ai clienti *Delikatessen* da gustare sul posto: vino, ostriche, acciughe, mortadella di Bologna, noci di Sorrento, bottarga, meloni ecc. Al re, che apprezzava anch'egli tali prodotti, venivano fatte giungere queste leccornie direttamente dall'Italia, inviategli da Algarotti o dal conte Giulio Cesare Bernardini Masini della Massa.

Quest'ultimo provvedeva da Cesenatico a soddisfare le richieste di Federico non solo in campo artistico, inviandogli quadri ed altre opere d'arte, ma anche in campo eno-gastronomico, fornendogli formaggi, melograne, vino, cioccolata, anche al gusto di vaniglia, e quant'altro potesse sollecitare il palato reale.

Alla tavola reale sia a Berlino che a Potsdam la cucina italiana godeva di grande favore. Tra i cibi frequentemente serviti troviamo molte pietanze con parmigiano, tra cui i ravioli, ed il piatto preferito di Federico: polenta abbondantemente condita con aglio. Questo cibo, con altri piatti fortemente speziati che il re usava mangiare, gli causava spesso coliche ed indigestioni. Ciò non desta meraviglia se si legge la ricetta per preparare la polenta reale che ci trasmette il suo medico personale, Johann Georg Zimmermann:

> [questa] pietanza italiana consisteva per metà in farina di granturco e per l'altra metà di formaggio parmigiano: a tali ingredienti si aggiungeva succo spremuto di aglio e si cuoceva il tutto al forno con burro fino a che non si fosse formata tutt'intorno una crosta dura spessa all'incirca un dito; sul tutto si versava infine un intero brodo fatto delle più piccanti spezie e questa pietanza preferita si chiamava Polenta!

Questo piatto, aggiunge Zimmermann, era stato introdotto sulla tavola reale da George von Keith, ma era stato «emendato e corretto» da Federico stesso.

Seppure tra i cuochi si registrasse anche la presenza di italiani, come, probabilmente Giovanni Rosetti, che giunse da Firenze con la moglie ed i tre figli nel 1774, Federico richiese dalla penisola soprattutto pasticceri, come i due veneziani Martin Masiger, che il 9 gennaio 1743 ottenne la cittadinanza berlinese, e Bartolomeo Mutius. Particolarmente rinomato fu all'epoca il pasticcere Tamanti, fatto arrivare direttamente dall'Italia e allettato sia con la promessa di una paga profumata, 500 scudi al mese, che con l'offerta di pagargli le spese di viaggio. Egli fece, in seguito, fortuna a Berlino come *Pâtissier de la Cour*.

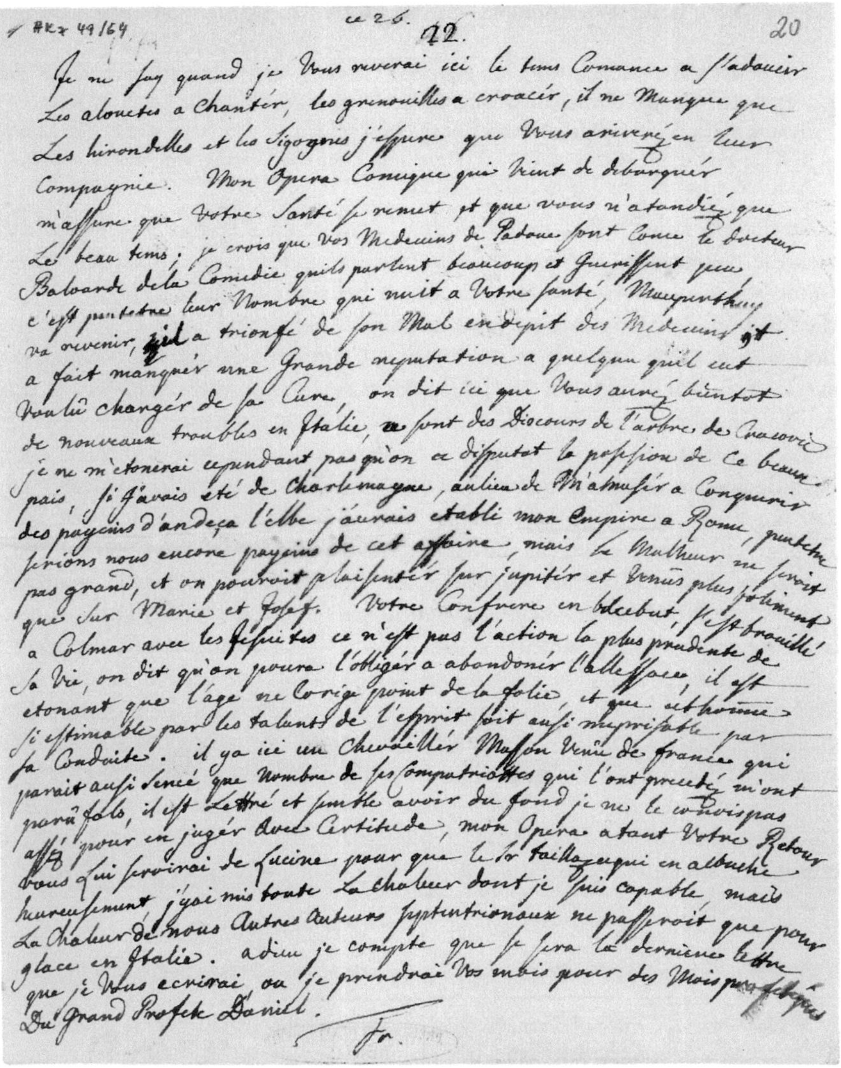

Abb. 2: Brief Friedrichs II. an Algarotti, 26. Mai 1754
(GStA PK, BPH, Rep. 47 Kg Friedrich II., Nr. 434, fol. 20)

Brief Friedrichs II. an Algarotti, 26. [Mai] 1754

[...] dieses schöne Land, wäre ich Karl der Große gewesen, anstatt mich damit zu vergnügen, Heiden diesseits der Elbe zu erobern, hätte ich mein Reich in Rom errichtet. [...]. Meine Oper erwartet Ihre Rückkehr, [...] ich habe darin die ganze Wärme einfließen lassen, deren ich fähig bin, aber die Wärme von uns nordischen Autoren wird nur für Eis in Italien gelten.[35]

In diesem Brief,[36] den Friedrich aus Potsdam an Algarotti schreibt, lässt sich die damals sehr verbreitete Lehre wiedererkennen, die klimatische Einflüsse auf die landestypischen Charaktere behauptete. Diese Lehre, wonach die Welt in drei Klimazonen (eine nördliche kalte, eine mittlere gemäßigte und eine südliche heiße Zone) unterteilt sei, die das Naturell der Völker beeinflussten, war bereits im 16. Jahrhundert in Europa verbreitet. Sie wurde im XVIII Jahrhundert besonders durch den Jenaer Professor Johann Georg Walch (1693–1775) in seinem 1726 erstmals erschienenen und mehrmals wiederaufgelegten „Philosophischen Lexikon" in Umlauf gebracht. Danach sind nur die Völker der „temperierten Länder [...] zu allerhand Künsten und Studien geschickter, diejenigen, die sich um die heißen Mittags=Ländern [sic] aufhalten, haben entweder tumme; oder phantastische Ingenia", während „die kalten Nord-Länder keinen sonderlichen Verstand (haben) und zu dem Studieren nicht sehr geschickt" seien.[37] Nach dieser Klimatheorie, die Montesquieu mit seinem „De l'esprit des Lois" (1748) im ganzen Europa der Aufklärung verbreiten wird, hielt man die Italiener für „in Erfindung ingenieuser Gedanken und Vorstellungen, wie man sie zur Poesie brauchet, glücklich"[38], während die deutschen (und alle nordischen Völker überhaupt) für höchst ungeeignet zur Poesie galten, da der Frost und die bittere Kälte die Menschen dieser Regionen zu phlegmatischen und langsamen Wesen machte, des dichterischen *Furors* nicht fähig, wohl aber geschickt in Werken der Erudition.[39]

---

[35] Wenn nicht anders erwähnt, stammen die deutschen Übersetzungen der französischen Texte von mir.

[36] Der Originalbrief auf Französisch ist veröffentlicht in: Œuvres de Frédéric le Grand. Bd. XVIII. 1856, Brief Nr. 92, S. 96.

[37] *Johann Georg Walch*: Philosophisches Lexicon. Darinnen die in allen Theilen der Philosophie, Physic, Pneumatic, Ethik, natürlichen Theologie und Rechtsgelehrsamkeit, wie auch Politic fürkommenden Materien und Kunst-Wörter erkläret und aus der Historie erläutert, die Streitigkeiten der ältern und neuern Philosophen erzehlet, die dahin gehörigen Bücher und Schriften aufgeführet werden und alles nach Alphabetischer Ordnung vorgestellet werden. Mit nöthigen Registern versehen und herausgegeben von J. G. W. 2 Theile. Leipzig: Joh. Friedrich Gleditschens seel. Sohn 1726; hier: Th. 2, Sp. 1869–1877: 1869; s. hierzu auch *Franz K. Stanzel*: Europäer. Ein imagologischer Essay. 2., aktualisierte Auflage. Heidelberg: Winter 1998, besonders S. 28–32.

[38] *Walch*: Philosophisches Lexicon, Sp. 1872.

Lettera di Federico II ad Algarotti, 26 [maggio] 1754

[…] questo bel paese, se fossi stato Carlo Magno, invece che divertirmi a sottomettere pagani al di qua dell' Elba avrei stabilito il mio impero a Roma […]. La mia opera attende il vostro ritorno […] vi ho messo tutto il calore di cui son capace, ma il calore di noi altri autori settentrionali non passerà che per ghiaccio in Italia.

In questa lettera che Algarotti scrive da Potsdam a Federico traspare l'allora diffusissima teoria climatica secondo la quale il mondo era suddiviso in tre zone climatiche che esercitavano la loro influenza sul carattere degli abitanti delle varie nazioni: una zona fredda al nord, una moderata al centro ed una calda al sud. Diffusa in Europa già nel Cinquecento, essa fu conosciuta nel XVIII secolo soprattutto tramite l'opera del professore di Jena Johann Georg Walch che la trattò nel suo «Vocabolario filosofico» del 1726 cui arrisero numerose edizioni ed aggiornamenti e diffusa in seguito in Europa soprattutto da Montesquieu nel suo «De l'esprit des Lois». In essa Walch attribuiva agli abitanti delle regioni temperate ingegno artistico e propensione agli studi, quelli meridionali si sarebbero, invece, contraddistinti per ingegno non acuto e fantasia eccessiva, mentre i nordici avrebbero mostrato poca intelligenza ed altrettanto poca propensione per gli studi. Gli italiani, secondo Walch, sarebbero stati ricchi di inventiva e di felice invenzione poetica, mentre egli escludeva una disposizione alla poesia da parte dei tedeschi e degli abitanti delle fredde regioni nordeuropee in genere, poiché un clima rigido ed il gelo imperantevi li avrebbe destinati ad essere, per natura, lenti e flemmatici, incapaci dunque di furor poetico ma portati, invece, per le opere di erudizione.

---

[39] s. hierzu *Rita Unfer Lukoschik*: Friedrich Schiller in Italien (1785–1861). Eine quellengeschichtliche Studie. Berlin: Duncker & Humblot 2004, S. 30–39 und, grundlegend, *Heitmann*: Das italienische Deutschlandbild. Schlaglichter auf diese Problematik wirft auch *Manfred Beller*: Eingebildete Nationalcharaktere. Vorträge und Aufsätze zur literarischen Imagologie. Göttingen: Vandenhoeck & Ruprecht 2006, passim.

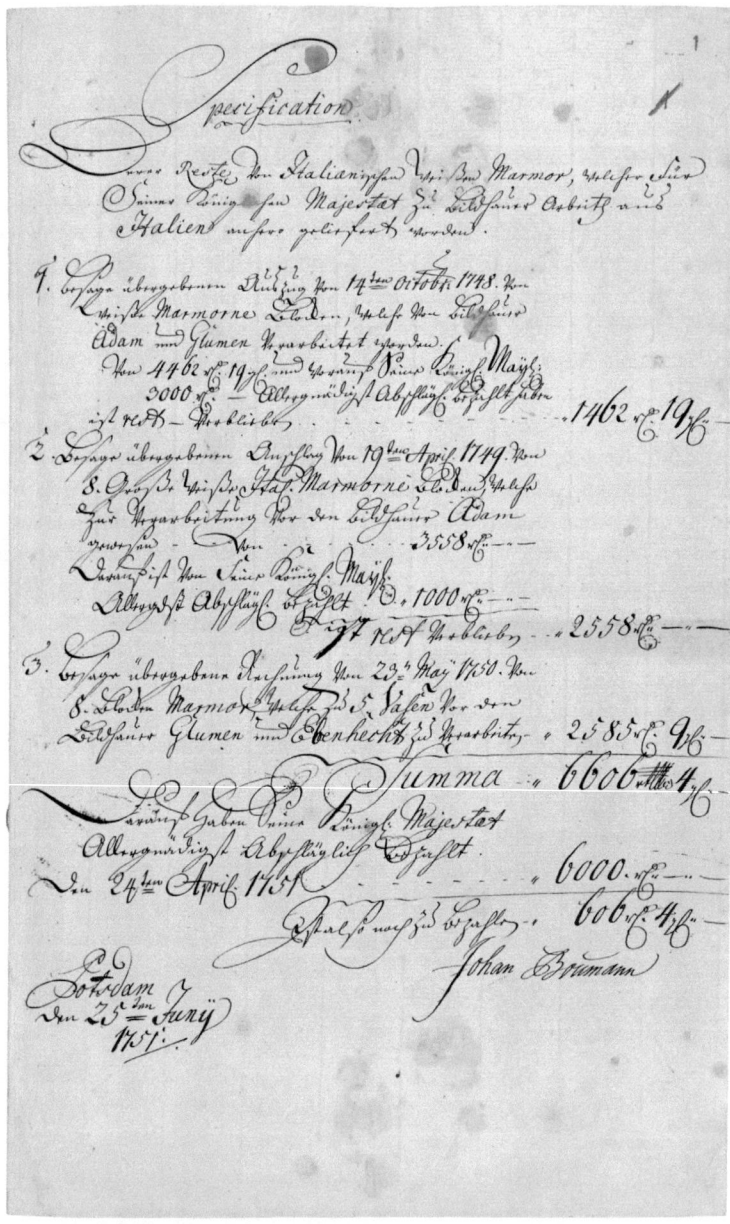

Abb. 3: Specification derer Reste von italienischen Weißen Marmor,
welcher für Seiner [sic] königlichen Majestät zu Bildhauer Arbeith
aus Italien anhero geliefert worden.
(GStA PK, I HA Rep 96c, Sammlung Itzenplitz, Nr. 12, fol. 1)

Specification derer Reste von italienischen Weißen Marmor, welcher für Seiner [sic] königlichen Majestät zu Bildhauer Arbeith aus Italien anhero geliefert worden.

Weißen Marmor aus Carrara ließ sich Friedrich jahrelang für seine Bauvorhaben in Potsdam liefern. Die hier abgedruckte Aufstellung vom 25. Juni 1751 bezieht sich auf Blöcke dieses Marmors, die durch die Bildhauer Friedrich Christian Glume (1714–1752), Georg Franz Ebenhecht (ca. 1710–1757) und François-Gaspard Balthasar Adam (1710–1761) in den Jahren 1748, 1749 und 1750 zu fünf Vasen sowie zu weiteren Ausschmückungsgegenständen verarbeitet wurden.[40]

Das Dokument trägt die Unterschrift von Johan Boumann d. Ä. (1706–1776). Der holländische Zimmer- und Schiffbaumeister war von Friedrich 1732 aus seiner Heimatstadt Amsterdam nach Potsdam berufen und mit diversen Bauvorhaben betraut worden, u.a. mit der Errichtung des Holländischen Viertels. Zum Schlosskastellan erst, dann zum Oberbaudirektor ernannt, beaufsichtigte er u.a. die Ausführung der meisten Bauten Knobelsdorffs.[41]

Specificazione dei resti di marmo bianco italiano che finora sono stati forniti dall'Italia a Sua Maestà Reale per lavori di scultura.

Nel corso degli anni Federico si fece venire abitualmente candido marmo di Carrara per i suoi progetti di costruzione a Potsdam. Il documento qui riprodotto, datato Potsdam, 25 giugno 1751, si riferisce a cinque vasi ed altri lavori ornamentali in marmo italiano eseguiti dagli scultori Friedrich Christian Glume, Georg Franz Ebenhecht e François-Gaspard Balthasar Adam negli anni 1748, 1749 e 1750.

La lista porta la firma dell'olandese Johan Boumann il vecchio. Chiamato da Federico nel 1732 alla sua corte, gli fu affidata la supervisione nella realizzazione di opere architettoniche, tra cui la costruzione del quartiere Olandese di Potsdam. Avanzando sempre di grado egli giunse ad occuparsi anche della realizzazione di progetti architettonici di Knobelsdorff.

---

[40] Ebd., Bd. 1, S. 98 f. und S. 116.
[41] *Manger*: Baugeschichte von Potsdam. Bd. 3, S. 624–626.

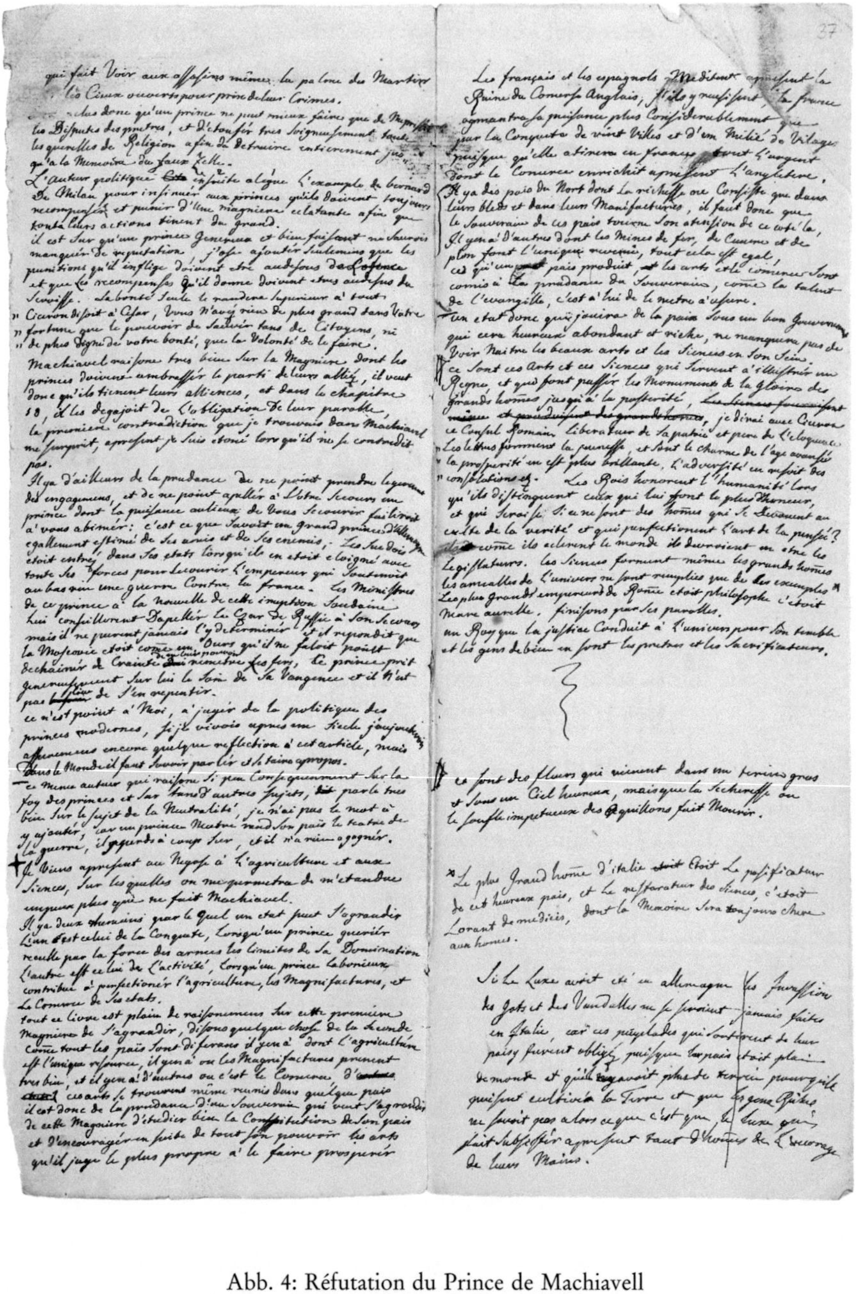
qui fait Voir aux assassins mêmes la palme des Martirs
les Cieux ouverts pour prix de leur Crimes.
[illegible] donc qu'un prince ne peut mieux faire que de Mepriser
les Disputes des pretres, et d'etoufer tres soigneusement toutes
les querelles de Religion afin de detruire entierement jusqu'
qu'a la Memoire du faux Zelle.
L'auteur politique [illegible] ensuite alegue l'example de bernard
de Milan pour insinuer aux princes qu'ils doivent toujours
recompenser et punir d'une magniere eclatante afin que
toutes leurs actions tinent du grand.
il est sur qu'un prince Genereux et bien faisant ne sauroit
manquer de reputation. j'ose ajouter seulement que les
punitions qu'il inflige doivent etre audesous de l'ofence
et que les recompenses qu'il donne doivent etres audesus du
service. La bonté seule le randera superieur à tout.
" Ciceron disoit à Cesar, Vous n'avez rien de plus grand dans Votre
" fortune que le pouvoir de sauver tans de Citoyens, ni
" de plus digne de votre bonté, que la Volonté de le faire.
Machiavel raisone tres bien sur la Magniere dont les
princes doivent ambrasser le parti de leurs alliéz, il veut
donc qu'ils tienent leurs alliences, et dans le chapitre
18, il les degajoit de l'obligation de leur parolle,
la premiere contradiction que je trouvais dans Machiavel
me surprit, apresent je suis etoné lors qu'il ne se contredit
pas.
Il ya d'ailleurs de la prudance de ne point prendre legerement
des engagemens, et de ne point apeller à Votre secours un
prince dont la puissance au lieu de vous secourir faciliroit
a vous abimer: c'est ce que savoit un grand prince d'Allemagne
egallement estimé de ses amis et de ses enemis; Les suedois
etoit entrez dans ses etats lors qu'il en etoit eloigné avec
toute ses forces pour secourir l'empereur qui soutenoit
au bas rin une guerre Contre la france. Les Ministres
de ce prince à la nouvelle de cette inruption soudaine
lui conseillerent d'apeller le Czar de Russie à son secours
mais il ne purent jamais l'y determiner et il repondit que
la Moscovie etoit come un Ours qu'il ne faloit point
dechainer de Crainte [illegible] remetre ses fers, Ce prince prit
genereusement sur lui le soin de sa Vangence et il n'eut
pas [illegible] de s'en repentir.
ce n'est point à Moi, à juger de la politique des
princes modernes, si je vivois apres un siecle j'aujouterois
affirmerois encore quelque reflection à cet article, mais
dans le Monde il faut savoir parler et se taire apropos.
ce meme auteur qui raisone si peu Consequemment sur la
foy des princes et sur tans d'autres sujets, [illegible] parle tres
bien sur le sujet de la Neutralité, je n'ai pas le mot à
y ajouter, car un prince Neutre rand son païs le teatre de
la guerre, il perds à coup sur, et il n'a rien a gagnér.
+ Je Viens apresent au Negose à l'agriculture et aux
siences, sur les quelles on me permetra de m'etandre
un peu plus que ne fait Machiavel.
Il ya deux chemins par le quel un etat peut s'agrandir
L'un c'est celui de la Conquete, Lorsqu'un prince guerier
recule par la force des armes les limites de sa Domination
l'autre est celui de l'activité, Lorsqu'un prince laborieux
contribue à perfectioner l'agriculture, les Magnifactures, et
le Comerce de ses etats.
tout ce livre est plain de raisonemens sur cette premiere
Magniere de s'agrandir, disons quelque chose de la seconde
Come tout les païs sont diferans il y en à dont l'agriculture
est l'unique resource, il y en a ou les Magnifactures prenent
tres bien, et il y en a d'autres ou c'est le Comerce d'[illegible]
[illegible] ces arts se trouvent même reunis dans quelque païs
il est donc de la prudance d'un Souverain qui veut s'agrandir
de cette Magniere d'etudier bien la Constitution de son païs
et d'encouragér en suite de tout son pouvoir les arts
qu'il juge le plus propre à le faire prosperér

37
Les français et les espagnols Meditent apresent la
Ruine du Comerse Anglais, s'ils y reussisent, la france
agmantra sa puissance plus Considerablement que
par la Conquete de vint Villes et d'un Millié de Vilages
puisque qu'elle atirera en frances tout l'argent
dont le Comerce enrichit apresent l'angletere.
Il ya des païs du Nort dont la richesse ne Consiste que dans
leurs bleds et dans leurs Manifactures, il faut donc que
le Souverain de ces païs tourne son atension de ce coté là,
Il y en a d'autres dont les Mines de fer, de Cuivre et de
plom font l'unique revenu, tout cela est egal,
ces qu'un païs produit, et les arts et le comerce sont
comis à la prudance du Souverain, come la talent
de l'evangille, c'est à lui de le metre à usure.
un etat donc qui jouira de la paix sous un bon Gouvernement
qui cera heureux abondant et riche, ne manquera pas de
Voir Naitre les beaux arts et les siences en son sein.
ce sont ces Arts et ces siences qui servent à illustrer un
Regne, et qui font passér les Monuments de la Gloire des
grands homes jusqu'à la posterité, [illegible]
[illegible], je dirai avec Ciceron
ce Consul Romain liberateur de sa patrie et pere de l'eloquence
" Les lettres forment la jeunesse, et sont le charme de l'age avansé
" la prosperité en est plus brillante, l'adversité en resoit des
" consolations etc. Les Rois honorent l'humanité lors
qu'ils distinguent ceux qui lui font le plus d'honeur,
et qui seroi se si ce ne sont des homes qui se devouent au
culte de la verité et qui perfectionent l'art de la pensé?
[illegible] come ils eclerent le monde ils devroient en etre les
Legislateurs. les Siences forment même les grands homes
les annalles de l'univers ne sont remplies que de des exemples *
Le plus grands empereurs de Rome etoit philosophe c'etoit
Marc aurelle. finisons par ses parolles.
un Roy que la justice Conduit à l'univers pour son temple
et les gens de bien en sont les pretres et les sacrificateurs.

ce sont des fleurs qui vienent dans un terrein gras
et sous un Ciel heureux, mais que la secheresse ou
le souffle impetueux des Aquillons fait Mourir.

* Le plus Grand home d'italie etoit Etoit le pasificateur
de cet heureux païs, et le restarateur des siences, c'etoit
Lorant de medicis, dont la Memoire sera toujours chere
aux homes.

Si le Luxe avoit eté en allemagne les Irruption
des Gots et des Vandalles ne se seroient jamais faites
en Italie, car ces peuplades qui sortirent de leur
païs furent obligéz puisque leur païs etoit plain
de monde et qu'il n'y avoit plus de terrein pour qu'ils
puissent cultiver la Terre et que les gens Riches
ne savoit pas alors ce que c'est que le luxe qui
fait subsistér apresent tant d'homes de l'ouvrage
de leurs Mains.

Abb. 4: Réfutation du Prince de Machiavell
(GStA PK, VI. HA Familienarchive und Nachlässe, Nl Preußen,
Friedrich der Große, A Nr. 1, fol. 36/37)

Réfutation du Prince de Machiavell

Eigenhändige Handschrift Friedrichs II.

Ein bedeutendes Zeugnis der Beschäftigung des hauptsächlich an französischer Literatur interessierten Königs mit einem italienischen Werk bildet die erste große literarische Arbeit, die er verfasste: der „Antimachiavell".

1739 in Rheinsberg geschrieben, ist diese engagierte Polemik gegen die Theorien des Niccolò Machiavelli die wichtigste unter den politischen Abhandlungen des Königs. Hatte der Florentiner im „Principe" die These vertreten, dem Staat seien alle Mittel zur Erhaltung der Macht erlaubt, brachte Friedrich in seiner Schrift seine Vorstellung vom Herrscher als „erstem Diener des Staates" zum Ausdruck.

Zu der Rolle Algarottis als Berater des Königs bei der Abfassung dieses Werkes s. weiter unten den Text zur Abb. 20.

Confutazione del Principe di Machiavelli

Manoscritto di mano di Federico II

Un'importante testimonianza dell'interesse del re, altrimenti intensamente proiettato verso la letteratura francese, per un'opera italiana ci viene fornita dal primo grande lavoro letterario di Federico II: l'«Antimachiavell».

Scritto nel 1739 a Rheinsberg, esso è il piú importante tra i suoi trattati di politica e contiene un'accesa polemica contro le teorie di Niccolò Machiavelli. Se il fiorentino aveva sostenuto nel «Principe» la tesi che tutti i mezzi fossero sacri per conseguire il proprio fine, Federico espone qui la sua idea del sovrano quale «primo servitore dello stato».

Per il ruolo che ebbe Algarotti come consigliere del re durante la composizione di quest'opera si veda il testo dell'ill. nr. 20.

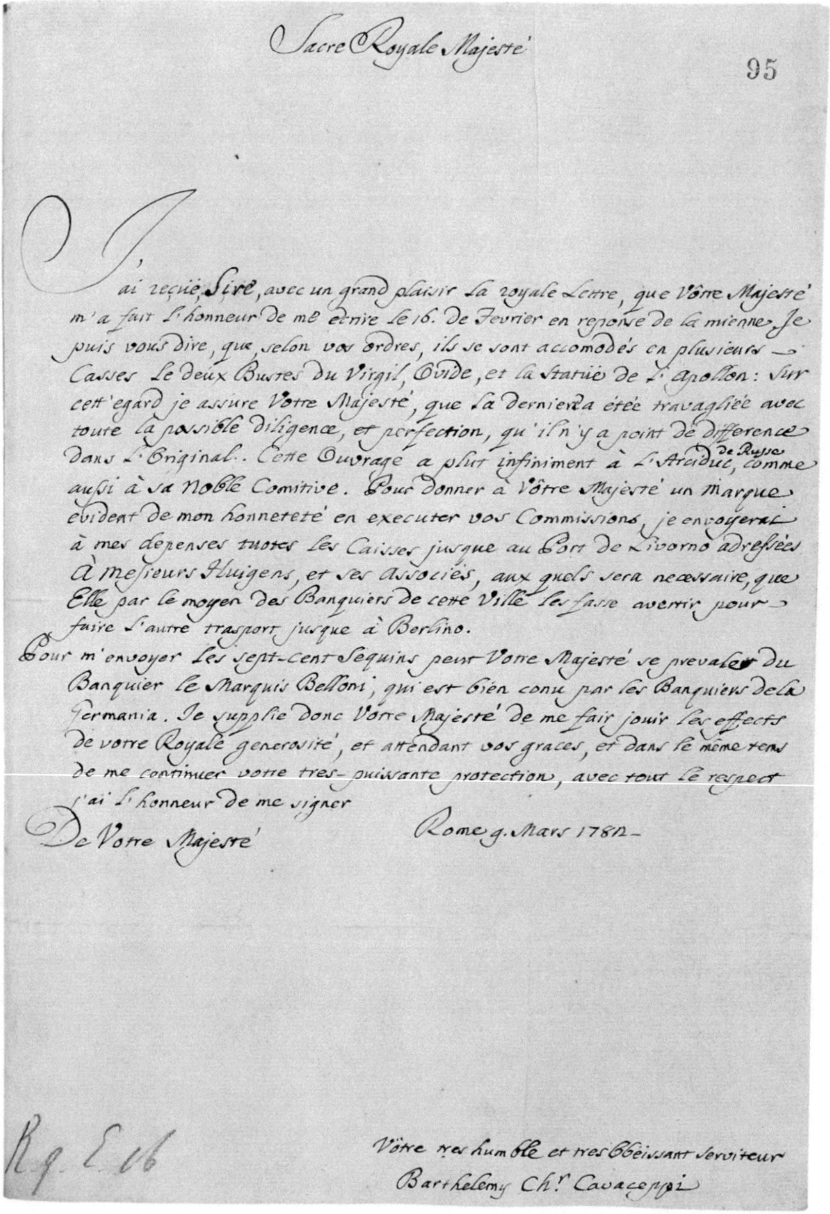

Sacre Royale Majesté

95

J'ai reçûe, Sire, avec un grand plaisir sa royale Lettre, que Vôtre Majesté m'a fait l'honneur de me écrire le 16. de Fevrier en reponse de la mienne. Je puis vous dire, que selon vos ordres, ils se sont accomodés en plusieurs Caisses Le deux Bustes du Virgil, Ovide, et la Statüe de l'Apollon: Sur cett'egard je assure Vôtre Majesté, que la dernière a étée travagliée avec toute la possible diligence, et perfection, qu'il n'y a point de difference dans l'Original. Cette Ouvrage a plut infiniment à l'Arciduc de Russie, comme aussi à sa Noble Comitive. Pour donner a Vôtre Majesté un marque evident de mon honneteté en executer vos Commissions, je envoyerai à mes depenses tuotes Les Caisses jusque au Port de Livorno adressées à messieurs Huigens, et ses associés, aux quels sera necessaire, que Elle par le moyen des Banquiers de cette Ville les fasse avertir pour faire l'autre trasport jusque à Berlino.

Pour m'envoyer les sept-cent Sequins peut Vôtre Majesté se prevaler du Banquier le Marquis Belloni, qui est bien conu par les Banquiers de la Germania. Je supplie donc Vôtre Majesté de me fair jouir les effects de vorre Royale generosité, et attendant vos graces, et dans le même tems de me continuer votre très-puissante protection, avec tout le respect j'ai l'honneur de me signer.

De Vôtre Majesté   Rome 9. Mars 1782 –

Vôtre tres humble et tres Obeissant Serviteur
Barthelemy Ch.r Cavaceppi

Abb. 5: Brief Bartolomeo Cavaceppis aus Rom, 9. März 1782
(GStA PK, I. HA Rep. 96 Geheimes Zivilkabinett, ältere Periode, Nr. 434 B, fol. 95)

Brief Bartolomeo Cavaceppis aus Rom, 9. März 1782

Der römische Bildhauer Bartolomeo Cavaceppi war 1768 vom König empfangen worden, der, wie oben erwähnt, bei dieser Gelegenheit „Modell" für die von Cavaceppi verfertigte Büste gestanden und ihm während seines Aufenthalts verschiedene Aufträge erteilt hatte. Auch nach dessen Rückkehr nach Italien bediente sich Friedrich seiner Dienste, indem er ihm Marmor-kopien antiker Büsten, hier von Ovid und Vergil, Statuen, hier des Apolls, und Vasen[42] anfertigen ließ.

Im hier abgedruckten Brief antwortet Cavaceppi auf die Aufträge durch den König,[43] welcher Transportwege und Mittelsmänner er sich zu bedienen gedenke, um die zerbrechliche Ware sicher von Rom nach Berlin zu beför-dern, und wie die Bezahlung zu leisten sei. Nach Auskunft Cavaceppis soll-ten die in Livorno ansässigen Bankiers Huygens die Ware im Hafen dieser Stadt in Empfang nehmen, die Friedrichs Wünsche hinsichtlich des weiteren Transports umsetzten würden. Der in Deutschland in entsprechenden Krei-sen wohlbekannte Bankier Marquis Belloni würde die finanzielle Seite des Unternehmens regeln.

Lettera di Bartolomeo Cavaceppi da Roma, 9 marzo 1782

Lo scultore romano Bartolomeo Cavaceppi era stato ricevuto dal re du-rante il suo viaggio a Berlino nel 1768. In tale occasione, come si è detto precedentemente, egli aveva compiuto lavori di scultura per il re, sia ritraen-dolo, sia fornendogli su richiesta vasi anticheggianti e busti per Sanssouci, un servizio che egli continuò a espletare anche da Roma.

In questa lettera viene trattato l'invio di copie in marmo dei busti di Ovi-dio e di Virgilio e di una statua di Apollo da Roma a Berlino. Riferendosi ad esplicite richieste del re in una lettera precedente, Cavaceppi informa Fe-derico dei mediatori che si sarebbero occupati del trasporto dal porto di Li-vorno, a cui Cavaceppi avrebbe fatto arrivare la merce da Roma a Berlino. I banchieri livornesi Huygens si sarebbero occupati del trasporto secondo i desideri di Federico, mentre il marchese Belloni, banchiere ben accreditato presso i tedeschi, avrebbe curato l'aspetto finanziario dell'operazione.

---

[42] s. hierzu *Oesterreich*: Beschreibung und Erklärung, Nr. 580, S. 96; s. ferner die Angaben zu den von Cavaceppi besorgten Kunstwerke in: Nr. 305, S. 44; Nr. 312, S. 45; Nr. 325, S. 48; Nr. 332, S. 49; Nr. 353 und Anmerkung h, S. 53; Nr. 578–580, S. 96; s. hierzu auch *Hünecke*, in: Schönheit weissen Marmors, Kat. Nr. 49, S. 135–137: 137.

[43] s. Brief Friedrichs an Cavaceppi Potsdam, 16. Februar 1782, GStA PK, I. HA Rep. 96 Geheimes Zivilkabinett, ältere Periode, Nr. 434 B, fol. 94, in Kopie und Brief Cavaceppis an den König vom 13. April 1782, ebd., fol. 98.

Abb. 5a: Caterina Piotti-Pirola: Porträt von Veronica Cantelli Tagliazucchi.
Radierung 267 × 73 mm.

Caterina Piotti-Pirola: Porträt von Veronica Cantelli Tagliazucchi. Radierung, 267 × 73 mm.

Eine besondere Rolle unter den Dichtern am Hofe Friedrichs kommt der Bologneserin Veronica Cantelli (1716–ca. 1783), Ehefrau des Hofdichters Tagliazucchi, zu. Mitglied der *Accademia dell'Arcadia* mit den Namen Oriana Ecalidea, der *Accademia di Pittura* in Bologna und der *Accademia di Scienze, Lettere ed Arti* in Modena (1751–1767), war Veronica zu Lebzeiten geschätzte Miniaturmalerin, Autorin von Gedichten und Verfasserin einer Tragödie, *Progne*, die an Marivaux angelehnt ist.[44] Nach dem Ausbruch des Siebenjährigen Krieges verließ sie mit ihrem Mann Berlin, der 1759 einen Ruf als Hofdichter beim Herzog von Württemberg erhalten hatte. 1761 fuhren die Eheleute nach Paris, wo sie mit Voltaire und Marivaux freundschaftlich verkehrten und gingen 1762 nach Italien zurück, wo er 1768 und sie um 1783 starben.[45]

Caterina Piotti-Pirola: Ritratto di Veronica Cantelli Tagliazucchi. Incisione all'acquaforte, 267 × 73 mm.

Tra i poeti italiani alla corte prussiana, un ruolo particolare spetta a Veronica Cantelli, moglie di G. P. Tagliazucchi. Apprezzata autrice di rime edite a Berlino nel 1760 e di una tragedia, «Progne», ispirata a Marivaux, ed altrettanto stimata pittrice di miniature, essa fu membro dell'Accademia dell'Arcadia con il nome di Oriana Ecalidea, dell'Accademia di Scienze, Lettere ed Arti di Modena dal 1751 al 1767 e dell'Accademia di Pittura di Bologna. Allo scoppio della guerra dei Sette Anni i coniugi Tagliazucchi lasciarono Berlino, giungendo nel 1759 nel ducato di Württemberg, dove Giovanni Pietro aveva avuto l'incarico di poeta di corte. Nel 1761 li troviamo a Parigi, dove frequentano Voltaire e Marivaux e l'anno seguente in Italia. Qui Giovanni Pietro morirà nel 1768 e Veronica nel 1783 circa.

---

[44] *Veronica de' Tagliazucchi*: Rime. Berlino 1760 und *dies.*: Progne. Tragedia. Modena: Soliani 1766.

[45] Zu Veronica Cantelli s. *Denina*: Prusse Litteraire, Bd. III, Supplemento, 1791, S. 163 f.; *Maria Bandini Buti*: Poetesse e scrittrici. Vol. 1. Roma: Tosi 1941 (= Enciclopedia bio-bibliografica italiana 6), S. 350 mit weiterführender Bibliographie sowie *Francesco Barbieri/Ferdinando Taddei*: L'Accademia Nazionale di Scienze, Lettere ed Arti di Modena. Dalle Origini al 2005. T. 1: La storia e i soci. Modena: Mucchi 2006 und die kurze Biographie von *Francesco Selmi* in: Iconografia Italiana degli uomini e delle donne celebri dall'epoca del Risorgimento delle scienze e delle arti fino ai giorni nostri. vol. 2. Milano: Locatelli 1839–1840, S. I–III.

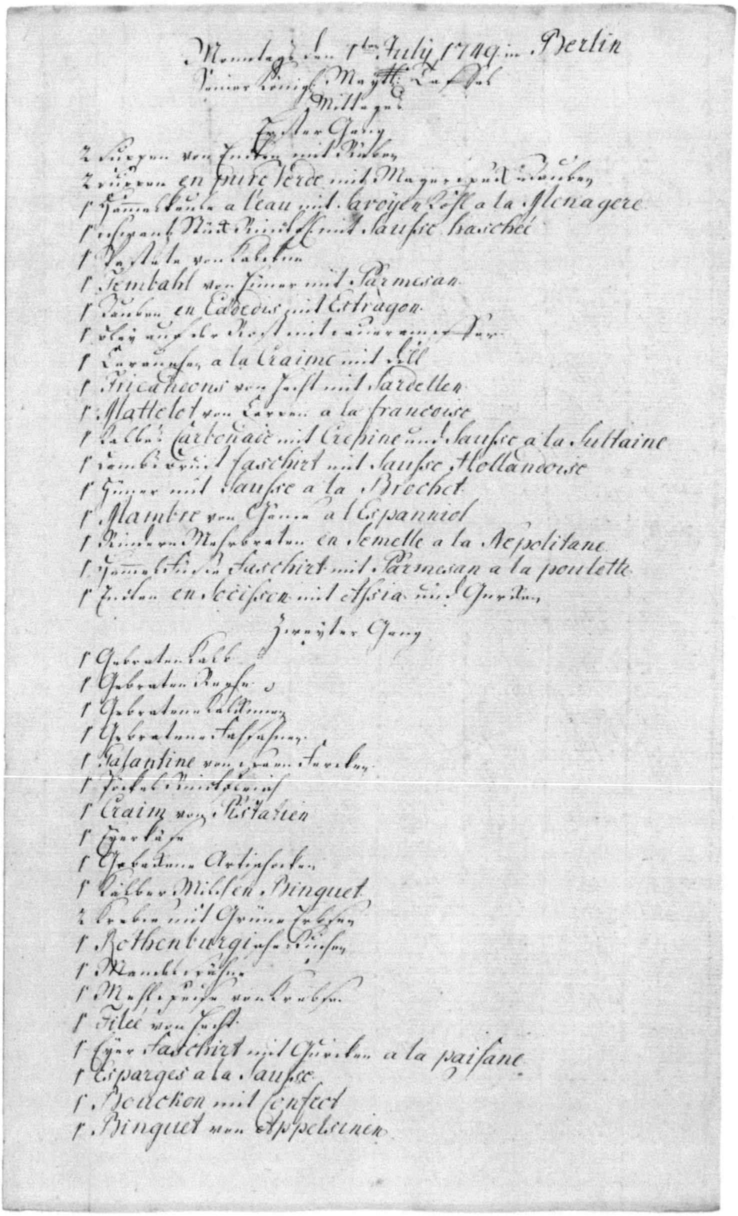

Abb. 6: Speisefolge für die Tafel Seiner königl. Majestät in Berlin,
Montag, den 1. Juli 1749, mittags erster Gang.
(GStA PK, I. HA Geheimer Rat, Rep. 36 Hof- und Güterverwaltung,
Nr. 1351, fol. 7)

Speisefolge für die Tafel Seiner königl. Majestät in Berlin, Montag, den 1. Juli 1749, mittags erster Gang.

In der hier ausgestellten Speisefolge werden Gerichte im italienischen Geschmack aufgelistet: „Tembahl von Hüner mit Parmesan [...] Rindern Mehrbraten en Semelle a la Nepolitane [...] Hammelfüße faschirt mit Parmesan a la poulette".

Die Speisepläne der königlichen Hauptmahlzeiten verzeichnen eine ganze Reihe Gerichte, in denen Parmesan vorkam, wie der mit diesem Käse zubereitete Blumenkohl,[46] die „kleinen Pasteten von Kalbskarbonade mit Parmesan" am 30. April 1751[47] oder die ganz einfache Verwendung zu Butterbroten wie am 13. Mai 1750[48], um nur einige unter den unzähligen Beispielen zu nennen.[49] Dabei muten manche Kombinationen etwas kühn an, wie die „Makronen mit Parmesan" oder das „Provitrol mit Parmesan" (ein italienisches Dessert bestehend aus mit Creme gefüllten Miniwindbeuteln, in Pyramidenform aufgebaut und mit Schokolade überzogen), die am 8. März 1748 und am 13. November 1749 serviert wurden[50].

Ebenfalls beliebt waren Gerichte mit Sardellen, z. B. Kanapees, aber auch kaum vorstellbare *Créations* wie „Brühe von Sardellen aoil und Parmesan".[51]

Manche Gerichte wurden eigens für italienische Gäste der Potsdamer Tafelrunde zubereitet: So erhielt Giovan Battista Bastiani z. B. am 26. März 1773 abends eine „Mehlspeise à l'Italienne" und am 29. März 1773 eine „Sardellensauce"[52].

---

[46] GStA PK, I. HA Geheimer Rat, Rep. 36 Hof- und Güterverwaltung, Speise- und Verbrauchszettel der Hof- und Reiseküche, Nr. 1337, Eintrag vom 22. Mai 1748 und ebd., Nr. 1356, Eintrag vom 15. November 1749, um nur einige wenige Beispiele zu geben.

[47] GStA PK, I. HA Geheimer Rat, Rep. 36 Hof- und Güterverwaltung, Speise- und Verbrauchszettel der Hof- und Reiseküche, Nr. 1373.

[48] Ebd., Nr. 1362.

[49] Einkäufe von Parmesan u. a. vom italienischen Händler Morino (vgl. ab S. 219 vorliegender Arbeit) sind eine Konstante der Speisepläne Friedrichs, so z. B. im „Manual über Einnahmen und Ausgaben bei der Hofküche für August–Dezember 1767", in GStA PK, I. HA Geheimer Rat, Rep. 36 Hof- und Güterverwaltung, Speise- und Verbrauchszettel der Hof- und Reiseküche, Nr. 1162. Alle hier erwähnten Gerichte und italienische Zutaten sind in der ganzen Regierungszeit Friedrichs belegbar, die hier und in folgenden Anmerkungen gegebenen Beispiele sind nur exemplarisch angeführt.

[50] GStA PK, I. HA Geheimer Rat, Rep. 36 Hof- und Güterverwaltung, Nr. 1335 und ebd., Nr. 1356.

[51] GStA PK, I. HA Geheimer Rat, Rep. 36 Hof- und Güterverwaltung, Nr. 1351, Eintrag vom 29. Juni 1749; ebd., Nr. 1342, Eintrag vom 24. Oktober 1748.

[52] GStA PK, I. HA Geheimer Rat, Rep. 36 Hof- und Güterverwaltung, Nr. 1601.

Auch „Raffioli" in unterschiedlichsten Variationen kamen oft auf den Speiseplan, z.B. am 8. Mai 1750 „Raffioli mit Hecht"[53] und schlichte „Raffioli mit Parmesan" am 16. und 29. April 1751[54] sowie am 17. März 1773[55].

Gerichte *à la Venitienne*, *à la Neapolitaine*, *à la Mantuane*, *à la Genoise*, *à la Romaine*, *à la Modenese*, *à la Sicilienne* oder schlicht *à l'italienne*[56] erscheinen immer wieder auf dem Speiseplan. Viele sind ein fernes Echo der Anwesenheit jeweiliger Besucher an der königlichen Tafel, so z.B. die Rebhühner, Tauben, ‚Cappauner' oder Hühner *à la Barbarina*[57].

Graf Pinto soll eine eigene Erfindung in den Speiseplan eingeführt haben: *boeuf à la Russienne*, eine besondere Art Geschmortes vom Rind, das „mit einem halben Quartiere Brantwein [sic] abgekocht war", durch die er sich die Gunst des Königs nachhaltig bewahrte.[58]

Menu per la tavola di Sua Altezza Reale a Berlino, lunedì 1° luglio 1749, Pranzo – prime portate

In questa lista si trovano portate di ispirazione italiana: «Timballo di pollo con Parmigiano [...] arrosto di manzo en Semelle alla napoletana [...] piedi di montone macinati con parmigiano in salsa gialla.»

I menu, come il presente qui riprodotto, dei pasti consumati alle tavole reali di Berlino e Potsdam, riportano spesso pietanze con parmigiano, usato

---

[53] GStA PK, I. HA Geheimer Rat, Rep. 36 Hof- und Güterverwaltung, Speise- und Verbrauchszettel der Hof- und Reiseküche, Nr. 1362.

[54] Ebd., Nr. 1373.

[55] Ebd., Nr. 1601.

[56] GStA PK, I. HA Geheimer Rat, Rep. 36 Hof- und Güterverwaltung, Speise- und Verbrauchszettel der Hof- und Reiseküche, Nr. 1342, Eintrag vom 17. Oktober 1748; ebd., Nr. 1356, Eintrag vom 13. November 1749; ebd., Nr. 1351, Einträg vom 1. und 2. Juli 1749; ebd., Nr. 1362, Eintrag vom 14. Mai 1750; ebd., Nr. 1373, Einträge vom 7. und vom 13. April 1751; ebd., Nr. 1601, Einträge vom 3., 14., 18., 25., 26. und 31. März 1773 und passim.

[57] GStA PK, I. HA Geheimer Rat, Rep. 36 Hof- und Güterverwaltung, Speise- und Verbrauchszettel der Hof- und Reiseküche, Nr. 1337, Einträge vom 4. und 22. Mai 1748 und passim; ebd., Nr. 1342, Eintrag vom 30. Oktober 1748; ebd., Nr. 1350, Einträge vom 4. und 29. Juni 1749; ebd., Nr. 1351, Eintrag vom 16. Juli 1749; ebd., Nr. 1362, Eintrag vom 8. Mai 1750. Wenn nicht direkt auf die Präsenz Barbarinas als Gast der Tafelrunde in Potsdam zurückzuführen, die ihr als einziger Frau gestattet worden sein soll, sind die vielen Gerichte *à la Barbarina* auf Friedrichs Speiseplan auch nach 1749 ein fernes Echo der Besuche des Königs im Salon, den Barbarina in Berlin führte, vgl. ab S. 299 in vorliegender Arbeit.

[58] *Zimmermann*: Fragmente über Friedrich den Großen, Bd. 3, S. 62 und *Karlheinz Deisenroth*: Märkische Grablege im höfischen Glanze. Der Bornstedter Friedhof zu Potsdam. Hrsg. vom Militärgeschichtlichen Forschungsamt. Berlin: Trafo 2003, S. 214 mit weiterführender Literatur zu diesem Thema.

per piatti semplici, ad esempio su pani imburrati, su cavolfiori, o piú elaborati, come pasticci e timballi, o anche inusitati, come su profiterol o amaretti. Altrettanto graditi pare fossero proposte a base di acciughe, come tartine, o quasi inimmaginabili creazioni come «brodo di acciughe aglio olio e parmigiano».

Spesso tali specialità venivano preparate appositamente per gli ospiti italiani alla tavola reale, così come avveniva per Giovan Battista Bastiani cui, ad esempio, il 26 marzo 1779 fu servita una «pietanza di pasta all'italiana» ed il 29 marzo 1773 una «salsa di acciughe».

Altrettanto graditi erano piatti di ravioli, anch'essi in combinazioni diverse, semplici col burro o come contorno per il pesce. Inoltre si registrano di sovente piatti ispirati a regioni italiane: alla veneziana, genovese, modenese, romana, napoletana, mantovana, siciliana, o piú genericamente all'italiana, forse eco lontana di ospiti italiani alla tavola reale, come Barbarina, di cui si dice fosse ospite del re e presso la quale pare il re fosse a sua volta ospite nel di lei salotto berlinese.

Il colonnello Pinto fu il creatore di una specialità che egli introdusse nella cucina reale e che gli valse durevolmente il favore del re: *boeuf à la Russienne,* un particolare brasato di manzo che, come ci comunica Johann Georg Zimmermann, il medico di Federico, «veniva cucinato a fuoco lento in mezzo quarto di acquavite».

Friedrich II. und Italien:
Die Architektur

Friedrich II. befasste sich so intensiv mit dem Bauwesen seines Landes, dass „bei nahezu allen Bauten seiner Regierungszeit von 1740 bis 1786 [...] sich eine unmittelbare Einflussnahme des Königs nachweisen (lässt)." Er legte nicht nur die aufzuwendenden finanziellen Mitteln fest, sondern bestimmte „was, wann, wie und wo gebaut wurde"[1] und von wem, denn er wählte die Baumeister und wachte über die Ausführung der jeweiligen Vorhaben, die er besonders in Potsdam realisieren ließ.

Während die Ausgestaltung des Innenbaus und die „pittoresken Architekturen" der Gartenanlagen und Gärten in der Regel eine Domäne französischer Künstler blieben,[2] gehörte des Königs besondere Vorliebe Werken der italienischen Außenarchitektur, in der sich Friedrichs Liebe zum römischen Italien niederschlägt.[3]

Schon vor seiner Thronbesteigung war Friedrich mit dem Werk Palladios und dem seiner Schüler in Berührung gekommen. Bereits in seiner Kronprinzenzeit hatte er den 1737 aus Italien zurückgekehrten Georg Wenzeslaus von Knobelsdorff (1699–1753) mit dem Ausbau des Rheinsberger Schlosses zu einer Dreiflügelanlage mit einer den Hof zum See abschließenden Kolonnade nach Palladios Bauten beauftragt.[4]

---

[1] *Hans-Joachim Giersberg*: Die Bauten Friedrich des Großen, in: Friedrich der Große: Sammler und Mäzen, S. 52–82: 52.

[2] *Tilo Eggeling*: Knobelsdorffs malerischer Geschmack – „goût pittoresque", in: Zum Maler und zum großen Architekten geboren, S. 21–52: 33 f.

[3] s. zu diesem Thema den ausgezeichneten Aufsatz von *Otto-Ernst Schüddekopf*: Das preußische Rom. Italienische Kultureinflüsse in Berlin, in: Tausend Jahre deutsch-italienischer Beziehungen. Die Ergebnisse der deutsch-italienischen Historikertagungen 1953–1959. Braunschweig: Limbach 1960 (= Schriftenreihe des internationalen Schulbuchinstituts 5), S. 205–220: 207–211.

Vgl. ferner *Martin Engel*: Das Forum Fridericianum und die monumentalen Residenzplätze des 18. Jahrhunderts. Phil. Diss. FU Berlin 2001, Druck online 2004, http://www.diss.fu-berlin.de/2004/161/index.html, sowie *Markus Becker*: Sammlung und Capriccio: der friderizianische Alte Markt in Potsdam, in: Brunhilde Wehinger (Hrsg.): Geist und Macht. Friedrich der Große im Kontext der europäischen Kulturgeschichte. Berlin: Akademie Verlag 2005, S. 211–224. Dieser Aufsatz basiert auf der unveröffentlichten Magisterarbeit von *Markus Becker*: Sammlung und Capriccio: der friderizianische Alte Markt in Potsdam. Unveröff. Magisterarbeit, Humboldt-Universität zu Berlin, Phil. Fak. III, Kunstgeschichtliches Seminar, 2004, die Herr Becker mir freundlicherweise zur Einsicht überlassen hat.

Bedeutendster Vermittler italienischer Werke der Außenarchitektur war der Venezianer Francesco Algarotti, der, neben Knobelsdorff, der wichtigste Berater des Königs auf dem Gebiet der Baukunst war. Begegnet waren sich der König und der venezianische Polyhistor erstmals 1739 in Rheinsberg, wo Algarotti den König besucht und ihn nachhaltig für die italienische Architektur im Stil Palladios zu begeistern gewusst hatte.[5]

Ebenfalls der Vermittlung Algarottis ist es zu verdanken, dass der führende Vertreter der englischen Palladio-Renaissance, Lord Richard Boyle, 3rd Earl of Burlington (1694–1753), zu dessen Kreis in England Algarotti gehört hatte, 1751 seine Ausgabe von Palladios „Terme dei Romani" und weitere architektonische Zeichnungen nach Potsdam schickte.[6]

Durch den Venezianer erhielt Friedrich II. auch berühmte Stiche – u. a. von Giovanni Battista Piranesi (1720–1778) – bekannter italienischer Bauten aus dem italienischen Spätbarock, besonders Ferdinando Fugas (1699–1781). Zuerst bemüht, seine architektonischen Pläne in Berlin zu verwirklichen, ließ sich Friedrich für seinen ersten repräsentativen Bau, die Königliche Oper, vom zwischen 1717 und 1725 erschienenen *Vitruvius Britannicus* inspirieren, der Sammlung von Stichen berühmter englischer Bauwerke des Architekten Colin Campbell (um 1676–1729). Es handelte sich dabei um eines der wichtigsten Architekturwerke des englischen klassizistischen Palladianismus, einer Stilrichtung, die für die Baupolitik Friedrichs II. sehr prägend wurde und die ihm ebenfalls durch Algarotti vermittelt worden war.

Ferner wurde die Erschaffung von Bauten, die an das römische Pantheon angelehnt waren, zu einem der Lieblingsprojekte des Königs, da ihm dieses klassische Bauwerk, das, wie der Name besagt, allen Göttern gewidmet war, zum Bedeutungsträger seiner Toleranzvorstellungen wurde, für deren Verwirklichung er sich unermüdlich einsetzte.[7] Nach diesem Modell sind die Hedwigskirche (1747–1778) in Berlin und die Französische Kirche (1751–1753) in Potsdam sowie der Marmorsaal in Schloss *Sanssouci* in Potsdam gebaut.

---

[4] *Giersberg*: Die Bauten Friedrich des Großen, S. 58.

[5] Algarottis Begeisterung für Palladio fiel auf fruchtbaren Boden, denn schon Knobelsdorff hatte sich einer „palladianischen Formensprache" bedient u. a. um 1734 beim Apollotempel im Amaltheagarten in Neuruppin und später in Rheinsberg, als er kurz nach seiner Rückkehr aus Italien im Frühjahr 1737 den Ausbau des Schlosses übernommen hatte, vgl. *Eggeling*: Knobelsdorffs malerischer Geschmack und Kat. Nr. V. I und II, in: Zum Maler und zum großen Architekten geboren, S. 33 und S. 226–228.

[6] s. weiter unten den Brief Algarottis an den König vom 13. Dezember 1751 und den Text zur Abb. 9. Vgl. ferner ab S. 262 in vorliegender Arbeit.

[7] *Giersberg*: Die Bauten Friedrich des Großen, S. 72 und ders.: Friedrich als Bauherr. Studien zur Architektur des 18. Jahrhunderts in Berlin und Potsdam. Berlin: Siedler 1986, S. 235–242.

In diesem vom Pantheon inspirierten runden Bau sollte nicht nur der Gedanke der Toleranz zum Ausdruck kommen, sondern auch die philosophische Freiheit schlechthin versinnbildlicht werden, denn die Gäste sollten sich hier frei fühlen, die eigene Meinung zu äußern und zu vertreten.[8]

Auch beim Gendarmenmarkt ließ sich Friedrich von italienischen Vorbildern inspirieren: die symmetrischen Kuppelbauten der französischen und der deutschen Kirche orientierten sich u. a. an den symmetrischen Kuppelbauten der *Piazza del Popolo* in Rom.[9]

Etwas später richtete sich das Interesse des Königs auf Potsdam.

Hier entstand mit dem Schloss Sanssouci ein „Musterbeispiel italienischen Kultureinflusses in Deutschland": ein Bau, der das Landhaus der Renaissance-Toskana übernahm, Anregungen aus Palladios *Villa Rotonda* in Vicenza einfließen und Anlehnungen an das Pantheon erkennen ließ.[10]

Seit den frühen fünfziger Jahren des 18. Jahrhunderts ging der König dazu über, so wie es sich Algarotti im weiter unten abgedruckten Brief vom 4. August 1751 erhofft hatte, Potsdams Stadtbild durch den Bau von italianisierenden Palastfassaden (ca. 616 in seiner Regierungszeit) attraktiver zu gestalten, die er für öffentliche Gebäude und neugebaute Bürgerhäuser errichten ließ bzw. vorschrieb.

So entstanden, neben vielen Fassaden nach Palladio, auch Imitationen nach Sebastiano Serlio (1475–1554),[11] Michele Sanmicheli (1484–1559),[12] Francesco Fontana (1668–1708) und Ferdinando Fuga sowie Maskenbauten nach berühmten römischen Gebäuden wie dem *Palazzo Barberini,* der Kirche *Santa Maria Maggiore,* dem *Palazzo della Sagra Consulta,* der *Dogana di Terra*[13].

---

[8] *Giersberg:* Friedrich als Bauherr, S. 235–242: 240, und ders.: Schloss Sanssouci: die Sommerresidenz Friedrichs des Großen. Berlin: Nicolai 2005, S. 51. Vgl. auch ab S. 275 in vorliegender Arbeit.

[9] *Giersberg*: Die Bauten Friedrich des Großen, S. 76. *Laurenz Demps*: Der Gensd'armen-Markt. Gesicht und Geschichte eines Berliner Platzes. Berlin: Henschel 1987, S. 143–188, *Giersberg/Ibbeken: Schloss Sanssouci,* sowie *Peter Goralczyk*: Der Platz der Akademie in Berlin. Berlin: Verlag für Bauwesen 1987, S. 49–93.

[10] *Schüddekopf*: Das preußische Rom, S. 9.

[11] Nach *Nicolai* (Beschreibung der königlichen Residenzstädte. T. I, S. 719) war das „Kraazische Haus" in Potsdam „im Geschmack des Serlio in dorischer Ordnung [...] nach einer Zeichnung von einem Landhaus in England gebaut".

[12] Nach Sanmichelis Palazzo Pompei in Verona wurde das leider zerstörte Gasthaus zum Rothen Adler in der Humboldtallee Nr. 6 durch Chr. L. Hildebrant 1754 errichtet, s. hierzu *Friedrich Mielke*: Das Bürgerhaus in Potsdam. Textteil. Tübingen: Wasmuth 1972, S. 322 f.

[13] Die Kolonnaden, durch die Francesco Fontana 1695 den Hadriantempel in die *Dogana di Terra* umgestaltete, wurden bei zwei leider 1958 abgerissenen Häusern in

Als Vorlagen für ihre Realisierung dienten oft vom König eigenhändig skizzierte Hausfassaden, deren Vorbilder von Algarotti vermittelte Stiche von italienischen Palästen der Renaissance und des Barock und Werke des englischen klassizistischen Palladianismus waren, die Friedrich II. in kleinerem Format ausführen ließ. Auf diese Weise, wie Heinrich Ludwig Manger (1728–1790) in seiner 1789–1790 erschienenen „Baugeschichte von Potsdam" schreibt, „entstanden aus Bürgerhäusern Palläste in Mignatür, die an andern Orten kolossal aufgeführt sind".[14]

Leider haben fast alle diese Gebäude die letzte Kriegs- und Nachkriegszeit nicht überstanden.

Federico II e l'Italia:
l'architettura

Federico II ebbe una vera predilezione per le opere di architettura italiana.

Ancora prima di salire al trono, già a Rheinsberg nel 1739, egli ebbe modo di conoscere le opere di Palladio e dei suoi allievi grazie alla mediazione di Francesco Algarotti. Questi gli fece amare in seguito anche le opere del palladianesimo inglese al cui maggiore rappresentante, Lord Richard Boyle, 3rd Earl of Burlington, egli era legato da rapporti personali. Fu proprio tramite Algarotti che Lord Burlington inviò nel 1751 al re la sua edizione delle «Terme dei Romani» di Palladio e vari altri disegni architettonici.

Inoltre Algarotti fece conoscere a Federico anche molte opere del barocco italiano grazie ad incisioni famose, tra cui molte di G. B. Piranesi, fatte venire appositamente dall'Italia.

Il re fu particolarmente attratto dalla rotonda del Pantheon, costruzione che gli pareva esprimere al meglio il concetto di tolleranza cui egli aveva improntato il suo pensare ed operare. Sul modello del Pantheon furono realizzate la Chiesa di St. Edvige a Berlino, la Chiesa Francese e la Sala di Marmo nel castello di *Sanssouci* a Potsdam.

Anche per la realizzazione del *Gendarmenmarkt* Federico s'ispirò a modelli italiani: le cupole simmetriche della chiesa francese e di quella tedesca richiamano le cupole simmetriche di Piazza del Popolo a Roma.

---

der Nauner Str. 26–27 aufgenommen, s. *Mielke*: Das Bürgerhaus in Potsdam, Textteil, S. 326–328.

[14] *Manger*: Baugeschichte von Potsdam, Bd. 1, S. 170.

A partire dagli anni '50 del XVIII secolo il re, come aveva auspicato Algarotti nella lettera del 4 agosto 1751 qui esposta, iniziò a modificare il volto di Potsdam favorendo la costruzione di facciate ispirate a modelli italiani da applicare ad edifici pubblici e privati. Accanto al Pantheon ed al castello di *Sanssouci*, modello di influsso architettonico italiano in Germania chiaramente ispirato alle ville di campagna del rinascimento toscano, nacquero facciate su imitazione delle costruzioni di Palladio, ma anche ad imitazione di costruzioni di Sebastiano Serlio, Michele Sanmicheli, Francesco Fontana e Ferdinando Fuga, a cui si aggiungevano facciate ispirate a famosi monumenti romani come il Palazzo Barberini, la Chiesa di Santa Maria Maggiore, il Palazzo della Consulta, la Dogana di Terra.

Spesso, alla base di tali realizzazioni, ci sono schizzi di facciate tracciati dal re di propria mano e riproducenti le incisioni di palazzi italiani del Rinascimento e del Barocco oppure le opere del palladianesimo classicista inglese che Algarotti gli aveva fatto pervenire. Federico fece costruire gli originali in formato piú piccolo cosí che, come scrisse H. L. Manger nella sua «Storia Architettonica di Potsdam» uscita tra il 1789 ed il 1791, «da case borghesi nacquero palazzi in miniatura i cui originali di dimensioni colossali si trovano in altri luoghi».

Purtroppo quasi nessuno di questi edifici è uscito illeso dai bombardamenti dell'ultima guerra e dalle ristrutturazioni del dopoguerra.

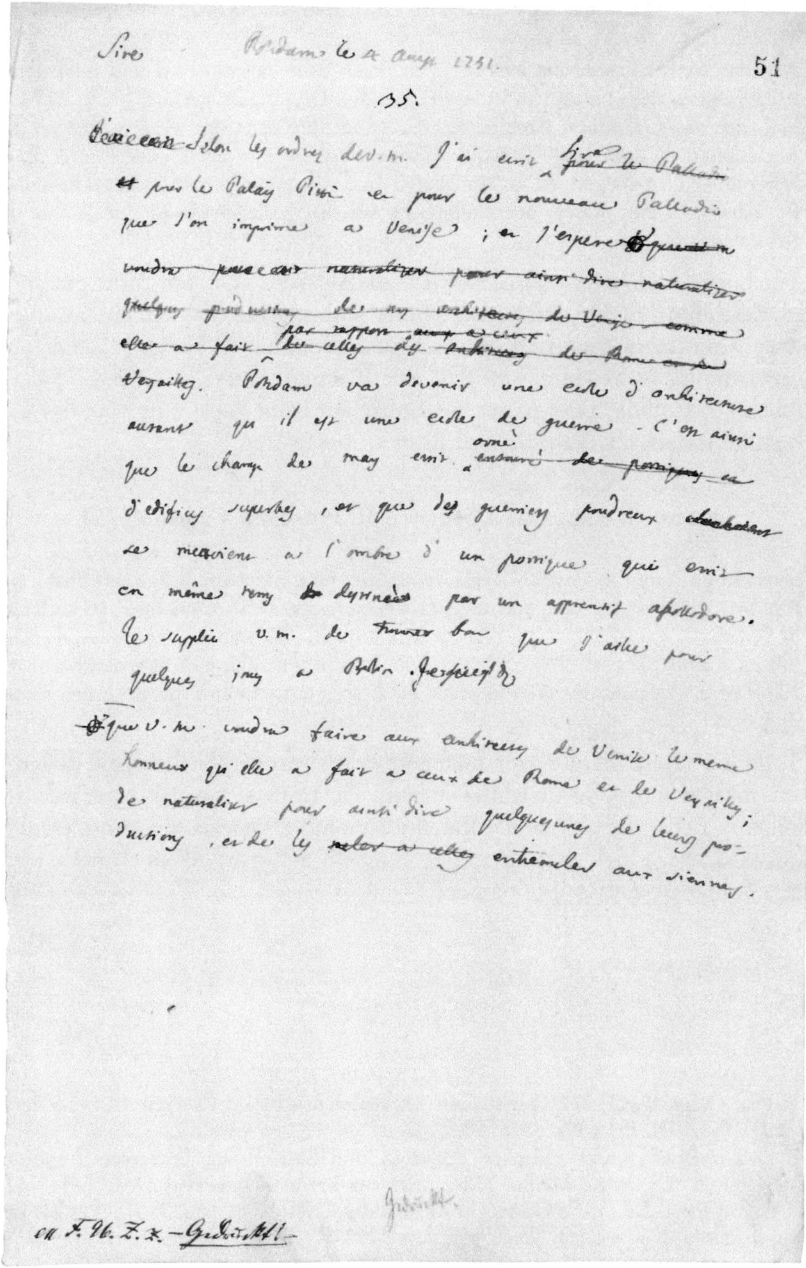
Sire Potsdam le 4 Aug. 1751. 51

35.

Selon les ordres de V. M. j'ai ecrit Sire pour le Palais Pitti et pour le nouveau Palladio que l'on imprime a Venise; et j'espere

Versailles. Potsdam va devenir une ecole d'architecture autant qu'il est une ecole de guerre. C'est ainsi que le champ de Mars etoit orné d'edifices superbes, et que des guerriers poudreux se mettoient a l'ombre d'un portique qui etoit en même temps [illegible] par un apprentif Apollodore. Je supplie V. M. de trouver bon que j'aille pour quelques jours a Berlin. Je suis etc.

Que V. M. voudra faire aux architectes de Venise le meme honneur qu'elle a fait a ceux de Rome et de Versailles; de naturaliser pour ainsi dire quelquesunes de leurs productions, et de les entremeler aux siennes.

Abb. 7: Brief Algarottis an Friedrichs II., Potsdam, 4. August 1751
(GStA PK, BPH, Rep. 47 Kg Friedrich II., J Nr. 248, fol. 51)

Brief Algarottis an Friedrichs II., Potsdam, 4. August 1751[15]

Wie Ew. Maj. befahl, habe ich, Majestät, nach dem Palazzo Pitti und dem neuen Palladio geschrieben, das man in Venedig in den Druck gibt; und ich hoffe, daß Ew. Maj. den venezianischen Architekten die selbe Ehre erweisen werden, die Sie den Architekten in Rom und Versailles erwiesen haben, und zwar einige unter ihren Schöpfungen sozusagen zu naturalisieren und sie unter die Ihrigen zu mischen. Potsdam wird eine Schule der Architektur werden genauso wie es eine Schule der Kriegskunst ist […].

Nachdrücklich hatte sich Friedrich an Algarotti mit der Bitte gewandt, ihm Zeichnungen und Stiche berühmter italienischer Bauten zu besorgen. Dieser beauftragte daraufhin seinen Bruder Bonomo († 1776), Händler und Kunstsammler in Venedig, und den Abt Flaminio Scarselli (1705–1776), der zu dieser Zeit in der Bologneser Gesandtschaft beim Papst tätig war, das Gewünschte jeweils aus Venedig und Rom zu beschaffen.[16]

Lettera di Algarotti a Federico II, Potsdam, 4 agosto 1751

Secondo gli ordini di Vostra Maestà, ho scritto, Sire, per avere il Palazzo Pitti e per il nuovo Palladio che stampano a Venezia e spero che V. M. vorrà fare agli architetti di Venezia lo stesso onore che Ella ha fatto a quelli di Roma e di Versailles, di naturalizzare cioè, per così dire, qualcuna delle loro produzioni, e di mescolarle assieme alle Vostre. Potsdam diventerà una scuola di architettura tanto quanto è una scuola di guerra […].

Federico si era rivolto ripetutamente ad Algarotti chiedendogli di fargli avere disegni e stampe di edifici italiani. Algarotti si era valso per tale incombenza della mediazione del fratello Bonomo a Venezia, mercante e collezionista d'arte, e dell'abate Flaminio Scarselli a Roma, all'epoca nella legazione bolognese presso il pontefice.

---

[15] Der Originalbrief auf Französisch ist veröffentlicht in: Œuvres de Frédéric le Grand, Bd. XVIII. Brief Nr. 69, S. 80.

[16] s. den Briefwechsel zwischen Algarotti und Scarselli in: Francesco Algarotti. Opere. Bd. X. Cremona: Manini 1784, Brief aus Berlin 27. Februar 1751, S. 118–120 und ders: Opere. Bd. VIII: Carteggio inedito del Conte Algarotti. T. III. Lettere italiane. Edizione Nuovissima. Venezia: Palese 1792, S. 195–257; hierzu noch *Giersberg*: Friedrich als Bauherr, S. 231 f., *Becker*: Sammlung und Capriccio, unveröff. Magisterarbeit, S. 21 f. und besonders *Susanna Pasquali*: Francesco Algarotti, Andrea Palladio e un frammento di marmo di Pola, in: Annali di Architettura, 2 (2002), S. 159–166: 159. Zum „neuen" Palladio s. den Text zu den Abb. 8 und 15.

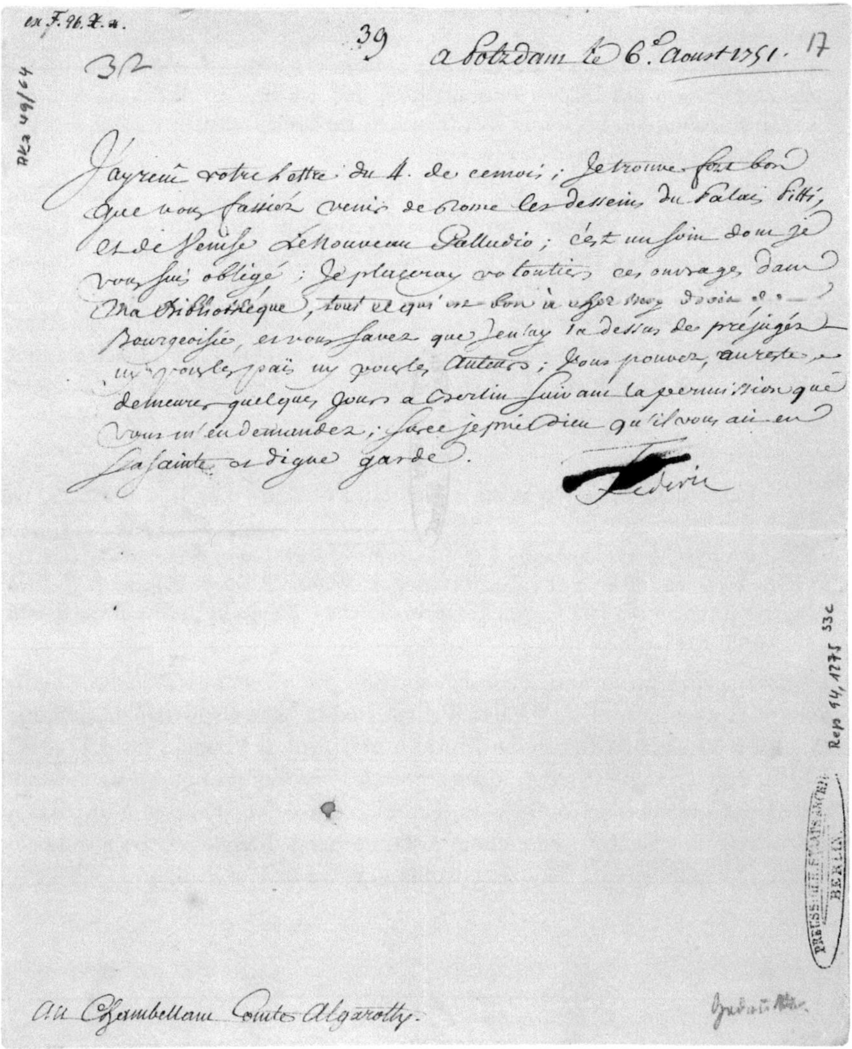

ex F. 96. Z. a.

32 39 a Potzdam le 6e Aoust 1751. 17

J'ay reçu votre Lettre du 4. de ce mois; Je trouve fort bon que vous fassiez venir de Rome les desseins du Palais Pitti, et de Venise le Nouveau Palladio; c'est un soin dont je vous suis obligé; Je placeray volontiers ces ouvrages dans Ma Bibliothèque, tout ce qui est bon a chez moy droit de Bourgeoisie, et vous savez que je n'ay la dessus des préjugés ni pour le païs ni pour les Auteurs; Vous pouvez, au reste, demeurer quelques jours a Berlin suivant la permission que vous m'en demandez; sur ce je prie Dieu qu'il vous ait en sa sainte et digne garde.

Federic

Au Chambellan Comte Algarotty.

Abb. 8: Brief Friedrichs II. an Algarotti, Potsdam, 6. August 1751
(GStA PK, BPH, Rep. 47 Kg Friedrich II., Nr. 434, fol. 17)

Brief Friedrichs II. an Algarotti, Potsdam, 6. August 1751[17]

Ich habe Ihren Brief vom 4. dieses Monats erhalten. Ich bin sehr zufrieden, daß Sie die Zeichnungen des Palazzo Pitti aus Rom und den neuen Palladio aus Venedig kommen lassen [...]. Ich werde alles in meiner Bibliothek aufstellen. Alles, was gut ist, genießt bei mir Bürgerrechte [...].

Wie weiter unten ausgeführt,[18] handelt es sich beim „neuen Palladio" um die Ausgabe, die in Venedig von Francesco Muttoni mit französischer Übersetzung bei Pasinelli zwischen 1740 und 1748 herausgegeben wurde und an der Algarotti mitgewirkt hatte.[19] Sie ist noch in der Bibliothek des Neuen Palais in Potsdam aufbewahrt. Zeichnungen ließ sich Friedrich durch Algarotti besorgen, der sich bei deren Beschaffung verschiedener Mittelsmänner in Venedig und Rom bediente,[20] wie es wohl im Falle des Florentier Palazzo Pitti geschah.

Lettera di Federico II ad Algarotti, Potsdam, 6 agosto 1751

Ho ricevuto la Vostra lettera del 4 di questo mese. Sono molto contento che facciate venire da Roma i disegni di Palazzo Pitti, e da Venezia il nuovo Palladio [...]. Farò mettere il tutto nella mia biblioteca. Tutto ciò che è buono ha presso di me diritto di cittadinanza [...].

Come si dirà piú avanti, Federico intende per «il nuovo Palladio» l'edizione dell'Architettura di Andrea Palladio edita in italiano con traduzione francese a Venezia da Francesco Muttoni per i tipi di Pasinelli tra il 1740 ed il 1748, edizione che si trova tuttora presso la biblioteca del *Neues Palais* a Potsdam. Come si è detto poc'anzi, Federico si fece venire disegni di palazzi italiani tramite Algarotti che, come avvenne per i disegni relativi a Palazzo Pitti, li fece giungere da Venezia e Roma grazie a diversi mediatori.

---

[17] Der Originalbrief auf Französisch ist veröffentlicht in: Œuvres de Frédéric le Grand. Bd. XVIII. Brief Nr. 70, S. 80 f.

[18] s. hierzu den Text zur Abb. 15.

[19] *Becker*: Sammlung und Capriccio, unveröff. Magisterarbeit, S. 22.

[20] s. den Text zur Abb. 7.

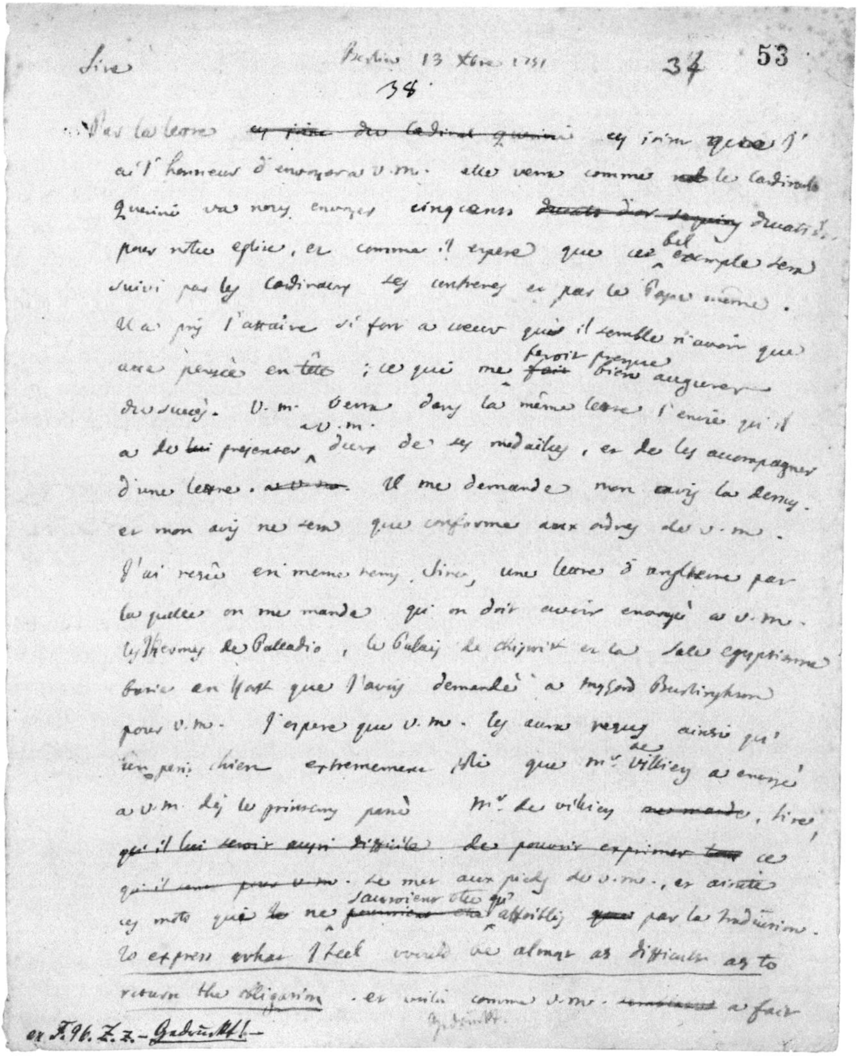

Abb. 9: Brief Algarottis an Friedrich II., Berlin, 13. Dezember 1751
(GStA PK, BPH, Rep. 47 Kg Friedrich II., J Nr. 248, fol. 53)

Brief Algarottis an Friedrich II., Berlin, 13. Dezember 1751[21]

Ich erhielt zugleich, Majestät, einen Brief aus England, in dem man mir mitteilt, daß man Ew. Maj. schon die *Thermen* von Palladio [...] zugesandt hat, worum ich Lord Burlington für Ew. Maj. gebeten hatte [...].

„Wenn Sie in London Werke finden, die der Neugierde eines Ausländers würdig sind, bitte ich Sie, mich davon zu unterrichten", hatte Friedrich an Algarotti schon am 4. Dezember 1739 geschrieben, nur wenige Wochen, nachdem er den Venezianer in Rheinsberg kennengelernt hatte.[22] In England war Algarotti, der schon zum zweiten Mal dahin gereist war,[23] im Frühjahr 1739 Gast von Lord Richard Burlington gewesen, der zu den führenden Köpfen des englischen Neopalladianismus zählte. In dessen Schloß in Chiswik hatte er die Möglichkeit gehabt, sich mit architektonischen Studien, insbesondere mit dem Schaffen Palladios, zu befassen, die ihn nachhaltig beeinflussen werden.[24]

Das im hier abgedruckten Brief erwähnte Werk, das Algarotti 1751 dem preußischen König vermittelt, stammt von der Feder Lord Richard Burlingtons. Dieser hatte 1719 während seiner italienischen Reise Palladios Zeichnungen der römischen Thermen erworben und sie 1730 in London unter dem Titel „Fabbriche antiche disegnate da Andrea Palladio",[25] mit einem eigenen Kommentar versehen, veröffentlicht. Dieses Buch, das zu einem Meilenstein des englischen Neopalladianismus wurde, diente Ottavio Bertotti Scamozzi (1719–1790) im Jahre 1785 für seine Ausgabe der „Terme" Palladios,[26] die nicht weniger bedeutend für die Entwicklung der neuklassizistischen Architektur Europas um 1800 wurde.

---

[21] Der Originalbrief auf Französisch ist veröffentlicht in: Œuvres de Frédéric le Grand. Bd. XVIII, Nr. 71, S. 81.

[22] „Si vous trouvez à Londres quelque ouvrage digne de la curiosité d'un étranger, faites-le-moi savoir; je vous prie", *Friedrich der Große*: Oeuvres, T. XVIII, S. 8.

[23] Seine erste Englandreise hatte im Frühjahr–Sommer 1736 stattgefunden, die zweite umfasste den Zeitraum vom März 1739 bis zum Juni 1740, wobei er seinen Aufenthalt durch Reisen nach Preußen und Russland unterbrochen hatte; s. zu Algarotti S. 158 des vorliegenden Bandes.

[24] „in casa del quale [Lord Burlington] ebbe agio di coltivare lo studio della bella architettura, di cui si può chiamare restauratore di questo secolo", Brief Algarottis an den Grafen Mazzucchelli aus Berlin, 17. März 1751, zitiert nach *Pasquali*: Francesco Algarotti, S. 162.

[25] Fabbriche antiche disegnate da Andrea Palladio Vicentino e date alla luce da Riccardo Conte di Burlington. Londra 1730. Reprint in Mikrofiche-Ausgabe Urbana, Ill.: The Cicognara Program, Undergraduate Library, University of Illinois 1998 (= The Cicognara Library 597).

[26] Le terme dei Romani disegnate da Andrea Palladio e ripubblicate con la giunta di alcune osservazioni da Ottavio Bertotti Scamozzi giusta l'esemplare del Lord Conte di Burlingthon [sic] impresso in Londra l'anno 1732. Vicenza: Modena 1785.

Lettera d'Algarotti a Federico II, Berlino, 13 dicembre 1751

Ricevetti al contempo, Sire, una lettera d'Inghilterra con la quale mi si manda a dire che dovrebbero essere già state inviate a V. M. le *Terme* di Palladio [...] che avevo richiesto a Lord Burlington per V. M. [...].

«Se trovate a Londra qualche opera degna della curiosità di uno straniero, fatemelo sapere, ve ne prego», aveva scritto Federico ad Algarotti già nel lontano 4 dicembre 1739, solo poche settimane dopo aver conosciuto il Veneziano Rheinsberg, come si dirà piú avanti. In Inghilterra Algarotti, che vi aveva già soggiornato una prima volta nella primavera/estate del 1736, era stato ospite, nella primavera del 1739, di Lord Richard Burlington, punta di diamante del Neopalladianesimo inglese e, nel di lui castello di Chiswik, aveva avuto «agio di coltivare lo studio della bella architettura, di cui si può chiamare restauratore di questo secolo», come egli scrive da Berlino al conte Mazzucchelli in una lettera del 17 marzo 1751.

L'opera che Algarotti fece inviare al re direttamente da Burlington nel 1751, cui egli accenna nella lettera qui esposta, è l'edizione di alcuni disegni di Palladio sulle terme dei Romani che Lord Richard aveva scoperto nel 1719, durante il suo soggiorno italiano, e che aveva pubblicato con suo commento sotto il titolo di «Fabbriche antiche disegnate da Andrea Palladio» a Londra nel 1730. Pietra miliare del Neopalladianesimo inglese, l'opera sarà poi usata da Ottavio Bertotti Scamozzi per la sua edizione delle «Terme» di Palladio, uscita nel 1785 a Vicenza per i tipi di Modena, edizione che fu altrettanto importante per l'architettura neoclassicista dell'Europa al *tournant du siècle*.

Abb. 10: Potsdam, Blick von der Schlossstrasse auf den Alten Markt mit Rathaus
Radierung von Andreas Ludwig Krüger um 1775 nach einem Gemälde von Carl Christian Wilhelm Baron (1772)
(Stiftung Preußische Schlösser und Gärten Berlin-Brandenburg, Planslg. 9783)

Potsdam, Blick von der Schlossstrasse auf den Alten Markt mit Rathaus

Radierung von Andreas Ludwig Krüger um 1775 nach einem Gemälde von Carl Christian Wilhelm Baron (1772)

Das damalige städtische Zentrum Potsdams erhielt nach 1750 mehrere neue Gebäude z. T. nach italienischen Vorbildern: am Alten Markt entstanden das Rathaus, nach Palladios nicht verwirklichtem Entwurf für den *Palazzo Angarano* in Vicenza, rechts davon der Palast Barberini, von Carl von Gontard (1731–1791) nach dem gleichnamigen Palazzo in Rom 1771–1772 errichtet, links vom Rathaus die Nikolaikirche (Knobelsdorff, 1753), die eine Schaufassade nach dem Vorbild der von Ferdinando Fuga erbauten Kirche *Santa Maria Maggiore* in Rom erhielt. „Römisch" sollte der Platz auch durch den in seiner Mitte aufgerichteten Obelisken (Knobelsdorff, 1753–1755) wirken.[27]

Den II. Weltkrieg und die Nachkriegszeit überdauerten nur der Obelisk und das Rathaus.[28]

Potsdam, Vista dalla Schlossstrasse sul Mercato Vecchio con il Municipio

Acquaforte di Andreas Ludwig Krüger ca. 1775, da un quadro di Carl Christian Wilhelm Baron (1772)

Al centro di Potsdam, a partire dal 1750, fu dato un nuovo volto con facciate di gusto italiano. Il Municipio riproduce un progetto di Palladio, poi non realizzato, per il Palazzo Angarano a Vicenza; a destra si vede Palazzo Barberini eretto da Carl von Gontard ad imitazione dell'omonimo Palazzo a Roma, a sinistra del municipio s'intravede la Chiesa di S. Nicola, costruita da Knobelsdorff nel 1753 e la cui facciata è ispirata a quella che Ferdinando Fuga fece per Santa Maria Maggiore a Roma. Facendo erigere da Knobelsdorff tra il 1753 ed il 1755 un obelisco al centro della piazza, Federico desiderò inoltre dare all'intero complesso un'impronta romana.

Solo l'obelisco ed il Municipio hanno superato illesi la seconda guerra mondiale e l'immediato dopoguerra.

---

[27] An einen weiteren Bau Fugas, den Palazzo della *Sagra Consulta* des Kardinals Quirini, ist in Potsdam das Prediger- und Schulhaus angelehnt. Vgl. zu diesem Themenkomplex *Markus Becker*: Sammlung und Capriccio, S. 213, mit weiterführender Literatur.

[28] *Giersberg*: Die Bauten Friedrich des Großen, S. 72, *Hans-Joachim Giersberg/ Adelheid Schendel*: Potsdamer Veduten. Stadt- und Landschaftsansichten vom 17. bis 20. Jahrhundert. Potsdam-Sanssouci: Generaldirektion der Staatlichen Schlösser und Gärten 1984, S. 27–32.

Abb. 11: Andreas Ludwig Krüger: Ansicht der ehemaligen Brauerstr. mit dem Palast Barberini, um 1779 (Stiftung Preußische Schlösser und Gärten Berlin-Brandenburg, Planslg. 9769)

Andreas Ludwig Krüger: Ansicht der ehemaligen Brauerstr. mit dem Palast Barberini, um 1779

Die hier reproduzierte Radierung von Andreas Ludwig Krüger (1743–1822) zeigt das von Georg Christian Unger und Carl von Gontard 1771–1772 errichtete Gebäude, das sich an der Südostseite des Marktes befand und in eigenwilliger Weise dem römischen *Palazzo Barberini* nachempfunden war. Die Schaufassade fasste zwei Häuser ein, deren Erstbewohner jeweils der Zimmermeister Naumann und der Gastwirt Berkholz waren.[29]

Um der Nutzung des Gebaudes als bürgerliche Wohnstätte gerecht zu werden, mussten Mezzaningeschosse mit Fenstern eingefügt werden, denn die hohen Räume wären für bürgerliche Bewohner unangemessen hoch gewesen. Das bedeutete aber, dass die praktische Lösung der entstandenen Spannung zwischen Außen und Innen, zwischen Prachtfassade und bürgerlicher Wohnung, auf Kosten der Bequemlichkeit der Bewohner gefunden wurde.

Wie Manger berichtet, „(mußte) jedes solcher hohen Stockwerke durch besondere Balken in niedrigere Gemächer abgetheilt werden, so konnte es nicht anders geschehen, als daß die Fenster der untern Geschosse bis an die Decke reichten, die sich denn oben wieder vom Fußboden ohne eine Brüstung anfingen. Bey ersteren mußten also an den Fenstern Estraden angebracht werden, um darauf die Helle des Tages zu genießen; bey denen darüber aber mußten es sich die Bewohner gefallen lassen, sich an denselben sogut, als sie konnten, auf den Fußboden zu lagern, um Lesen, Schreiben oder andere Arbeiten verrichten zu können, zu denen am Tage Tageslicht erfordert wird."[30]

Andreas Ludwig Krüger: Vista dell'ex Brauerstr. con il Palazzo Barberini, ca. 1779

L'illustrazione qui proposta da un'incisione di Andreas Ludwig Krüger raffigura il palazzo che occupava il lato sud orientale del Mercato Vecchio a Potsdam. Costruito nel 1771–1772 dagli architetti Georg Christian Unger e Carl von Gontard esso era stato costruito ad imitazione *sui generis* di Palazzo Barberini a Roma.

---

[29] Mielke (Das Bürgerhaus in Potsdam, Texteile, S. 324–326) berichtigt die Angaben Mangers (Baugeschichte von Potsdam, Bd. II, S. 363) und Nicolais (Beschreibung der königlichen Residenzstädte, T. II, S. 719), die als Modell dieses Gebäudes den *Palazzo Borghese* angeben.

[30] *Manger*: Baugeschichte von Potsdam, Bd. I, S. 173. s. hierzu *Giersberg*: Friedrich als Bauherr, S. 161–163, *Mielke*: Potsdamer Baukunst. Das klassische Potsdam. Berlin: Propyläen Verlag 1998, S. 49 und *Becker*: Sammlung und Capriccio, S. 212.

La facciata di rappresentanza comprendeva due edifici, abitati per primi da un carpentiere, Naumann, e da un oste, Berkholz. Per rendere, tuttavia, l'abitazione adatta a rappresentanti del ceto borghese, cui non si addicevano stanze dai soffitti altissimi, appannaggio esclusivo della classe nobiliare, si fu costretti ad abbassare l'altezza delle stanze, poiché quella corrispondente alla forma della facciata era considerata sconveniente per il ceto di appartenenza degli inquilini. La soluzione del problema tra facciata aristocratica ed interni borghesi fu trovata a scapito della comodità degli abitanti, aggiungendo cioè mezzanini e finestre.

Fu così che, come riporta Manger, «tali vani furono divisi in stanze piú basse tramite travi particolari e non poté avvenire diversamente che facendo arrivare le finestre del piano inferiore fino al soffitto, mentre quelle del piano superiore si innalzavano direttamente dal pavimento senza davanzale. I primi dovevano dunque aggiungere predelle alle finestre per potervi godere la luce del giorno, mentre gli abitanti dei piani superiori dovevano adattarsi, come meglio potevano, a stendersi sul pavimento per leggere, scrivere e per fare tutto ciò che è necessario fare alla luce del giorno».

Abb. 12: Rom – Palast Barberini

Giambattista Piranesi: Veduta sul monte Quirinale
del palazzo dell'Eccellentissima casa Barberini

Als Vorlage für den Palast auf der Südostseite des Alten Marktes in Potsdam (Humboldstr. 5–6) diente *Palazzo Barberini*, der von Carlo Maderno (ca. 1556–1629), Francesco Borromini (1599–1667) und Gian Lorenzo Bernini (1598–1680), ab 1625 in Rom errichtet wurde.

Roma – Palazzo Barberini

Di modello per il palazzo al lato sud orientale del Mercato Vecchio di Potsdam (Humboldstr. 5–6) servì Palazzo Barberini, costruito a Roma a partire dal 1625 su disegno di Carlo Maderno, Francesco Borromini e Gian Lorenzo Bernini.

Abb. 12a: Potsdam – Alter Markt: Palazzo Barberini
Karl Philipp Christian von Gontard, 1771, zerstört 1945/distrutto nel 1945
(Bildarchiv Foto Marburg, Nr. 829 826)

Abb. 13: Potsdam, Alter Markt – Blick auf die Nikolaikirche
Johann Friedrich Meyer, um 1772
(Stiftung Preußische Schlösser und Gärten Berlin-Brandenburg, GK I 5750)

Abb. 14: Rom, S. Maria Maggiore
Giovanni Battista Piranesi: Veduta della Basilica di Sta Maria Maggiore
con le due fabbriche laterali di detta Basilica

Potsdam, Alter Markt – Blick auf die Nikolaikirche

Johann Friedrich Meyer, um 1772

Diese Reproduktion einer Vedute von Johann Friedrich Meyer (1728–1789) zeigt die Nikolaikirche um 1772. Die 1721–1724 von Johann Philipp Gerlach (1679–1748) errichtete Kirche erhielt 1752–1754 eine Prunkfassade nach dem Vorbild der von Ferdinando Fuga zwischen 1741 und 1743 errichteten Fassade der Kirche S. Maria Maggiore in Rom. Als Vorlage für die Schaufassade der Nikolaikirche lag dem König höchstwahrscheinlich die hier abgebildete, 1749 entstandene Ansicht aus G. B. Piranesis *Vedute di Roma* vor, die ihm durch Algarotti vermittelt worden waren.

Durch eine Unachtsamkeit bei Bauarbeiten brannte die Kirche 1795 aus.

Potsdam, Mercato Vecchio – Vista sulla Chiesa di San Nicola

Johann Friedrich Meyer, intorno al 1772

L'illustrazione da una veduta di Johann Friedrich Meyer mostra la chiesa di S. Nicola intorno al 1772. Alla chiesa, eretta tra il 1721 ed il 1724 da Johann Philipp Gerlach, fu applicata tra il 1752 ed il 1754 una facciata imitante quella che Ferdinando Fuga diede a S. Maria Maggiore a Roma tra il 1741 ed il 1743.

Per la facciata della chiesa di S. Nicola il re prese molto probabilmente a modello l'incisione, qui riprodotta, dalle *Vedute di Roma* di G. B. Piranesi del 1749 che Algarotti aveva fatto venire dall'Italia appositamente per il re.

La chiesa andò distrutta dalle fiamme nel 1795 a causa di un'inavvertenza durante lavori di ristrutturazione.

Abb. 15: Palladio, Palazzo Porto Barbarano in Vicenza,
aus „I quattro libri dell'Architettura", 1570

Palladio, Palazzo Porto Barbarano in Vicenza, aus „I quattro libri dell'Architettura", 1570

Diese Zeichnung Palladios diente als Vorlage für das Haus Schwertfegerstr. 1, das um 1753 in Potsdam errichtet wurde.

Aus den „Quattro Libri" ließ Friedrich in Potsdam, neben dem Haus Schwertfegerstr. 1, noch weitere vier Häuser errichten, von denen nur das Rathaus, nach dem Vorbild von Palladios Entwurf für den Palazzo Angarano in Vicenza errichtet, heil die Jahrhunderte überstanden hat. Neben einer französischen Ausgabe Palladios aus dem Jahr 1726[31] besaß der König auch die zwischen 1740 und 1748 in Venedig erschienene italienisch-französische Ausgabe der Werke Palladios. Algarotti hatte sie ihm 1751 aus der Serenissima besorgt, und sie ist heute noch in der Bibliothek im Neuen Palais aufbewahrt.[32]

Palladio, Palazzo Porto Barbarano in Vicenza da «I quattro libri dell'Architettura», 1570

Questo disegno di Palladio servì per erigere a Potsdam, intorno al 1753, l'edificio nella Schwertfegerstr. 1.

Federico, ispirandosi ai «Quattro Libri» di Palladio, fece erigere a Potsdam, oltre che la casa della Schwertfegerstr. 1, altri quattro edifici dei quali, tuttavia, il solo Municipio, costruito su modello di Palazzo Angarano a Vicenza, è giunto fino a noi. Del libro di Palladio il re possedeva sia l'edizione francese uscita a La Haye nel 1726, sia l'edizione bilingue italo-francese uscita a Venezia tra il 1740 ed il 1748 che Algarotti aveva fatto venire da Venezia nel 1751. Questa edizione è conservata ancora oggi nella Biblioteca Reale al *Neues Palais* di Potsdam.

---

[31] Architecture de Palladio, divisée en quatre livres, dans lesquels, après un Traité des cinq Ordres, joint aux observations les plus nécessaires pour bien bâtir […] Avec des notes d'Inigo Jones […] le tout revu, dessiné et nouvellement mis au jour par Jacques Leoni. Trad. de l'Italien [par Nicolas DuBois]. La Haye: Gosse 1726, hier: T. II, XVIII; s. hierzu *Giersberg*: Die Bauten Friedrich des Großen, S. 82, Nr. 26, ders.: Friedrich als Bauherr, S. 31–34 sowie *Mielke*: Das Bürgerhaus in Potsdam. Textteil, S. 329 f.

[32] Architettura di Andrea Palladio con le osservazioni dell'Architetto N. N. [= Francesco Muttoni] e con la traduzione francese. Di nuovo ristampata, e di figure in rame diligentemente intagliate arricchita, corretta, e accresciuta di moltissime Fabbriche inedite. Venezia: Pasinelli 1740–1748. s. *Bogdan Krieger*: Friedrich der Große und seine Bücher. Berlin/Leipzig: Giesecke & Devrient 1914, S. 179; s. den hier gedruckten Brief Friedrichs vom 6. August 1751, Abb. 8.

Abb. 16: Potsdam, eigenhändige Skizze Friedrichs II.
zum Haus Schwertfegerstr. 1, um 1753

Potsdam, eigenhändige Skizze Friedrichs II.
zum Haus Schwertfegerstr. 1, um 1753

Die Skizze (Feder in Schwarz; 25,5 × 21,7 cm.) ist beschriftet von Friedrich dem Großen und informiert, wie üblich, über Größe, Standort und Besitzer des Gebäudes: „69 pieds 2 pousses/maison de Sternemann facade de la Schwertfeger strasse"; „moison de Coté de la rue de 1 eglisse" [sic]. Von fremder Hand ist hinzugefügt worden: „König Friedrich der 2te fecit".[33] Als Vorlage zu dieser Skizze diente dem König die Zeichnung des von Palladio 1570 entworfenen *Palazzo Barbarano* in Vicenza aus *I quattro libri dell'Ar-*

---

[33] Die Skizze wurde zuerst veröffentlicht bei *Giersberg*: Die Bauten Friedrich des Großen, Nr. 23, S. 80. Das Original befindet sich in Eichenzell bei Fulda, Archiv der Hessischen Hausstiftung, Schloß Fasanerie, Nr. 03 a.

chitettura. Wie Giersberg belegt, wurde diese Skizze anhand der französischen Ausgabe aus dem Jahre 1726 verfertigt, die sich in Friedrichs Besitz befand.[34] Gegenüber der Vorlage Palladios ist die Skizze des Königs vereinfacht und verkleinert.

Den Grund für die Anfertigung solcher Skizzen als Bauvorlage glaubte Manger darin zu sehen, dass dem König, nachdem Knobelsdorff gestorben und Boumann in Ungnade gefallen war, allein der Architekt Christian Ludwig Hildebrant[35] zur Verfügung stand, und „diesem mochte er eben nicht viel eigene Erfindungskraft zutrauen; er gab ihm also Kupferstiche, oder Zeichnungen, sagte ihm, an welchem Orte er sie angebracht wissen wollte." Auch in späteren Zeiten allerdings, als ihm andere Baumeister zur Seite standen, setzte Friedrich seine Gewohnheit fort, Gebäude nach Zeichnungen aus eigener Feder bauen zu lassen. Bisweilen dienten ihm für seine Skizzen auch Zeichnungen dritter Hand, die er, wie üblich, „ohne Linial und Zirkel" zu kopieren pflegte.[36]

Potsdam, Schizzo di mano di Federico II per l'edificio Schwertfegerstr. 1, ca. 1753

Lo schizzo di mano di Federico riporta alcune abituali indicazioni sulla dimensione dell'edificio (69 pieds 2 pousses), sulla sua ubicazione (facade de la Schwertfeger strasse»; «moison de Coté de la rue de l eglisse») e sulla persona cui l'abitazione era destinata (maisson de Sternemann). Una nota di altra mano riporta: «il re Federico II fecit».

A modello il re prese qui un disegno di Palladio del 1570 per Palazzo Barbarano a Vicenza, così come lo mostra l'edizione francese dei *I quattro libri dell'Architettura* del 1726 che era in possesso del re. Rispetto al modello originale, lo schizzo di Federico è semplificato e presenta dimensioni ridotte.

Il motivo per cui Federico approntasse questi schizzi è, secondo Manger, da ricercare nel fatto che, dopo la morte di Knobelsdorff e dopo che Boumann era caduto in disgrazia, al re non restasse che l'architetto Christian Ludwig Hildebrant. Ritenendolo di debole inventiva, Federico gli dava dunque rami o disegni come modello per gli edifici che desiderava venissero edificati, dandogli ordini ben precisi sul dove erigerli. È da notare, tuttavia, che anche in epoche successive, allorché era affiancato da costruttori piú capaci, Federico mantenne l'abitudine di far costruire palazzi secondo i propri disegni, servendosi a sua volta, talora, di disegni di altra mano che, com'era sua abitudine, copiava « senza righello e compasso ».

---

[34] *Giersberg*: Die Bauten Friedrich des Großen, Nr. 23, S. 79.
[35] s. zu Hildebrant weiter unten den Text zur Abb. 17.
[36] *Manger*: Baugeschichte von Potsdam, Bd. 1, S. 170 f.

Abb. 17: Potsdam, Haus Schwertfegerstr. 1
(Foto vor 1945)

Potsdam, Haus Schwertfegerstr. 1

Das Bürgerhaus wurde 1753 von Christian Ludwig Hildebrant erbaut und im letzten Kriegsjahr 1945 zerstört.

Hildebrant, „Predigersohn aus der Neumark", war von 1744 bis 1766 in Potsdam tätig, zuerst als „Kondükteur" unter der Aufsicht von Boumann, später als Kastellan und Kontrolleur des in Ungnade gefallenen Boumann. In Schulden geraten, verließ er heimlich Potsdam und fuhr nach Italien, von wo er in die Steiermark zog. Hier verlieren sich die Nachrichten über ihn.[37]

Gegenüber dem Vorbild ist die Prachtfassade des Bürgerhauses vereinfacht und verkleinert und weicht in der Ausführung auch von der Skizze des Königs ab. Wie oben schon erwähnt, war das Interesse für die Bequemlichkeit der Bewohner auch in diesem Haus der Einfassung durch eine Fassade nach dem ausgewählten architektonischen Modell völlig untergeordnet, so dass des öfteren Klage über schlechte Benutzbarkeit der Häuser erhoben wurde.[38]

Potsdam, edificio nella Schwertfegerstr. 1

Foto prima del 1945

Eretto da Christian Ludwig Hildebrant nel 1753, l'edificio andò distrutto nel 1945. Rispetto al modello la facciata è rimpicciolita e resa piú semplicemente e, nella realizzazione, si allontana anche dallo schizzo del re.

Hildebrant, figlio di un pastore della Neumark, fu attivo a Potsdam tra il 1744 ed il 1766, dapprima come controllore sotto la supervisione di Boumann, piú tardi, quando Boumann cadde in disgrazia, come castellano e controllore. Indebitatosi fortemente, fuggì dapprima in Italia per poi recarsi in Stiria, dove se ne persero le tracce.

Anche per questo edificio vale quanto sopra detto in relazione alla sua comodità, rigorosamente subordinata alla realizzazione della facciata ispirata ad un modello architettonico famoso, così che spesso si registravano lamentele per lo scarso comfort delle abitazioni.

---

[37] *Manger*: Baugeschichte von Potsdam, Bd. 3, S. 627–629; zu Hildebrant s. den Text zur Abb. 16. und ferner *Eggeling*: Knobelsdorffs malerischer Geschmack, in: Zum Maler und zum großen Architekten geboren, S. 52 sowie *Mielke*: Das Bürgerhaus in Potsdam. Textteil, S. 329.

[38] *Manger*: Baugeschichte von Potsdam, Bd. 1, S. 170 f.; s. hierzu auch den Text zur Abb. 11.

Abb. 18: Palladio, Palazzo Giulio Capra in Vicenza,
aus „I quattro libri dell'Architettura", 1570, nach Leoni 1726
(Vorlage für das Haus Am Alten Markt 12)

Abb. 19: Potsdam, eigenhändige Skizze Friedrichs II.
zum Haus Am Alten Markt Nr. 12, um 1753

Potsdam, eigenhändige Skizze Friedrichs II.
zum Haus Am Alten Markt Nr. 12, um 1753

Auch diese Skizze (Feder in Schwarz; 25,5 × 21,7 cm) ist beschriftet von der Hand Friedrichs des Großen mit den üblichen Angaben über das Gebäude: „facade de la rue de l'eglisse/toute paville nois sess [?] fronton"; „32 pieds 9 pousses"; „Moreché de la Maisson de Hamving [?]" „Caserne de la Kirchstrasse".[39]

Das Haus, als Pendant zum Haus Schwertfegerstr. Nr. 1 konzipiert, ist eine Nachahmung des nicht ausgeführten Entwurfs Palladios für den Palazzo Giulio Capra in Vicenza. Friedrich II. fertigte eine Skizze dieses Gebäudes an, die sich sehr eng an die Palladianische Vorlage hielt, und beauftragte Christian Hildebrant mit der Ausführung der Fassade, der sie 1753 ebenfalls eng nach Palladios Zeichnung in den „Quattro libri dell'Architettura", jedoch in etwas kleinerem Format errichtete.[40] Die halbe Fassade dieses Potsdamer Bürgerhauses ist auf der Reproduktion zu sehen, welche die Fassade der Nikolaikirche nach einer von Johann Friedrich Meyer gemalten Ansicht zeigt (Abb. 13). Hier wohnte höchstwahrscheinlich der neapolitanische Händler Domenico Palmiero, dessen Pass für eine Reise nach Italien im Jahre 1755 weiter unten abgedruckt ist (Abb. 43).[41]

Das Haus wurde nach einem verheerenden Brand 1795 erneuert, 1945 durch einen Bombenangriff in Brand gesetzt und 1957 abgerissen.

Potsdam, schizzo di mano di Federico II per l'edificio
Am Alten Markt Nr. 2, intorno al 1753

La facciata di questo edificio, creato come pendant del precedente eretto nella Schwertfegerstr. Nr. 1 (cfr. le ill. 15–17), fu costruita ad imitazione di un progetto di Palladio, poi non realizzato, per il Palazzo Giulio Capra a Vicenza. Federico riprodusse il suo modello il piú fedelmente possibile ed Hildebrant eresse poi la facciata nel 1753 in formato un po' piú piccolo rispetto a quanto indicato da Palladio nei «Quattro libri dell'Architettura». La mezza facciata di questa costruzione è riconoscibile nell'illustrazione nr.

---

[39] Die Skizze wurde zuerst veröffentlicht von *Hans-Joachim Giersberg* in: Die Bauten Friedrich des Großen, Nr. 24, S. 81. Das Original befindet sich in Eichenzell bei Fulda, Archiv der Hessischen Hausstiftung, Schloß Fasanerie, Nr. 03 b.

[40] Zu Friedrichs Skizzen als Grundlage für die Arbeit Hildebrants s. weiter oben den Text zu den Abbildungen 16 und 17.

[41] *Manger* (Baugeschichte von Potsdam, Bd. 1, S. 168 f.) gibt den Namen des Erstbewohners mit ‚Palmiro' an; *Mielke* (Das Bürgerhaus, Textteil, S. 310) verzeichnet als Erstbewohner einen „Palmiro, Grenadier".

13 di questo volume. In questo palazzo abitò probabilmente il commerciante napoletano Domenico Palmiero, il cui passaporto per un viaggio in Italia è riprodotto piú avanti (cfr. ill. 43).

Ristrutturato dopo un furioso incendio che lo colpì nel 1795, l'edificio andò distrutto dalle fiamme nel 1945, durante un bombardamento, e fu demolito nel 1957.

Francesco Algarotti
(1712–1764)

Algarotti zählte nicht nur in künstlerischen und architektonischen Fragen zu den wichtigsten Beratern des Königs, auf den er in den 25 Jahren ihres freundschaftlichen Verhältnisses großen Einfluss ausübte.[1]

Die erste Begegnung hatte 1739 in Rheinsberg stattgefunden, der Residenz, wo der Kronprinz von 1736 bis zur Thronbesteigung im Jahre 1740 lebte. Dort hatte sich Friedrich, fern von der bedrückend strengen Hofhaltung des Vaters in Potsdam und Wusterhausen, den Traum freier Geselligkeit erfüllt. So weit wie nur möglich losgelöst von den Zwängen höfischer Etikette, pflegten in Rheinsberg ungefähr vierzig Personen unterschiedlicher gesellschaftlicher Provenienz (Offiziere, Diplomaten, Hofleute, Gelehrte) ungezwungenen Umgang miteinander und genossen schöngeistige Gespräche bei Tisch und Musik und Literatur beim Ball oder bei gemeinsamen Theater- und Konzertbesuchen.[2] Auf einer Reise von Venedig nach London war Algarotti im September 1739 mit einem Empfehlungsschreiben Voltaires zu der heiteren Gesellschaft gestoßen und war acht Tage in Rheinsberg geblieben. Friedrich hatte großes Gefallen am geistreichen Venezianer gefunden und ihn gleich literarisch zu Rate gezogen, nicht zuletzt in bezug auf seine eigenen Arbeiten, wie den „Antimachiavell".

Am 3. Juni 1740, nur wenige Tage nach seiner Thronbesteigung, rief ihn Friedrich II. nach Berlin.[3] Algarotti traf in der preußischen Hauptstadt am

---

[1] s. zu Algarotti die Beiträge von *Jürgen Kloosterhuis, Klaus Heitmann* und *Volker Kapp* im vorliegenden Band. Speziell zum Aufenthalt Algarottis am Hofe Friedrichs II vgl. *Toldo*: L'Algarotti oltr'alpe, und *Aurelio Lepre*: Federico il Grande e l'Algarotti, in: Belfagor 16 (1961), S. 284–297. Weitere Beiträge zur Würdigung des Wirkens Algarottis finden sich auf der homepage http://www.algarotti.de/.

[2] s. hierzu die Darstellung vom „Musenhof in Rheinsberg" bei *Johannes Kunisch*: Friedrich der Große. Der König und seine Zeit. Vierte Auflage. München: Beck 2005, S. 72–103; neben der da „Rheinsberg: eine märkische Residenz des 18. Jahrhunderts." Ausstellung zur 650-Jahrfeier der Stadt Rheinsberg. Schloß Rheinsberg, 21.–29. Juni 1985. Hrsg. von den Staatlichen Schlössern und Gärten Potsdam-Sanssouci. Potsdam: Staatliche Schlösser und Gärten Potsdam-Sanssouci 1985, S. 3–5, und *Giersberg*: Schloss Sanssouci, S. 19.

[3] *Karl Heinrich Siegfried Rödenbeck*: Tagebuch oder Geschichtskalender aus Friedrich's des Großen Regentenleben (1740–1786), mit historischen und biographischen Anmerkungen zur richtigen Kenntniß seines Lebens und Wirkens in allen Beziehun-

28. Juni desselben Jahres ein und begann seine steile Karriere am preußischen Hof. Den Vertrauten ließ Friedrich schon am 20. Dezember 1740 in den erblichen Grafenstand erheben (s. Farbtafel I) und betraute ihn mit den unterschiedlichsten Aufgaben. Er sandte ihn u. a. 1741 nach Turin in delikater diplomatischer Mission, ließ ihn als Spendensammler für den Bau der Hedwigskirche auftreten[4] und achtete seine Meinung als Berater in Fragen der bildenden Kunst und der Musik hoch. Von Algarotti stammt der Kern der Inschrift, die den Giebel des Opernhauses noch heute schmückt: *Federicus Rex Apollini et Musis,* die in Algarottis Vorschlag lautete: *Federicus Borussorum Rex compositis armis Apollini et Musis donum dedit*[5]

Trotz des Aufenthalts am Dresdner Hof in den Jahren 1742 bis Anfang 1747,[6] den er wiederum durch eine Reise nach Italien 1744 und 1745 unterbrach, stieg Algarotti am Hofe Friedrichs zu hohen Ehren auf. Der ehemalige Kaufmannssohn aus Venedig erhielt im April 1747 die Kammerherrenwürde und, am 23. April desselben Jahres, den Orden *pour le mérite.*

Er zählte zu den beliebtesten Gästen an Friedrichs berühmter Tafelrunde in Sanssouci. In Menzels Gemälde „Friedrich der Große in Sanssouci" wird eine dieser Begegnungen festgehalten, und man sieht rechts Algarotti, wie er, über den Tisch vornüber gebeugt, gespannt auf die Äußerung des ihm gegenüber sitzenden Voltaire wartet.[7]

1753 kehrte Algarotti nach Italien zurück. Als er 1764 in Pisa starb, ließ ihm Friedrich II. auf dem dortigen Friedhof ein Denkmal setzen.

Während seines Aufenthaltes in Berlin und Potsdam und später auch von Italien aus war Algarotti bemüht, dem König die besten Sänger und Sängerinnen, Tänzer und Tänzerinnen für sein Hoftheater sowie die besten Künstler für seine Bauvorhaben zu empfehlen.[8]

---

gen. 3 Bde in 6 Abt. Berlin: Plahn 1840–1842. Reprint Braunschweig: Archiv-Verlag 2003; hier Bd. 1, S. 11.

[4] Vgl. den hier wiedergegebenen Brief Algarottis an Friedrich II. aus Berlin vom 13. Dezember 1751, Abb. 9.

[5] Vgl. den Brief Algarottis an Friedrich aus Dresden vom 11. Juli 1742, abgedruckt in: Œuvres de Frédéric le Grand. Bd. XVIII, Nr. 34, S. 47–49: 47.

[6] In Dresden war Algarotti u. a. mit dem Ankauf von Kunstwerken für den König von Sachsen und mit dem Einkauf und Transport italienischer Musikinstrumente für diesen Hof befasst, s. *Jürgen Maehder*: Die Librettisten des Königs. Das Musiktheater Friedrichs des Großen als theatralische und linguistische Italien-Rezeption, in: Theater im Kulturwandel des 18. Jahrhunderts. Hrsg. v. Erika Fischer-Lichte und Jürgen Schönert. Göttingen: Wallstein 1999, 265–304: 266 sowie *Pierluigi Pietrobelli*: Tartini, Algarotti e la corte di Dresda, in: Analecta Musicologica, 2 (1965), S. 72–84.

[7] Vgl. den Beitrag von *Jürgen Kloosterhuis* und die Abb. 1 im vorliegenden Band.

[8] Zu der Rolle Algarottis bei der Erteilung des Auftrages an G. Marchiori für die Marmorgruppe in der St.-Hedwigskirche s. weiter unten die Texte zu den Abb. 47 und 48.

Er versorgte ihn ferner mit italienischer Literatur, Operntexten, neuen Bildern, Architekturwerken, Statuen,[9] Stichen und Zeichnungen, mit Musikpartituren, Marmormustern, Sämereien für seine Gärten und mit Lebensmitteln aus Italien – Melonen, Trüffeln, Bottarga – u. a., immer im Bestreben, wie seine Briefe an Friedrich II. bezeugen, italienische Erzeugnisse in Preußen heimisch zu machen.[10]

Francesco Algarotti
(1712–1764)

Algarotti non va annoverato solo in campo architettonico ed artistico tra i piú importanti consiglieri del re cui fu legato da profonda amicizia per ben venticinque anni e su cui esercitò un grandissimo influsso.

Il primo incontro tra i due era avvenuto nel 1739 a Rheinsberg, la residenza nella quale il giovane principe ereditario visse tra il 1736 ed il 1740, anno in cui salì al trono. Qui Federico aveva creato un luogo quasi utopico di sociabilità relativamente libera dalle costrizioni di una severa etichetta di corte com'era in uso presso il padre a Potsdam e Wusterhausen, ospitandovi circa una quarantina di frequentatori reclutati tra diversi strati sociali (ufficiali, diplomatici, uomini di corte e di lettere) che godevano dell'amichevole reciproca compagnia a tavola, a concerti ed in occasione di rappresentazioni teatrali. Algarotti era giunto a Rheinsberg con una lettera di presentazione di Voltaire nel settembre del 1739 ed era subito piaciuto al re che già dal loro primo incontro lo aveva voluto come consigliere anche su questioni letterarie, come nel caso del suo « Antimachiavell ».

Il 2 giugno 1740, solo pochi giorni dopo essere salito al trono, Federico lo aveva chiamato a Berlino, dove Algarotti giunse il 28 giugno dello stesso anno e dove, in breve, si guadagnò la piena fiducia del re che lo elevò a grandi onori, conferendogli tra l'altro, il 20 dicembre 1740, il titolo ereditario di conte (tavola a colori nr. I) ed affidandogli delicati incarichi diplomatici, come la missione esplorativa a Torino presso il re di Sardegna nel 1741 o come la raccolta di offerte per la costruzione della Chiesa di St. Edvige. Federico se ne servì inoltre per tutti quegli anni come consigliere anche in campo musicale ed artistico: sarà infatti da un'idea di Algarotti che nascerà, ad esempio, l'iscrizione che ancora oggi orna il frontone dell'Opera Reale: *Federicus Rex Apollini et Musis,* che il re prese dalla proposta di Algarotti: *Federicus Borussorum Rex, compositis armis, Apollini et Musis donum dedit.*

---

[9] Vgl. hierzu *Oesterreich*: Beschreibung und Erklärung, S. 23 f.
[10] s. hierzu den Text zu den Abb. 25 und 26.

Nonostante i suoi anni berlinesi fossero stati interrotti da un suo soggiorno a Dresda tra gli anni 1742 e 1747, interrotto a sua volta da un viaggio in Italia negli anni 1744 e 1745, Algarotti godette di sempre maggiori favori alla corte di Federico che nell'aprile del 1747 gli conferì il titolo di ciambellano e, il 23 aprile dello stesso anno, l'Ordine *pour le mérite* (ill. nr. 23), grande onore per chi era nato come figlio di un ricco mercante veneziano.

Algarotti fu con Voltaire tra gli ospiti piú graditi alla famosa Tavola Rotonda di Sanssouci e come tale venne raffigurato nel quadro di Menzel (ill. nr. 1) dove, come illustra Jürgen Kloosterhuis nel suo intervento, è immortalato mentre, proteso in avanti verso l'illuminista francese che gli è seduto di fronte, attende con grande attenzione di apprendere quanto questi sta per dire. Nel 1753 Algarotti tornò in Italia da dove continuò a intrattenere contatti epistolari con il re che, alla sua morte avvenuta a Pisa nel 1764, gli fece erigere nel Camposanto un monumento funebre a proprie spese.

Durante il suo soggiorno a Berlino e a Potsdam e piú tardi anche dall'Italia, Algarotti si adoperò per raccomandare al re i migliori artisti per l'Opera Reale e maestranze per i suoi progetti di costruzione, non lesinando consigli e la sua opera di mediatore per procurargli anche quadri, opere architettoniche, statue, incisioni e disegni, partiture musicali e campioni di marmo, semi per i giardini reali e prodotti alimentari – meloni, tartufi e bottarga – sempre desideroso, come si evince dalle sue lettere a Federico riportate piú avanti (ill. nr. 25 e 26), di promuovere i prodotti italiani in Prussia.

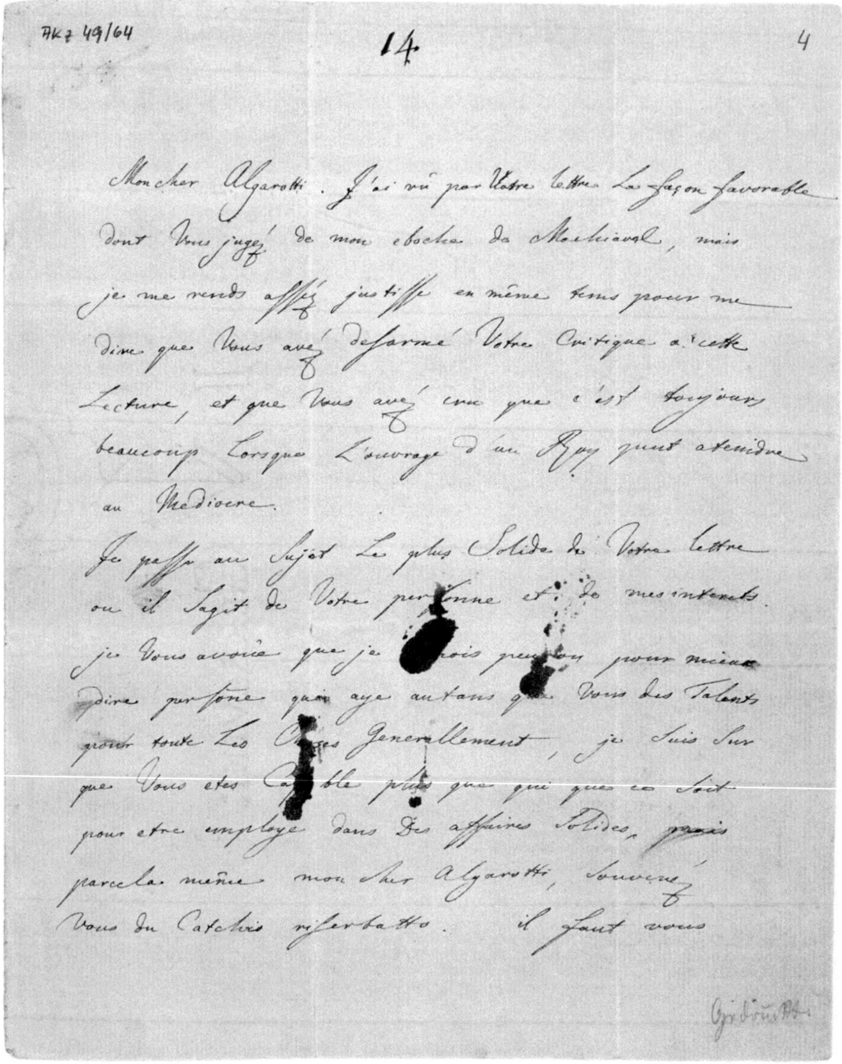
AKz 49/64 14 4

Mon cher Algarotti. J'ai vû par Votre Lettre La façon favorable dont Vous jugez de mon ebauche de Machiavel, mais je me rends assez justice en même tems pour me dire que Vous avez desarmé Votre Critique a cette Lecture, et que Vous avez crû que c'est toujours beaucoup Lorsque L'ouvrage d'un Roy peut atteindre au Mediocre.

Je passe au Sujet Le plus Solide de Votre lettre ou il Sagit de Votre personne et de mes interets. je Vous avoüe que je [crois] peu [de] pour mieux dire personne qui aye autant que Vous des Talents pour toute Les Choses Generallement, je Suis Sur que Vous etes Capable plus que qui que ce soit pour etre employé dans Des affaires Solides, mais parcela même mon cher Algarotti, souvenez Vous du Catechis riserbatto. il faut vous

Abb. 20: Brief Friedrichs II. an Algarotti aus Rheinsberg, 25. Oktober 1740, (GStA PK, BPH, Rep. 47 Kg Friedrich II., Nr. 434, fol. 4)

Brief Friedrichs II. an Algarotti aus Rheinsberg, 25. Oktober 1740[11]

Mein lieber Algarotti, ich habe in Ihrem Brief die günstige Art erkannt, mit welcher Sie über meinen Entwurf des *Machiavel* urteilen […]. Ich bin mir sicher, daß Sie über Fähigkeiten verfügen, die es mehr als jedem anderen erlauben, ernsthafte Geschäfte zu behandeln […]. Man muss für Sie passende Gelegenheiten aufsparen […].

Der hier abgebildete Brief ist einer der vielen, die Friedrichs Interesse für Machiavellis „Il Principe" (1552) bezeugen. In seiner Schrift „Antimachiavell" setzte Friedrich Machiavellis politischer These, der Staat dürfe zur Erhaltung der Macht alle Mittel verwenden, seine eigene entgegen, nach welcher der Herrscher der erste Diener seines Staates sei.[12] Dieser Brief belegt aber auch, dass Friedrich sich nicht nur mit Voltaire, sondern auch mit Algarotti während der Abfassung dieses Werkes beriet.[13]

Gespräche über Poesie bildeten einen wesentlichen Teil des Dialogs in Briefen zwischen Friedrich und Voltaire,[14] mit dem Friedrich über die damals aktuelle *Querelle des anciens et des modernes* diskutierte. Mit Algarotti hingegen bildeten Gespräche über Literatur einen geringen Teil des Briefwechsels, wohl aufgrund des zeitgemäßen geringen Interesses beider an italienischer Literatur. Algarotti ist Gesprächspartner Friedrichs hauptsächlich auf dem Gebiet der Musik, der bildenden Künste und der Architektur, wo er eine wichtige Funktion als Berater ausübte.

Lettera di Federico II ad Algarotti da Rheinsberg, 25 ottobre 1740

Mio caro Algarotti, ho visto nella Vostra lettera il modo favorevole nel quale giudicate del mio abbozzo di *Machiavel* […]. Sono sicuro che Voi piú di qualsiasi altro avete le capacità di essere impiegato in solidi affari […]. Bisogna riservarVi per le buone occasioni […].

La lettera qui riprodotta documenta l'interesse di Federico II per «Il Principe» di Machiavelli, alla cui tesi del fine che giustifica i mezzi rispose nell'«Antimachiavell» con la sua tesi che il sovrano è il primo servitore dei suoi sudditi. Essa documenta tuttavia anche come durante la stesura di quest'oprea il re si consigliò non solo con Voltaire, come gli studi insistentemente sostengono, ma anche con Algarotti.

---

[11] Der Originalbrief auf Französisch ist veröffentlicht in: Œuvres de Frédéric le Grand. Bd. XVIII, Nr. 11, S. 18.

[12] s. hierzu den Text zur Abb. 4 vorliegender Arbeit.

[13] s. hierzu den einschlägigen Abschnitt bei Jean-Paul Bled: Friedrich der Große. Biographie. Düsseldorf: Artemis & Winckler 2006 (deutsche Übertragung der 2004 erschienenen Originalausgabe durch Wolfgang Hartung), S. 88–94, wo ausschließlich die Rolle Voltaires bei der Beschäftigung des Königs mit diesem Werk behandelt wird.

[14] Friedrich der Große und Voltaire, besonders S. 26–39.

Temi letterari occupano molto spazio nella corrispondenza fra Voltaire ed il re, con cui il re discusse soprattutto temi inerenti all'allora attuale *Querelle des anciens et des modernes*. Con Algarotti, invece, forse a causa del minor interesse di entrambi nei riguardi della letteratura italiana, altri furono i temi. Il Veneziano fu tra i maggiori consiglieri del sovrano nel settore della musica, dell'arte e dell'architettura.

Hæc ALGAROTTI effigies, quo Cive superbit
Regina, Adriacis quæ dominatur aquis.
Illius ore loqui dulces ante omnia Musas
Credidimus, Charites illius ore loqui.
Illius ingenio nec te latuere, Lycori,
Ardua Newtoni dogmata, prisma, color.
Plausèrunt tanto contenti judice Vates;

Æmula naturæ plausit amica manus.
Enituere illo choreæ, scenæque magistro;
Enituit Russi purior orbis honor.
Olli Ynchas, Romæque canunt præconia Reges,
Aptius ex illo Mars sibi legit opus.
Sed quid ego hæc retuli? Magno placuit FRIDERICO.
Hoc unum longi carminis instar erat.

Abb. 21: Georg Friedrich Schmidt (1712–1775)
Porträt Algarottis. Radierung, Berlin 1752

Georg Friedrich Schmidt (1712–1775): Porträt Algarottis.
Radierung, Berlin 1752

Das Porträt Algarottis schuf der 1712 bei Berlin geborene Maler, Kupferstecher und Radierer G. F. Schmidt im Jahre 1752 aus dem Leben, wie man in der Inschrift lesen kann: „ad vivum del: et sculp: Berolini 1752".[15]

Schmidt zählt, neben Daniel Chodowiecki (1726–1801) und Johann Wilhelm Meil (1733–1805), zu den bedeutendsten Berliner Kupferstechern des 18. Jahrhunderts. Nach Ausbildungsjahren in Paris war er 1743 auf Empfehlung Knobelsdorffs als Hofkupferstecher nach Berlin berufen worden, wo er, mit einer Unterbrechung durch einen Aufenthalt am Zarenhof in den Jahren 1757–1762, bis zu seinem Tod, am 25. Januar 1775, aktiv war.

Das hier abgebildete Porträt trägt gegenüber dem Original eine Platte mit einem lateinischen Gedicht zu Ehren des Dargestellten. Die Inschrift wurde dem Originalporträt Schmidts nach dem Tod Algarottis hinzugefügt und kommt sowohl in einer lateinischen als auch in einer italienischen Version vor. Das lateinische Gedicht war in der Biographie Algarottis verbreitet worden, die Domenico Michelessi (1735–1773)im Jahre 1770 in Venedig veröffentlicht hatte, und war zuerst, wie man dort lesen kann, anonym von Giovanni Lami (1697–1770) als Huldigung an den soeben Verstorbenen veröffentlicht worden.[16]

Georg Friedrich Schmidt: Ritratto di Algarotti.
Acquaforte, Berlino 1752

Il ritratto di Algarotti fu creato « ad vivum » dal vivo, come si può leggere in calce allo stesso, nel 1752 dal pittore, incisore e calcografo G. F. Schmidt.

Nato a Berlino nel 1712 egli è, con Daniel Chodowiecki e Johann Wilhelm Meil, tra i maggiori incisori berlinesi del Settecento. Dopo anni di formazione a Parigi, egli fu chiamato a Berlino nel 1743, dietro raccomandazione di Knobelsdorff, come incisore di corte e vi rimase fino alla morte, sopraggiunta il 25 gennaio 1775, interrompendo la sua attività per Federico solo per un soggiorno alla corte russa negli anni 1757–1762.

---

[15] Zu Schmidt informieren *Ulrich Thieme/Felix Becker*: Allgemeines Lexikon der bildenden Künstler von der Antike bis zur Gegenwart. 37 Bde. Leipzig: Engelmann et al. 1907–1950, Bd. XXX. 1936, S. 142 und, zu seinem Porträt Algarottis, *Maria Santifaller*: In margine alle ricerche tiepolesche. Un ritrattista germanico di Francesco Algarotti: Georg Friedrich Schmidt, in: Arte Veneta, XXX (1976), S. 204–209: 205 f.

[16] *Domenico Michelessi*: Memorie intorno alla vita ed agli scritti del Conte Francesco Algarotti Ciambellano di S. M. il Re di Prussia e cavaliere del Merito. Venezia: Pasquali 1770, S. 107 f.

Il ritratto qui riprodotto mostra, rispetto all'originale, una lastra con una poesia in latino che celebra le lodi del Veneziano, ed esistono alcune versioni del ritratto che riportano questa poesia in lingua italiana. Tale lastra fu aggiunta dopo la morte di Algarotti e propone il testo di un poeta anonimo diffuso nella biografia dello stesso scritta da Domenico Michelessi che esce in stampa a Venezia nel 1770. Il testo, come Michelessi informa, era stato pubblicato per la prima volta da Giovanni Lami per rendere omaggio all'allora deceduto Algarotti.

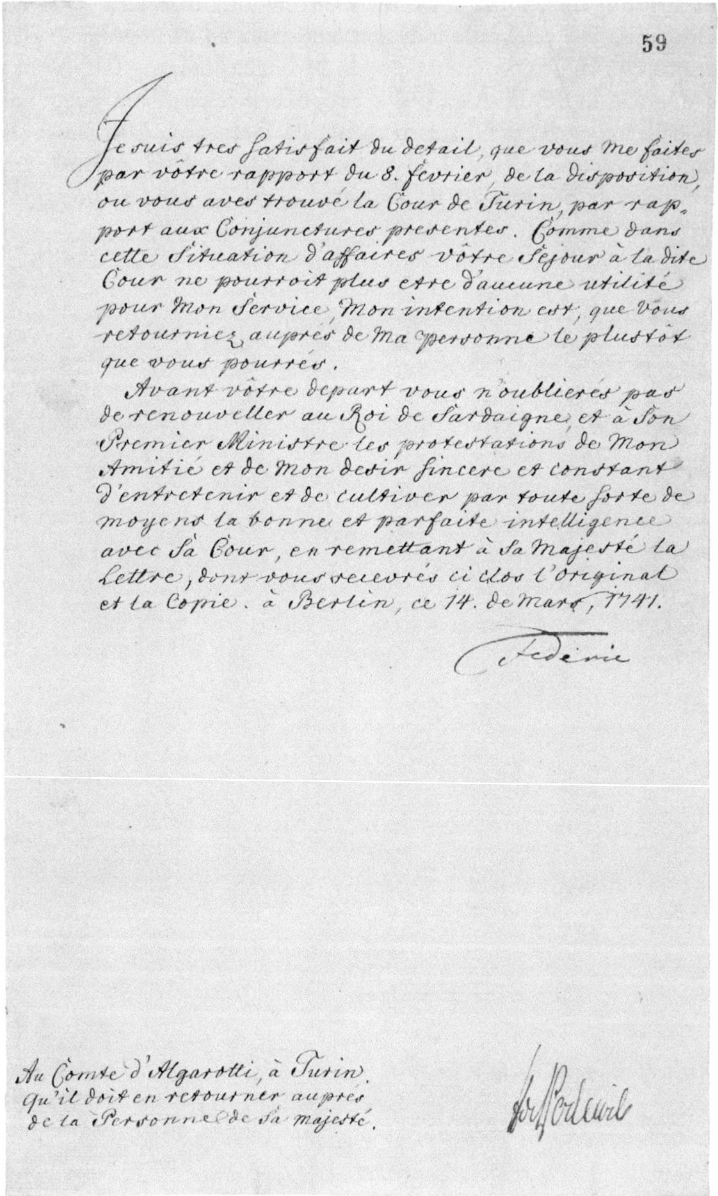

59

Je suis tres satisfait du detail, que vous me faites
par vôtre rapport du 8. fevrier, de la disposition,
ou vous avés trouvé la Cour de Turin, par rapport aux Conjunctures presentes. Comme dans
cette Situation d'affaires vôtre Sejour à la dite
Cour ne pourroit plus etre d'aucune utilité
pour Mon Service, Mon intention est, que vous
retourniez auprés de Ma personne le plustôt
que vous pourrés.

Avant vôtre depart vous n'oublierés pas
de renouveller au Roi de Sardaigne, et à Son
Premier Ministre les protestations de Mon
Amitié et de Mon desir sincere et constant
d'entretenir et de cultiver par toute sorte de
moyens la bonne et parfaite intelligence
avec Sa Cour, en remettant à Sa Majesté la
Lettre, dont vous recevrés ci clos l'original
et la Copie. à Berlin, ce 14. de Mars, 1741.

Federic

Au Comte d'Algarotti, à Turin.
Qu'il doit en retourner auprés
de la Personne de Sa majesté.

Abb. 22: Abschrift eines Schreibens Friedrichs II. an Algarotti in Turin
zum Zweck der Kenntnisnahme durch den Königlichen
Kabinettsminister Graf Heinrich von Podewils, Berlin, 14. März 1741
(GStA PK, I. HA Geheimer Rat, Rep. 46 B Schlesien seit 1740, Nr. 2 Fasz. 20, fol. 59)

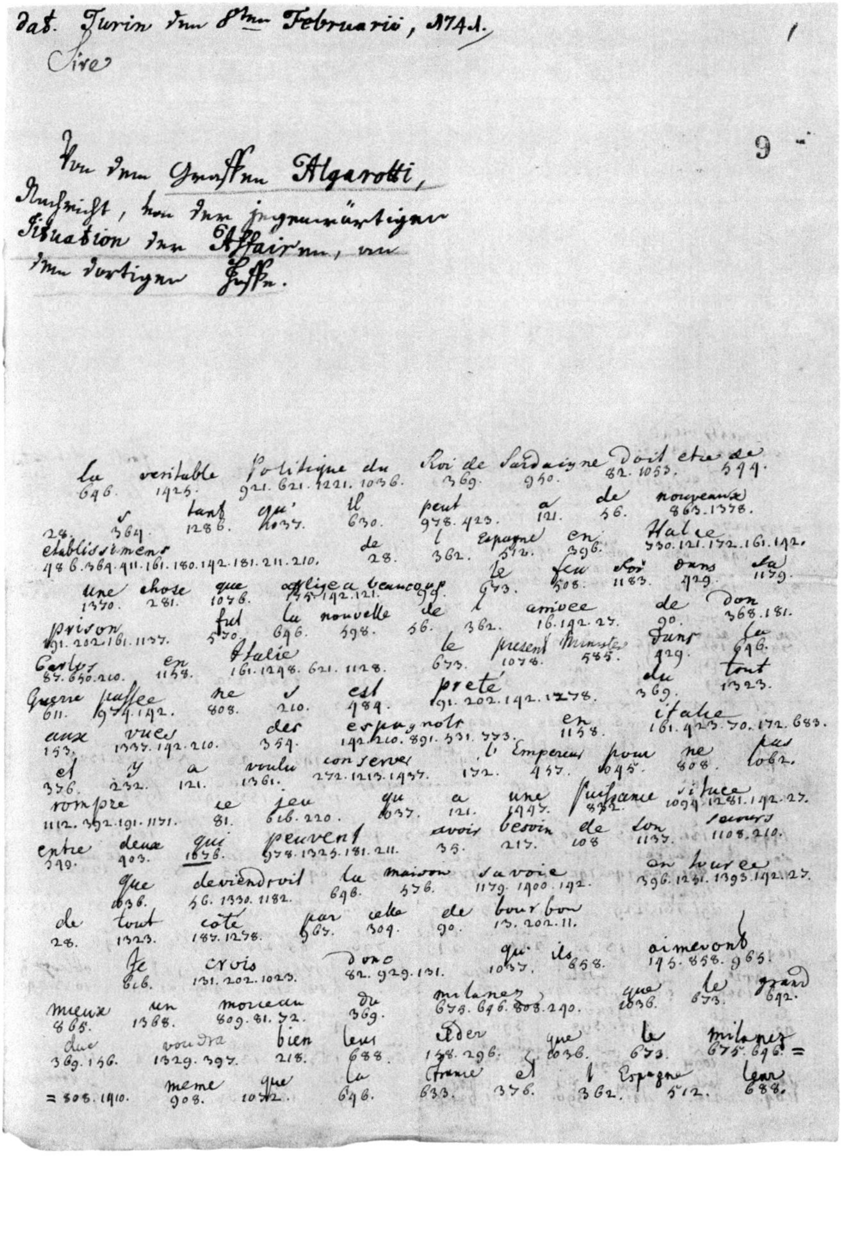
dat. Turin den 8ten Februarii, 1741.

Sire

Von dem Grafen Algarotti, Nachricht, von der gegenwärtigen Situation der Affairen, an dem dortigen Hofe.

9

la veritable politique du Roi de Sardaigne doit etre de s' tant qu' il peut a de nouveaux etablissements de l' Espagne en Italie le feu Roi dans sa une chose que afflige a beaucoup fut la nouvelle de l' arrivee de Don prison Carlos en Italie le present Ministre dans la Guerre passee ne s' est prete du tout aux vues des espagnols en italie et il a voulu conserver l' Empereur pour ne pas rompre le jeu qu' a une puissance situee entre deux qui peuvent avoir besoin de son secours que deviendroit la maison savoie en bourree de tout coté par celle de bourbon Je crois donc qu' ils aimeront mieux un morceau du milanez que le grand duc voudra bien leur ceder que le milanez = meme que la France et l' Espagne leur

Abb. 22a: Zum Teil chiffrierter Brief Algarottis aus Turin vom 8. Februar 1741 (GStA PK, I. HA Geheimer Rat, Rep. 46 B Schlesien seit 1740, Nr. 2 Fasz. 20, fol. 9)

Abschrift eines Schreibens Friedrichs II. an Algarotti in Turin zum Zweck der Kenntnisnahme durch den Königlichen Kabinettsminister Graf Heinrich von Podewils, Berlin, 14. März 1741

Friedrich hoffte gegen Ende 1740, dass der König von Sardinien sich ihm im Bündnis gegen Österreich anschließen werde. Da aber keine direkten diplomatischen Beziehungen zwischen beiden Ländern bestanden, bediente er sich Algarottis, „pour sonder le terrain". Der Venezianer sollte all sein *Savoir faire* einsetzen, um sich beim König von Sardinien beliebt zu machen, damit er aus ihm herauslocke, wie er über ein mögliches Bündnis denke.[17] Algarotti verbrachte in Turin einige Wochen, doch musste er am 1. Februar dem König mitteilen, dass wenig Aussicht auf Erfolg bestehe: „Je crains, Sire, que, sans quelque ouverture de la parte de votre Majesté les choses n'en restent aux simples témoignages d'amitié".[18] Nach Eingang des hier abgedruckten, zum Teil chiffrierten Brief Algarottis vom 8. Februar 1741 (Abb. 22 a), schrieb ihm Friedrich am 14. März 1741, er sei „sehr zufrieden mit [seinem] detaillierten Bericht", ließ ihn aber nach Berlin zurückberufen, wie man in der Weisung liest, die am Ende des hier abgedruckten Briefs an den Königlichen Kabinettsminister Graf Heinrich von Podewils steht: „Dem Grafen Algarotti in Turin, dass er zurückkehren soll zum König".[19]

Copia di uno scritto di Federico II ad Algarotti a Torino con lo scopo di informare il ministro del gabinetto reale conte Heinrich von Podewils, Berlin, 14. März 1741

Federico sperava, verso la fine del 1740, di ottenere l'appoggio del re di Sardegna in un'alleanza contro l'Austria. Non esistendo rapporti diplomatici ufficiali fra le due potenze, il re si servì del tatto diplomatico di Algarotti per «sondare il terreno» incaricandolo di impiegare tutta la sua affabilità per carpire al re di Sardegna informazioni sulle sue intenzioni a riguardo di una possibile o prevista alleanza sardo-prussiana in funzione antiaustriaca. Il conte veneziano, dopo alcune settimane trascorse a Torino, dovette riferire al re in una lettera del 1° febbraio che esistevano ben poche possibilità di successo: «Je crains, Sire, que, sans quelque ouverture de la parte de votre Majesté les choses n'en restent aux simples témoignages d'amitié».

---

[17] Vgl. die Weisung vom 15. Dezember 1740 an Graf Heinrich von Podewils (1695–1760) bezüglich der Entsendung Algarottis nach Turin in: Politische Correspondenz Friedrich's des Großen. Hrsg. v. R. *Koser* u.a. 47 Bde. Berlin: Duncker 1879–1939, Band 1: 1740–1741, Brief Nr. 205, S. 146.

[18] Ebd., Nr. 294, S. 198.

[19] *P. D. Fischer*: Friedrich der Große und die Italiener, S. 413–415, *Lepre*: Federico il Grande, S. 284–297: 290 f. und *Treat*: Un cosmopolite italien, S. 110–126.

Dopo un ulteriore resoconto che Algarotti fece in una lettera in parte cifrata (ill. nr. 22 a) in data 8 febbraio 1741, il re gli scrisse nella lettera del 14 marzo 1741 qui riprodotta di essere molto contento del rapporto dettagliato che egli gli faceva, ma ordinò nella stessa di richiamarlo a Berlino, come si legge nella breve frase in calce a tale lettera rivolta al ministro del gabinetto reale, conte Heinrich von Podewils: «Al conte d'Algarotti a Torino che ritorni dalla Persona di Sua Maestà [...]».

Anno 1747.   No. LII.

Dienstag,   den 2. Maii.

Berlinische Nachrichten

von

Staats- und gelehrten Sachen.

Berlin, vom 2. Maii.

Se. Majestät, der König, haben Dero Cammerherrn, Grafen von Algarotti, mit dem Orden Pour le Merite begnadiget, und den bisherigen Premier-Lieutenant bey dem Doffowischen Füsilier-Regimente, Herrn von Freytag, zum Staabs-Capitain besagten Regiments erkläret. Verwichenen Freytag war bey Ihro Majestät, der Königin, Cour, und sodenn grosse Tafel. Selbigen Abend ward die Leiche Sr. Excellenz, des Herrn Generals, Barons von Ginckel, gewesenen bevollmächtigten Ministers der Herrn General-Staaten, so lange in die hiesige Garnison-Kirche gebracht, bis sie nach Holland kan abgeführet werden. Vorigen Sonnabend begab sich der Holländische Legations-Secretair, Herr Horst, in tiefer Trauer, und in einer schwartz bezogenen Carosse, zu den sämtlichen in- und ausländischen Ministers, um ihnen das Absterben gedachter Sr. Excel-

lentz förmlich bekant zu machen. Gestern haben Se. Majestät, der König, Dero bey Potsdamm gantz neu erbauetes ungemein prächtiges Sommer-Palais, Sans Souci, bezogen, und alda des Mittags an einer Tafel von 200 Couverts gespeiset, worauf gegen Abend von der Königl. Capelle ein Concert ist gehalten worden.

Venedig, vom 15. April.

An der Mittewoche giengen verschiedene aus Rom kommende Expressen hier durch, mit der Nachricht, daß Benedictus XIV. am 10ten dieses folgende neue Cardinäle ernennt; nemlich für den Käyser, den Bischof zu Olmütz, Grafen von Troyer; für die Käyserin Königin, den Herrn Marco Mellini, Decanum der St. Rotae; für Franckreich, den Ertz-Bischof von Bourges, Herrn de la Roche, jetzigen Französischen Gesandten zu Rom; für Spanien, den Herrn Mendoza, Patriarchen von Indien; für Portugall, den Herrn d'Atalaja, Protonotarium Apostolicum und Primarium der Patriarchal-Kirche

von

Abb. 23: *Berlinische Nachrichten von Staats- und gelehrten Sachen*
Anno 1747, Nr. LII., 2. Mai 1747
(GStA PK, Dienstbibliothek 47, 2, Bd. VII.)

Berlinische Nachrichten von Staats- und gelehrten Sachen Anno 1747, Nr. LII., 2. Mai 1747: Nachricht über die Verleihung des Ordre pour le Mérite an den Grafen Algarotti.

Diese Verleihung stellt eine große Seltenheit dar, denn Friedrich handhabte die Erteilung des von ihm am 9. Juni 1740 gestifteten Ordens sehr maßvoll und nur bei sehr besonderen Anlässen. Zudem war diese Auszeichnung in der Regel nur für im Dienste befindliche Offiziere bestimmt, wie den damit ausgezeichneten Graf Spiridion von Lusi, von dem weiter unten die Rede sein wird.

Der *Ordre* wurde hingegen nur äußerst selten an Zivilisten, und darunter höchstens an hohe Minister, wie den Kabinettsminister Heinrich Graf von Podewils, und noch seltener an Ausländer verliehen.

Unter den 924 Verleihungen während der Regierungszeit Friedrichs wurde diese Ehre, bis auf wenige weitere Ausnahmen, nur Maupertuis (1698–1759), im selben Jahr wie Algarotti, und Voltaire, im Jahre 1750, zuteil.[20]

Berlinische Nachrichten von Staats- und gelehrten Sachen Anno 1747, Nr. LII., 2. Mai 1747: Notizia del conferimento dell'onorificenza Ordre pour le Mérite al conte Algarotti.

Il conferimento di quest'ordine ad Algarotti, figlio di un ricco mercante, rappresenta una vera rarità, poiché l'*Ordre pour le Mérite* veniva concesso da Federico, che lo aveva creato il 9 giugno 1740, molto parcamente. Esso era riservato di regola ad ufficiali in servizio che si erano particolarmente distinti, come fu il caso per il conte Spiridione Lusi, di cui si dirà più avanti. Molto difficilmente esso era, invece, conferito a civili e, tra loro, solo a ministri d'alto grado e quasi mai a stranieri.

Tra i 924 conferimenti durante il regno di Federico, tranne pochissime altre eccezioni, l'onore fu concesso solo a Maupertuis, nello stesso anno di Algarotti, ed a Voltaire, nel 1750.

---

[20] *Gustaf Lehmann*: Die Ritter des Ordens *Pour le Mérite*. Bd. 1: 1740–1811. Berlin: Mittler 1913, S. IX und S. 36 sowie *Karl Friedrich Hildebrand/Christian Zweng*: Die Ritter des Ordens *Pour le Mérite* 1740–1918 namentlich erfasst und nach den Stufen des Ordens gegliedert. Osnabrück: Biblio-Verlag 1998, S. 52.

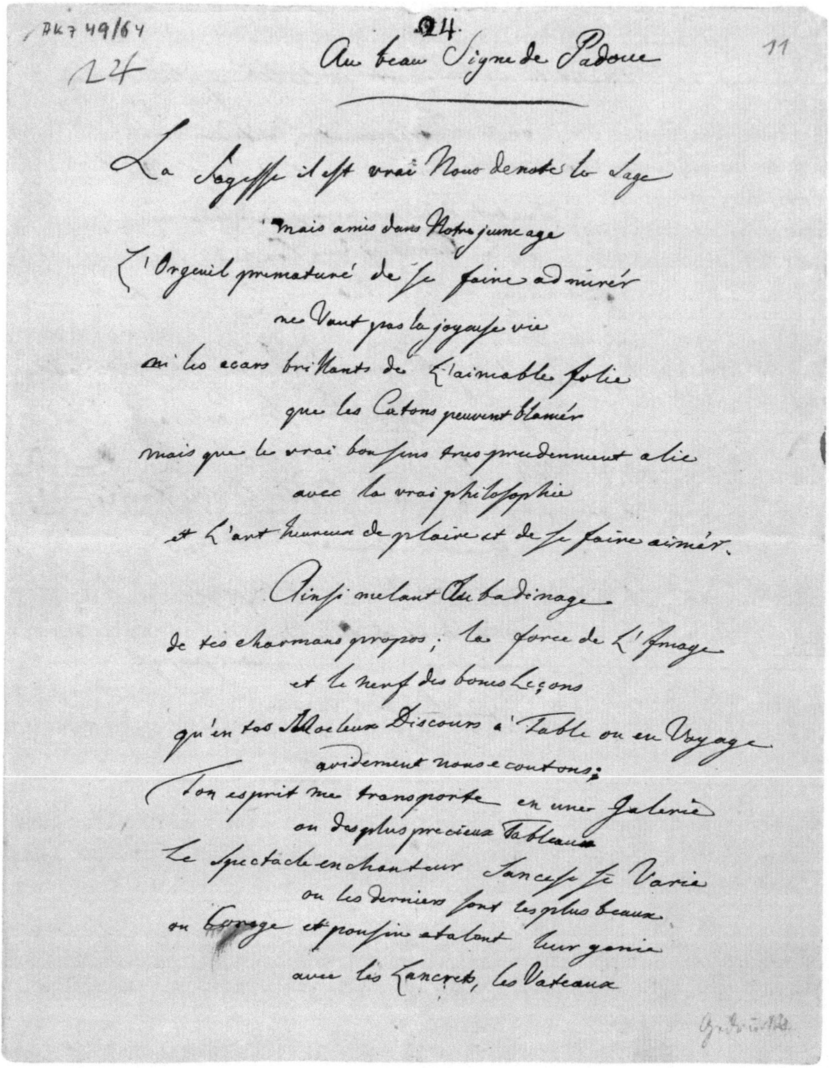

Au beau Signe de Padoue

La Sagesse il est vrai Nous denote le Sage
mais amis dans Notre jeune age
L'Orgueil premature de se faire admirer
ne Vaut pas la joyeuse vie
où les ecars brillants de L'aimable folie
que les Catons peuvent blamer
mais que le vrai bon sens tres prudemment allie
avec la vrai philosophie
et L'art heureux de plaire et de se faire aimer.

Ainsi melant Au badinage
de tes charmans propos; la force de L'Image
et le nerf des bons Leçons
qu'en tos doctieux Discours à Table ou en Voyage
avidement nous ecoutons;
Ton esprit me transporte en une Galerie
ou des plus precieux Tableaux
Le spectacle enchanteur s'ancesse se Varie
ou les derniers sont les plus beaux.
ou Corege et poussin etalent leur genie
avec les Lancrets, les Vateaux

Abb. 24: Gedicht Friedrichs II. an Algarotti: „Dem schönen Schwan aus Padua"
(GStA PK, BPH, Rep. 47 Kg Friedrich II., Nr. 434, fol. 11)

Gedicht Friedrichs II. an Algarotti:
„Dem schönen Schwan aus Padua"[21]

Dieses Gedicht wurde an Algarotti zwischen Juli und August 1742 geschickt.

Als „Schwan aus Padua", „liebsten Schwan", „anmutigen Schwan" „süßen Schwan" u. ä. wurde Algarotti in vielen der Briefe angeredet, die ihm Friedrich zwischen 1740 und 1742 schrieb.[22] Zwei Schwäne wird der Venezianer auch im Wappen führen, das nach genauen Anweisungen des Königs anlässlich seiner Erhebung in den Grafenstand im April 1740 entworfenen wurde (Farbtafel I).

Gedichte an verehrte Freunde finden sich bei Friedrich zahlreich auch in seinem Briefwechsel mit Voltaire, dem gegenüber der König gesteht, von einer unheilbaren „Metromanie" befallen zu sein[23]. Friedrich II. verfasst das hier abgedruckte Gedicht, indem er sich an klassischen Vorbildern orientiert. Diese waren ihm allesamt aber nur in französischer Übersetzung zugänglich, da Friedrich II. des Griechischen nicht mächtig war und ihm sein Vater das Erlernen des Lateinischen untersagt hatte, da er bedacht war, ihm ausschließlich eine militärische Erziehung angedeihen zu lassen.

Das Einsetzen der Enkomiastik ist in Friedrich II. Briefen nicht willkürliches Spiel oder gar unterwürfige Geste, vielmehr, wie Uwe Steiner anlässlich der Rolle der Gelegenheitsgedichte im Briefwechsel Friedrichs II. mit Voltaire anmerkt, dient es ihm zur geselligen Kommunikation und dazu, das Idealbild seines Gegenübers zu entwerfen, das diesem wie ein Spiegel vorgehalten wird. Es ist bewusstes Einsetzen einer Gattung, die ihm gestattet, einen „Spielraum von Anspruch und Wirklichkeit zu eröffnen", es ist hintergründiges Spiel, das das Partikuläre der Beziehung ins Allgemeingültige höherer Verbindungen führen soll.

---

[21] Der Originalbrief auf Französisch ist veröffentlicht in: Œuvres de Frédéric le Grand. Bd. XVIII, Nr. 36, S. 51 f.
[22] U. a. ebd., Brief vom 21. Juni 1740, Nr. 8, S. 16; Brief vom 2. November 1740, Nr. 13, S. 21 f.; Brief vom 13. November 1740, Nr. 15, S. 24; Brief vom 29. November 1740, Nr. 18. S. 26 f.; Brief vom 17. Januar 1741, Nr. 20, S. 28; Brief vom 15. Juni 1740, Nr. 21, S. 28 f.; Brief vom 27. Februar 1742, Nr. 25, S. 34; Brief vom 18. April 1742, Nr. 28, S. 38–40; Brief vom 10. Mai 1742, Nr. 30, S. 42 f.; Brief vom 29. Mai 1742, Nr. 32, S. 45 f.; Brief vom 18. Juli 1742, Nr. 35, S. 50 f.
[23] Über die zahlreichen Gedichte in den Briefen Friedrichs II. an Voltaire s. Steiner: Auch ein Gespräch über die Poesie, S. 28. Vgl. auch ein Friedrich II. zugeschriebenes Gedicht an Barbarina ab S. 299 in vorliegender Arbeit, Abb. 55.

Poesia di Federico II per Algarotti: «Al bel cigno di Padova»

Questa poesia fu inviata ad Algarotti tra il luglio e l'agosto del 1742.

In molte lettere che il re gli scrisse tra il 1740 ed il 1742 Algarotti viene apostrofato come «cigno di Padova», «carissimo cigno», «cigno armonioso», «dolcissimo cigno» ecc. Due cigni orneranno anche lo stemma che il re fece creare secondo sue precisissime istruzioni allorché egli conferì al veneziano il titolo ereditario di conte nell'aprile del 1740 (tavola a colori II).

La poesia qui riprodotta non esula da un'abitudine di letteratura encomiastica che Federico segue anche nei riguardi di Voltaire, cui confessa di essere affetto da «metromania». Essa si orienta verso modelli classici mediati al re da traduzioni francesi, dato che egli non conosceva il greco e che lo studio del latino gli era stato proibito dal padre, teso a fargli impartire un'educazione strettamente ed esclusivamente militare. Il ricorrere al genere encomiastico nelle sue lettere non è, da parte del re, un gioco gratuito o gesto di ossequiosa sottomissione, bensì, come Uwe Steiner ha studiato a proposito delle poesie d'occasione contenute nelle lettere di Federico a Voltaire, esso segue i dettami della comunicazione nel segno della sociabilità, al re così cari. Esso gli permetteva, infatti, di dar vita ad un ritratto ideale dell'amico da proporgli a modello. Questo genere diviene per il re, inoltre, mezzo coscientemente usato, come osserva Steiner, per «aprire uno spazio tra esigenze e realtà», esso diviene gioco imperscrutabile che trascende il rapporto contingente trasponendolo in una sfera, universalmente valida, di rapporti dai significati piú alti.

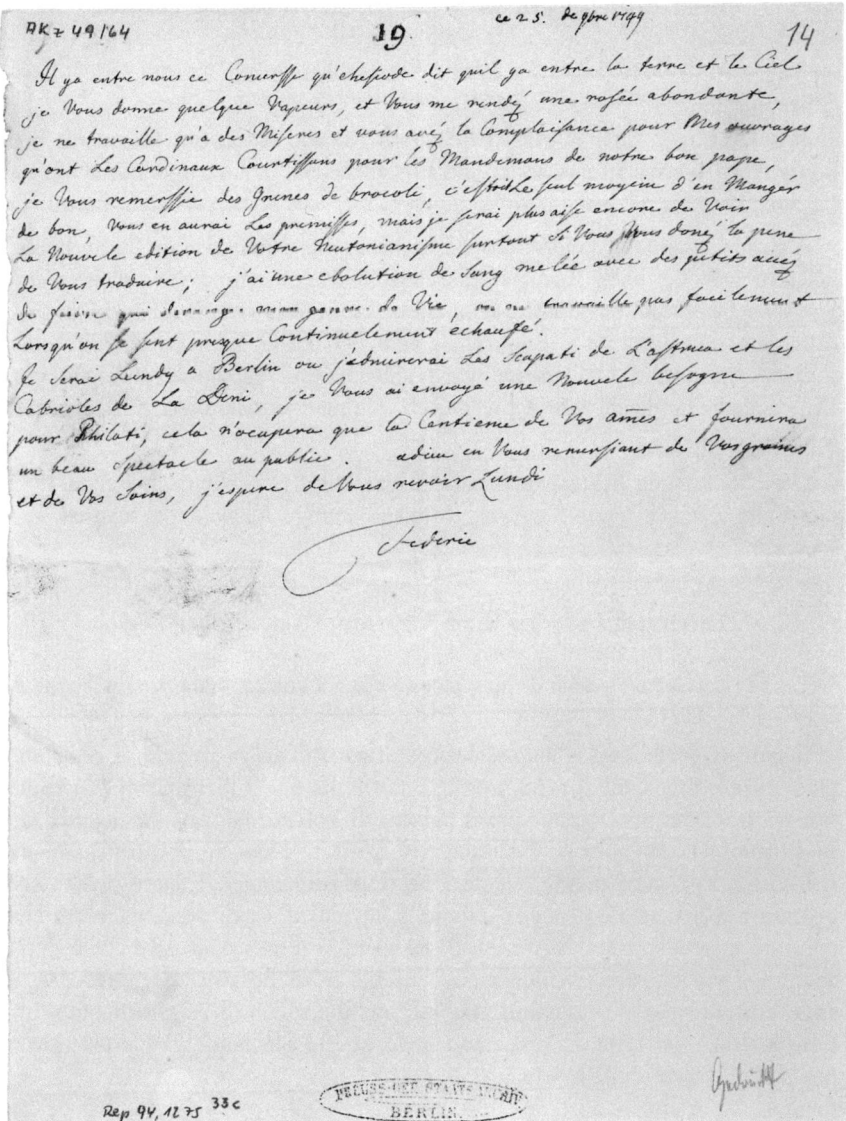

Abb. 25: Brief Friedrichs II. an Algarotti, 25. November 1749
(GStA PK, BPH, Rep. 47 Kg Friedrich II., Nr. 434, fol. 14)

Brief Friedrichs II. an Algarotti, 25. November 1749[24]

[…] ich danke Ihnen wegen der Samen, dies war der einzige Weg, um gute Broccoli zu essen. Davon werden Sie die erste Kostprobe bekommen.

Am Tag zuvor hatte Algarotti Friedrich II., wie schon oft, Samen für den königlichen Garten in Sanssouci „zu Ehren meines Landes und Eurer Majestät zum Vergnügen" zugesandt[25], die er soeben aus Italien erhalten hatte.

Algarotti, dem die Leidenschaft Friedrichs für Früchte und Leckerbissen bekannt war, ließ dem König immer wieder Melonen und viele weitere italienische Spezialitäten zukommen. Ganz besonders bat ihn Friedrich ausdrücklich um Bottarga.[26] Es handelt sich bei dieser auch als „sardinischer Kaviar" bekannten Delikatesse um gesalzene und getrocknete Rogen von Meeräsche, Thunfisch oder Schwertfisch, die man in salamiartige Blöcke verarbeitet.

Die Lieferungen hörten auch nach Algarottis Rückkehr nach Italien 1753 nicht auf, der die letzte Sendung Bottarga wenige Monate vor seinem Tod schickte.[27]

Lettera di Federico II ad Algarotti, 25 novembre 1749

[…] Vi ringrazio per i semi di broccolo, questo era l'unico modo per mangiarne di buoni. Voi ne avrete le primizie.

Il giorno precedente a questa lettera Algarotti aveva inviato al re, come tante altre volte, semi appena giuntigli dall'Italia per il giardino di Sanssouci «per l'onore del mio paese e per il piacere di Vostra Maestà». Assecondando in tal modo la passione di Federico per frutta e leccornie, Algarotti invierà nel corso degli anni meloni ed altri prodotti alimentari. Tra essi spicca soprattutto la bottarga, specialità italiana a base di uova di pesce essiccate che possono essere, a scelta, di tonno, di muggine o di pesce spada e che è detta anche «il caviale del mediterraneo». Richieste di bottarga da parte del re sono costanti e si protraggono anche dopo il ritorno di Algarotti quest'ultimo in Italia nel 1753. Il Veneziano inviò questa specialità a Federico fino a pochi mesi prima della morte.

---

[24] Der Originalbrief auf Französisch ist veröffentlicht in: Œuvres de Frédéric le Grand. Bd. XVIII, Brief Nr. 57, S. 72.

[25] „Pour l'honneur de mon pays et pour le plaisir de V. M.", ebd., Brief Nr. 56, S. 71 f.: 71.

[26] „Envoyez moi la boutarge quand vous pourrez", ebd., Brief Nr. 84 vom 25. März 1753, S. 88 f.: 88.

[27] Ebd., Brief Algarottis aus Pisa, vom 9. März 1764, Nr. 137, S. 128 f.: 128.

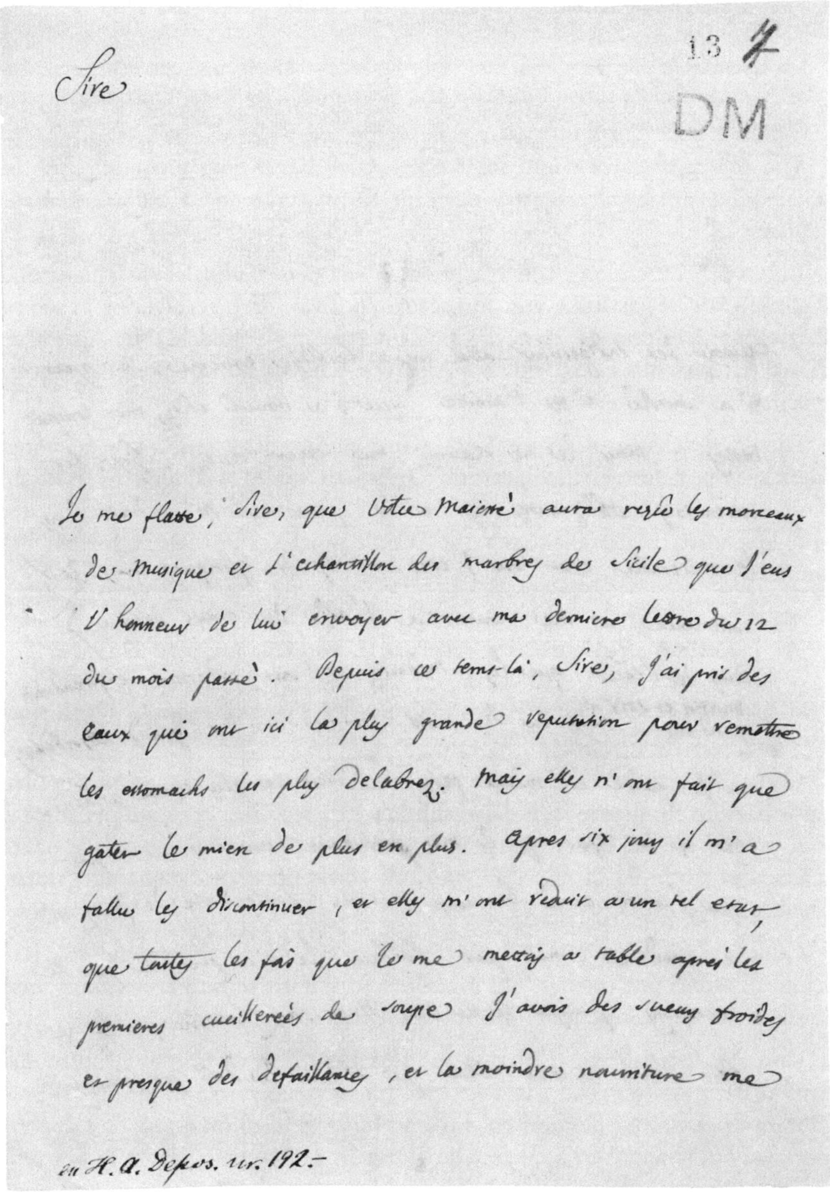

Sire

13 7

DM

Je me flate, Sire, que Votre Majesté aura reçû les morceaux
des musique et l'echantillon des marbres des Sicile que j'eus
l'honneur de lui envoyer avec ma derniere lettre du 12
du mois passé. Depuis ce tems-là, Sire, j'ai pris des
eaux qui ont ici la plus grande reputation pour remettre
les estomachs les plus delabrez. mais elles n'ont fait que
gater le mien de plus en plus. apres six jours il m'a
fallu les discontinuer, et elles m'ont reduit a un tel etat,
que toutes les fois que je me mettois a table apres les
premieres cuillerées de soupe J'avois des sueurs froides
et presque des defaillances, et la moindre nourriture me

en H. A. Depos. nr. 192.—

Abb. 26: Brief Algarottis an Friedrich II., Padua, 9. August 1753
(GStA PK, BPH, Rep. 47 Kg Friedrich II., J Nr. 248, fol. 13)

Brief Algarottis an Friedrich II., Padua, 9. August 1753

Ich schmeichle mir, Sire, daß Ew. Maj. die Stücke Musik und die Muster sizilianischen Marmors erhalten haben werden, die ich die Ehre hatte, Ihnen mit meinem letzten Brief zu senden [...].

Wie schon oben erwähnt, interessierte sich der König nicht nur für die italienische Musikwelt, sondern auch für Kunstwerke und Kostbarkeiten aus Italien.

Bitten um Zusendung von Nachrichten aus dem Kulturleben Italiens und Aufträge zur Beschaffung von Kunstwerken finden sich regelmäßig in seinen Briefen an Korrespondenten, die sich im Ausland befinden. Mit Aufträgen dieser Art bedenkt Friedrich auch Algarotti schon seit der ersten Begegnung mit ihm 1739 in Rheinsberg.[28]

Dieser verschaffte das vom König Gewünschte dank seines ausgedehnten Netzes von Kunstverständigen im Lande, zu denen Flaminio Scarselli in Rom und sein Bruder Bonomo in Venedig zählen, die ihm z. B. Warenmuster von kostbaren Materialien und für Wandteppiche, für Mosaikarbeiten besorgten.[29]

Lettera di Algarotti a Federico II, Padova, 9 agosto 1753

Mi lusingo, Sire, che Vostra Maestà abbia ricevuto i pezzi di musica ed i campioni di marmo di Sicilia che ho avuto l'onore di inviarVi nella mia ultima lettera [...].

Come già accennato, il re era straordinariamente interessato ad ottenere informazioni su quanto il mondo culturale offrisse oltre i confini del suo regno, e non solo nel campo musicale ma anche in quello artistico, dalle opere d'arte alle stoffe ed ai materiali preziosi, come illustrano anche altri documenti qui esposti.

Continue sono le preghiere rivolte dal re ai suoi corrispondenti soggiornanti all'estero per ottenere informazioni in questo settore e continue sono le sue richieste di procurare quanto desiderato.

Con tali incombenze Federico incarica fin dal loro primo incontro nel 1739 a Rheinsberg anche Algarotti che, fino a poco prima di morire, si premurerà di esaudire i desideri del sovrano servendosi di un'estesa rete di contatti, tra cui si annoverano il fratello Bonomo a Venezia e Flaminio Scarselli a Roma, cui si è detto a proposito dell'illustrazione nr. 7, che si premureranno di procurare, ad esempio, campioni di stoffe e materiali per arazzi e mosaici.

---

[28] s. den Text zur Abb. 9.
[29] s. den Text zur Abb. 7.

Girolamo Lucchesini
(1751–1825)

Am 7. Dezember 1779 erhielt ein junger Edelmann aus Lucca, der Marchese Girolamo Lucchesini, seine erste Audienz in Potsdam, die ihm durch den Grafen Fontana, sardınıschen *envoyé extraordinaire* am Preußischen Hof, vermittelt worden war.[1] Lucchesini gefiel dem König, der ihn bat, dauerhaft in seinen Diensten zu bleiben und ihn am 9. Mai 1780 zum Kammerherrn ernannte.

Lucchesini gehörte zum engsten Kreis des Königs, der ihn gern als Gast bei seinen abendlichen Unterhaltungen sah, denn, wie der Fürst Charles-Joseph de Ligne (1735–1814) von ihm schreibt,

> er rief durch den Reiz seiner Unterhaltung die des Königs hervor. Er wusste, was für Gegenstände dem König angenehm waren, und dann verstand er es, zuzuhören, was nicht so leicht ist, wie man denkt, und was kein dummer Mensch je verstanden hat. Er machte sich durch seine verführerischen Manieren und durch die Anmuth seines Geistes bei Jedermann ebenso angenehm wie bei Seiner Majestät.[2]

Der Toskaner zeichnete sich als vielseitiger Berater des Königs, auch in literarischen Fragen, und als Diplomat nicht weniger denn Algarotti aus: nach Denina soll er die schwierige Aufgabe glänzend bewältigt haben, den König gegenüber der Literatur in deutscher Sprache versöhnlicher gestimmt zu haben.[3]

Wie die hier abgedruckten Briefe belegen, gehörten zu seinen Aufgaben das Anwerben und die Betreuung des italienischen künstlerischen Personals an der Königlichen Hofoper und am Intermezzo-Theater in Potsdam, die

---

[1] *P. D. Fischer*: Friedrich der Große und die Italiener, S. 400–418: 412. Zu Lucchesini s. auch *D'Ancona*: Federico il Grande e gli italiani, S. 3–162: 83–102.

[2] Brief des Fürsten de Ligne an den König von Polen, gegen Ende 1786, in: *Prince de Ligne*: Mémoires, lettres et pensées. Hrsg. v. Alexis Payne. Vorwort von Chantal Thomas. Paris: Bourin 1989, S. 489 f.: „M. de Lucchesini, par l'agrément de sa conversation, faisait valoir celle du roi. Il savait sur quoi il lui était agréable de la faire tomber; et ensuite il savait écouter, ce qui n'est pas aussi aisé qu'on le croit, et ce qu'un sot n'a jamais su. Il était aussi agréable à tout le monde qu'à Sa Majesté par ses manières séduisantes et la grâce de son esprit." Die Stelle wurde zitiert in der deutschen Übersetzung von *P. D. Fischer*: Friedrich der Große und die Italiener, S. 400–418: 412.

[3] *Denina*: La Prusse littéraire, Bd. II, S. 425–430 und ders.: Essai sur la vie et le règne de Frédéric II, Roi de Prusse, pour servir de préliminaire à l'édition de ses œuvres posthumes. Berlin: Rottmann 1788. II. T., Kap. 10, S. 349–355: 353–355.

Pflege der Beziehungen zu italienischen und französischen Gelehrten[4] sowie Angelegenheiten der Königlich-Preußischen Akademie der Wissenschaften,[5] zu dessen Ehrenmitglied man ihn am 29. August 1786 machte, dem Jahr, in dem er, durch die Heirat mit Charlotte von Tarrach, der Schwager des Piemontesers Franz Ignaz Pinto Graf von Barri (1725–1788), Generalmajor des preußischen Heeres, wurde.[6]

Lucchesini betätigte sich auch schriftstellerisch[7], z. B. in einer Geschichte der Parteien und Bürgerkriege in Florenz. Nicht minder als Algarotti wurde er von Friedrich II. ausgezeichnet, u. a. mit der Erhebung in den Grafenstand. Er blieb in Berlin einige Jahre nach dem Tod Friedrichs und nahm politische Aufgaben wahr: Friedrich Wilhelm II. ernannte ihn 1788 zum Preußischen Gesandten in Petersburg, 1789 zum Preußischen Vertreter in Polen, 1793 zum Preußischen Gesandten in Wien und sein Nachfolger 1802 zum außerordentlichen Gesandten in Paris. 1807 quittierte Lucchesini den preußischen Dienst und kehrte, nach einem Aufenthalt in Paris, am Ende der Napoleonischen Ära nach Italien zurück. Hier hielt er u. a. Vorlesungen über das Leben und Wirken Friedrichs in der *Accademia* von Lucca.

Er starb in seiner Heimatstadt am 20. Oktober 1825.[8]

---

[4] s. auch die weiteren Quellen in: GStA PK, BPH, Rep. 47 Kg Friedrich II., J Nr. 458, fol. 30; GStA PK, BPH, Rep. 47 Kg Friedrich II., J Nr. 458, fol. 4 und fol. 40.

[5] Außer den in diesem Abschnitt abgedruckten Briefen s. den weiter unten veröffentlichten Brief Lucchesinis an Friedrich II., Potsdam, 1. März 1782, der die Vermittlertätigkeit Lucchesinis im Rahmen seiner Betreuung der Angelegenheiten der Königlich Preußischen Akademie der Wissenschaften bezogen auf die Berufung Deninas belegt.

[6] Brief Lucchesinis an Friedrich II., Potsdam, 31. Januar 1786, GStA PK, BPH, Rep. 47 Kg Friedrich II., J Nr. 458, fol. 44. s. zu Pinto S. 227–230 vorliegender Arbeit.

[7] *Nicolai*: Beschreibung der königlichen Residenzstädte, T. II, S. 820: „er ist auch ein glücklicher lateinischer Dichter."

[8] *Bailleu*: Art. „Lucchesini", in: Allgemeine Deutsche Biographie. Bd. 19. Berlin: Duncker & Humblot 1969, S. 345–351 und *Thomas Stamm*: Art. „Lucchesini", in: Neue Deutsche Biographie. Bd. 15. Berlin: Duncker & Humblot 1987, S. 274 f.; *Willy Höhm*: Der Einfluß des Marquis von Lucchesini auf die preußische Politik 1787–1792. Frankfurt a. d. O.: Beholtz 1925; *Joachim von Kürenberg* [= Joachim von Reichel]: Der letzte Vertraute Friedrichs des Großen: Marchese Girolamo Lucchesini. Berlin: Universitas 1933.

Girolamo Lucchesini
(1751–1825)

Il 7 dicembre 1779 un giovane nobile di Lucca, il marchese Girolamo Lucchesini, ottenne la sua prima udienza a Potsdam, mediatagli dal conte Fontana, *envoyé extraordinaire* sardo alla corte prussiana. Lucchesini piacque al re che gli chiese di restare al suo servizio, nominandolo camerlengo il 9 maggio 1780. Il toscano apparteneva alla strettissima cerchia del re, gradito ospite alle sue riunioni serali, poiché, come lascia testimonianza il principe di Ligne,

> egli sapeva stimolare con la propria conversazione quella del re. Sapeva quali argomenti fossero graditi al re ed era poi capace di ascoltare, cosa che non è così facile come si crede e che non è mai riuscita alle persone sciocche. Grazie ai suoi modi accattivanti ed alla grazia dello spirito egli sapeva rendersi amabile non solo al re ma a tutti coloro che egli frequentava.

Lucchesini si distinse altrettanto quanto Algarotti come poliedrico consigliere del re e come diplomatico. Secondo quanto scrive Denina, egli assolse brillantemente il non facile compito di riconciliare un po' il re con la letteratura in lingua tedesca.

Come si evince dalle lettere qui pubblicate, faceva parte delle incombenze di Lucchesini sia l'occuparsi degli artisti italiani attivi presso l'Opera Reale e presso il Teatro Comico di Potsdam, sia il curare i contatti con studiosi e letterati italiani e francesi sia l'amministrazione degli affari inerenti alla Reale Accademia delle Scienze, di cui fu fatto socio ordinario il 29 agosto 1786, anno in cui sposò Charlotte von Tarrach, cognata del piemontese Francesco Ignazio Pinto conte di Barri, General Maggiore dell'esercito prussiano, di cui si avrà modo di parlare piú avanti.

Egli fu inoltre versatile scrittore ed autore, tra l'altro, di una storia dei partiti e delle guerre civili a Firenze. Non meno di Algarotti egli fu colmato di onori da Federico che gli conferì, tra l'altro, il titolo di conte. Dopo la morte del re egli rimase a Berlino dove gli furono affidati innumerevoli incarichi politici. Federico Guglielmo II lo nominò ambasciatore prussiano a San Pietroburgo nel 1788, in Polonia nel 1789, a Vienna nel 1793 ed il suo successore, nel 1802, emissario straordinario a Parigi.

Nel 1807 Lucchesini prese congedo dal servizio presso il re di Prussia, soggiornò a Parigi e, al crollo dell'era napoleonica, tornò in Italia. Qui tenne, tra l'altro, lezioni sulla vita e l'opera del re prussiano all'Accademia di Lucca, dove morì il 20 ottobre 1825.

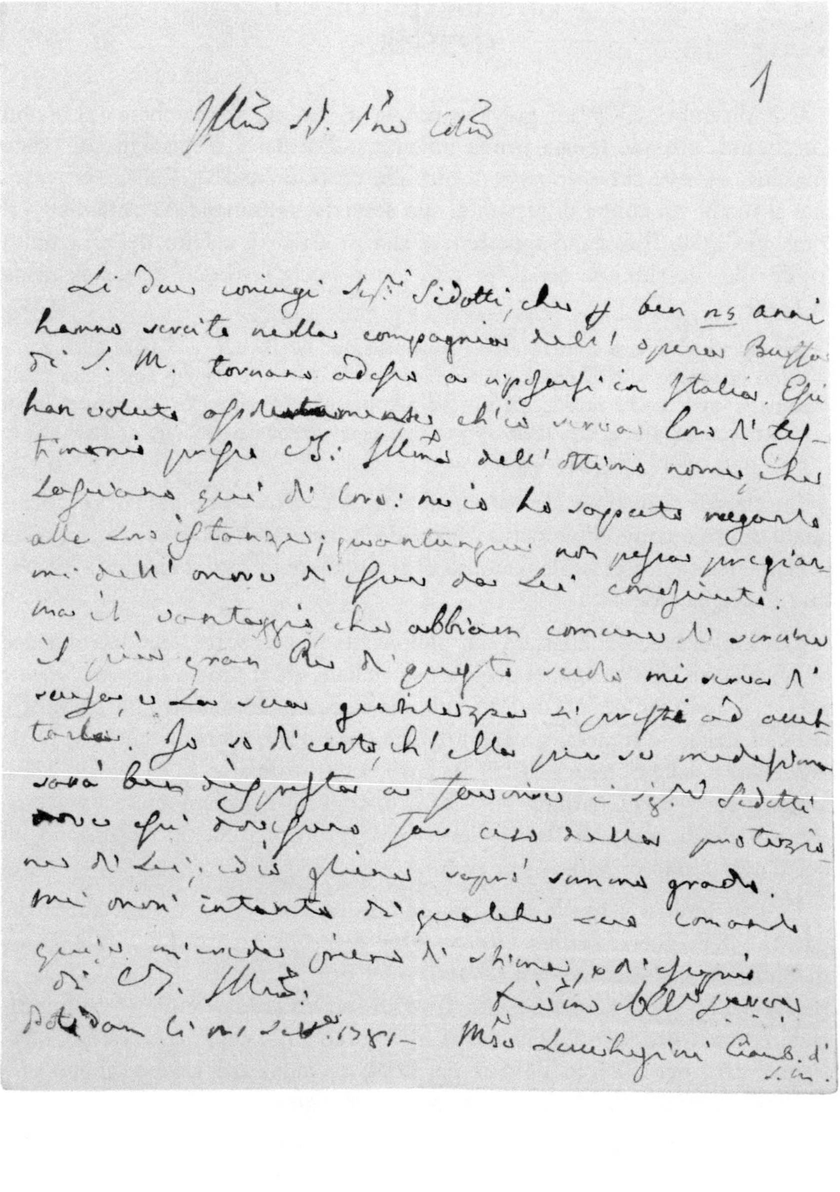

1

Ill.mo Sig.r Pne Col.mo

Li due coniugi Sig.ri Sidotti, che per ben 25 anni
hanno servito nella compagnia dell'opera Buffa
di S. M. tornano adesso a ripatriarsi in Italia. Essi
han voluto assolutamente ch'io scriva loro l'at-
testato presso V. S. Ill.ma dell'ottimo nome, che
lasciano qui di loro: ne io ho saputo negarlo
alle loro istanze; quantunque non possa pregiar-
mi dell'onore d'esser da Lei conosciuto.
ma il vantaggio che abbiamo comune di servire
il più gran Re di questo secolo mi serva di
scusa, e la sua gentilezza di questo ad accet-
tarla. Io so di certo ch'ella per se medesima
sarà ben disposta a favorire i Sig.ri Sidotti
ove qui dovessero far uso della protezio-
ne di Lei, ed io glie ne saprò sommo grado.
Mi onori intanto di qualche suo comando
gradito, mentre pieno di stima, e di ossequio
Di V. S. Ill.ma
Dev.mo obbl.mo servitore
Potsdam li 21 sett.e 1781 — M.se Lucchesini Ciamb. di S. M.

Abb. 27: Brief Lucchesinis an Friedrich II., Potsdam, 21. September 1781 (GStA PK, I. HA Rep. 81 Gesandtschaften und (General-)Konsulate vor 1807, Rom I. C, Nr. 1 Fasz. 10, fol. 1)

Brief Lucchesinis an Friedrich II., Potsdam, 21. September 1781

[...] die Eheleute Sidotti, die für gute 25 Jahre in den Diensten der Komischen Oper Eurer Majestät gestanden haben, möchten sich jetzt nach Italien zur Ruhe setzen. Sie haben beharrlich darauf bestanden, daß ich Ihnen als Zeuge bei Ew. Maj. diene, daß sie einen untadeligen Ruf hier hinterlassen [...].

Filippo Sidotti und seine Frau, Marianna Gheri, sind schon seit 1753 als Sänger im Intermezzo-Theater in Potsdam nachweisbar, das seit dem 15. März 1748 Aufführungen der italienischen *Opera Buffa* anbot und wo besonders Filippo „in comischen Rollen excellierte".[9]

Aufführungen von komischen Spielopern im „kleinen" Intermezzo-Theater, d. h. mit nur zwei darstellenden Künstlern, wurden in Potsdam durch die Truppe des Schauspielers, Librettisten, Komponisten, Theatermalers und Maschinisten[10] Girolamo Bon (ca. 1700–nach 1766) angeboten. Bon, der nach erfolgreichen Gastspielen in Dresden und in Russland nach Berlin gekommen war, betrieb das vom König aus privaten Mitteln unterhaltene Potsdamer Intermezzo-Theater von 1748 bis 1751 und war auch für die Ausstattung der Intermezzi zuständig. Zu seiner Truppe gehörten seine Frau, Rosa Ruvinetti, „deren vorzügliche Talente im Komischen Bewunderung erregten", und Domenico Cricchi (ca. 1700–1761), „vortrefflicher Bassist"[11]. Nach dem Weggang Bons und seiner Truppe nach Bayreuth wurde das Personal der komischen Oper zahlenmäßig erhöht. Unter den Künstlern des „großen Intermezzos", das später vom Bassbuffo Sänger Johann August Christoph Koch (1754–1792) geleitet wurde, fanden sich, neben dem Ehepaar Sidotti, Nunziata Manzi, ab 1751 in Berlin,[12] und das Ehepaar Carlo und Angela Paganini, die bis 1756 im Ensemble blieben.[13]

---

[9] *Karl Martin Plümicke*: Entwurf einer Theatergeschichte von Berlin: nebst allgemeinen Bemerkungen über den Geschmack, hiesige Theaterschriftsteller und Behandlung der Kunst, in den verschiedenen Epochen. Berlin/Stettin: Nicolai 1781, S. 140 f.: 141; *Schneider*: Geschichte der Oper, S. 150 und *Christoph Henzel*: Die Schatulle Friedrichs II. von Preußen und die Hofmusik (T. 1), in: Jahrbuch des Staatlichen Instituts für Musikforschung Preußischer Kulturbesitz 1999, S. 36–66: 40.

[10] Bon war 1749–1750 auch für die Königliche Oper in Berlin als Theatermaler und Maschinist tätig. Von ihm stammen z.B. die in höchsten Tönen von den Theaterchronisten der Zeit gelobten Maschinerien für die am 27. März 1749 aufgeführte Oper „Angelica e Medoro", s. weiter unten ab S. 275 in vorliegender Arbeit.

[11] *Plümicke*: Entwurf einer Theatergeschichte, S. 140 f.; zum Intermezzo-Theater auch *Otto Weddigen*: Geschichte der Berliner Theater. In ihren Grundzügen von den ältesten Zeiten bis zur Gegenwart. Berlin: Seehagen 1899, S. 20.

[12] Die Schreibweise des Namens dieses Soprans im Intermezzo-Theater schwankt zwischen Manzi bei *Plümicke*: Entwurf einer Theatergeschichte von Berlin, S. 140, Mansi bei *Schneider*: Geschichte der Oper, S. 136, oder Marsi bei *Rödenbeck*: Tagebuch, Bd. I, 2, S. 217.

[13] Zu Koch und der weiteren Entwicklung der *Opera Buffa* in Potsdam s. weiter unten ab S. 299 und den Text zur Abb. 58.

Lettera di Lucchesini a Federico II, Potsdam, 21 settembre 1781

[…] li due coniugi Sig^{ri} Sidotti, che per ben 25 anni hanno servito nella Compagnia dell'Opera Buffa di S. M. tornano adesso a riposarsi in Italia. Essi han voluto ostinatamente ch'io serva loro di testimonio presso S. Maestà dell'ottimo nome, che lasciano qui di loro […].

I due artisti qui nominati da Lucchesini erano attivi nel teatro dell'Opera Buffa che era stata aperta per volere del re a Potsdam il 15 marzo 1748 e presso la quale Filippo « eccelleva in ruoli comici » già dal 1753.

La prima compagnia che, dal 1748 al 1751, si esibì in questo teatro mantenuto a spese del re, era diretta dal compositore, librettista, pittore teatrale e macchinista Girolamo Bon (ca. 1700–dopo il 1766). Egli era giunto a Berlino dopo un fortunato soggiorno a Dresda ed in Russia ed era attivo come macchinista e decoratore teatrale anche per l'Opera Reale di Berlino, come si dirà più avanti soprattutto a proposito delle macchine da lui create per l'opera « Angelica e Medoro » data il 27 marzo 1749. Nel teatro dell'Opera Buffa di Potsdam egli si occupava soprattutto delle decorazioni di scena.

La compagnia era molto piccola, facendone parte solo la moglie di Bon, Rosa Ruvinetti, il cui talento in parti comiche era molto lodato, e Domenico Cricchi, basso buffo di non minor valore. Dopo la partenza della truppa Bon per Bayreuth, il personale venne aumentato e vi si trovano tra gli artisti, oltre che la coppia Sidotti, Nunziata Manzi (anche Mansi o Marsi), che era a Berlino già dal 1751, ed i coniugi Carlo ed Angela Paganini che vi furono attivi fino al 1756. In seguito, sotto la direzione di Johann August Christoph Koch, vennero assunti numerosi altri artisti, come verrà detto più avanti.

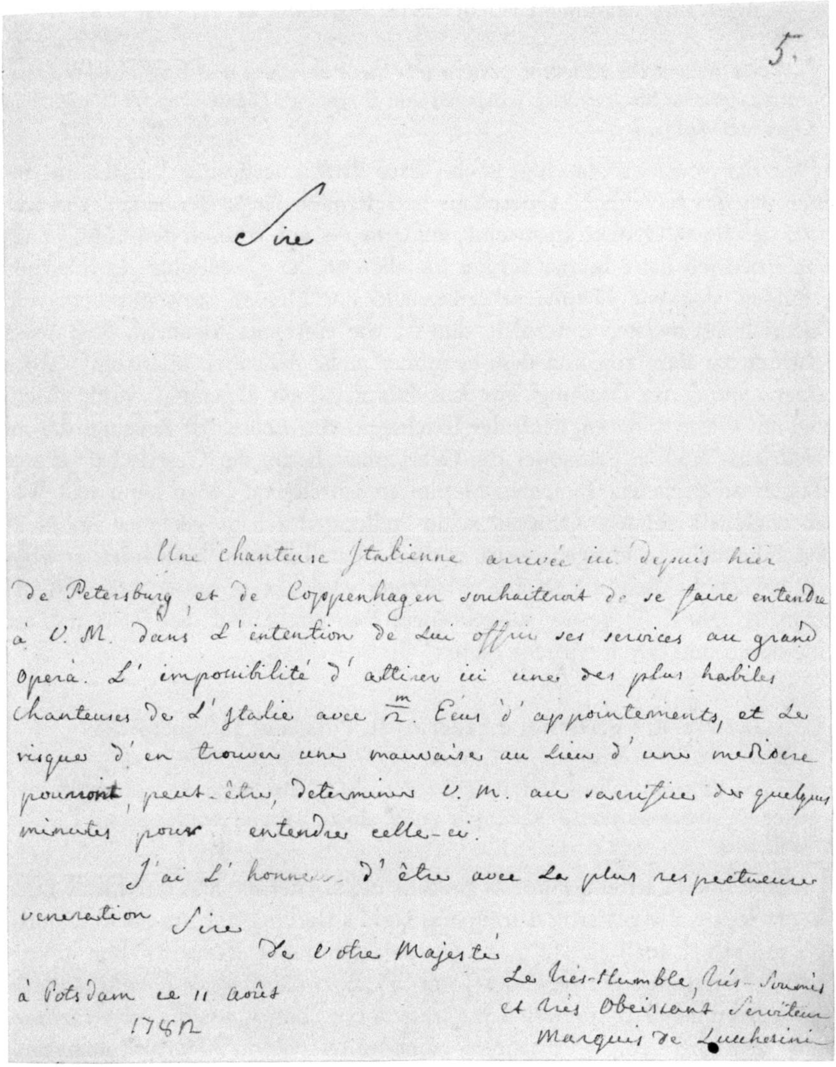

5.

Sire

Une chanteuse Italienne arrivée ici depuis hier de Petersbourg, et de Coppenhagen souhaiteroit de se faire entendre à V. M. dans l'intention de Lui offrir ses services au grand Opera. L'impossibilité d'attirer ici une des plus habiles Chanteuses de l'Italie avec $\overline{\overset{m}{2}}$. Ecus d'appointements, et le risque d'en trouver une mauvaise au lieu d'une mediocre pourront, peut-être, determiner V. M. au sacrifice des quelques minutes pour entendre celle-ci.

J'ai l'honneur d'être avec la plus respectueuse veneration Sire

De Votre Majesté

à Potsdam ce 11 aoüt
1782

Le très-Humble, très-Soumis et très Obeissant Serviteur
Marquis de Lucchesini

Abb. 28: Brief Lucchesinis an Friedrich II., Potsdam, 11. August 1782
(GStA PK, BPH, Rep. 47 Kg Friedrich II., J Nr. 458, fol. 5)

Brief Lucchesinis an Friedrich II., Potsdam, 11. August 1782

[...] eine italienische Sängerin, gestern hier aus Petersburg und Kopenhagen einge-
troffen, möchte bei Ew. Maj. vorsingen und Ihnen ihre Dienste bei der königlichen
Oper anbieten [...].

Wie der vorige, so bezeugt auch dieser Brief Lucchesinis Einsatz im Bereich der das Königliche Opernhaus betreffenden Angelegenheiten, was nur
eines der vielen Gebiete ausmachte, auf denen er auf Wunsch des Königs tätig
war. Friedrich hatte immer stärker Gefallen an der Gesellschaft Lucchesinis
gefunden, der, wie Denina schreibt, bald der Mensch war, mit dem sich
Friedrich am meisten unterhielt, den er, wie einst mit Algarotti, über seine
Schriften zu Rate zog und dem er immer mehr Aufgaben übertrug.[14] Trotz
seiner exponierten Stellung war Lucchesini jedoch allgemein wohlgelitten,
wie, mit vielen anderen, auch der Reichsgraf von Lehndorff bezeugt, der an
Friedrichs Tafel in Sanssouci oft Gelegenheit hatte, die Gesellschaft dieses
Mannes zu genießen. In seinen Memoiren schreibt er: „Man kann sein Wesen engelhaft nennen. Obwohl seine Stellung durchaus geeignet ist, Neid
und Eifersucht zu erregen, so ist er doch überall beliebt, bei Militär sowohl
wie bei Zivil. Diese allgemeine Schätzung verdankt er seiner außerordentlichen Klugheit. Er besitzt ausgebreitete Kenntnisse und viel Geist und ist
eine durch und durch ehrliche Natur."[15]

Lettera di Lucchesini a Federico II, Potsdam, 11 agosto 1782

[...] una cantante italiana arrivata qui ieri da San Pietroburgo e Copenaghen vor-
rebbe un'audizione presso V. M. per poter offrire i propri servigi presso l'Opera
Reale [...].

Anche questa lettera, come la precedente, si riferisce alle attività di Lucchesini legate alla gestione dell'Opera Reale a Berlino, uno tra gli innumerevoli campi nei quali egli fu attivo su desiderio del re. Federico ebbe in cre-
scente simpatia la compagnia del Toscano che, come riferisce Denina, sempre
piú sensibilmente fu preferito tra tutti come compagno di conversazione,
come consigliere con cui discutere, come un tempo con Algarotti, delle proprie opere. Sempre piú numerosi furono gli incarichi che il re gli affidò via
via, ma Lucchesini, nonostante il ruolo di spicco che gli era stato riservato,
seppe sempre attirarsi la generale benevolenza, come ricorda nelle sue memorie il conte imperiale von Lehndorff che aveva ripetutamente avuto occasione di incontrare Lucchesini alla tavola del re.

---

[14] *Denina*: Essai sur la vie et le règne de Frédéric II. T. II., Kap. 10, S. 354 f.
[15] *Ernst Ahasverus Heinrich von Lehndorff*: Des Reichsgrafen Ernst Ahasverus
Heinrich Lehndorff Tagebücher nach seiner Kammerherrnzeit. Gotha: Perthes 1921,
S. 298.

Egli lo descrive nelle sue Memorie come persona dal carattere angelico, beneamato da militari e da civili nonostante la posizione che gli avrebbe, invece, dovuto attirare la generale invidia e gelosia. Questo fatto sarebbe stato riconducibile, secondo von Lehndorff, alle sue straordinarie facoltà intellettive, alla sua profonda cultura, al suo *esprit* ed al fatto che egli fosse di natura profondamente sincera ed onesta.

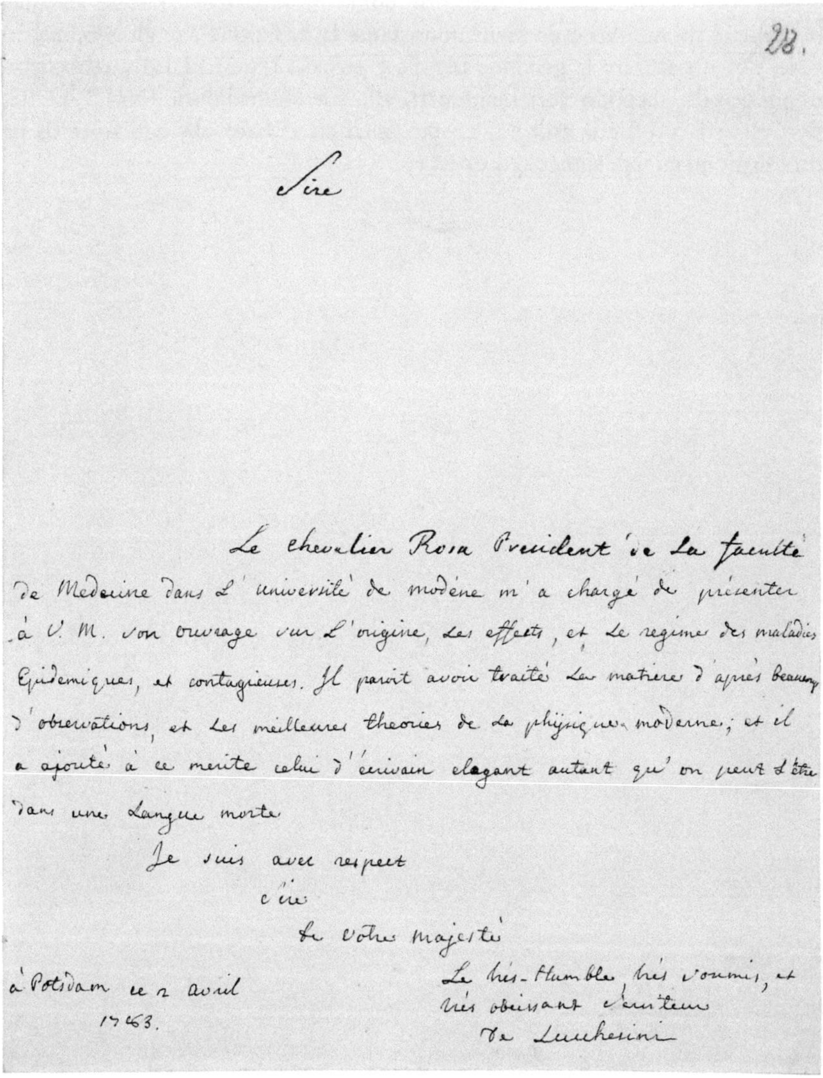

28.

Sire

Le chevalier Rosa President de La faculté
de Medecine dans L'université de modene m'a chargé de presenter
à V. M. son ouvrage sur L'origine, Les effets, et Le regime des maladies
Epidemiques, et contagieuses. Il paroit avoir traité Les matiere d'apres beaucoup
d'observations, et Les meilleures theories de La phisique moderne; et il
a ajouté à ce merite celui d'écrivain elegant autant qu'on peut l'être
dans une Langue morte.
        Je suis avec respect
            Sire
            de votre majesté

à Potsdam ce 2 avril
    1783.

            Le tres-Humble, tres soumis, et
            tres obeissant serviteur
                de Lucchesini

Abb. 29: Brief Lucchesinis an Friedrich II., Potsdam, 2. April 1783
(GStA PK, BPH, Rep. 47 Kg Friedrich II., J Nr. 458, fol. 28)

Brief Lucchesinis an Friedrich II., Potsdam, 2. April 1783

Der Kavalier Rosa, Präsident der Medizinischen Fakultät an der Universität Modena, hat mich damit beauftragt, Ew. Maj. sein Werk über den Ursprung, die Wirkungen und die Lebenshaltung bei ansteckenden Seuchenkrankheiten zu überreichen [...].

Denina berichtet in seinem „Essai sur la vie et le règne de Frédéric II",[16] dass die ganze Korrespondenz mit ausländischen Gelehrten durch die Hände Lucchesinis ging, so dass dieser einen großen Einfluss auf das Leben der Akademie ausübte, auch ohne die offiziellen Titel zu führen, die Maupertuis, Präsident der Königlich-Preußischen Akademie der Wissenschaften von 1746 bis 1759, und der Marquis d'Argens, Direktor der historisch-philologischen Klasse von 1744 bis 1771, trugen.

Dieser Brief belegt, unter den vielen einschlägigen, Lucchesinis Pflege der Beziehungen zu italienischen Gelehrten, die er u. a. auch aufgrund seiner Mitgliedschaft in italienischen Akademien wie der *Crusca* unterhielt. Er bezieht sich auf ein Werk des damals sehr bekannten Arztes und Polyhistors Michele Rosa (1731–1812), der dem König seine in Modena 1782 erschienene Abhandlung „De epidemicis et contagiosis acroasis. Accessit scheda ad catarrhum, seu tussim, quam Russam nominant, pertinens" gesandt hatte.

Lettera di Lucchesini a Federico II, Potsdam, 2 aprile 1783

Il Cavaliere Rosa Presidente della facoltà di Medicina dell'Università di Modena mi ha incaricato di presentare a V. M. la sua opera sull'origine, gli effetti ed il regime delle malattie epidemiche e contagiose [...].

Denina riferisce nel suo «Essai sur la vie et le règne de Frédéric II» che tutta la corrispondenza estera con eruditi e studiosi passava per le mani di Lucchesini, di modo che egli esercitava un grande influsso sulla vita della Reale Accademia, pur non portando i titoli di cui si fregiavano Maupertuis e d'Argens, il primo presidente della Reale Accademia dal 1746 al 1759 ed il secondo direttore della classe storico-filologica dal 1744 al 1771.

La lettera qui riprodotta documenta il campo d'attività di Lucchesini legato ai rapporti fra la corte prussiana ed il mondo della cultura italiana, con particolare riferimento alla Reale Accademia delle Scienze prussiana. Essa riguarda il celebre medico e poligrafo modenese Michele Rosa che, tramite Lucchesini, fa omaggio a Federico della sua «De epidemicis et contagiosis acroasis. Accessit scheda ad catarrhum, seu tussim, quam Russam nominant, pertinens» uscita a Modena nel 1782.

---

[16] „La correspondance étrangère avec les savans passoit sous ses yeux; de sorte que sans les titres qu'avoient eus Maupertuis et d'Argens, le Marquis Lucchesini influa même dans les affaires de l'Académie", in *Denina*: Essai sur la vie et le règne de Frédéric II. T. II, Kap. 10, S. 355.

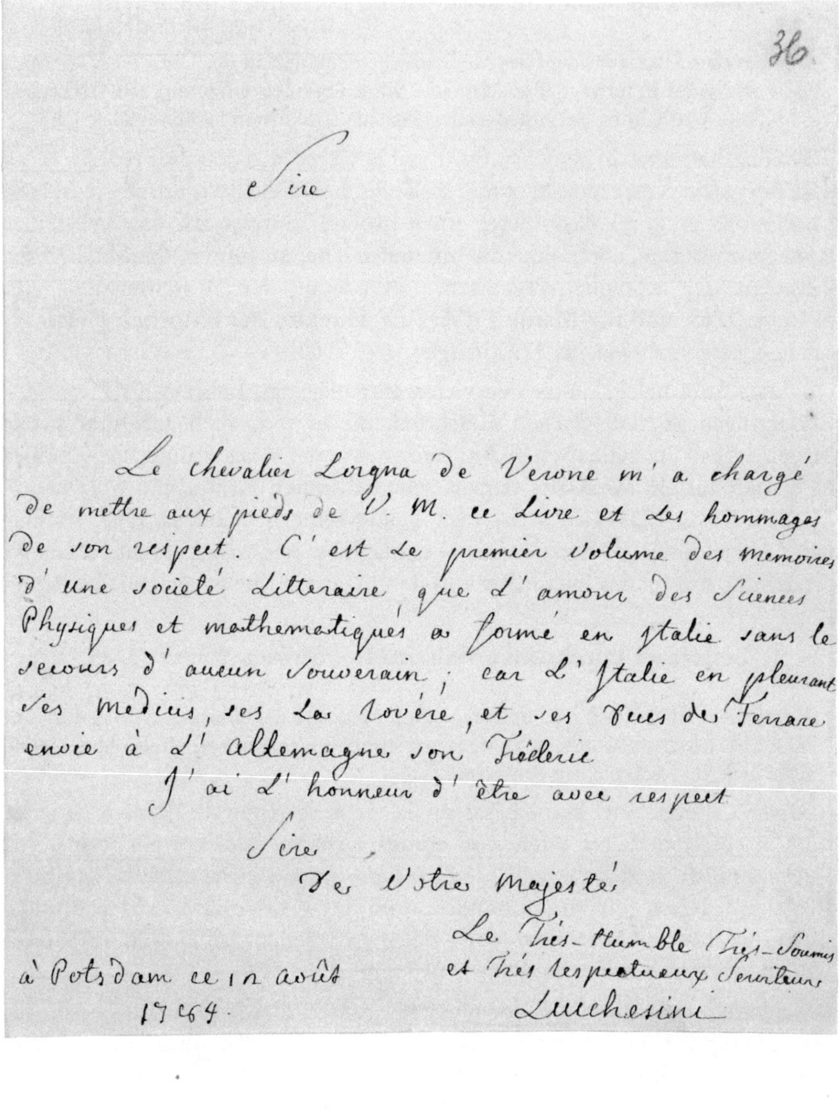

36.

Sire

Le chevalier Lorgna de Verone m'a chargé
de mettre aux pieds de V. M. ce Livre et Les hommages
de son respect. C'est Le premier volume des memoires
d'une societé Litteraire, que d'amour des Sciences
Physiques et mathematiques a formé en Jtalie sans le
secours d'aucun Souverain ; car L'Jtalie en pleurant
ses Medicis, ses La Rovère, et ses Ducs de Ferrare
envie à L'Allemagne son Frederic
          J'ai L'honneur d'être avec respect
                    Sire
               De Votre Majesté
                    Le Très-Humble Très-Soumis
               et Très Respectueux Serviteur,
                         Lucchesini
à Potsdam ce 12 août
          1784.

Abb. 30: Brief Lucchesinis an Friedrich II., Potsdam, 12. August 1784
(GStA PK, BPH, Rep. 47 Kg Friedrich II., J Nr. 458, fol. 36)

Brief Lucchesinis an Friedrich II., Potsdam, 12. August 1784

„Der Kavalier Lorgna aus Verona hat mich damit beauftragt, Ew. Maj. sein Werk zu Füßen zu legen […]".

Auch dieser Brief bezieht sich auf Lucchesinis Pflege der Beziehungen zu italienischen Gelehrten, die Mitglieder der Königlich-Preußischen Akademie der Wissenschaften waren oder wünschten, in die in Italien sehr geschätzte Akademie aufgenommen zu werden.

Der Veroneser Mathematiker und Polyhistor Anton Maria Lorgna (1735–1796) war am 20. Februar 1777 zum auswärtigen Mitglied dieser Akademie gekürt worden. Der Brief an den Veroneser, in dem Friedrich seine Ernennung ankündigte, erfüllte die italienische Gelehrtengemeinschaft mit so viel Stolz, dass er in der venezianischen, in ganz Italien angesehenen und verbreiteten Zeitschrift *Giornale Enciclopedico* in italienischer Übersetzung abgedruckt wurde.[17]

Lettera di Lucchesini a Federico II, Potsdam, 12 agosto 1784

«Il Cavalier Lorgna di Verona mi ha incaricato di mettere ai piedi di V. M. questo libro […]».

Questa lettera si riferisce specificatamente ai rapporti intrattenuti da Lucchesini da Berlino con quanti fossero o desiderassero divenire rappresentanti italiani della Reale Accademia delle Scienze prussiana che in Italia godeva di alta stima e reputazione.

Il matematico e poligrafo veronese Anton Maria Lorgna vi era stato accolto come socio straniero il 20 febbraio 1777. La lettera nella quale Federico annunciava all'erudito veronese la sua nomina riempì d'orgoglio la comunità intellettuale italiana a tal punto che essa fu pubblicata in traduzione italiana nel *Giornale Enciclopedico*, giornale letterario veneziano ma di diffusione nazionale.

---

[17] Briefe aus Potsdam vom 14. und 15. Februar 1777, in: *Giornale Enciclopedico,* Februarheft 1777, S. 122 f. Man liest im Brief vom 15. Februar 1777: „Ho già dato ordine che vi [= nell'Accademia] siate ricevuto in qualità di Membro onorario.", S. 123; s. ferner den Beitrag von *Volker Kapp* im vorliegenden Band.

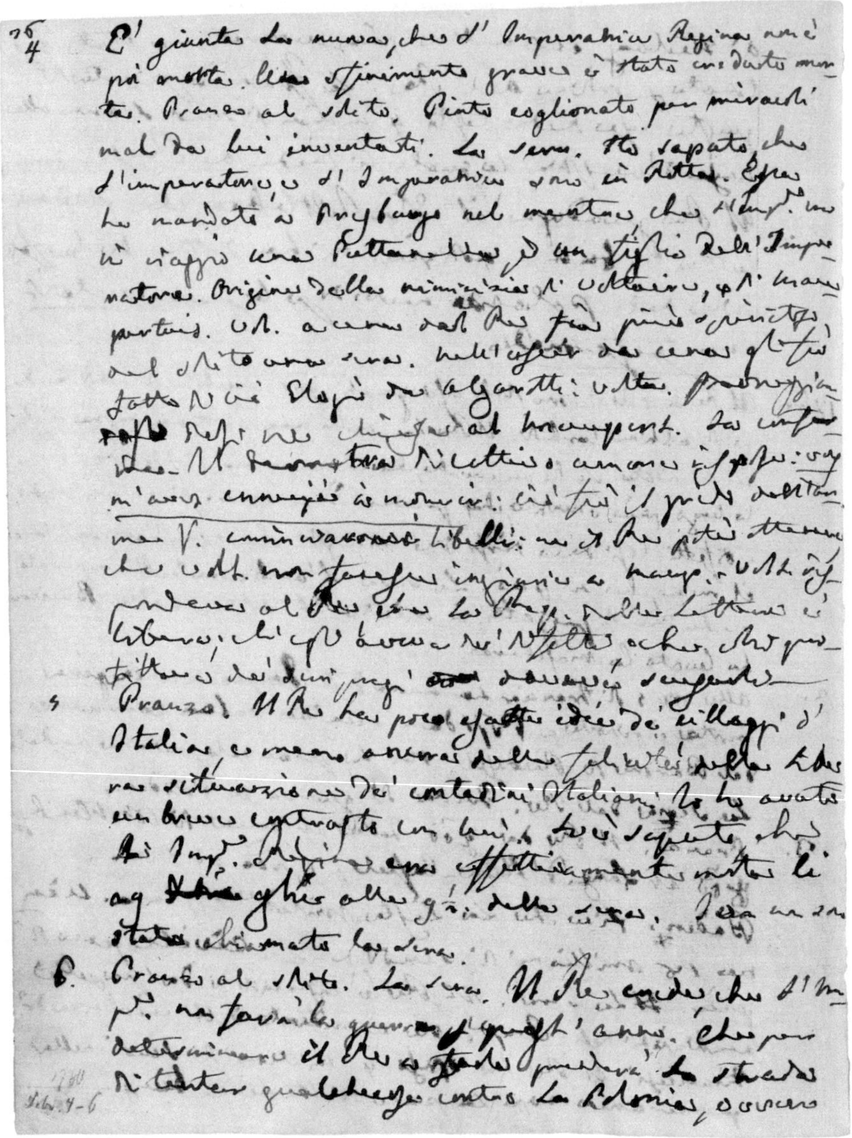

Abb. 31: Tagebuch des Marquis Lucchesini
(GStA PK, VI. HA Familienarchive und Nachlässe, Nl Lucchesini, Nr. 1, fol. 26)

Tagebuch des Marquis Lucchesini.

Zu den habitués der Tafelrunde in Sanssouci gehörte Lucchesini, der, wie der Reichsgraf von Lehndorff in seinen Memoiren schreibt, „sich [des Königs] Achtung in dem Masse zu gewinnen (verstanden) [hatte], daß er ihn mit seinen Spötteleien verschont[e]",[18] deren Zielscheibe hingegen sowohl Giovan Battista Bastiani (1714–1786) als auch Pinto waren.

Lucchesinis Tagebuch[19] stellt mit großer Lebhaftigkeit die Gesellichkeit bei der Tafelrunde in Sanssouci dar und liefert hochinteressante Einblicke in das politische und kulturelle Leben dieser Zeit, so in der hier abgedruckten Eintragung vom 4. Dezember 1780, bei welcher es um den „[...] Ursprung der Feindschaft zwischen Voltaire und Maupertuis" geht:

> Voltaire war eines Abends beim Essen des Königs geistreicher als üblich gewesen. Im Hinausgehen hatte Algarotti ihn dafür gelobt. Voltaire hatte sich damit gebrüstet und Maupertuis um Bestätigung gebeten. Der Geometer, schlecht gelaunt, hatte geantwortet: „vous m'avez ennuyé à mourir". Das war der Alarmruf gewesen. Es ging mit den Pamphleten los, und der König konnte Voltaire nicht daran hindern, Maupertuis zu beleidigen [...].

Diario del Marchese Lucchesini

Tra gli habitués della famosa «Tavola Rotonda» di Sanssouci Lucchesini è tra gli ospiti piú graditi al re, la cui stima, come scrive il conte dell'impero von Lehndorff nelle sue memorie, egli aveva saputo solidamente conquistarsi tanto che Federico lo risparmiava con le sue frecciatine canzonatorie, riservate invece ad altri ospiti come Giovan Battista Bastiani e Pinto.

Il diario di Lucchesini riporta vivaci descrizioni della sociabilità alla famosa «Tavola Rotonda» di Sanssouci ed offre interessanti informazioni sulla vita politica e culturale del periodo, come l'annotazione del 4 dicembre 1780 qui riprodotta, nella quale Lucchesini narra dell'«Origine dell'inimicizia di Voltaire, e di Maupertuis»:

> Voltaire a cena del re fu piú spiritoso del solito una sera. Nell'uscir da cena gli fu fatto di ciò elogio da Algarotti. Voltaire pavoneggiandosi ne chiese al Maupertuis la conferma. Il geometra, di cattivo umore, rispose: «vous m'avez ennuyé à mourir». Ciò fu il grido d'allarme. Cominciarono i libelli; né il re poté ottenere che Voltaire non facesse ingiurie al Maupertuis [...].

---

[18] *von Lehndorff*: Tagebücher, S. 298.

[19] Das Tagebuch wurde veröffentlicht von *N. M. Campolieti*: Discorsi di Federico II di Prussia. Diario del Marchese Girolamo Lucchesini. Roma: Voghera 1911 (= Sonderdruck aus der „Rivista militare italiana", 1911), hier S. 25. Es existiert eine weitere Ausgabe dieses Tagebuchs: Das Tagebuch des Marchese Lucchesini (1780–1782). Gespräche mit Friedrich dem Großen. Hrsg. von *Friedrich von Oppeln-Bronikowski/ Gustav Berthold Volz*. München: Hueber 1926 (= Romanische Bücherei 5), hier S. 64. Die hier zitierte Passage wurde von mir übertragen.

Italiener in der Königlich-Preußischen
Akademie der Wissenschaften

Italienische Gelehrte finden sich an exponierter Stelle auch in der seit 1700 bestehenden und von Friedrich II. in den Jahren 1743 bis 1746 reorganisierten Königlich-Preußischen Akademie der Wissenschaften.

1766 wurde der Turiner Mathematiker Luigi Giuseppe Lagrange (1736–1813) an die Akademie berufen, wo ihn Friedrich II. zum Direktor der Mathematischen Klasse ernannte, und in diesem Amt blieb er bis zu seinem Weggang nach Paris im Jahr 1787. Als seinen Nachfolger wählte Friedrich II. den Mathematiker, Physiker und Astronomen Giovanni Castiglione (1708–1791), der als Kalvinist in Berlin Zuflucht vor religiöser Verfolgung gesucht hatte und in der preußischen Hauptstadt bis zu seinem Tod blieb.

Auch der Piemontese Carlo Giovanni Maria Denina (1731–1813) fand im friderizianischen Berlin, wo er 22 Jahre lebte, einen neuen Wirkungskreis.[1] Durch Girolamo Lucchesini von den Schwierigkeiten in Kenntnis gesetzt, de-

---

[1] Zu Denina s. folgende Studien mit weiterführender Literatur: *Luigi Negri*: Carlo Denina, un accademico piemontese del '700 (sulla scorta di documenti inediti). Torino 1933 (= Memorie della Reale Accademia delle Scienze di Torino, Ser. II, vol. LXVII); *Jochen Heymann*: Aufklärungsdiskussion und Aufklärungsskepsis im Werk von Carlo Denina (1731–1813). Phil Diss. Erlangen, Nürnberg 1988 und ders.: Carlo Denina, Historiograph und Apologet Friedrichs II., in: Jürgen Ziechmann (Hrsg.): Fridericianische Miniaturen 1. Forschungen und Studien zur Fridericianischen Zeit. Bd. II. Bremen: Ziechmann 1988, S. 53–64, 210–212; *Volker Steinkamp*: Zum Preußen-Bild in „La Prusse Littéraire" von Carlo Denina, in: Klaus Heitmann/Teodoro Scamardi (Hrsg.): Deutsches Italienbild und italienisches Deutschlandbild im 18. Jahrhundert. Tübingen: Niemeyer 1993, S. 170–179; *Franca Sinopoli*: Storiografia e comparazione: le origini della storia comparata della letteratura tra Settecento ed Ottocento. Roma: Bulzoni 1996; *Günter Berger*: Die Deutschen kommen: Carlo Denina als Vermittler deutscher Literatur, in: Giorgio Cusatelli/Maria Lieber/Heinz Thoma/Edoardo Tortarolo (Hrsg.): Gelehrsamkeit in Deutschland und Italien im 18. Jahrhundert – Letterati, erudizione e società scientifiche negli spazi italiani e tedeschi del '700. III. Deutsch-Italienisches Kolloquium im Interdisziplinären Zentrum für die Erforschung der Europäischen Aufklärung der Martin-Luther-Universität Halle-Wittenberg, 9.–11. Juni 1996. Tübingen: Niemeyer 1999 (= Hallische Beiträge zur Europäischen Aufklärung 8), S. 150–159; *Marco Cerruti/Bianca Danna* (a cura di): Carlo Denina fra Berlino e Parigi (1782–1813). Giornata di Studio. Torino, Accademia delle Scienze, 30 Novembre 2000. Alessandria: Edizioni dell'Orso 2001 und abschließend *Heitmann*: Das italienische Deutschlandbild, S. 328 f.; 415–420 und passim. Denina gab der Nachwelt ein Selbstportrait von 111 Seiten in seinem Werk: La Prusse Littéraire sous Frédéric II. Bd. I. Berlin: Rottmann 1790, S. 359–470.

nen Denina durch seine aufklärerischen Schriften in seiner Heimat ausgesetzt war[2] und die ihm u. a. den Verlust der Professur eingebracht hatten, ließ Friedrich II. Denina ausrichten, er würde in Preußen alle Freiheiten finden, seiner Arbeit nachzugehen,[3] und berief ihn 1782 als ordentliches Mitglied an seine Akademie. Hier betraute er ihn mit der Aufgabe, eine Geschichte Deutschlands zu schreiben, die Denina 1804 in Druck gab. Mit seinen vielen der deutschen Literatur gewidmeten Abhandlungen, die er auf Französisch schrieb, um größere Resonanz zu erzielen, wurde Denina zu einem der bedeutendsten und erfolgreichsten Verbreiter deutscher Literatur in Europa zu einer Zeit, in welcher ihr sogar Friedrich II. recht wenig Beachtung schenkte.[4] Mit seinem „Essai sur la vie et le règne de Frédéric II", einem Ab-riss der politischen, militärischen, institutionellen und kulturellen Geschichte Preußens, und seiner „Prusse Littéraire sous Frédéric II", Deninas lexikon-artigem Kompendium des kulturellen Lebens in Preußen,[5] lieferte er eine

---

[2] Über die aktive Rolle Deninas bei der Vermittlung dieser Informationen durch Lucchesini an den preußischen Gesandten in Turin, den Baron Jean-Pierre d'Oleyres de Chambrier (1753–1822), unter Einbeziehung des Grafen Saluzzo s. *Carlo Calca-terra*: Il nostro imminente Risorgimento: Gli studi e la letteratura in Piemonte nel pe-riodo della Sampaolina e della Filopatria. Torino: Società editrice internazionale 1935, S. 15 f. und *Heymann*: Carlo Denina, S. 56 f. Man sehe weiter unten den Brief Lucchesinis an Friedrich vom 1. März 1782.

[3] Vgl. den Brief Friedrichs II. an d'Alembert vom 30. Oktober 1782: „Notre Aca-démie vient de faire l'acquisition d'un nouveau membre; il sort des tribulations que quelques phrases raisonnables et modestes lui avaient attirées à Turin; son nom est l'abbé Denina. Il a été professeur à l'université de Turin; il vous sera peut-être connu par *l'Histoire des révolutions de Grèce et des révolutions d'Italie*. Il vient pour dire tout haut en Allemagne ce qu'il pensait tout bas en Italie", in: Œuvres de Frédéric le Grand, Bd. XXV: Correspondance de Frédéric II Roi de Prusse, T. 10. Berlin: Decker 1854, S. 240–243: 242, Kursiv im Text.

[4] Unter den „preußischen" Werken Deninas ist besonders hervorzuheben seine „Apologie de Frédéric II, roi de Prusse, sur la Préférence qu'il parut accorder à la Litté-rature Françoise". Dessau: Heybruch 1787. s. hierzu *Kurt Steinmetz* (Hrsg.): Fried-rich II., König von Preußen, und die deutsche Literatur des 18. Jahrhunderts. Texte und Dokumente. Stuttgart: Reclam 1985 (= UB 2211) und *Rita Unfer Lukoschik*: Salomon Geßner fra Aurelio de' Giorgi Bertòla ed Elisabetta Caminer Turra, in: Andrea Batti-stini (Hrsg.): Un europeo del Settecento. Aurelio de' Giorgi Bertòla riminese. Akten des internationalen Kongresses Aurelio de' Giorgi Bertòla riminese. Un europeo del Settecento. Rimini 10.–12. Dezember 1998. Ravenna: Longo 2000, S. 401–424: 401–403.

[5] Die erste Schrift erschien in Berlin bei Decker und bei Rottmann 1788, letztere in drei Bänden in Berlin, bei Rottmann, zwischen 1790 und 1791. Beide Werke waren ursprünglich gedacht als ein Ganzes, das als Vorspann zur posthumen Ausgabe der Werke Friedrichs erscheinen sollte; wegen ihres großen Umfangs erschien „La Prusse Littéraire" aber als selbständige, dreibändige Publikation im Kielwasser von Voltaires „Siècle de Louis XVI." Deninas Werk ist ein bio-bibliographisch angelegtes Lexikon, das – nach einer umfangreichen Einleitung zum kulturellen Leben Preußens seit 1700 – „preußische" Gestalten im erweiterten Sinne des Wortes behandelt, d. h. bedeutende Vertreter des kulturellen und literarischen Lebens Europas, die einen Briefwechsel mit

epochemachende Darstellung des Fridericianischen Preußen, in welchem der König als aufgeklärter moderner Monarch erstrahlt, der sich nicht nur als Beschützer des Staates versteht, sondern Künste und Wissenschaften beschützt und fördert,[6] ein Bild, das in vielen Briefen italienischer Dichter und Gelehrter bestätigt wird, die Friedrich ihre Werke zusandten oder widmeten.[7]

Bemerkenswert ist die Tatsache, dass der erste Germanist Deutschlands trotz seines 20jährigen Berliner Aufenthalts die Landessprache niemals lernte.[8]

Das einzige italienische Ehrenmitglied in der Königlich-Preußischen Akademie der Wissenschaften während der Regierungszeit Friedrich II. war der Neapolitaner Carlo De' Cagnoni (gestorben vor 1790 in Neapel), der zudem 1752 zum Kurator der Akademie ernannt wurde und dieses Amt bis 1762 innehatte. Friedrich II., wie man weiter unten ausführen wird, setzte ihn auch zu diplomatischen Missionen ein.

Ferner verzeichnen die Annalen der Akademie in der Regierungszeit Friedrichs 26 auswärtige italienische Mitglieder, die wegen ihrer besonderen Verdienste in den dort vertretenen Gebieten des Wissens berufen wurden, unter ihnen: Scipione Maffei (1675–1755), Lazzaro Spallanzani (1729–1799), Anton Maria Lorgna, Giovanni Luigi Bianconi (1717–1781), Leopoldo Caldani (1725–1813), Domenico Passionei (1682–1761), Giuseppe Toaldo (1719–1797), Giovan Battista Morgagni (1682–1771) und Antonio Scarpa (1752–1832), der später Arzt Napoleon Bonapartes wurde.[9]

Italiani alla Reale Accademia Prussiana delle Scienze

Fondata nel 1700 e riorganizzata da Federico II tra il 1743 ed il 1746, la Reale Accademia Prussiana delle Scienze accolse numerosi italiani.

---

dem König unterhielten oder sich, wenn auch nur gelegentlich, im Preußen Friedrichs aufhielten, weshalb sich darunter Namen wie z.B. Voltaire und Maupertuis finden. Die „Prusse Littéraire" ist eine kostbare Quelle über Literaten, Philosophen, Mathematiker, Diplomaten, Theaterschaffende und Dichter, die in dieser Zeit am preußischen Hofe lebten. Darunter finden sich viele Gäste aus Italien, deren Wirken in Berlin nur dank der Einträge in Deninas Lexikon ausführlicher belegbar ist: von den Akademikern Cagnoni, Castiglione und Lagrange über Hofdichter und Sprachlehrer wie Antonio Landi und Roberto Sanseverino bis zu Protagonisten des Opernlebens wie Bartolomeo Verona und Bernardino Galiari.

[6] s. hierzu die Ausführungen bei *Heymann*: Carlo Denina, S. 58–63.

[7] s. den Beitrag von *Volker Kapp* im vorliegenden Band.

[8] Noch 1786 verfasste er seine Berichte und Schriften für die Berliner Akademie der Wissenschaften auf Italienisch und ließ sie dann übertragen, vgl. *Denina*: La Prusse Littéraire sous Frédéric II, Bd. 1, S. 468–470.

[9] s. die Liste der italienischen Mitglieder am Ende dieses Abschnittes.

Nel 1766 venne chiamato a Berlino il matematico torinese Luigi Giuseppe Lagrange, nominato direttore della classe di matematica che diresse fino al 1787, anno della sua partenza per Parigi. Come suo successore il re scelse il matematico, fisico ed astronomo Giovanni Castiglione che, poiché calvinista, aveva cercato rifugio a Berlino da persecuzioni religiose. Egli rimase nella capitale prussiana fino alla sua morte, avvenuta nel 1791.

Anche il piemontese Carlo Giovanni Maria Denina trovò nella Berlino di Federico un nuovo campo d'attività, restandovi per ben 22 anni. Federico, informato da Girolamo Lucchesini delle difficoltà in cui Denina era incorso in Italia a causa dei suoi scritti illuministi che gli erano costati anche la cattedra, invitò il piemontese a venire a Berlino con la promessa che in Prussia avrebbe potuto svolgere il suo lavoro in totale libertà. Nominato socio ordinario all'Accademia delle Scienze nel 1782, Denina ebbe tra i vari incarichi anche quello di scrivere una storia della Germania, che tuttavia uscì in stampa solo nel 1804. Con le sue numerose pubblicazioni dedicate alla letteratura tedesca e scritte in francese perché ottenessero maggior risonanza, Denina divenne uno dei più importanti e famosi divulgatori della letteratura tedesca in Europa, fatto tanto più rilevante poiché, in quel periodo, lo stesso Federico II la apprezzava pochissimo.

Con il suo «Essai sur la vie et le règne de Frédéric II», un compendio della storia politica, militare, istituzionale e culturale della Prussia, e con la sua «Prusse Littéraire sous Frédéric II», un repertorio bio-bibliografico della vita culturale in Prussia, Denina offrì una rappresentazione della Prussia federiciana che fece epoca. In essa il re compare come figura esemplare di monarca illuminato, non solo protettore dello stato, ma anche delle arti e delle scienze, un'immagine che trovò ampia eco presso poeti e studiosi italiani che gli inviarono o dedicarono le proprie opere.

Rimarchevole è che colui che si può considerare il primo germanista della Germania non abbia mai imparato la lingua tedesca nonostante il suo ventennale soggiorno a Berlino.

L'unico socio onorario della Reale Accademia Prussiana delle Scienze durante il regno di Federico II fu il napoletano Carlo De'Cagnoni (morto prima del 1790 a Napoli) che, dal 1752 al 1762, ricoprì anche la carica di amministratore dell'Accademia. Di Cagnoni, come si dirà più avanti, il re si servì anche per missioni diplomatiche.

Ben 26, inoltre, furono i soci stranieri italiani, nominati da Federico II per i loro grandi meriti nelle diverse branche del sapere. Tra essi si annoverano Scipione Maffei, Lazzaro Spallanzani, Anton Maria Lorgna, Giovanni Luigi Bianconi, Leopoldo Caldani, Domenico Passionei, Giambattista Toaldo, Giovan Battista Morgagni ed Antonio Scarpa. Quest'ultimo divenne in seguito medico di Napoleone Bonaparte.

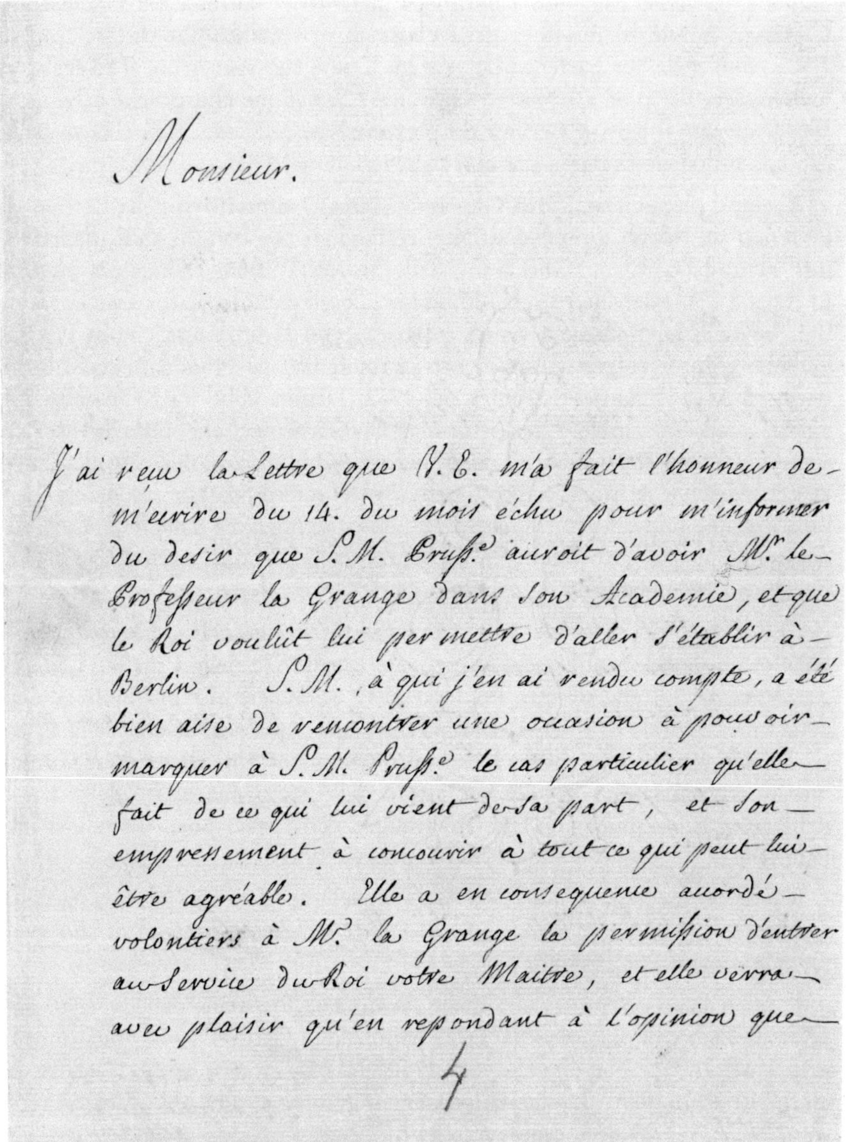

Monsieur.

J'ai reçu la Lettre que V. E. m'a fait l'honneur de m'écrire du 14. du mois échu pour m'informer du desir que S. M. Pruß.ᵉ auroit d'avoir Mʳ le Professeur la Grange dans son Académie, et que le Roi voulût lui permettre d'aller s'établir à Berlin. S. M., à qui j'en ai rendu compte, a été bien aise de rencontrer une occasion à pouvoir marquer à S. M. Pruß.ᵉ le cas particulier qu'elle fait de ce qui lui vient de sa part, et son empressement à concourir à tout ce qui peut lui être agréable. Elle a en conséquence accordé volontiers à Mʳ la Grange la permission d'entrer au service du Roi votre Maitre, et elle verra avec plaisir qu'en répondant à l'opinion que

4

Abb. 32: Brief Devorys aus Turin an den Grafen von Finckenstein vom 5. Juli 1766 (GStA PK, I. HA Geheimer Rat, Rep. 11 Auswärtige Beziehungen, Nr. 252, Savoyen-Sardinien, Fasz. 33, fol. 4)

Brief Devorys aus Turin an den Grafen von Finckenstein vom 5. Juli 1766

Ich habe den Brief erhalten, mit dem mich Ihro Excellenz am 14. vergangenen Monats beehrte, um mir den Wunsch Ihrer Preußischen Majestät mitzuteilen, Herrn Professor la Grange in Seiner Akademie zu haben, und dass der König ihm gestattete, sich in Berlin niederzulassen. Der König, dem ich Bericht erstattet habe, freut sich sehr, eine Gelegenheit zu haben, um Ihrer Preußischen Majestät die besondere Aufmerksamkeit zu zeigen, die er Seinen Wünschen entgegenbringt [...].

Der hier abgebildete Brief zwischen dem Kabinettsminister Karl Wilhelm Reichsgraf Fink von Finckenstein (1714–1800) und dem preußischen Gesandten am sardinischen Hof, Devory, bezieht sich auf die Bemühungen Friedrichs auf höchster diplomatischer Ebene, den Turiner Mathematiker Lagrange entgegen dem Wunsch des Königs Carlo Emanuele III an seine Akademie zu berufen.

Auf den Gelehrten war der König durch den „geheimen Präsidenten" der Königlich-Preußischen Akademie der Wissenschaften, Jean Baptiste le Rond d'Alembert (1717–1783),[10] aufmerksam gemacht worden, der am 29. März 1766 Friedrich geschrieben hatte:

Ich kenne keinen anderen, der im Stande wäre, Herrn Euler würdiger zu ersetzen; es ist ein Geometer aus Turin, namens Herr de la Grange, der noch jung ist, ebenso schätzenswert wegen seiner Talente wie wegen seines Charakters, und dazu bestimmt, glaube ich, es in mathematischen Dingen noch weiter zu bringen als H. Euler und jeder andere von uns.[11]

D'Alemberts Bemühungen wurden von Erfolg gekrönt, worauf er sein Leben lang stolz sein wird.[12]

---

[10] Nach dem Tod Maupertuis' wurde in der Regierungszeit Friedrichs II. kein Präsident mehr gewählt; von 1764 bis 1786 regierte der König die Akademie, indem er Mitglieder wie Minister berief. Dabei zog er stets d'Alembert zu Rate und berücksichtigte fast immer dessen Empfehlungen. Bisweilen schlug d'Alembert selbst, wie im Falle von Giovanni Castiglione, Gelehrte zur Aufnahme in die Akademie vor, was wiederum vom König beherzigt wurde, so dass die Forschung vom französischen Enzyklopädisten als dem „heimlichen Präsidenten" bzw. dem „wirklichen Präsidenten" der Akademie zwischen 1763 und 1783 spricht, s. *Adolf von Harnack*: Geschichte der Königlich Preußischen Akademie der Wissenschaften. Bd. I: Von der Gründung bis zum Tode Friedrichs des Großen. Berlin: Reichsdruckerei 1900. Reprint: Hildesheim: Olms 1970, S. 358–361, S. 466, aber kontrovers hierzu *Hartkopf*: Die Berliner Akademie der Wissenschaften, S. XIII f.

[11] „Je ne connois qu'un seul homme qui pût y remplacer dignement M. Euler; c'est un géomètre de Turin, nommé M. de la Grange, qui est encore jeune, aussi estimable par son caractère que par ses talents, et destiné, je crois, à aller plus loin en mathématiques que M. Euler et qu'aucun de nous", in: Œuvres de Frédéric le Grand. Bd. XXVII, 3, Brief Nr. 5, S. 312–314: 312.

[12] Im Briefwechsel d'Alemberts ist sehr gut dokumentiert, wie sehr sich der französische Enzyklopädist für Lagrange einsetzte, s. hierzu u.a. die Briefe d'Alemberts an

Französischer Abstammung, wurde Luigi Giuseppe Lagrange[13] 1736 in Turin geboren, wo er in sehr jungen Jahren durch seine außerordentliche mathematische Begabung auffiel: Er war erst 19 Jahre alt, als er an der dortigen Königlichen Artillerieschule einen Lehrstuhl für Mathematik erhielt. Nach Berlin berufen, wurde Lagrange am 3. November 1766 zum Direktor der Mathematischen Klasse der Königlich-Preußischen Akademie der Wissenschaften als Nachfolger Leonhard Eulers (1707–1783) ernannt.[14] In der Zeit von 1765 bis 1803 schrieb er 62 Abhandlungen für die „Memoires" der Akademie. Den Ruf als Präsident der ganzen Akademie lehnte er jedoch ab. Nach dem Tod Friedrichs ging er nach Paris, wo er u. a. an der *École Normale Supérieure* lehrt und seine *Mécanique analytique* schreibt. 1813 starb er und wurde im Pantheon begraben.

Thiébault lobt ihn wegen seiner profunden Belesenheit auf vielen Gebieten des Wissens, seines ausgeglichenen und liebenswürdigen Wesens, seines Mutes und der Aufrichtigkeit seines Charakters, die ihm allgemeine Wertschätzung und Zuneigung einbrachten:

> Philosophe toujours égal, toujours sage et toujours tolérant, réunissant à son génie pour les mathématiques, des connoissances aussi étendues que variées sur les diverses branches de la littérature, ayant dans le caractère une aménité douce et naturelle, il a été chéri et singulièrement respecté par ceux qui l'ont connu, et vivement regretté par ceux dont la destinée l'a séparé. [...] Jamais il n'a été accessible à aucune sorte d'intrigue ou d'esprit de parti.[15]

Lettera di Devory da Torino al Conte von Finckenstein del 5 luglio 1766

Ho ricevuto la lettera che V. E. mi ha fatto l'onore di scrivermi il 14 del mese scorso per informarmi del desiderio di S. M. Prussiana di avere il Professor la Grange nella sua Accademia, e che il re vuole permettergli di stabilirsi a Berlino.

Friedrich II. aus Paris vom 26. Mai 1766, vom 21. November 1766 und vom 16. Oktober 1769, ebd., Bd. XXIV: Correspondance de Frédéric avec d'Alembert (1746–3. September 1783), Brief Nr. 29, S. 404 f., Brief Nr. 34, S. 412 f.; Brief Nr. 62, S. 462 f. Im Brief vom 12. September 1766 (ebd., Bd. XXIV, Nr. 34, S. 408–410: 409) vermittelt d'Alembert den Wunsch Lagranges an den König, Direktor der Mathematischen Klasse in der Nachfolge Eulers zu werden. Noch im Brief vom 22. September 1777 schreibt er von „Mein[em] Freund La Grange", in: *Friedrich II. von Preußen*: Schriften und Briefe. Frankfurt am Main: Röderberg 1986 (= Röderberg-Taschenbuch 149), S. 343.

[13] Der Name ist auch in der Schreibweise Lagrangia, Lagranges und De la Grange überliefert.

[14] Zu Lagranges Tätigkeit in der Akademie der Wissenschaften s. *Harnack*: Geschichte der Königlich Preußischen Akademie der Wissenschaften, Bd. I, S. 361 f. und 434 f.

[15] *Thiébault*: Mes souvenirs, Bd. V, S. 38–42: 42: s. ferner *Denina*: Prusse Littéraire, Bd. II, S. 140–147.

S. M., cui ho fatto rendiconto di ciò, si rallegra oltremodo di aver occasione di dimostrare a S. M. Prussiana il conto particolare in cui tiene i desideri che gli giungono da parte Sua [...].

La lettera qui riprodotta, scambiata tra il ministro di Gabinetto Karl Wilhelm Fink von Finckenstein e l'inviato prussiano alla corte piemontese Devory, documenta i tentativi compiuti ad altissimo livello diplomatico da Federico per ottenere che Lagrange passasse alla Reale Accademia delle Scienze prussiana, permesso che il re di Sardegna Carlo Emanuele III, sulle prime, non era stato propenso a concedere.

Era stato Jean le Rond d'Alembert, «presidente segreto» della Reale Accademia delle Scienze prussiana tra il 1763 ed il 1783, anno della sua morte, ad attirare l'attenzione del re sul matematico torinese, come si evince dalla lettera del 29 marzo 1766 in cui gli scrive:

> Non conosco che un solo uomo che potrebbe rimpiazzare degnamente il signor Euler; è un geometra di Torino, chiamato signor de la Grange, che è ancora giovane, altrettanto apprezzabile per il carattere che per le sue capacità e destinato, credo, ad andare in matematica più lontano di quanto abbia fatto il signor Euler e farà qualsiasi altro tra noi.

Gli sforzi di d'Alembert furono coronati da successo, fatto di cui egli fu orgoglioso per tutta la vita.

D'origine francese, Luigi Giuseppe Lagrange era nato a Torino nel 1736, dove trascorse la sua infanzia dando precoci segni del suo straordinario talento matematico tanto che a soli 19 anni fu chiamato alla cattedra di matematica dell'accademia militare della sua città. Giunto a Berlino, il 3 novembre 1766 egli fu nominato successore di Euler alla carica di Direttore della Classe di Matematica della Reale Accademia delle Scienze prussiana. Lasciò testimonianza del suo operato scrivendo tra il 1765 ed il 1803 ben 62 trattati per le «Memoires» dell'Accademia ma, nonostante il suo assiduo ed intenso impegno egli rifiutò, tuttavia, di assumere l'incarico di presidente dell'Accademia stessa.

Dopo la morte di Federico, nel 1786, Lagrange si recò a Parigi dove insegnò matematica analitica alla Scuola Normale Superiore e dove, nel 1813, morì. Gli fu conferito l'onore di essere sepolto nel Pantheon.

Nelle sue memorie Thiébault ne loda il profondo sapere in molti campi dello scibile, ma anche il carattere dolce ed amabile, il coraggio, la sincerità e l'onestà, qualità che fecero sì che Lagrange fosse generalmente amato ed apprezzato.

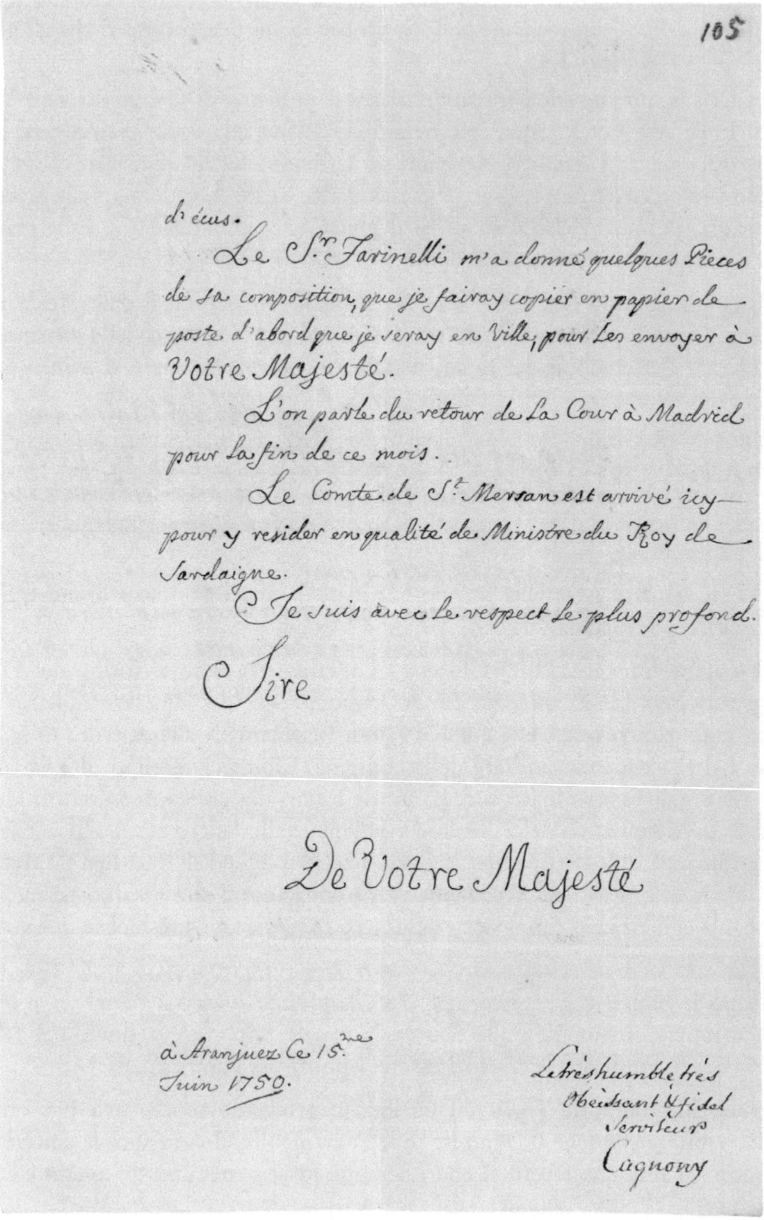

105

d'écus.

Le Sr. Farinelli m'a donné quelques Pieces de sa composition, que je fairay copier en papier de poste. d'abord que je seray en Ville; pour Les envoyer à Votre Majesté.

L'on parle du retour de La Cour à Madrid pour la fin de ce mois.

Le Comte de Sr. Merran est arrivé icy pour y resider en qualité de Ministre du Roy de Sardaigne.

Je suis avec le respect le plus profond.

Sire

De Votre Majesté

à Aranjuez Ce 15.me   Letréshumble trés
Juin 1750.   Obeissant & fidel
                             Serviteur
                             Cagnony

Abb. 33: Brief Carlo De' Cagnonis an Friedrich II., Aranjuez, 15. Juni 1750
(GStA PK, I. HA Rep. 96 Geheimes Zivilkabinett, ältere Periode,
Fach 69 M, fol. 105)

Brief Carlo De' Cagnonis an Friedrich II., Aranjuez, 15. Juni 1750

Wenig ist über den Neapolitaner Carlo De' Cagnoni überliefert.[16]

Um 1700 geboren, verließ er aus unbekannten Gründen Neapel und reiste nach London und Russland. Hier trat er in den Dienst des Grafen Heinrich Johann Ostermann (1687–1747), Premierminister am Zarenhof. 1739 soll Cagnoni bei den von Ostermann geführten Verhandlungen zwischen Wien und der Pforte zur Beendigung des russisch-österreichischen Türkenkriegs (1737–1739) eine gewisse Rolle gespielt haben. Nach der Thronbesteigung von Zarin Elisabeth, die das jähe Ende der politischen Karriere Ostermanns bedeutet, verließ Cagnoni Russland und begab sich, über Hamburg, nach Berlin. Hier gewann er bald das Vertrauen des Königs, der ihn zum Geheimen Rat und, am 14. Oktober 1751, zum Ehrenmitglied der Königlich-Preußischen Akademie der Wissenschaften ernannte, wo er von 1752 bis 1762 auch die Aufgabe des Kurators wahrnahm.

Friedrich sandte ihn u. a. in diplomatischer Mission nach Spanien, wovon der hier abgedruckte, zum Teil chiffrierte Brief Zeugnis ablegt. Laut Denina entschied sich Friedrich, den Neapolitaner Cagnoni nach Spanien zu senden, um sich den Umstand zunutze zu machen, dass der in Neapel von Niccolò Porpora (1687–1766) ausgebildete Kastrat Paolo Broschi, genannt Farinelli (1705–1782), gerade in dieser Zeit einen überaus großen Einfluss am Hofe Ferdinands VI. ausübte[17] In diesem Land blieb Cagnoni ca. zwei Jahre und pflegte, wie hier ersichtlich, tatsächlich die Beziehungen mit Farinelli, ohne jedoch befriedigende Ergebnisse zu erzielen, woraufhin er wieder nach Berlin abberufen wurde. Da er sich vom König ungerecht behandelt fühlte, reichte er seinen Abschied ein und trat 1763 in russische Dienste. Weiteres ist über seine Biographie nicht bekannt.

Er soll vor 1790 in Neapel gestorben sein.

---

[16] Spärliche Informationen zu Cagnoni finden sich in zwei Werken *Carlo Deninas*: in seiner „Prusse Littéraire", Bd. I, S. 312 f. und in seinem „Essai sur la vie et le règne de Frédéric II", Kap. 12, S. 110–112; s. ferner *Harnack*: Geschichte der Königlich Preußischen Akademie der Wissenschaften, Bd. I, S. 466, S. 473.

[17] *Denina*: Essai sur la vie et le règne de Frédéric II, S. 110–112.

Lettera di Carlo De' Cagnoni a Federico II,
Aranjuez, 15 giugno 1750

Poco si sa del napoletano Carlo De' Cagnoni.

Nato intorno al 1700, lasciò Napoli per motivi non conosciuti per recarsi a Londra e poi in Russia. Qui entrò al servizio del conte Heinrich Johann Ostermann, primo ministro alla corte dello Zar russo, e partecipò nel 1739 alle trattative condotte da Ostermann tra Vienna e la Porta. Dopo la salita al trono della Zarina Elisabetta, che segnò di colpo la fine della carriera politica di Ostermann, Cagnoni abbandonò la Russia e si recò, passando per Amburgo, a Berlino. Qui seppe conquistarsi ben presto la stima di Federico II che, tra l'altro, lo nominò Consigliere Segreto e, il 14 ottobre 1751, socio onorario dell'Accademia delle Scienze prussiana. Presso questa istituzione assumerà anche la carica di amministratore, che ricoprirà dal 1752 al 1762.

Federico lo inviò, tra l'altro, in missione diplomatica in Spagna, incarico di cui la presente lettera, in parte cifrata, reca testimonianza. Secondo Denina il re decise di inviare il napoletano Cagnoni in Spagna perché, all'epoca, alla corte di Ferdinando VI godeva di grande influsso il castrato Paolo Broschi, chiamato Farinelli, che a Napoli appunto era stato allievo di Nicola Porpora. Come dimostra la lettera qui riprodotta, Cagnoni, nei due anni che trascorse in Spagna, intese effettivamente rapporti con il famoso castrato, ma, ciò nonostante, alla sua missione non arrise il successo sperato ed egli venne allora richiamato a Berlino. Qui egli rimase fino al 1763 per poi passare nuovamente al servizio dei russi, offeso per il cattivo trattamento di cui si sentiva oggetto da parte di Federico.

Nulla si sa di questi anni, tranne che, a quanto pare, tornò a Napoli dove sarebbe morto prima del 1790.

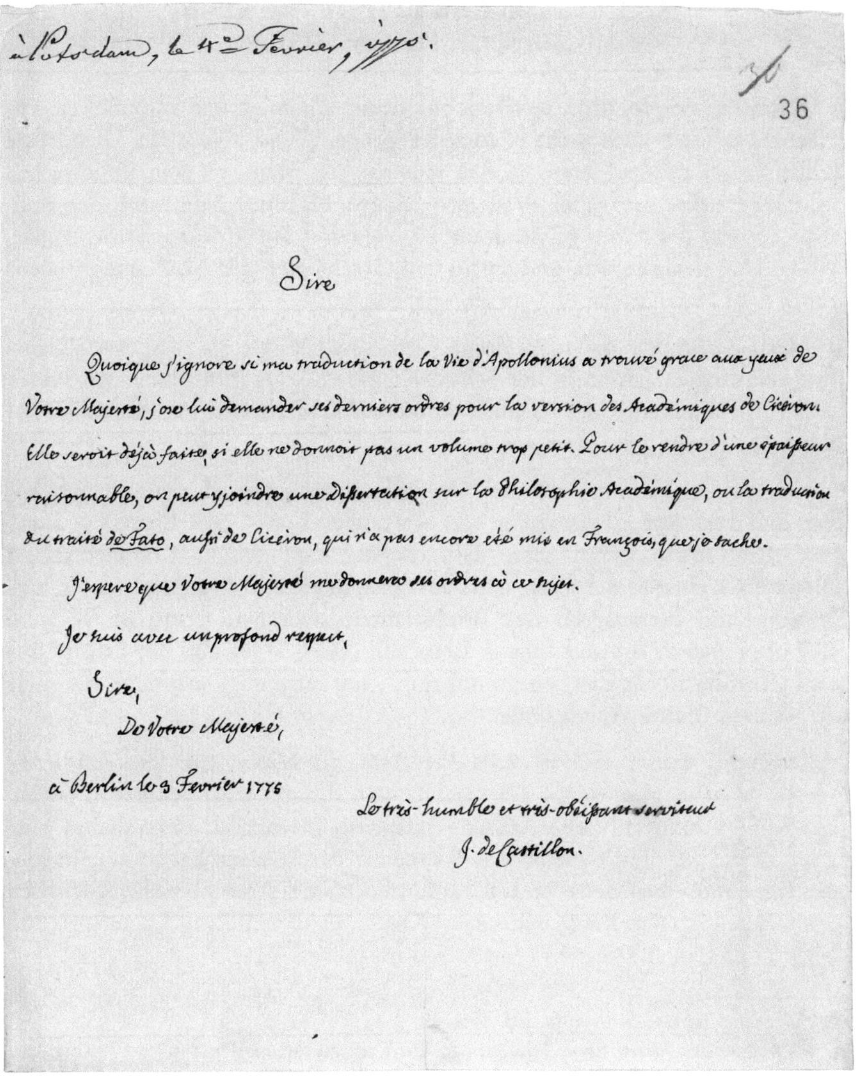

à Potsdam, le 4⁴ᵉ Fevrier, 1775.

36

Sire

Quoique j'ignore si ma traduction de la Vie d'Apollonius a trouvé grace aux yeux de
Votre Majesté, j'ose lui demander ses derniers ordres pour la version des Academiques de Ciceron.
Elle seroit déja faite, si elle ne donnoit pas un volume trop petit. Pour le rendre d'une épaisseur
raisonnable, on peut y joindre une Dissertation sur la Philosophie Academique, ou la traduction
du traité de Fato, aussi de Ciceron, qui n'a pas encore été mis en François, que je sache.

J'espere que Votre Majesté me donnera ses ordres à ce sujet.

Je suis avec un profond respect,

Sire,
De Votre Majesté,

à Berlin le 3 Fevrier 1775

Le très-humble et très-obéissant serviteur

J. de Castillon.

Abb. 34: Brief Giovanni Castigliones an Friedrich II., Berlin, 3. Februar 1775
(GStA PK, I. HA Rep. 96 Geheimes Zivilkabinett, ältere Periode, Nr. 401 T,
Nr. 434 A, fol. 36)

Brief Giovanni Castigliones an Friedrich II.,
Berlin, 3. Februar 1775

„Homme simple, droit et très-loyal, ayant d'ailleurs une véritable et pré-
cieuse érudition dans presque tous les genres",[18] so beschreibt Dieudonné
Thiébault in seinen Memoiren den italienischen Mathematiker, Philosophen
und Übersetzer Giovanni Francesco Mauro Melchior Salvemini, der nach
dem Namen des Ortes (Castiglione im Valdarno Superiore) genannt wurde,
wo er 1708 geboren war, und der in den Geschichten der Akademie meistens
unter dem Namen Jean de Castillon geführt wird.

Nach Berlin war der toskanische Calvinist, der sich als religiöser Flücht-
ling seit einigen Jahren in der Schweiz aufhielt,[19] auf Einladung von Friedrich II. gekommen,[20] der ebenfalls durch d'Alembert sehr nachdrücklich auf
ihn hingewiesen geworden war.[21]

Europäischen Ruhm hatte sich Castiglione bereits durch seine im Schweizer Exil verfasste Übersetzung von Alexander Popes „An Essay on Man"
erworben sowie durch seine Übertragung und seinen Kommentar zu
Newtons kleineren Schriften und der „Arithmetica Universalis", der Übertragung und Herausgabe des Briefwechsels zwischen Gottfried Wilhelm
Leibniz (1646–1716) und Johann Bernoulli (1667–1748) und der Schrift Eulers „Introductio in analysin infinitorum", um nur einige markante Beispiele
aus seinem Œuvre zu erwähnen.[22]

In Berlin wurde er 1763 zum Professor für Mathematik am Artillerie-
Corps ernannt, aber schon 1764 nahm man ihn auf ausdrücklichem Befehl
des Königs aufgrund seiner wissenschaftlichen Meriten als ordentliches Mitglied in die Königlich-Preußische Akademie der Wissenschaften auf. In dieser Institution avancierte er 1787 aufgrund seiner astronomischen Schriften
zum Direktor der Mathematischen Klasse als Nachfolger Lagranges und
blieb in diesem Amt bis zu seinem Tod im Jahre 1791.

---

[18] *Thiébault*: Mes Souvenirs, Bd. V, S. 42.

[19] Wegen der guten zwei Jahrzehnte, die Castiglione in der Schweiz verbrachte,
rechnet ihn *von Harnack* (Geschichte der Königlich Preußischen Akademie, Bd. I, 1,
S. 327 und 359 f.) zu den Schweizer Akademiemitgliedern.

[20] s. hierzu besonders die Schilderungen bei *Thiébault*, ebd., S. 38–42.

[21] „V. M. désire un astronome; je crois que M. De Castillon y serait très propre",
in: Œuvres de Frédéric le Grand. Bd. XXIV, Brief Nr. 29, Paris 26. Mai 1766, S. 404 f:
404. s. ferner ebd., Brief Nr. 30, Paris 11. Juli 1766, S. 405–407: 406 und Nr. 34 vom
21. November 1766, S. 412 f. 413.

[22] Einen sehr guten biographischen Abriss zu Castiglione, den er unter den Namen
‚Jean Castillon' führt, gibt *Moritz Cantor* im einschlägigen Artikel der „Allgemeinen
deutschen Biographie", Bd. 4. Leipzig: Duncker & Humblot 1876, S. 67–69; ferner
Denina: Prusse Littéraire, Bd. I, 1790, S. 321–323.

Neben den vielen mathematischen Abhandlungen für die „Memoires" der Akademie betätigte er sich in den Berliner Jahren weiterhin als geachteter Übersetzer historisch-literarischer Werke, die meist im Auftrag des Königs verfertigt wurden, wie der hier abgedruckte Brief belegt.

Besonders geschätzt war seine ebenfalls in diesem Brief erwähnte französische Übertragung von Flavius Philostratus' Leben des Apollonius von Tyana.[23] Nach Meinung Pilatis ließ Friedrich Castiglione dieses Buch aus einer englischen Version übertragen, um ihn wegen seiner Interessen auch auf dem Gebiet der Theologie zu ärgern, denn diese Fassung enthielt Anmerkungen, die „jeden Theologen zur Weißglut getrieben hätten"[24].

Lettera di Giovanni Castiglione a Federico II, Berlino, 3 febbraio 1775

«Uomo semplice, retto ed oltremodo leale e di erudizione vera e preziosa in quasi tutti i campi», così Dieudonné Thiébault descrive nelle sue memorie il filosofo, matematico e traduttore italiano Giovanni Francesco Mauro Melchior Salvemini, chiamato Castiglione dal luogo in cui nacque nel 1708, Castiglione nel Valdarno Superiore, e riportato nelle storie dell'Accademia delle Scienze Prussiana in genere con il nome francesizzato di Jean de Castillon.

Dopo anni di esilio in Svizzera come perseguitato religioso, egli era giunto a Berlino, chiamato da Federico, cui era stato insistentemente segnalato da d'Alembert. Egli godeva già di fama europea, acquistata, tra l'altro, con le sue traduzioni dell'«Essay on Man» di Pope, per la traduzione ed il commento dei piccoli trattati e dell'«Arithmetica Universalis» di Newton, per la sua versione ed edizione del carteggio fra Leibniz e Bernoulli e per la traduzione dello scritto di Leonhard Euler «Introductio in analysin infinitorum», per citare solo alcune delle sue opere piú significative.

A Berlino era divenuto, nel 1763, professore di matematica presso il Corpo di Artiglieria e, nel 1764, per espressa volontà di Federico, socio ordinario della Reale Accademia delle Scienze.

---

[23] Vgl. die weiteren Briefe Castillons an Friedrich II. in: GStA PK, I. HA Rep. 96 Geheimes Zivilkabinett, ältere Periode, Nr. 434 A, fol. 12, fol. 36 und fol. 42.

[24] *Carlantonio Pilati*: Lettere di un viaggiatore filosofo, S. 69: „Io credo che il re lo abbia voluto per gli suoi Libri teologici, che ha scritto, mortificare, coll'ordinargli di tradurre in Francese la vita di Apollonio tiranèo [...] di cui avvi una traduzione inglese, almeno dei due primi Libri, dove il traduttore v'aggiunse delle note fatte a posta per far saltar la mosca al naso a ogni maniera di Teologi. Il re volle, che il Signor Castillon cominciasse la sua traduzione francese su questa traduzione inglese, senza omettervi le note".

Grazie alla fama raggiunta con i suoi scritti di astronomia, Castiglione nel 1787 fu nominato direttore della classe di matematica della Reale Accademia delle Scienze di Berlino come successore di Lagrange e ricoprì questa carica fino alla sua morte, sopraggiunta nel 1791.

Otre alle numerosissime relazioni scientifiche che scrisse per l'Accademia, egli si dedicò, per ordine e desiderio del re, a traduzioni di opere storico-letterarie. Il re gli fece, tra l'altro, fare una versione francese della vita di Apollonio di Tiana di Flavio Filostrato, di cui reca testimonianza la lettera qui riportata. Secondo Pilati il re fece tradurre l'opera a Castiglione per provocarlo in uno dei campi che maggiormente interessavano il matematico, vale a dire in quello teologico. Castiglione dovette fornire, infatti, la sua versione basandosi su una versione inglese del testo originale colma di note «fatte a posta per far saltar la mosca al naso a ogni maniera di Teologi» senza ometterle.

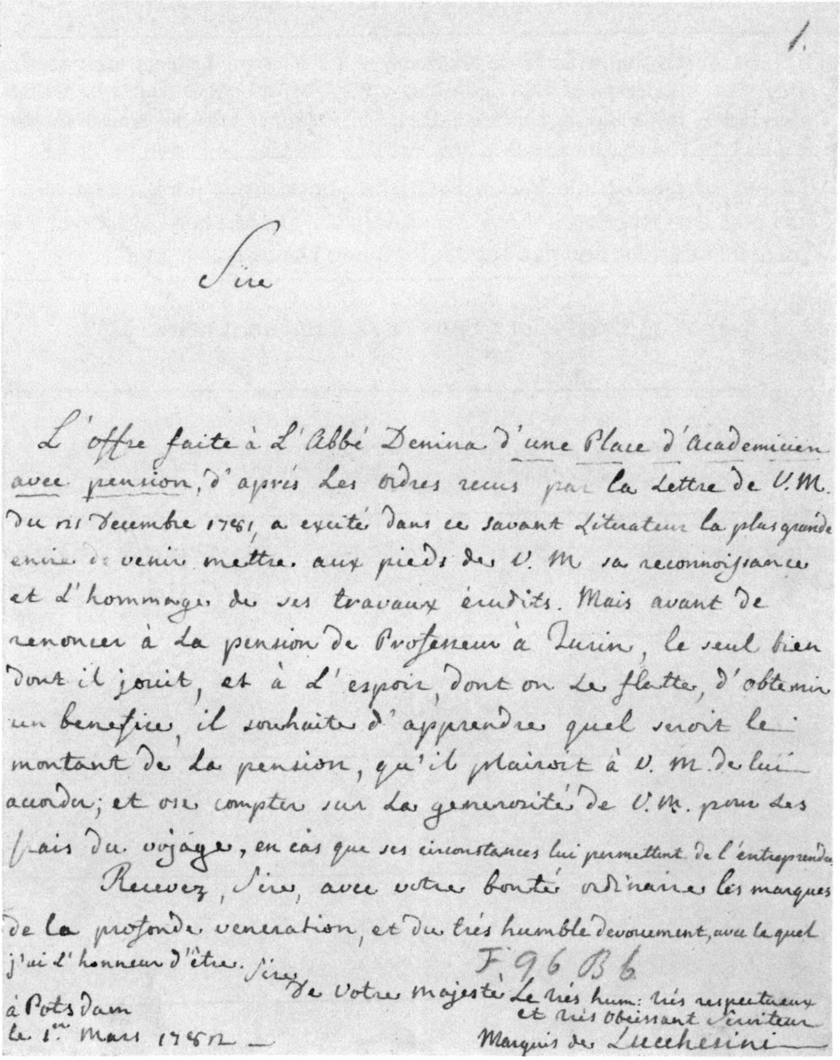

1.

Sire

L'offre faite à L'Abbé Denina d'une Place d'Academicien avec pension, d'après les ordres reçus par la Lettre de V.M. du 21 Decembre 1781, a excité dans ce savant Litterateur la plus grande envie de venir mettre aux pieds de V.M. sa reconnoissance et l'hommage de ses travaux érudits. Mais avant de renoncer à la pension de Professeur à Turin, le seul bien dont il jouit, et à l'espoir, dont on le flatte, d'obtenir un benefice, il souhaite d'apprendre quel seroit le montant de la pension, qu'il plairoit à V.M. de lui accorder; et ose compter sur la generosité de V.M. pour les frais du voyage, en cas que ses circonstances lui permettent de l'entreprendre.

Recevez, Sire, avec votre bonté ordinaire les marques de la profonde veneration, et du très humble devouement, avec lequel j'ai l'honneur d'être. Sire

F. 96 B 6

de Votre Majesté Le très hum: très respectueux et très obeissant Serviteur

Marquis de Lucchesini

à Potsdam
le 1er Mars 1782 —

Abb. 35: Brief Lucchesinis an Friedrich II., Potsdam, 1. März 1782
(GStA PK, BPH, Rep. 47 Kg Friedrich II., J 458, fol. 1)

Brief Lucchesinis an Friedrich II., Potsdam, 1. März 1782

[...] das Angebot einer Stelle als Akademiker mit Pension, das man nach den im Brief vom 21. Dezember 1781 enthaltenen Befehlen Ew. Maj. dem Abt Denina überbrachte, hat in diesem Gelehrten das größte Begehren erweckt, seine Dankbarkeit und die Hommage seiner gelehrten Arbeiten Ew. Maj. zu Füssen zu legen [...].

Dieser Brief belegt die Vermittlertätigkeit Lucchesinis im Rahmen seiner Betreuung der Angelegenheiten der Königlich-Preußischen Akademie der Wissenschaften, hier bezogen auf die Berufung Deninas.

Lettera di Lucchesini a Federico II, Potsdam, 1 marzo 1782

[...] L'offerta fatta all'abate Denina d'un posto d'accademico con pensione secondo gli ordini ricevuti dalla lettera di V.M. del 21 dicembre 1781 ha fatto sorgere in questo studioso letterato la piú grande voglia di venire a mettere ai piedi di V. M. la sua riconoscenza e l'omaggio dei suoi lavori eruditi [...].

La lettera mostra l'impegno di Lucchesini nell'ambito dell'Accademia delle Scienze di Berlino riguardo ai suoi tentativi di farvi chiamare il torinese Denina.

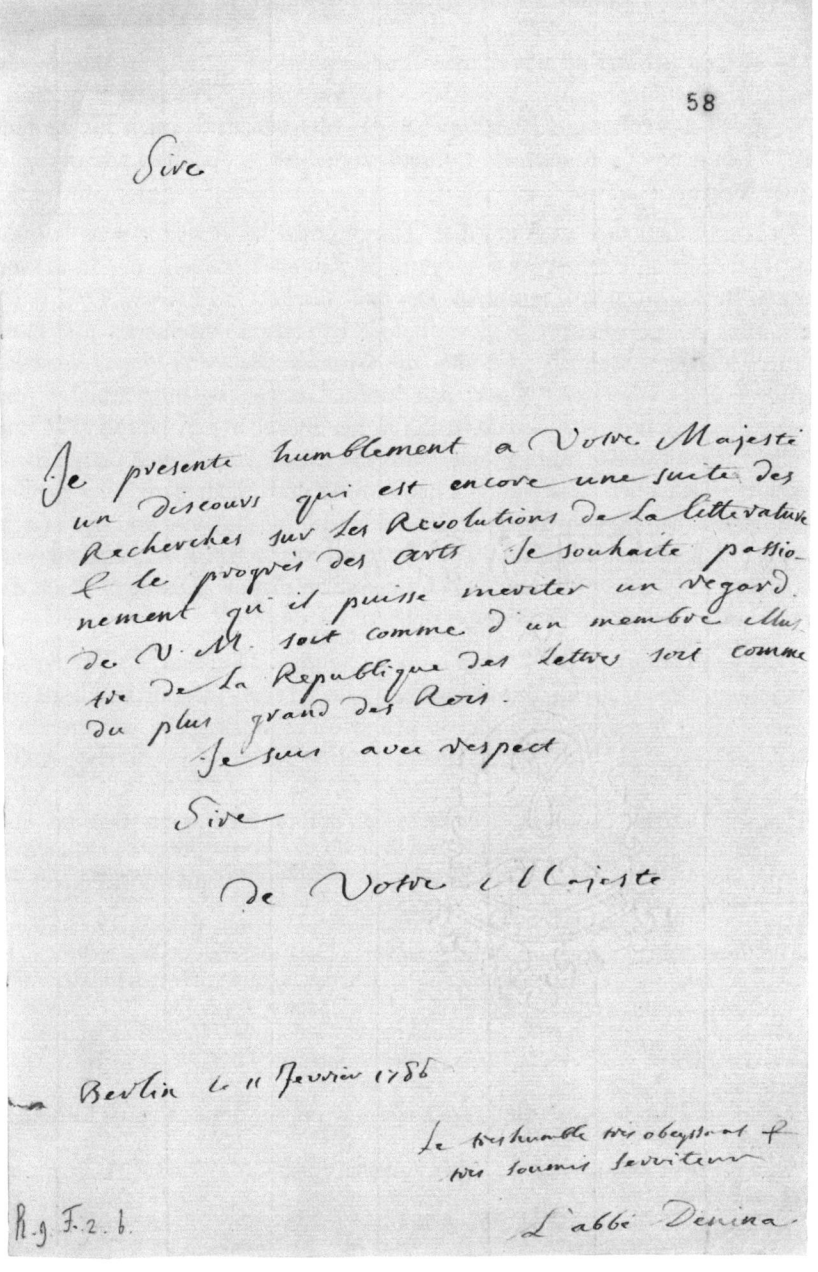

Abb. 36: Brief Deninas an Friedrich II., Berlin, 11. Januar 1786
(GStA PK, I. HA Rep. 96 Geheimes Zivilkabinett, ältere Periode, Nr. 401 H, fol. 58)

Brief Deninas an Friedrich II., Berlin, 11. Januar 1786

Es könnte sich bei dem in diesem Brief erwähnten „Discours" um die am 26. Januar von Denina in der Akademie vorgetragene „Réponse à la question Que doit-on à L'Espagne?", „Was hat die Menschheit Spanien zu verdanken?" handeln, eine begeisterte Lobrede zum Beitrag Spaniens zur europäischen Kultur.[25]

Es könnte sich aber auch um den „Discours sur les vicissitudes de la littérature, traduit de l'italien sous les yeux de l'auteur" handeln, der in diesem Jahr in Berlin im Druck erscheint. Das italienische Original war 1760 unter dem Titel „Discorso sopra le vicende della letteratura" erschienen und hatte sofort Deninas Ansehnen weit über die Grenzen Piemonts hinaus wachsen lassen.[26] Das italienische Werk, das fünfmal erweitert, umgearbeitet und nachgedruckt wurde – u. a. auch in Berlin bei Spener in den Jahren 1784 und 1785 –,[27] bietet in der fünfbändigen Ausgabe letzter Hand einen vergleichenden Überblick über Entstehung, Entwicklung und Niedergang aller großen Nationalliteraturen, vom alten Orient bis ins 18. Jahrhundert und hat seinem Autor den Ruf eines Begründers der literaturhistorischen Komparatistik eingebracht.[28] Besonders hervorzuheben ist, dass in diesem „Discours" auch die deutsche Literatur eine bevorzugte Behandlung erfährt.[29]

1786 gab Denina in Berlin eine Fortsetzung des „Discours" in Druck, der unter dem Titel „Lettere Brandeburghesi che servono di continuazione alle Vicende della letteratura. Quaderno primo e preliminare che comprende il Viaggio Germanico"[30] das ehrgeizige Ziel seines Autors verwirklichen sollte,

---

[25] *Carlo Denina*: Réponse à la question que doit-on à l'Espagne. Discours lu à l'Académie de Berlin dans l'Assemblé Publique du 26. Janvier pour le jour anniversaire du Roi par Mr. l'Abbé Denina. Berlin: Decker 1786. Es folgte im selben Jahr das Werk *Deninas*: Lettres critiques pour servir de supplément au discours sur la question: que doit-on à l'Espagne. Berlin: Decker 1786. Mit dieser spanierfreundlichen Antwort auf die Akademische Frage von Masson de Morvilliers unterstützt Denina Friedrichs Absage an die Klischees der *Leyenda Nigra*, d. h. der negativen Einstellung der europäischen Aufklärung gegenüber Spanien, s. *Hans Joachim Lope*: Zum Bild Friedrichs des Großen im Spanien des 18. Jahrhunderts, in: Ziechmann (Hrsg.): Fridericianische Miniaturen, Bd. 2, S. 159–170: 163, mit weiterführender Literatur zu Deninas Antwortschrift.

[26] Turin, bei der Stamperia Reale 1760, einige Exemplare zeigen aber als Druckjahr 1761.

[27] Der Text ist jetzt in einer kritischen Ausgabe durch Carlo Corsetti verfügbar, die 1988 erschienen ist.

[28] *Heitmann*: Das italienische Deutschlandbild, S. 415–417.

[29] Bd. I, T. 3, S. 320–326 und Bd. II, T. V, S. 105–122.

[30] Die kritische Ausgabe wurde von *Fabrizio Cicoira* herausgegeben und ist 1989 in Turin, beim Centro studi piemontesi, erschienen. Eine deutsche Ausgabe, aus dem Italienischen von A. Rode übersetzt, wurde unter dem Titel veröffentlicht: Brandenbur-

„eine erste – wenngleich unvollständige und provisorische – literarische Karte von Deutschland zu vermitteln"[31].

Lettera di Denina a Federico II, Berlino, 11 gennaio 1786

L'opera cui Denina accenna in questa lettera al re, potrebbe essere la «Réponse à la question Que doit-on à L'Espagne?», che Denina lesse il 26 gennaio di quell'anno in una seduta dell'Accademia e che è un'entusiastica difesa del contributo della cultura spagnola in Europa.

Potrebbe tuttavia anche trattarsi del suo «Discours sur les vicissitudes de la littérature, traduit de l'italien sous les yeux de l'auteur» che era appena uscita in stampa a Berlino. L'originale italiano era apparso nel 1760 a Torino con il titolo di «Discorso sopra le vicende della letteratura» rendendo subito il suo autore famoso oltre i confini del Piemonte.

L'opera, uscita in più edizioni rielaborate ed accresciute, era stata pubblicata in italiano anche a Berlino da Spener tra il 1784 ed il 1785 ed offre, nell'edizione definitiva in cinque volumi, una visione comparata d'insieme delle origini, dello sviluppo e della decadenza delle grandi letterature nazionali, dall'antico Oriente al XVIII secolo europeo. La continuazione di quest'opera uscì nel 1786 con il titolo di «Lettere Brandeburghesi che servono di continuazione alle Vicende della letteratura. Quaderno primo e preliminare che comprende il Viaggio Germanico». Esse perseguivano, come scrive Heitmann, l'ambizioso proposito di offrire «una prima, pur se incompleta e provvisoria, carta letteraria della Germania».

---

gische Briefe; Welche der Geschichte der Litteratur zur Fortsetzung dienen. H. 1, 2. Berlin: 1786–1788.

[31] *Heitmann*: Das italienische Deutschlandbild, S. 328.

Liste der italienischen Mitglieder der Königlich-Preußischen Akademie der Wissenschaften[32] (1740–1786)

Unter den in der Regierungszeit Friedrichs des Großen ernannten Mitgliedern der Akademie gab es nur ein Ehrenmitglied (Carlo De' Cagnoni), drei Ordentliche Mitglieder (Giovanni Castiglione, Luigi Giuseppe Lagrange und Carlo Denina) und 26 Auswärtige Mitglieder in den in der folgenden Tabelle, wenn möglich, angegebenen Klassen.

Abkürzungen: EM = Ehrenmitglied; OM = Ordentliches Mitglied; AM = Auswärtiges Mitglied

Lista dei soci italiani della Reale Accademia Prussiana delle Scienze (1740–1786)

Tra i soci nominati durante il regno di Federico si annoverano un socio onorario (Carlo De' Cagnoni), tre soci ordinari (Giovanni Castiglione, Carlo Denina e Luigi Giuseppe Lagrange) e 26 soci stranieri per le classi qui sotto riportate, qualora ricostruibili.

Abbreviazioni: EM = socio onorario; OM = socio ordinario; AM = socio straniero

---

[32] Die Angaben basieren auf folgenden Werken: *Harnack*: Geschichte der Königlich Preußischen Akademie der Wissenschaften; *Erik Amburger*: Die Mitglieder der deutschen Akademie der Wissenschaften zu Berlin: 1700–1950. Berlin: Akademie-Verlag 1950; *Werner Hartkopf/Gert Wangemann*: Dokumente zur Geschichte der Berliner Akademie der Wissenschaften von 1700 bis 1990. Heidelberg et al.: Spektrum/Akademie Verlag 1991 (= Berliner Studien zur Wissenschaftsgeschichte; 1 Spektrum Geschichte); *Werner Hartkopf*: Die Berliner Akademie der Wissenschaften: ihre Mitglieder und Preisträger 1700–1900. Berlin: Akademie Verlag 1992 und *Eduard Winter* (Hrsg.): Die Registres der Berliner Akademie der Wissenschaften (1746–1766). Dokumente für das Wirken Leonhard Eulers in Berlin. Zum 250. Geburtstag. Berlin: Akademie Verlag 1957.

Algarotti, Francesco (1712–1764): AM 4.5.1747
(Bestätigung/conferma 30.5.1747)

Baiardi, Ottavio Antonio (ca. 1690–ca. 1765): AM 5.4.1759;
Archäologie/archeologia

Bianchi, Giovanni (1693–1775): AM 7.9.1758;
Medizin/medicina

Bianconi, Giovanni Luigi (1717–1781): AM 4.9.1749

Cagnoni, Carlo De' († vor/prima del 1790): EM 14.10.1751;
1752–1762 Kurator der Akademie/amministratore dell'Accademia

Caldani, Leopoldo Marco Antonio (1725–1813): AM 23.10.1760;
Anatomie/anatomia

Casati d'Acri, Cristoforo conte (1724–1804): AM 23.9.1779;
Geschichte/storia

Castiglione, Giovanni (1708–1791): AM 4.9.1755; OM 5.1.1764;
1787–1791 Direktor der mathematischen Klasse/Direttore della classe di matematica
Mathematik/matematica

Cerati, Gaspare conte (1690–1769): AM 30.6.1746

Denina, Carlo Giovanni Maria (1731–1813): OM 7.11.1782;
Geschichte/storia

Fagnano de' Toschi, marchese di Sant'Onorio, Giovanni Francesco (1715–1797):
AM 29.6.1772;
Mathematik/matematica

Fagnano de' Toschi, marchese di Sant'Onorio, Giulio Cesare (1682–1766):
AM 15.6.1752;
Mathematik/matematica

Frisi, Paolo (1728–1784): AM 16.11.1758;
Physik, Philosophie/fisica, filosofia

Guasco, Ottaviano Conte di Clavières (1712–1781): AM 11.12.1749;
Philosophie/filosofia

Lagrange, Luigi Giuseppe (1736–1813): AM 2.9.1756; OM 2.10.1766; AM 1787;
1766–1787 Direktor der mathematischen Klasse/Direttore della classe di matematica;
Mathematik/matematica

Landriani, Marsilio Chevalier (1751–1815): AM 3.4.1783;
Physik/fisica

Lorgna, Anton Maria (1735–1796): AM 20.2.1777;
Mathematik/matematica

Maffei, Scipione (1675–1755): AM 27.6.1748;
Archäologie/archeologia

Marinoni, Giovanni Jacopo (1676–1755): AM 30.6.1746;
Mathematik, Astronomie/matematica, astronomia

Morgagni, Giovan Battista (1682–1771): AM 18.7.1754;
Anatomie/anatomia

Passionei, Domenico (1682–1761): AM 16.10.1755;
Theologie/teologia

Querini (Quirini), Angelo Maria (1680–1759): AM 27.6.1748

Rezzonico della Torre, Antonio Giuseppe conte (1742–1796): AM 26.8.1773

Roncalli-Parolino, Francesco conte (1692–1763): AM 3.7.1755;
Anatomie/anatomia

Scarpa, Antonio (1752–1832): AM 22.6.1780;
Anatomie/anatomia

Spallanzani, Lazzaro (1729–1799): AM 18.1.1776;
Anatomie/anatomia

Toaldo, Giuseppe (1719–1797): AM 7.7.1766;
Astronomie/astronomia

Venturi, Marsilio (1694–1786): AM 5.10.1752;
Medizin/medicina

Zanotti, Eustachio (1709–1782): AM 23.10.1760;
Astronomie/astronomia

Zanotti, Francesco Maria (1692–1777): AM 23.10.1760;
Philosophie/filosofia

Das Militär

Zum Freundeskreis Friedrichs II. und zu den regelmäßigen Gästen der Tafelrunde in Sanssouci gehörte Giovan Battista Bastiani (1714–1786), den der König u.a. mit wichtigen Missionen beim Papst betraute. Der großgewachsene und gutmütige Bastiani hatte eine Zeitlang unter den „langen Kerls" gedient, einer preußischen Eliteeinheit, deren Mitglieder – ähnlich den italienischen *Granatieri* – für ihre außergewöhnliche Körpergröße bekannt waren.

Unter ihnen und bei anderen Einheiten des preußischen Heeres fanden sich viele Italiener wie der „Unterofficier[...] vom ersten Bataillon, Namens Colani", der ein ansehnliches Haus in der Berliner Vorstadt bewohnte, an dem eine Tafel mit der Inschrift „Giardino di Fiorenza" und einem Adler angebracht waren, der den Bandspruch trug:

Mich schützt in fremden [sic] Land/Gott und des Königs Hand.[1]

Viele kamen freiwillig[2] wie Vincenzo Masini, Sohn des Grafen Giulio Cesare Bernardini Masini della Massa, des hier schon erwähnten Lieferanten Friedrichs für Gemälde und kulinarische Delikatessen, der 1783 auf Wunsch des Vaters in preußische Dienste trat.[3]

Viele waren durch die Werber des Königs aus allen Teilstaaten des damaligen Italien zum Wehrdienst in Preußen verpflichtet worden, u.a. 1780 durch den aus dem Piemont stammenden Franz Ignaz Pinto Graf von Barri (1725–1788).

Dieser wiederum war, wie viele andere Dienstwillige auch, aus eigenem Antrieb nach Preußen gekommen, wo er 1764 als Kapitän der Suite des Königs attachiert wurde und bald zu so hohen Ehren stieg, wie weiter unten ausgeführt, dass er zu den Gründungsvätern des preußischen Generalstabs gezählt wird.[4]

---

[1] *Manger*: Baugeschichte von Potsdam, Bd. 2, S. 429 f.

[2] s. die weiter unten abgedruckte Liste der Offiziersanwärter und Offiziere in der preußischen Armee zwischen 1732 und 1786.

[3] Masini bittet in einem Brief vom 24. Mai 1780 den König um Aufnahme des Sohnes Vincenzo in Friedrichs Heer. Die Bitte wird gewährt, und Friedrich lässt den jungen Mann (Brief vom 19. Oktober 1784) in das Regiment Czetteritz eintreten. Vincenzo, der den besonderen Schutz von de Catt genießt, stirbt 1789 (Brief De Catts an Masini vom 10. Februar 1789), s. *D'Ancona*: Federico il Grande e gli Italiani, S. 51–66: 62 f. und 66.

Auf dem militärischen Gebiet zeichnete sich auch der auf der venezianischen Insel Kephalonia geborene, in Venedig und Padua ausgebildete Graf Spiridion von Lusi (1742–1815) aus.

Lusi, der sich schon in jungen Jahren einen Namen als Übersetzer Lukians gemacht hatte,[5] kam 1777 auf Einladung Friedrichs nach Berlin, dem er 1774 vom Grafen Friedrich August von Zinzendorf (1733–1804) vorgestellt worden war. Am preußischen Hof stieg er bald zu hohen Ehren auf: 1778 war er Kammerherr und Kapitän im Freibataillon von Steinmetz; er erhielt aber schon im selben Jahr als Major im Bayerischen Erbfolgekrieg den *Ordre pour le mérite*. 1779 finden wir ihn als Kammerherrn des Königs und 1781 als Gesandten Preußens am englischen Hofe, wo er acht Jahre akkreditiert war. Er kehrte 1788 zum Preußischen Hof zurück, wo er auch nach Friedrichs Tod hohes Ansehen genoss. Er starb 1815 in Potsdam.[6]

Aus der piemontesischen Grafschaft Casale-Monferrato stammt Graf Giovanni Battista Angelo Ballestrem di Castellengo, der 1745 aus sardinischen Diensten in das preußische Heer trat und hier Husaren-Rittmeister wurde. Wie Pinto fand auch er in Preußen eine neue Heimat: er ehelichte eine Deutsche und erhielt Güter in Oberschlesien. Auch seine Söhne, Carl Franz (* 1750) und Ludwig Carl (*1755), traten in preußische Dienste und wurden Major, respektive Rittmeister.[7]

Nicht unerwähnt soll der aus Savoyen stammende Franz Andreas Jaquier de Berney von Favrat (1730–1804) bleiben, der 1758 in das preußische Heer trat und es bis zu seinem Tod zum General der Infanterie brachte.[8]

---

[4] Akten im Geheimen Staatsarchiv PK belegen, dass ein weiterer Familienangehöriger seine Militärlaufbahn in Berlin schon verfolgte, und zwar Oberst von Pinto, Onkel des Franz Ignaz Pinto, dem 1719 die Präbende des verstorbenen von Brunno an verliehen wurde, GStA PK, I HA Geheimer Rat, Rep. 57 Bistum Brandenburg, Nr. 8, Fasz. 5. Ich danke Frau Anke Klare für den Hinweis auf diese Archivalie. Zu Pinto s. *Kurt von Priesdorff* (Hrsg.): Soldatisches Führertum. T. 3: Die preußischen Generale von 1763 bis zum Tode Friedrichs des Großen. Hamburg: Hanseatische Verlagsanstalt 1937, S. 244, und *Deisenroth*: Märkische Grablege, S. 162, S. 212–215 und S. 325 mit weiterführender Literatur.

[5] Le opere di Luciano tradotte dalla greca nell'italiana favella da Spiridione Lusi. 4 voll. Londra (Venezia): 1764–1768.

[6] Zu Lusi s. *Denina*: La Prusse Littéraire, Bd. II, S. 439–443, *Deisenroth*: Märkische Grablege, S. 216 f. und S. 316 mit weiterführender Literatur und *Carl Eduard Vehse*: Die Höfe zu Preußen. T. 2: Friedrich II., der Große: 1740 bis 1786. Mit dreißig zeitgenössischen Abbildungen. Hrsg. v. Wolfgang Schneider. Ausgewählt und bearbeitet von Annerose Reinhardt. Leipzig: Kiepenhauer 1993, S. 275 f.

[7] Art. „Ballestrem di Castellengo" in: Neues allgemeines Deutsches Adels-Lexicon im Vereine mit mehreren Historikern hrsg. v. *Ernst Heinrich Kneschke*. Bd. 1. Leipzig: Voigt 1859, S. 181, mit weiterführender Literatur.

[8] Art. „Favrat" in: Neues allgemeines Deutsches Adels-Lexicon, Bd. 3. Leipzig: Voigt 1861, S. 212 mit weiterführender Literatur. Über ihn informiert weiter unten

I militari

Nella cerchia degli amici di Federico II e tra gli ospiti regolarmente presenti alla «Tavola Rotonda» di Sanssouci ricorre il nome di Giovan Battista
Bastiani, di cui il re si servì, tra l'altro, in importanti missioni presso il papa.
Bastiani, di buon cuore e di alta statura, aveva, a quanto pare, prestato servizio militare nei «Lange Kerls», un'elite militare prussiana i cui membri
(come i granatieri italiani) erano famosi per la prestante statura.

Tra loro ed in altre unità dell'esercito prussiano si trovavano anche molti
altri italiani, come il sottufficiale Colani, la cui dedizione al re si manifestò
anche nella scritta apposta alla sua casa a Berlino, chiamata «Giardino di
Fiorenza» dove Dio e il re di Prussia vengono invocati come protettori del
raggiunto benessere.

Molti italiani si arruolarono volontariamente, come Vincenzo Masini. Il figlio del conte Giulio Cesare Bernardini Masini della Massa, qui sopra già
nominato come fornitore di Federico sia per quadri che per leccornie, si ar-
ruolò infatti nell'esercito prussiano nel 1783 per espresso desiderio del padre.
Altri, invece, furono reclutati, anche contro la loro volontà, in tutte le regioni d'Italia. Tra gli ufficiali reclutatori si registra, nel 1780, il piemontese
Francesco Ignazio Pinto conte di Barri, arruolatosi a sua volta volontariamente nell'esercito prussiano, in cui divenne capitano al seguito del re nel
1764. Pinto, di cui si dirà più avanti, fu colmato di onori e viene oggi considerato uno dei fondatori dello Stato Maggiore Generale prussiano.

Si ricorda, inoltre, il conte Spiridione di Lusi, nato a Cefalonia, allora
sotto il dominio veneto, il quale si era formato seguendo gli studi a Venezia
ed a Padova. Lusi, che si era fatto un nome in giovane età come traduttore
di Luciano, era giunto nel 1777 a Berlino su invito del re, cui era stato presentato nel 1774 dal conte Friedrich August von Zinzendorf, ed alla corte
prussiana ricoprì in breve alte cariche. Nel 1778 divenne ciambellano e capitano nel *Freibataillon von Steinmetz*, poi, nello stesso anno, essendosi di-
stinto nella guerra di successione bavarese cui partecipava con il grado di
Maggiore, gli venne conferito l'*Ordre pour le mérite*. Nel 1779 divenne camerlengo del re e, nel 1781, ambasciatore di Prussia alla corte d'Inghilterra,
dove sarà accreditato per otto anni.

Tornò nel 1788 alla corte prussiana dove, anche dopo la morte di Federico, gli arrisero alti onori. La morte lo colse a Potsdam nel 1815.

Originario della contea del Casale-Monferrato il conte Giovanni Battista
Angelo Ballestrem di Castellengo passò dall'esercito sardo a quello prussiano

---

auch J. *Kloosterhuis* im Vorspann der Liste der „Italienischen Offiziersanwärter und
Offiziere in der preußischen Armee zwischen 1732 und 1786" im vorliegenden Band.

nel 1745 e vi divenne Capitano di cavalleria nel corpo degli ussari. Come Pinto anch'egli trovò in Prussia una seconda patria: sposò infatti una tedesca ed ottenne possedimenti nella Slesia superiore. Anche i suoi figli, Carl Franz e Ludwig Carl divennero ufficiali prussiani, il primo con il grado di maggiore ed il secondo con quello di Capitano di cavalleria.

Non si deve dimenticare di elencare fra gli italiani che assursero a particolari onori nell'esercito prussiano anche il savoiardo Francesco Andrea Jaquier de Berney von Favrat (1730–1804) che entrò al servizio del re nel 1758, raggiungendo il grado di generale d'infanteria, e su cui informa più avanti Jürgen Kloosterhuis a proposito della lista degli «Aspiranti ufficiali ed ufficiali italiani negli anni 1732–1786».

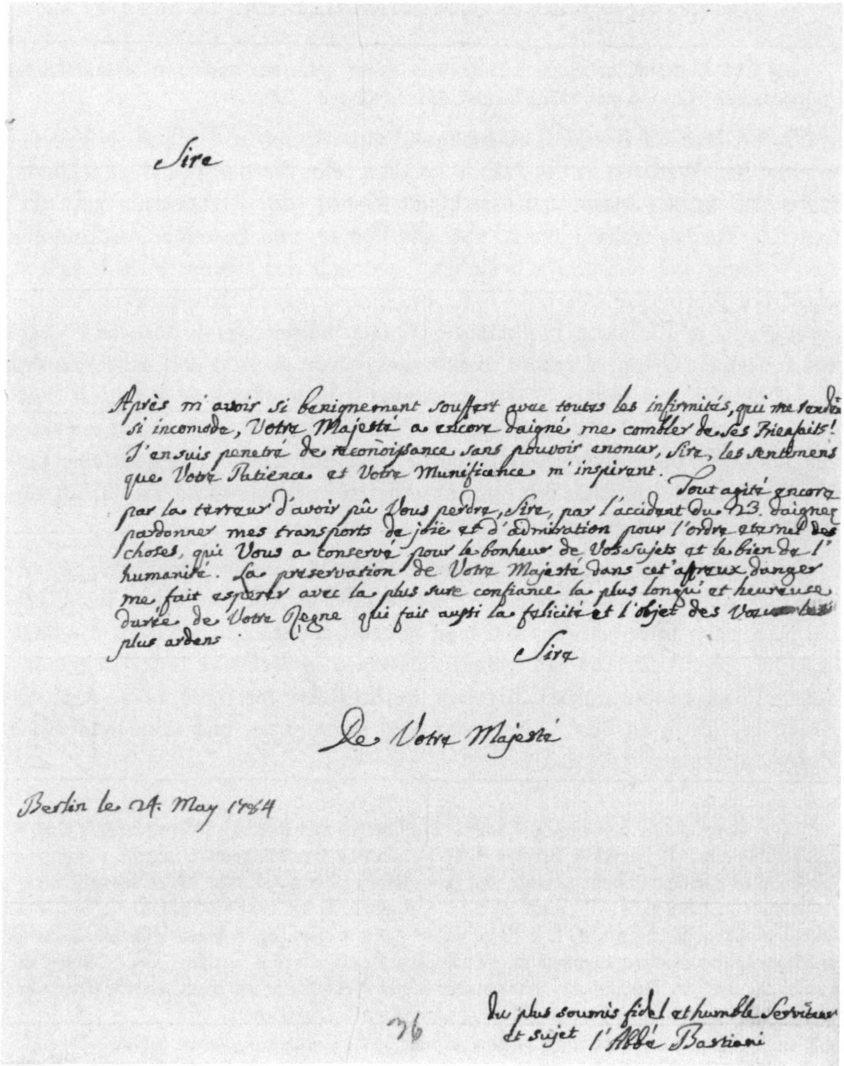

Sire

Après m'avoir si benignement souffert avec toutes les infirmités, qui me rendent si incomode, Votre Majesté a encore daigné me combler de ses Bienfaits! J'en suis penetré de reconoissance sans pouvoir enoncer, Sire, les sentemens que Votre Patience et Votre Munificence m'inspirent. Tout agité encore par la terreur d'avoir pû Vous perdre, Sire, par l'accident du 23. daignez pardonner mes transports de joie et d'admiration pour l'ordre eternel des choses, qui Vous a conservé pour le bonheur de Vos sujets et le bien de l'humanité. La preservation de Votre Majesté dans cet affreux danger me fait esperer avec la plus sure confiance la plus longue et heureuse durée de Votre Regne qui fait aussi la felicité et l'objet des Voeux les plus ardens

Sire

de Votre Majesté

Berlin le 24. May 1784

Du plus soumis fidel et humble Serviteur
et sujet l'Abbé Bastiani

Abb. 37: Brief des Abbé Bastiani an Friedrich II., Berlin, 24. Mai 1784.
(GStA PK, I. HA Rep. 96 Geheimes Zivilkabinett, ältere Periode, Nr. 430 P, fol. 36)

Brief des Abbé Bastiani an Friedrich II., Berlin, 24. Mai 1784

„[...] Ew. Majestät haben sich nochmals herab gelassen, mich mit Wohltaten zu überhäufen! Ich bin von Dankbarkeit durchdrungen [...]".

Giovan Battista Bastiani, ehemaliger Franziskaner, soll schon in Venedig preußischen Werbern in die Hände gefallen sein, die den blonden, schönen, sechs Fuß hohen Mann[9] „in die blaue Montur der Riesengarde gesteckt" hatten.[10] Viel wahrscheinlich ist aber die Version von Bastianis Fortkommen aus Venedig, von Casanova bestätigt,[11] wonach der schöne Mönch sich in amouröse Abenteuer verstrickt habe, die ihn zum fluchtartigen Verlassen der *Serenissima* in Richtung Holland gezwungen hätten. Auch dort sei er bald aus denselben Gründen erneut in Schwierigkleien geraten und habe sich nur zu helfen gewusst, indem er sich anwerben ließ, wodurch er erst nach Breslau und dann nach Preußen gekommen sei.[12] Friedrich, dem er am 6. Oktober 1747 in Potsdam vorgestellt wurde, ließ ihn wieder das geistliche Gewand tragen und machte ihn zum Domherrn in Breslau und zu seinem Berater in kirchlichen Angelegenheiten.

Der geistreiche, liebenswürdige und kultivierte Bastiani[13] gehörte zum engen Freundeskreis des Königs, an dessen Tafel er, wie die Listen der Gäste bei Friedrichs Tafel belegen, und hier, sehr oft speiste und wo ihm, wie oben erwähnt, eigens für ihn zubereitete Speisen *à la italienne* aufgetischt wurden.[14] Pilati erlebte anlässlich seiner Berlin-Reise im Jahre 1777, dass der König bei Tisch an dem gutmütigen Kerl seine guten und seine schlechten Launen auszulassen pflegte.[15]

---

[9] Auf diese Weise beschreibt Casanova „diese[n] berühmte[n] Venezianer", den er anlässlich seiner Reise nach Breslau 1766 persönlich kennenlrnt, *Giacomo Casanova*: Geschichte meines Lebens. Hrsg. und kommentiert von Günter Albrecht in Zusammenarbeit mit Barbara Albrecht. 12 Bde. München: Beck 1985–1989, Bd. 10, S. 217 f.: 217 und Anm. 90, S. 500 f. Die Geschichte des unfreiwilligen Wehrdienstes Bastianis wird auch von *Zimmermann* (Fragmente über Friedrich den Großen, Bd. 1, S. 64) erzählt, der angibt, Bastiani sei von eimen seiner Verwanten an prußische Werber verkauft worden und dann in ein „Cavallerieregiment" gekommen.

[10] So berichtet *P. D. Fischer*: Friedrich der Große und die Italiener, S. 400–418: 401.

[11] *Casanova*: Geschichte meines Lebens, Bd. 10, S. 217 f.: 218 und Anm. 90, S. 500 f.; ferner *Thiébault*: Mes souvenirs, Bd. 3, S. 44 f.

[12] *Rödenbeck*: Tagebuch. Bd. 1, S. 193–195.

[13] Neben den positiven Worten Casanovas und der wohlwollenden Schilderung in *Zimmermann*: Fragmente über Friedrich den Großen, Bd. 1, S. 63–69 finden sich die äußerst negativen Äußerungen von *Thiébault* (Mes souvenirs, Bd. 3, S. 38–45), der Bastiani als verschlagenen und anpassungsfähigen Höfling beschreibt.

[14] s. S. 101 in vorliegender Arbeit, ferner *Rödenbeck*: Tagebuch, passim.

[15] *Carlantonio Pilati*: Lettere di un viaggiatore filosofo. Germania Austria Svizzera. A cura di Giovanni Pagliero. Bergamo: Lubrina 1990, hier S. 59, zitiert weiter unten im italienischen Teil dieses Abschnittes.

Wie Denina berichtet, pflegte Bastiani auch freundschaftlichen Umgang mit deutschen Gelehrten wie Christian Garve (1742–1798), den er ermunterte, eine Übersetzung von Ciceros „De officiis" zu verfertigen, die 1783 erschien.[16]

Lettera dell'abate Bastiani a Federico II, Berlino, 24 maggio 1784

«[…] Vostra Maestà si è ancora degnato di colmarmi di benefici! Ne sono penetrato di riconoscenza […]».

Giovan Battista Bastiani, biondo ed aitante ex-francescano dalla gigantesca statura, secondo alcuni sarebbe stato rapito al convento ed arruolato, suo malgrado, da ufficiali prussiani nel reggimento dei *Lange Kerls*, i granatieri del re di Prussia, mentre, secondo altri, sarebbe stato venduto agli ufficiali arruolatori da un parente. Come invece riportano altre fonti confermate dal racconto che ne fa Casanova nelle sue memorie, Bastiani sarebbe giunto in Prussia dopo varie peripezie dovute alla sua passione troppo sfrenata per il bel sesso. Tale debolezza, che l'aveva già portato a fuggire una prima volta da Venezia per nascondersi in Olanda, l'aveva costretto a fuggire anche da questo paese facendogli scegliere, come male minore, di arruolarsi nell'esercito di Federico. In tale modo egli sarebbe giunto dapprima a Breslavia e da qui a Potsdam, dove fu presentato al re il 6 ottobre 1747. Federico, che lo aveva preso in simpatia, gli ridiede abiti religiosi e lo nominò canonico a Breslavia, servendosene poi come consigliere in materia di religione.

Bastiani fu oggetto di descrizioni diametralmente opposte da parte dei contemporanei: arguto, amabile e colto per alcuni, cortigiano intrigante ed astuto per altri, fra cui Thiébault. Egli apparteneva al circolo degli invitati alla «Tavola Rotonda» di Federico a Sanssouci, come si evince anche dalla lista degli ospiti ai pranzi durante i quali, come su detto, venivano preparate pietanze «italiane» appositamente per lui. Pilati fu testimone durante il suo viaggio in Germania del 1777 come egli fosse spesso bersaglio del buono e del cattivo umore del re:

A mezzo giorno [il re] si mette a tavola, e pranza con alcuni generali. Ci si trova altresì il piú delle volte un Prete italiano, chiamato Bastiani; ed è sopra costui, che il re scarica il suo buono, o cattivo umore.

Denina racconta inoltre come Bastiani si fosse legato d'amicizia con intellettuali tedeschi come Christian Garve che animò, tra l'altro, a tradurre il «De officiis» di Cicerone, pubblicato nel 1783.

---

[16] *Denina*: Lettere Brandeburghesi, S. 63.

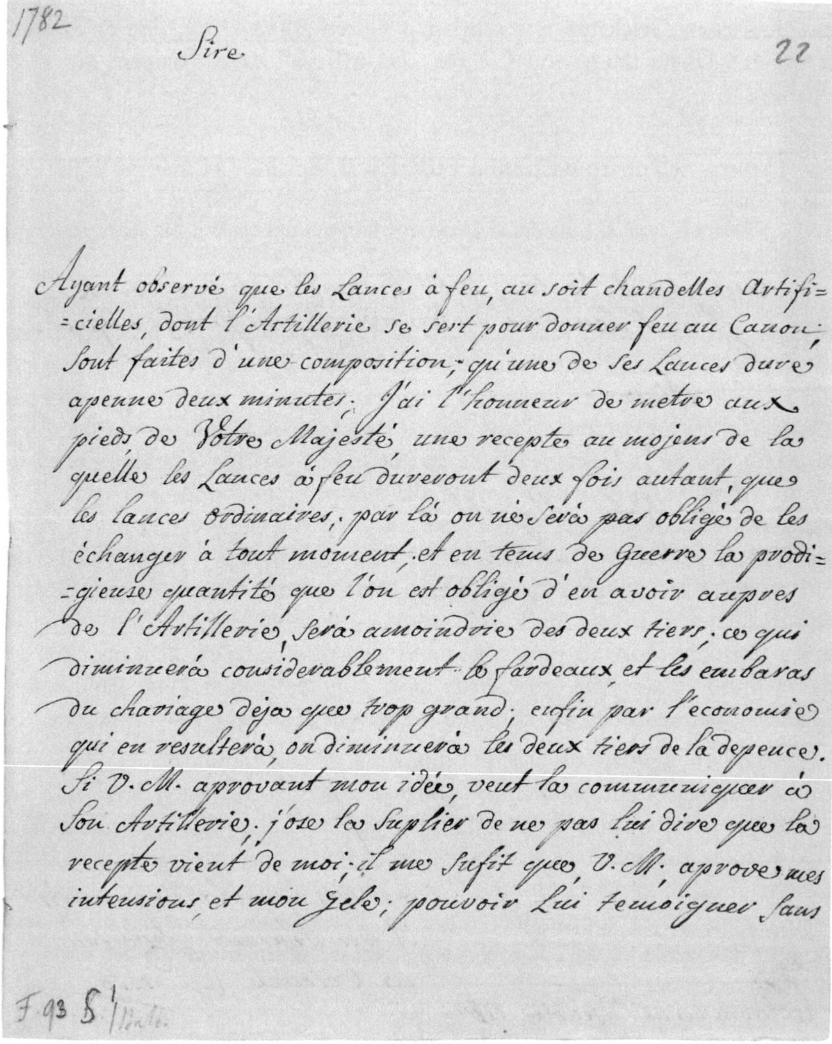

1782

Sire

22

Ayant observé que les Lances à feu, ou soit chandelles Artifi=
=cielles, dont l'Artillerie se sert pour donner feu au Canon;
Sont faites d'une composition, qui une de ses Lances dure
a peine deux minutes. J'ai l'honneur de metre aux
pieds de Votre Majesté, une recepte au moyen de la
quelle les Lances à feu dureront deux fois autant, que
les lances ordinaires, par là ou ne sera pas obligé de les
échanger à tout moment, et en tems de Guerre la prodi=
=gieuse quantité que l'on est obligé d'en avoir auprès
de l'Artillerie, sera amoindrie des deux tiers, ce qui
diminuera considerablement le fardeaux, et les embaras
du chariage deja que trop grand; enfin par l'economie
qui en resultera, on diminuera les deux tiers de la depence.
Si V. M. aprouvant mon idée, veut la communiquer à
Son Artillerie, j'ose la suplier de ne pas lui dire que la
recepte vient de moi; il me sufit que V. M. aprove mes
intentions, et mon zele; pouvoir lui temoigner sans

F 93 S / vente

Abb. 38: Brief Pintos an Friedrich II., Potsdam, 22. Februar 1782
(GStA PK, I. HA Rep. 96 Geheimes Zivilkabinett, ältere Periode,
Nr. 95 Nn 7 Artilleristische Erfindungen, fol. 22)

Brief Pintos an Friedrich II., Potsdam, 22. Februar 1782

Den in den Ingenieurwissenschaften erfahrenen Pinto, der ein gern gesehener Gast bei Friedrichs Tischgesellschaft in Sanssouci war,[17] schätzte der König wegen seiner militärischen Erfindungen, wovon der hier abgedruckte Brief Zeugnis ablegt. Er betraute ihn im Laufe der Jahre mit vielen Aufgaben, auch aus dem städtebaulichen Bereich,[18] u. a. mit der Inspektion von Festungen. 1770 wurde Pintos Grafentitel in Preußen anerkannt, und 1779 avancierte er zum Obersten und Generalquartiermeister. Im März 1783 verlieh ihm Friedrich II. das schlesische Incolat, d. h. die Zugehörigkeit zu den (schlesischen) Landständen. 1786 wurde er zum Generalmajor ernannt, im Jahr, in dem er durch Heirat der Schwager des Marchese Lucchesini wurde.[19]

Friedrich II. zeichnete ihn verschiedentlich aus. So durfte Pinto 1773 der Einweihung der Hedwigskirche als Vertreter des Königs beiwohnen, und Friedrich übernahm 1781 die Patenschaft für seinen zweitgeborenen Sohn.[20]

Pinto wird zu den Gründungsvätern des preußischen Generalstabs gezählt.

Lettera di Pinto a Federico II, Potsdam, 22 febbraio 1782

Versato in ingegneria e molto apprezzato per le sue invenzioni militari, come testimonia la lettera qui riprodotta, Pinto era anch'egli tra gli ospiti abituali alla «Tavola Rotonda» di Federico a Sanssouci. Il re lo incaricò nel corso degli anni di molti compiti civili e militari, come, per fare solo qualche esempio, dell'ispezione di fortezze o di opere di puntellamento di edifici pericolanti a Potsdam. Nel 1770 gli venne riconosciuto in Prussia il titolo italiano di conte e nel 1779 divenne Colonnello e Quartiermastro Generale. Nel marzo del 1783, ottiene l'Incolat, cioè l'appartenenza agli Stati Provinciali, e nel 1786 la nomina a Generale Maggiore, anno in cui per matrimonio divenne cognato del marchese Lucchesini.

---

[17] Man sehe die Wiedergabe eines Tischgesprächs zwischen dem König und Pinto, „qui n'avait rien à risquer, [et] se permettait tout", im Brief des Fürsten de Ligne an den König von Polen, gegen Ende 1786, in: *Prince de Ligne*: Mémoires, lettres et pensées, S. 490–492.

[18] *Manger* (Baugeschichte von Potsdam, Bd. 2, S. 294) berichtet vom Einsatz des Obristen von Pinto im Jahre 1765 bei einem Haus in Potsdam, das durch Risse einzustürzen drohte.

[19] Brief Lucchesinis an Friedrich II., Potsdam, 31. Janvier 1786, GStA PK, BPH, Rep. 47 Kg Friedrich II., J Nr. 458, fol. 44.

[20] *von Priesdorff* (Hrsg.): Soldatisches Führertum, S. 244 und *Deisenroth*: Märkische Grablege, S. 162, 212–215: 214 und 325 mit weiterführender Literatur.

Molte furono le prove di benevolenza di cui fu fatto segno da parte di Federico II che, tra l'altro, lo incaricò di rappresentarlo in occasione della consacrazione della grande chiesa cattolica di Santa Edwige nel 1773 e che, nel 1781, fece da padrino al suo ultimogenito.

Pinto viene considerato uno dei fondatori dello Stato Maggiore Generale prussiano.

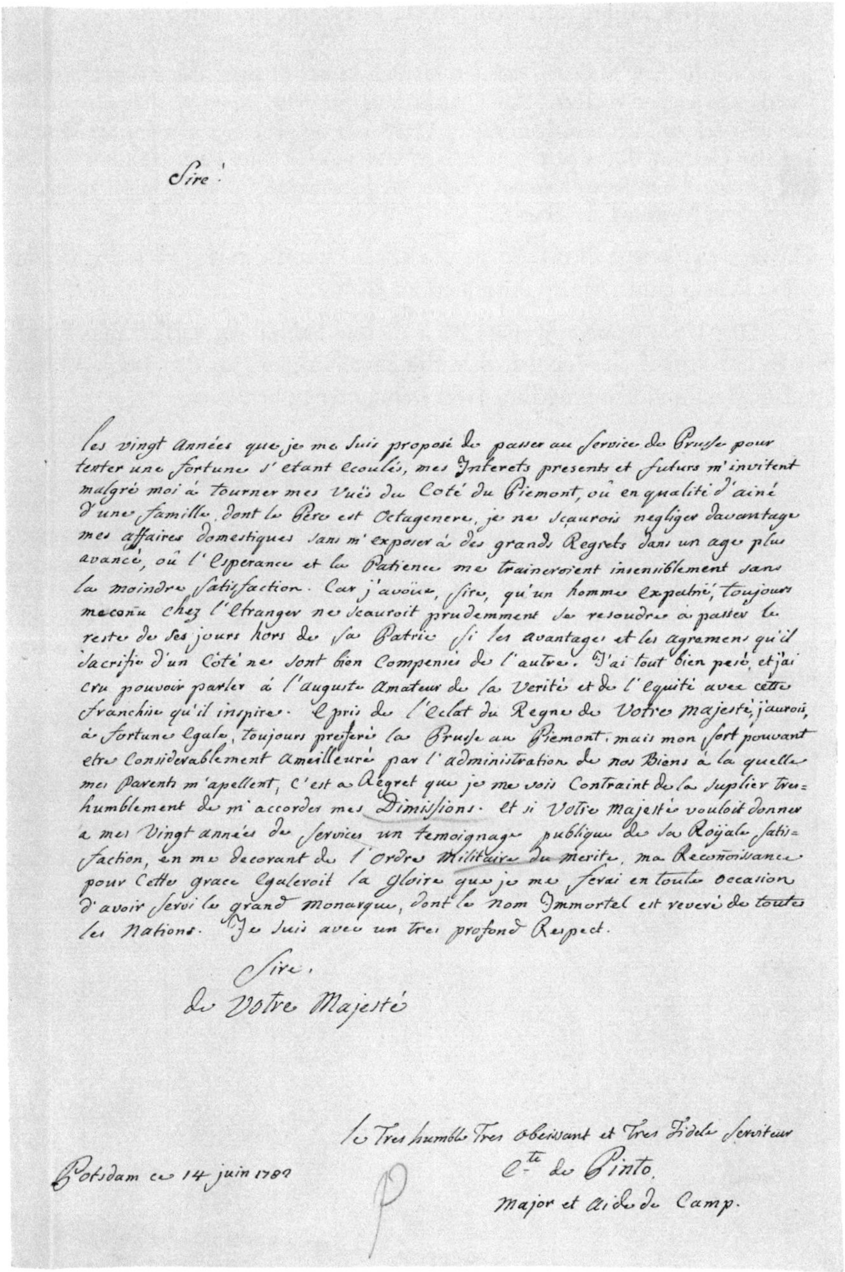

Sire!

les vingt années que je me suis proposé de passer au service de Prusse pour
texter une fortune s'étant écoulés, mes Interets presents et futurs m'invitent
malgré moi à tourner mes Vües du Coté du Piemont, où en qualité d'ainé
d'une famille, dont le Pere est Octagenaire, je ne scaurois negliger davantage
mes affaires domestiques sans m'exposer à des grands Regrets dans un age plus
avancé, où l'esperance et la Patience me traineroient insensiblement sans
la moindre satisfaction. Car j'avoüe, sire, qu'un homme expatrié, toujours
meconu chez l'Etranger ne scauroit prudemment se resoudre à passer le
reste de ses jours hors de sa Patrie si les avantages et les agremens qu'il
sacrifie d'un Coté ne sont bien Compensés de l'autre. J'ai tout bien pesé, et j'ai
cru pouvoir parler à l'auguste Amateur de la Verité et de l'equité avec cette
franchise qu'il inspire. Epris de l'Eclat du Regne de Votre Majesté, j'aurois
à fortune egale, toujours preferé la Prusse au Piemont, mais mon sort pouvant
etre Considerablement ameillieuré par l'administration de nos Biens à la quelle
mes Parents m'apellent, c'est à Regret que je me vois Contraint de la suplier tres
humblement de m'accorder mes Dimissions. et si Votre majesté vouloit donner
à mes Vingt années de services un temoignage publique de sa Royale satisfaction, en me decorant de l'Ordre Militaire du merite, ma Reconnoissance
pour Cette grace Egaleroit la gloire que je me serai en toute occasion
d'avoir servi le grand Monarque, dont le nom Immortel est reveré de toutes
les Nations. Je suis avec un tres profond Respect.

Sire,
de Votre Majesté

le Tres humble Tres obeissant et Tres fidele serviteur

Potsdam ce 14 juin 1782

Cte de Pinto.
Major et Aide de Camp.

Abb. 39: Brief Pintos an Friedrich II., Potsdam, 14. Juni 1782
(GStA PK, I. HA Rep. 96 Geheimes Zivilkabinett, ältere Periode, Nr. 94 Ss 4)

Brief Pintos an Friedrich II., Potsdam, 14. Juni 1782

[…] da ich fürchte, Majestät, daß ein Mensch in der Fremde, der außerhalb seines Vaterlandes immer verkannt bleibt, nicht klug handelte, wenn er sich entschlösse, den Rest seiner Tage außerhalb seines Vaterlands zu verbringen, wenn die Vorteile und der Gewinn, die er einerseits opfert, von anderer Seite nicht entlohnt werden […] [,] sehe ich mich zu meinem Leidwesen gezwungen, Sie untertänigst zu bitten, mir meinen Abschied zu geben […].

Dieser Brief belegt Pintos Sorge um seine Zukunft in der Fremde, die ihn zu dem Schritt führt, seinen Abschied zu erbitten.

Im März 1783, wenige Monate nach diesem Schreiben, verlieh ihm Friedrich II. das schlesische Incolat, d.h. die Zugehörigkeit zu den (schlesischen) Landständen, und übertrug ihm zwei Lehngüter in Schlesien.

Lettera di Pinto a Federico II, Potsdam, 14 giugno 1782

[…] poiché io temo, Sire, che una persona fuori della propria patria sempre misconosciuta presso lo straniero non agirebbe prudentemente se si risolvesse a passare il resto dei propri giorni al di fuori della propria patria, se i vantaggi ed il profitto che egli sacrifica da una parte non son ben ricompensati dall'altra […], è con mio sommo dispiacere che mi vedo costretto a supplicarVi umilissimamente di accordarmi le dimissioni […].

La lettera esprime il desiderio di Pinto di sfuggire ad un futuro incerto in terra straniera chiedendo il congedo dall'esercito prussiano.

Nel marzo del 1783, solo pochi mesi dopo che egli aveva pregato il re di lasciarlo tornare in Italia, questi gli concesse l'Incolat, cioè l'appartenenza agli Stati Provinciali, donandogli due feudi in Slesia e convincendolo, così, a restare definitivamente nel suo regno.

Italienische Offiziersanwärter und Offiziere
in der preußischen Armee zwischen 1732 und 1786
(von *Jürgen Kloosterhuis*)

Die Auflistung weist auf der Grundlage einer im GStA PK geführten Datenbank des preußischen Offizierkorps ca. 1690–1790 alle Personen aus, die als ihr „Vaterland" Italien, Sardinien, Venedig, Piemont oder Savoyen angaben.

Die Männer traten meist als Offiziersanwärter im Unteroffiziersrang ein (Gefreiterkorporal, Korporal, Fourier, Sergeant oder Wachtmeister), um gegebenenfalls in Offiziersränge aufzusteigen (Fähnrich oder Kornett, Sekond- und Premierleutnant, Stabskapitän, Kapitän oder Rittmeister, Major, Oberstleutnant, Oberst, Generalmajor).

Als Truppenteile erscheinen meist Infanterie- oder Garnisonregimenter sowie Grenadier- oder Füsilierbataillone. Bei der Kavallerie scheinen die Husarenregimenter beliebt gewesen zu sein.

Den höchsten Rang aller Italiener im preußischen Offizierkorps, wenn man von Pinto und Lusi absieht, erreichte Franz Andreas von Favrat de Berney. Besonders unglücklich endete die Karriere von Jean Bartholomäus d'O, der als Platzmajor der Festung Glatz diese wichtige Bastion 1760 nicht nachhaltig genug verteidigt hatte und deswegen vor ein Kriegsgericht gestellt wurde.

Aspiranti ufficiali ed ufficiali italiani
nell'esercito prussiano negli anni 1732–1786
(di *Jürgen Kloosterhuis*)

La lista qui seguente si basa sulla banca dati dell'Archivio di Stato Prussiano che riporta i nomi del corpo ufficiali dal 1690 al 1790 ca. Se ne sono estratti i nomi di quanti avessero come «Patria» Italia, Sardegna, Venezia, Piemonte o Savoia.

Gli aspiranti ufficiali venivano, in genere, arruolati come sottoufficiali (caporale, caporalmaggiore, furiere, sergente o sergente maggiore) per avanzare nella carriera fino ad arrivare al grado di ufficiale (alfiere, sottotenente, primo tenente, capitano, capitano di stato maggiore, capitano di cavalleria, maggiore, tenente colonnello, colonnello, generale di divisione).

Tra i corpi in cui essi operarono si trovano in genere reggimenti di infanteria o di guarnigione come anche battaglioni di granatieri e fucilieri. Per la cavalleria troviamo italiani preferibilmente nei reggimenti di ussari.

Il grado piú alto nel corpo ufficiali prussiano lo raggiunse, fatta eccezione di Pinto e Lusi, Francesco Andrea di Favrat de Berney. Particolarmente infelice fu invece il corso che prese la carriera di Jean Bartholomäus d'O che, come comandante di piazza nella fortezza di Glatz, nel 1760 non fu in grado di difendere quest'importante bastione e fu per questo deferito al tribunale di guerra.

1 = Listentyp/tipo di lista

Name Cognome	Vorname Nome	1	Komp./ Comp.	Truppe Truppa	Jahr Anno	Rang Grado	Land/Stadt Paese/città
O	Jean Bartholomäus d'	RL	6 K.	Inf. 26	**1732**	Fourier Furiere	Turin Torino
		RL	2 K.	Inf. 26	1743	Sek.leutnant Sottotenente	
		AL	–	Glatz	1746	Platzmajor Comandante della piazza	
Grasecki	Philipp de	RL	5 K.	Inf. 34	**1740**	Sek.leutnant Sottotenente	Florenz Firenze
		RL	2 K.	Inf. 43	1743	Prem.Leutnant Primo Tenente	
		RL	9 K.	Inf. 43	1750	Prem.Leutnant Primo Tenente	
Tomlianowitz	Georg de	RL	1 K.	Hus. 3	**1740**	Kornett Alfiere	Dalmatien Dalmazia
		RL	1 K.	Hus. 3	1741	Leutnant Tenente	
		RL	1 K.	Hus. 3	1743	Sek.Leutnant Sottotenente	
Porta	Karl Johann Heinrich de	RL	3 K.	Inf. 25	**1740**	Korporal Caporale	Italien Italia
St. Pie	Johann Amadeus de	RL	7 K.	Inf. 37	**1741**	Sergeant Sergente	Piemont Piemonte
Kutzerow	Anton von	RL	2 K.	Inf. 11	**1750**	Gefr.Korporal Caporale maggiore	Italien Italia
Ballestrem	Johann Graf von	RL	6 K.	Hus. 3	**1750**	Rittmeister Capitano di cavalleria	Savoyen Savoia

Name Cognome	Vorname Nome	1	Komp./ Comp.	Truppe Truppa	Jahr Anno	Rang Grado	Land/Stadt Paese/città
Nardey	Josef von	RL	6. K	Inf. 23	1750	Fourier Furiere	Italien Italia
		RL	7 K.	Inf. 23	1755	Sergeant Sergente	
		RL	8 K.	Inf. 23	1764	Prem.Leutnant Primo Tenente	
		RL	16 K.	Garn. 1	1774	Kapitän Capitano	
Serafini	Franziskus de	RL	10 K.	Inf. 42	1750	Fourier Furiere	Lombardei Lombardia
Martinenck-Barey	Johann de	RL	5 K.	Hus. 1	1755	Wachtmeister Sergente maggiore	Italien Italia
Hemmel	Karl Johann Friedrich von	RL	9 K.	Garn. 6	1756	Gefr.Korporal Caporale maggiore	Sizilien Sicilia
		RL	11 K	Garn. 6	1774	Sek.Leutnant Sottotenente	
		RL	19 K.	Garn. 6	1778	Prem.leutnant Primo Tenente	
		RL	13 K.	Garn. 6	1787	Kapitän Capitano	
Favrat de Berney	Franz Andreas von	RL	8 K.	Garn. 8	1764	Major Maggiore	Savoyen Savoia
		RL	3 K.	Inf. 55	1775	Oberstleutnant Tenente colonnello	
		RL	2 Kl.	Inf. 55	1785	Oberst Colonnello	
		RL	1 K.	Inf. 53	1787	Generalmajor Generale di divisione	
Cavalcabo	Karl Wilhelm Melchior Marquis de	BL	– K.	Inf. 36	1767	Fähnrich Alfiere	Bergamo
		RL	– K.	Inf. 36	1767	Fähnrich Alfiere	

Name Cognome	Vorname Nome	1	Komp./ Comp.	Truppe Truppa	Jahr Anno	Rang Grado	Land/Stadt Paese/città
Bentivegni	Johann Hieronymus de	RL	– K.	GardeB. 15	1770	Fähnrich Alfiere	Italien Italia
		RL	9 K.	Inf. 51	1773	Sek.Leutnant Sottotenente	
		RL	8 K.	Inf. 51	1785	Kapitän Capitano	
		RL	11 K.	Inf. 51	1787	Kapitän Capitano	
Rouwardt-Masche-rines	Johann Philibert de	RL	1 K.	Inf. 50	1773	Gefr.Korporal Caporale maggiore	Savoyen Savoia
Luc v. Maisons	Johann Jakob de	RL	3 K.	Inf. 50	1773	Fähnrich Alfiere	Savoyen Savoia
		RL	1 K.	Inf. 50	1787	Sek.leutnant Sottotenente	
Chau-montet	Franz Eugen von	RL	4 K.	Inf. 51	1773	Major Maggiore	Savoyen Savoia
Guanery	Johannes	RL	3 K.	Garn. 1	1774	Gefr.Korporal Caporale maggiore	Italien Italia
Lubonis	Melchior von	RL	9 K.	Inf. 16	1774	Gefr.Korporal Caporale maggiore	Sardinien Sardegna
Borell du Vernay	Jakob von	RL	1 K.	Gren. 6	1775	Sek.Leutnant Sottotenente	Piemont Piemonte
		RL	1 K.	Füs. 9	1787	Stabskapitän Capitano di stato maggiore	Piemont Piemonte
Chau-montet	Alexander von	RL	9 K.	Inf. 52	1785	Gefr.Korporal Caporale maggiore	Savoyen Savoia
Masini-Massa	Vinzenz de la	RL	9 K.	Hus. 1	1786	Kornett Alfiere	Italien Italia
Marteningo	Johann Estor Graf von	RL	1 K.	Hus. 10	1786	Kornett Alfiere	Italien Italia
Brünett	Moritz von	RL	6 K.	Hus. 6	1786	Kornett Alfiere	Savoyen Savoia

Handwerker, Kaufleute,
Gelehrte und Reisende

Schon wenige Wochen nach Friedrichs Regierungsantritt erging seine Weisung „über Herbeiziehung so vieler Fremder von allerhand Conditionen, Charakter und Gattungen als sich nur thun lassen will"[1], um sich Kompetenz in das Land zu holen. Zu diesem Behufe erließ der König schon 1740 das erste Edikt „Von denen vermehrten Wohltaten und Vortheilen vor die Auswärtigen, die sich in den Königlichen Preußischen Landen niederlassen", denen weitere folgten, und es wurden unterschiedliche Werbeaktionen unternommen, um fähige Arbeitswillige aus aller Herren Länder nach Preußen zu locken. Es erschienen z.B. Aufrufe in verschiedenen ausländischen Zeitungen an auswärtige Kunsthandwerker, sich in Friedrichs Dienste zu begeben, und es wurden in Frankfurt am Main und Hamburg ständige Werbestationen eingerichtet und Werbeagenten eingesetzt, denen sogar ein „Kopfgeld für die Angeworbenen"[2] gezahlt wurde. Auch bereits in Preußen lebende Siedler wurden animiert, Freunde und Verwandte aus der alten Heimat nachzuholen. Demzufolge traf man im friderizianischen Berlin auch Italiener und Italienerinnen mit den unterschiedlichsten Fähigkeiten: von Köchinnen bis zu Handwerkern und Facharbeitern aus diversen Berufssparten.

Von einem „Frotteur des Fußbodens" im Stadtschloss in Potsdam, einem gewissen Gigard aus Piemont, weiß Manger zu berichten, dass er sich aus freien Stücken und mit großem Elan des Fußbodenbohnerns angenommen und es so anzustellen gewusst hatte, dass Friedrich ihn antraf, während er sich hingebungsvoll seiner selbstauferlegten Tätigkeit widmete. Friedrich

---

[1] „Allgemeine Weisung an das fünfte Departement des Generaldirectoriums" vom 29. Dezember 1740, zitiert nach *Max Beheim-Schwarzbach*: Hohenzollernsche Colonisationen. Ein Beitrag zu der Geschichte des preußischen Staates und der Colonisation des östlichen Deutschlands. Leipzig: Duncker & Humblot 1874, S. 633; s. auch *Hilde-Lore Schmidt*: Friderizianische Siedlungspolitik in der Mark Brandenburg, in: Jahrbuch für brandenburgische Landesgeschichte, 12 (1961), S. 100–120: 102; *Karin Carmen Jung*: Die böhmische Weberkolonie Nowawes 1751–1767 in Potsdam-Babelsberg. Bauliche und städtebauliche Entwicklung. Berlin: Haude und Spener 1997, S. 11–14 und, ferner, *Hansjörg Tröger*: Die kurmärkischen Spinnerdörfer. Ein Beitrag zur Wirtschafts- und Siedlungspolitik Friedrichs des Großen. Nach den Akten des Geheimen Preußischen Staatsarchivs dargestellt. Leipzig: Gebrüder Gerhardt 1936.

[2] s. *Schmidt*: Friderizianische Siedlungspolitik, S. 100–120: 103.

„gefiel sein Fleiß dermaßen, dass Er ihn nachmahls zum Kastellan dieses neuen Schlosses machte".[3]

Friedrich lag die Förderung der Seidenmanufaktur in seinen Landen sehr am Herzen, die er, meist auf eigene Kosten, durch gezieltes Anwerben ausländischer Fachkräfte voranzutreiben suchte, denen eine Pension in Aussicht gestellt wurde. Es waren hauptsächlich Italiener, die als Spezialisten für die Seidenfärberei[4] und als erfahrene Arbeiter für die Gewinnung von Seide und deren Bearbeitung nach Berlin und Potsdam kamen, denn schon 1751 bemühte sich Friedrich, den Seidenbau in Preußen „nach der Art der Italiener" durchzusetzen.[5]

Aus Piemont, dem Zentrum der italienischen Seidenindustrie, warb Friedrich 1765 fast zweitausend Moulinierer und Seidenbauer.[6] Unter ihnen finden sich die Seidenmoulinieurs Francesco Roascia, Giovanni Bolero, Giuseppe Claris (oder Clavis), Giovanni Giachetti und der Planteur Antonio Gavi[7], die den Stamm „für eine Seidenbauanstalt bildeten, die der König damals in Potsdam als Muster- und Schauanstalt begründete",[8] und es wurde eigens für diesen Gewerbezweig eine Aufstockung der beiden Flügel am Jägerhof gebaut.[9] Hier eröffnet man sogar eine Ausbildungsstätte, wo für alle Lande Preußens die Maulbeerzucht und die notwendigen Kenntnisse zur Seidengewinnung und -bearbeitung nach italienischer Art hätten erlernt werden sollen. Viele unter den Angeworbenen gingen bald, denn das raue Klima und die mangelnde Kenntnis der deutschen Sprache veranlassten sie zur

---

[3] *Manger*: Baugeschichte von Potsdam, Bd. 2, S. 287.

[4] Die „Cabinetsordre an Marschall" vom 2. März 1747 erwähnt den italienischen Seidenfärber Salimbeni, in: *Gustav von Schmoller/Otto Hintze*: Die Preußische Seidenindustrie im 18. Jahrhundert und ihre Begründung durch Friedrich den Großen. Bd. 1–3. Berlin: Parey 1892. Reprint Frankfurt am Main: Keip 1986–1987 (= Acta Borussica. Denkmäler der Preußischen Staatsverwaltung im 18. Jahrhundert. Neu hrsg. im Auftrag der Historischen Kommission zu Berlin von Wilhelm Treue. 2: Die einzelnen Gebiete der Verwaltung. 4: Seidenindustrie). Bd. 1, Nr. 115, S. 113 f: 114.

[5] s. die „Cabinetsordre an Faesch" vom 15. Januar 1751 betreffend „Plantageinspector Rezzonico", in: *Schmoller/Hintze*: Die Preußische Seidenindustrie, Bd. 1, Nr. 236, S. 227.

[6] *Jung*: Die böhmische Weberkolonie Nowawes, S. 26.

[7] s. die „Cabinets-Ordre an das General-Directorium" vom 25. Oktober 1765, betreffend „italienische Seidenmoulinieurs und Planteurs in Potsdam", wonach ihnen ein jährliches „Tractement akkordiert" wird, in: *Schmoller/Hintze*: Die Preußische Seidenindustrie, Bd. 1, Nr. 487, S. 464.

[8] *Hildegard Hoffmann*: Handwerk und Manufaktur in Preußen 1769 (Das Taschenbuch Knyphausen). Berlin: Akademie-Verlag 1969, S. 194–196. Hoffmann führt diese Arbeiter unter den Kräften auf, die auf Grund ihres guten Arbeitseinsatzes 1769 eine königliche Pension bezogen.

[9] *Nicolai*: Beschreibung der königlichen Residenzstädte. T. I, S. 367 und T. II, S. 796 f.

Rückkehr nach Italien. So auch den Seidenzwirner Francesco Roascia,[10] der sich angeboten hatte, „den Seidenbau [in Potsdam] völlig auf den Fuß wie in Piemont einzurichten"[11], und die Maschinen hierfür baute, doch bald seinen Weg wieder nach Italien nahm.

Viele aber blieben und machten sich um die preußische Seidenproduktion sehr verdient. Unter ihnen findet sich Francesco Catena. Ab 1780 wurde die Piemonteser Art, Seide zu haspeln, durch diesen Mailänder in Potsdam erneut und nachhaltig gefördert. Als „Seidencultivator" 1772 nach Preußen gekommen, fiel er Friedrich sogleich als „ein geschickter und erfahrener Seidenbauer" auf;[12] 1779 wurde er zum Königlichen Seidenkultur- und Plantageninspektor der Altmark und der Stadt Potsdam mit Pensionsansprüchen ernannt und im Laufe der Jahre mit vielen Aufgaben, die Seidengewinnung und -bearbeitung betreffend, betraut.[13] Er betrieb diese zum Teil auf eigene Kosten, indem er u.a. Interessierten unentgeltlich Maulbeerlaub, Grains [= Eier] und Etalagen lieh und besondere Vorrichtungen erbauen ließ. Sein Wissen vermittelte er sowohl als Lehrer, indem er Facharbeiter ausbildete, wie auch durch ein 1783 verfasstes Lehrwerk, in welchem er die Piemonteser Art der Seidenzucht und -gewinnung darlegte.[14]

Eine interessante italienische Präsenz ist noch in diesem Bereich zu verzeichnen: Vom Wunsch animiert, die Seidenverarbeitung in Preußen zu etablieren, setzte Friedrich als Berater auch den Schauspieler Matteo Liverati ein, der schon für die *Opera Buffa* in Potsdam tätig war, weil dieser sich ihm als Sachverständiger auf diesem Gebiet zu erkennen gegeben hatte.[15]

---

[10] Roascia wurde noch 1767 von Friedrich nach Italien geschickt, um „Seiden- und Spinnerinnen anhero zu bringen", *Schmoller/Hintze*: Die Preußische Seidenindustrie, Bd. 1, Nr. 546, „Cabinetsordre an den Kammerpräsidenten von Siegroth", betreffend „Seidenbau in der Kurmark, insbesondere in Potsdam", Potsdam, 14. und 18. Februar 1767: 14. Februar, S. 563.

[11] *Manger*: Baugeschichte von Potsdam. Bd. 2, S. 296 f.: 296.

[12] *Schmoller/Hintze*: Die Preußische Seidenindustrie, Bd. 2, Nr. 880, Schriftwechsel des Königs mit Tarrach, 2.–5. November 1779, betreffend den „Seidencultivateur Catena", Immediatbericht Tarrachs, 4. November 1779, S. 240–242: 241.

[13] s.u.a. die „Cabinetsordre an Tarrach" vom 20., 28. Mai 1786, in: *Schmoller/Hintze*: Die Preußische Seidenindustrie, Bd. 2, Nr. 1070, S. 467 f.

[14] *Franz Catena*: Versuch einer Anweisung die Seide zu haspeln nach Piemonteser Art. Potsdam 1783, vgl. *Nicolai*: Beschreibung der königlichen Residenzstädte, T. I, S. 367 und T. II, S. 796 f. Leider völlig unberücksichtigt bleibt der Beitrag Catenas und der italienischen Fachkräfte in der Studie von *Erika Herzfeld*: Preußische Manufakturen. Großgewerbliche Fertigung von Porzellan, Seide, Gobelins, Uhren, Tapeten, Waffen, Papier u.a. im 17. und 18. Jahrhundert in und um Berlin. Berlin: Verlag der Nationen 1994. Herzfeld (S. 99) hebt jedoch die Tatsache hervor, dass technische Kenntnisse über Seidenzwirnereien von in Berlin ansässigen italienischen Mouliniers vermittelt wurden und dass man hierfür „Zeichnungen entsprechender Mühlen aus Piemont (beschaffte)".

Ob unter den 140 „Bürgermädchen" die in der 1769 von Madame de Rieux eingerichteten „italiänische[n] Blumenmanufaktur"[16] auch Italienerinnen tätig waren, konnte nicht ermittelt werden. Diese für Mitteleuropa einzigartige Form modischen Schmucks aus seidenen Blumen, die durch Verwertung der beim Haspeln übriggebliebenen Häute der Kokons hergestellt wurde, bildet jedoch ein weiteres Zeugnis der Kulturbeziehungen zwischen Preußen und Italien, denn sie war in Italien erfunden worden und wurde, als man sie nach Preußen holte, nachhaltig als „italienisch" bezeichnet.[17]

Italiener finden sich hingegen unter den „mechanischen Instrumentenmachern"[18] und unter den Steinschneidern; unter diesen erwähnt Nicolai einen gewissen Salviati rühmlich, der sowohl Edelsteine als auch Muscheln und Steine schnitt.[19]

Bewohner und Besucher Berlins und Potsdams wurden mit italienischen Produkten regelmäßig versorgt. Zu den festen Angeboten auf dem Berliner Markt zählte z.B. „italienische Dinte", die Johann Heinrich Bauermeister auf dem Schlossplatz „in versiegelten Bouteillen, welche keinen Schimmel ansetztet und nie gelb wird"[20] verkaufte, aber auch Gewürze, Stoffe, besonders Seide, Damast, Samt, Spitzen, „lederne parfümierte und unparfümierte Handschuhe",[21] Kristall und Porzellan, Papier, Seife und „allerhand wohlriechende Öle (und) Essenzen"[22].

Zunächst in Berlin als Hausierer, dann als angesehene Kauf- und Handelsleute tätig, vertrieben Italiener wie z.B. die aus Como stammenden Giovanni Battista Taddeo und Bernardo Lisonio, die aus dem Mailändischen stammenden Giovanni Battista Selvino und Giovanni Valesio und der Turiner Giovan Battista Buzzano sogenannte „Italienerwaren", auf die weiter unten ausführlicher eingegangen wird, oder handelten mit roher Seide wie Francesco Ga-

---

[15] s. hierzu ab S. 317 und besonders den Text zur Abb. 59 in vorliegender Arbeit.

[16] *Nicolai*: Beschreibung der königlichen Residenzstädte, T. I, S. 372 f.

[17] *Herzfeld*: Preußische Manufakturen, S. 118–122: 118. Zu den Requisiten der Barbarina in ihrem berühmten Tanz der Statue gehörten solche seidenen Blumen, s. ab S. 299 in vorliegender Arbeit, besonders den Text zur Abb. 56.

[18] Vgl. weiter unten den Brief Schiavettos, Text zur Abb. 41.

[19] *Nicolai*: Beschreibung der königlichen Residenzstädte, T. I, S. 405. Ob es sich beim Bildhauer und Steinmetzemeister Calam um einen Italiener handelt, konnte nicht mit Sicherheit festgestellt werden, cfr. *Oesterreich*: Beschreibung und Erklärung, passim.

[20] Ebd., S. 353.

[21] *Carl Günther Ludovici*: Eröffnete Akademie der Kaufleute, oder vollständiges Kaufmanns-Lexicon [...]. Zweyte vermehrte und verbesserte Ausgabe. T. 3 (H–M). Leipzig: Breitkopf 1767, *ad vocem* „Italien", Sp. 706–726: 714; s. weiter unten die Angaben bei der Anmerkung 29.

[22] *Ludovici*: Eröffnete Akademie der Kaufleute, Sp. 715.

gino oder De Calma.[23] Letzterer war auch als „Meister der seidenen Waren
[...] auf eigene Rechnung" mit 65 Webstühlen registriert.[24]

Im Laufe der Jahre entwickelten sich regelrechte berufliche Spezialisierun-
gen dieser Händler je nach ihrer Herkunftsregion:[25] aus dem Genuesischen
stammten in der Regel diejenigen, die mit Hecheln und Mausefallen handelten,[26] Teppichhändler kamen aus dem Venezianischen, aus Como die Ther-
mometer- und Barometerhändler, wie weiter unten ausgeführt, und aus dem
Mailändischen Händler, die Bilder und Kupferstiche anboten.

Aus Lucca und den umliegenden Tälern kamen Gipsfigurenhändler und
-macher wie Francesco Reguli (*1716), ein Kolonist, der am 16. Oktober
1766 in Berlin eingebürgert wurde.[27]

Besonders begehrt waren die sogenannten „Italiänischen Waaren".[28] So
wurden in Berlin verschiedene Delikatessen genannt wie Austern, Sardellen,
Kapern, gute Weine, „Rosogli", Arak, Liköre, aber auch feine Öle, Teigwa-
ren „sonst Vermicelli genannt",[29] die als „sardinischer Kaviar" bekannte Bottarga,[30] „gute[r] Käß, worunter sonderlich der Parmesanische berühmt ist",[31]
Trüffeln, Oliven, Mandeln, Pistazien und Nüsse, frische, eingemachte und
kandierte Früchte, mit besonderer Vorliebe für Feigen, „Judenäpfel", d. h.

---

[23] *Kaeber* (Hrsg.): Die Bürgerbücher, S. 526. Nach Kaeber waren Taddeo und Selvino 1741, Valesio und Gagino 1750 in Berlin tätig, S. 330, S. 335, S. 522, S. 526.

[24] *Horvath*: Potsdam's Merkwürdigkeiten, S. 256.

[25] s. hierzu die Arbeiten von *Johannes Augel*: Italienische Einwanderung und Wirtschaftstätigkeit in rheinischen Städten des 17. und 18. Jahrhunderts. Bonn: Röhrscheid
1971 (= Rheinisches Archiv 78) und von *Edith Pichler*: Migration, Community-Formierung und ethnische Ökonomie. Die italienischen Gewerbetreibenden in Berlin.
Berlin: Ed. Parabolis 1997.

[26] Eine Ausnahme bildet wohl hier Bernardo Lisonio, „Hechelmacher, Como im
Mailändischen", s. *Kaeber* (Hrsg.): Die Bürgerbücher, S. 522.

[27] *Schulz*: 3000 Berliner Kolonisten, S. 85.

[28] *Nicolai*: Beschreibung der königlichen Residenzstädte, T. 1, S. 354.

[29] *Ludovici*: Eröffnete Akademie der Kaufleute, Sp. 715. Ludovici übernimmt noch
in dieser Ausgabe fast wörtlich den Eintrag bei der „Allgemeinen Schatzkammer der
Kaufmannschaft oder vollständiges Lexicon aller Handlungen und Gewerbe so wohl
in Deutschland als auswärtigen Königreichen und Ländern [...]", die in Leipzig bei
Heinsius zwischen 1741 und 1743 erschienen war und unter „Italiänische Handlung"
eine Liste der aus Italien importierten Waren anführe, T. 2 (D–L), *ad vocem*, Sp.
1145–1149. Diese Liste blieb auch in der 1798 erschienenen Auflage fast unverändert
erhalten, die unter dem Titel veröffentlicht wurde: „Neu eröffnete Academie der
Kaufleute, oder encyclopädisches Kaufmannslexikon [...] vormals herausgegeben von
Prof. *Carl Günther Ludovici*. Und nun für das Bedürfniß jetziger Zeiten durchaus
umgearbeitet von *Johann Christian Schedel*." T. 3 (G–Lei). Leipzig: Breitkopf/Härtel
1798, *ad vocem* „Italiener, Italiänische Waaren", Sp. 1443 f., s. hierzu *Augel*: Italienische Einwanderung, bes. S. 209 f. und *Pichler*: Migration, S. 139–147: 141.

[30] s. hierzu den Text zur Abb. 25 im vorliegenden Buch.

[31] Allgemeine Schatzkammer der Kaufmannschaft, Sp. 1145.

für Zitronen, für Orangen, Granatäpfel und Melonen. Sie wurden von italienischen Kaufleuten importiert und auch von nicht italienischen Kaufleuten angeboten, wie dem Graubündner Johann Jacob Brocco,[32] und auch in deutschen und französischen Geschäften, wie bei Christian Stoltzenhagen, von dem die Tänzerin Barbarina diese Delikatessen für ihre *Soupers* bezog.[33]

Unter den italienischen Kaufleuten, die für frischen Nachschub von Wein, Südfrüchten und anderen Spezialitäten aus Italien sorgten (und sorgen durften)[34], die man oft in ihren Läden oder Wirtshäusern genießen konnte,[35] die aber auch Kupferstiche und Landkarten vertrieben, finden sich der Neapolitaner Domenico Palmiero, der in Potsdam einen der von Friedrich gewollten Palladio-Nachbauten bewohnte,[36] Tamanti, der in Potsdam einen Laden mit italienischen Delikatessen führte,[37] Domenico Bonseri,[38] ferner Sala Tarrone und Carlo Morino, die ihre Geschäfte an der Schleusenbrücke bzw. in der Brüderstraße in Berlin hatten,[39] und Morinos Schwiegersohn Giovan Battista Torchiana, der ebenfalls ein fast prächtig zu nennendes Bürgerhaus in Potsdam bewohnte. Der aus Nesso am Comer See stammende Torchiana war nicht nur der wohl bekannteste Wein- und Südfrüchtehändler Potsdams und ein erfolgreicher Wirt, sondern hatte auch das Privileg „für Materialgerechtigkeit", d. h. auf das Prüfen der Echtheit und Güte italienischer Waren, in Potsdam erhalten.[40]

---

[32] Wie *Schulz* (3000 Berliner Kolonisten, S. 29) verzeichnet, wurde der aus Mesocco stammende Kolonist am 23. Juli 1744 in Berlin eingebürgert.

[33] *Giuseppe Dall'Ongaro*: La Barberina. Novara: De Agostini 1987, S. 145.

[34] s. das „General-Privilegium und Gülde-Brief der Materialisten in der Chur- und Marck Brandenburg, dies- und jenseits der Oder und Elbe, insonderheit der combinirten Materialisten-Gülde in Berlin" vom 9. August 1735, § VIII, in: Corpus Constitutionum Marchicarum, Oder Konigl. Preußis. und Churfürstl. Brandeburgische in der Chur- und Marck Brandenburg, auch incorporirten Landen publicirte und ergangene Ordnungen, Edicta, Mandata, Rescripta [et]c.: Von Zeiten Friedrichs I. Churfürstens zu Brandenburg [et]c. biß ietzo unter der Regierung Friderich Wilhelms, Königs in Preußen [et]c. ad annum 1736. [...] colliget und ans Licht gegeben von Christian Otto Mylius. Berlin und Halle. Zu finden im Buchladen des Waysenhauses. [1737 –] 1755, V: Teil, II. Abteilung Anhang, Abt. X, Cap. von den Zünften, Nr. L, Sp. 533 ff.: 535–537. Ich danke Frau Anke Klare für die Ermittlung dieser Schrift.

[35] *Nicolai*: Beschreibung der königlichen Residenzstädte, T. I, S. 627 und T. II, S. 813.

[36] Es handelt sich um das Haus Am Alten Markt 5, vgl. ab S. 126 in vorliegender Arbeit.

[37] *Nicolai*: Beschreibung der königlichen Residenzstädte, T. II, S. 813.

[38] Bonseri wohnte in der Schwertfegerstrasse, Ecke Wegstrasse, *Manger*: Baugeschichte von Potsdam, Bd. 2, S. 365.

[39] *Nicolai*: Beschreibung der königlichen Residenzstädte, T. I, S. 354. Morino kommt regelmäßig als Lieferant von Parmesan und anderen Viktualien für die königliche Tafel in den Speiseplänen vor, so z. B. für 1767, GStA PK, I. HA Geheimer Rat, Rep. 36 Hof- und Güterverwaltung, Nr. 1162.

Tafel 1: Wappen Algarottis/Stemma di Algarotti
(GStA PK, I. HA Geheimer Rat, Rep. 7 Preußen,
Nr. 13-1, LITA Nr. 2, fol. 11.)

Tafel 2: Franz Ignatz Graf von Pinto.

Miniatur von Bodo Koch nach einem s/w Porträtphoto; vom Künstler
freundlicherweise als Leihgabe zur Verfügung gestellt.

Miniatura di Bodo Koch sulla base di una fotografia in bianco e nero,
per gentile concessione dall'autore

Tafel 3: Kostümfigurine für Giovanna Gasparini
Figurino per Giovanna Gasparini

Tafel 4: Kostümfigurine für Giovanna Astrua
Figurino per Giovanna Astrua

Tafel 5: Kostümfigurine zu Grauns „Sylla" für Madame Denis
Figurino per l'opera „Silla" di Graun per la ballerina Denis

Tafel 6: Kostümfigurine des Antonio Romani
Figurino per Antonio Romani

Tafel 7: Kostümfigurine zu „Sylla“
Figurino per l'opera „Silla“

Tafel 8: Kostümfigurine für Antonio Hubert, genannt Porporino
Figurino per Antonio Hubert, detto Porporino

Tafel 9: Johann Georg Rosenberg: Ansicht des Opernhauses, 1773
Johann Georg Rosenberg: Vista dell'Opera Reale, 1773
(GStA PK)

Tafel 10: Jeanne-Laurent Le Geay: Ansicht des Opernplatzes um 1748,
Detail: Hedwigs-Kirche
Jeanne-Laurent Le Geay: Vista della Piazza dell'Opera intorno al 1748.
Particolare della vista sulla chiesa di S. Edvige
Radierung/Acquaforte
(Stiftung Preußische Schlösser und Gärten Berlin-Brandenburg, PK 3055)

Oft konnten diese italienischen Delikatessen auch im Sitzen verzehrt werden, und zwar in sogenannten „Italiänerkellern", die von den Kaufleuten in ihren Läden oder in den Wirtshäusern italienischer Händler, wie z.B. in Torchianas „Tanne" und in Colanis „Preußischem Adler" in Potsdam, betrieben wurden.

Dieser Brauch war damals so gängig, dass man im allgemeinen Sprachgebrauch mit „Italienern" genau diese italienischen Handelsleute meinte, die „allerhand auswärtige süße Weine und andere Friandise – besonders italienische Waaren in offenen Kellern feilha[tten]",[41] und dass man sogar pflegte, „diejenigen Deutschen, welche gleichfalls in offenen Kellern dergleichen Waaren verkauf[t]en, deutsche Italiener zu nennen".[42] Bezeichnenderweise ergänzte Ludovici in der dritten, 1798 erschienenen Auflage seines Lexikons das Lemma des einschlägigen Artikels durch Hinzufügung des Stichwortes „Italiener", das in den ersten beiden 1754 und 1767 erschienenen Ausgaben noch fehlte.[43]

Spuren dieses Sprachgebrauchs findet man in der Alltagssprache noch heute, denn es ist in Berlin immer noch üblich, mit der Redewendung „zum Italiener Gehen" den Besuch eines Speiselokals zu meinen.

Eine Erscheinung *sui generis* unter den Italienern in Berlin bildet der Livorneser Giovanni Antonio Calzabigi (nach 1714 bis nach 1764), dem Friedrich am 8. Februar 1763 den Titel Geheimer Finanzrat verlieh und den er zum Vorsitzenden der am 31. August 1763 in Betrieb genommenen Königlich Preußischen Lotteriedirektion in Berlin machte.[44]

Ein regelrechter Charlatan war hingegen Tommaso Paladino, ein Italiener, der um 1748 in Berlin erschienen war und behauptete „Wunderwerke, welche alle Kräfte der Natur überstiegen, verrichten zu wollen [...]." Sogar auswärtige Blätter hätten von ihm erzählt, „er habe [...] Thieren die Köpfe ab-

---

[40] *Manger*: Baugeschichte von Potsdam, Bd. 2, S. 465.

[41] *Ludovici*: Eröffnete Akademie der Kaufleute, Sp. 722.

[42] Ebd.

[43] *Ludovici*: Neu eröffnete Academie der Kaufleute. T. 3 (G–Lei), *ad vocem* „Italiener, Italienische Waaren", Sp. 1443: „Unter dem ersten Wort versteht man die italienischen Handelsleute, welche in Gewölben oder Kellern mit Delikatessen, Provisionen, Weinen, Likören und Früchten [...] handeln".

[44] Über Calzabigis Lottogeschäft und über eine mögliche Beteiligung Casanovas, der mit Calzabigi 1757 die „Loterie de l'École militaire" gegründet hatte, am Königlich Preußischen Lottogeschäft anlässlich seines Besuches in Sanssouci im Sommer 1764 s. *Casanova*: Geschichte meines Lebens. Bd. 10, 3. und 4. Kap., S. 67–73, S. 78–80, und S. 365–368, *D'Ancona*: Federico il Grande e gli italiani, S. 3–162: 129–133, *Friedrich von Oppeln-Bronikowski*: Abenteurer am Preußischen Hofe 1700–1800. Berlin/Leipzig: Paetel 1927, S. 103–119: 109–114, sowie den Beitrag von Volker Kapp im vorliegenden Band.

gehauen, ihnen das Blut abgezapft, und danach das Leben nebst vollständigen Kräften wiedergegeben" und dass er „Menschen in Pferde, Hunde und dergleichen (verwandle)."[45] Wie der Berichterstatter jedoch hinzufügt, habe die Bevölkerung der Stadt sich bald von ihm abgewandt.

Die bedeutendste italienische Präsenz kam aus den Reihen der für das Königliche Opernhaus Tätigen, wie es z.B. der Fall bei Souffleuren war, darunter ein gewisser Graganelli und sein Nachfolger Angelo aus Venedig, die für die Jahre 1749 und 1756 nachweisbar sind.[46] Ersterer könnte identisch mit Francesco Grugnanelli sein, der sich nach Schneider als Übersetzer von Libretti, besonders für die *Opera Buffa*, betätigte.[47]

Italienisches Personal fand sich zahlreich auch unter den Tischlern und Malern, die für die komplizierten Bühnenarchitekturen benötigt wurden. Sie kamen oft im Gefolge der italienischen Bühnendekorateure, die nach Berlin berufen wurden und von denen ebenfalls weiter unten die Rede sein wird, wie Carlo Sonnico und Franceschini, die den Bühnenarchitekten Giuseppe Galli Bibiena 1753 bei seiner Arbeit unterstützten.[48] Die beim Bau von Villen, Palästen und Theatersälen eingesetzten Vergolder und Stuckateure trugen zwar italienische Namen, wie die Dynastie der Sartori oder Giovanni Battista Pedrozzi (1710–1778) und Augustini,[49] sie kamen aber aus Österreich oder aus der italienischen Schweiz. Nur der 1764 in Potsdam „neuangelangte [...] Stuckarbeiter" Vanoni soll Italiener gewesen sein.[50]

---

[45] *Anton Balthasar König*: Versuch einer historischen Schilderung der Hauptveränderungen, der Religion, Sitten, Gewohnheiten, Künste, Wissenschaften etc. der Residenzstadt Berlin seit den ältesten Zeiten, bis zum Jahre 1786. Fünften Theils zweyter Band. Enthält die Regierungsgeschichte König Friedrich des Zweiten, von 1740 bis 1786. Berlin: Buchhandlung Pauli 1799. Nachdruck Berlin: Scherer 1991, S. 318.

[46] *Henzel*: Die Schatulle, S. 56. Ob es sich beim „Cammer Musicum" Franz Caspari, den Henzel unter den Kopisten von Noten für die Hofmusik in den Jahren 1763 und 1764 aufführt, um einen Italiener handelt, konnte nicht festgestellt werden, s. *Henzel*: Die Schatulle (T. 2), in: Jahrbuch des Staatlichen Instituts für Musikforschung Preußischer Kulturbesitz 2000, S. 175–209: 201 und 205.

[47] *Schneider*: Geschichte der Oper, S. 114, erwähnt „Francesson [wahrscheinlich Francesco] Grugnanelli" als Urheber „sämmtliche[r] Übersetzungen der späteren Opera Buffa", wobei es nicht klar ist, ob er sie ins Deutsche oder italienische übertrug. Ferner soll er 1752 eine italienische Version von Friedrichs „Denkwürdigkeiten der Brandenburgischen Geschichte" bei Haude und Spener veröffentlicht haben. Es war mir nur möglich, Grugnanellis Tätigkeit bei einer Übersetzung ins Deutsche von Friedrichs Libretto zur Oper „I fratelli nemici" aufzuspüren, die 1756 in Berlin bei Haude und Spener erschien.

[48] GStA PK, I. HA Geheimer Rat, Rep. 36 Hof- und Güterverwaltung, Nr. 2653, fol. 6 und passim; s. hierzu ab S. 338 in vorliegender Arbeit.

[49] *Manger*: Baugeschichte von Potsdam, Bd. 2, S. 289 f., S. 301 und S. 327. Der bei Manger (Bd. 1, S. 66) angeführte, im Jahr 1746 als Vergolder und Stuckateur tätige Adam Carloni konnte nicht eindeutig als Italiener identifiziert werden.

[50] *Manger*: Baugeschichte von Potsdam, Bd. 2, S. 280.

Für die Präsenz guter Sänger und Sängerinnen, Tänzer und Tänzerinnen, auf die weiter unten zu kommen sein wird, sorgten Gesandte Friedrichs, die in Italien nach den besten Talenten Ausschau hielten. Unter denjenigen, die Friedrich II. nach Italien schickte, um dort gute Engagements für sein Opernhaus zu vermitteln, findet sich auch der Königliche Kabinetts-Kurier, der Italiener Perini Spazzi,[51] der seine Reise 1742 antrat.

Unter den italienischen Gelehrten, die nicht an der Preußischen Akademie der Wissenschaften oder als Hofpoeten tätig waren,[52] findet man den Polyhistor Cosimo Alessandro Collini (1727–1806),[53] der 1751–1753 Sekretär und Vorleser Voltaires in Sanssouci war und dann bis 1757 in seinen Diensten blieb, ferner einen Professor für die italienische Sprache, Gian Battista De Franzani (in Berlin tätig von 1769 bis zu Friedrichs Tod) und verschiedene Sprachmeister für das Italienische.[54] Schon bei Anfang der Regierung Friedrichs vermerken Adresskalender „italiänische Sprachmeister", die „in der toskanischen Sprache informieren": Herrn Corno (bzw. Cournon), Herrn Philippi, Ludovico Malfalti (oder Malfatti) und Angelo Salviati, von 1751 bis 1786 tätig[55].

Bemerkenswerterweise erscheint italienisch im Sprachunterricht der Ritterakademie auf dem Dom zu Brandenburg für das Schuljahr 1763/1764[56] und, 1783, auch als Lehrfach in einer Erziehungsanstalt Berlins: in der Königlichen Realschule auf der Friedrichsstadt, in der Kochstraße. Hier verzeichnet der Lehrplan als „Lehrer der italiänischen Sprache" Herrn Gasperini, oder Caspatini, der sich im Berlin dieser Jahre als Übersetzer einen Namen gemacht hatte.[57]

---

[51] s. hierzu ab S. 262 in vorliegender Arbeit. Der Name wird von Schneider (Geschichte der Oper, S. 27 f.) als Pierino (auch Pierini) Spary angegeben.

[52] s. hierzu ab S. 101 in vorliegender Arbeit.

[53] *Alessandro Collini*: Mon séjour auprès de Voltaire et Lettres Inédites que m'écrivit cet homme célèbre jusqu'à la dernière année de sa vie. Paris 1807. Zu Collini s. *Heitmann*: Das italienische Deutschlandbild, S. 288–304, mit weiterführender Bibliographie.

[54] Italienisch galt im friderizianischen Berlin als die „Sprache der höfischen Festkultur", *Maehder*: Die Librettisten des Königs, S. 265–304: 272.

[55] Ob De Franzani und Salviati noch weiter nach Friedrichs Tod in ihrem Beruf tätig waren, konnte nicht ermittelt werden.

[56] Vgl. *Oskar Dorka*: Die Leibesübungen in der Ritterakademie auf dem Dom zu Brandenburg. Ein Rückblick auf die Zeit 1705–1914. Masch. Schrift. Ich danke Frau Konstanze Borowski, Domstiftsarchiv und -bibliothek Brandenburg, für die freundliche Mitteilung.

[57] Adres-Calender der Königlich-Preußischen Haupt- und Residenzstadt Berlin, besonders der daselbst befindlichen hohen und niederen Collegien, Instanzien und Expeditionen. Berlin: Unger 1783, S. 239.
So gut wie nichts lässt sich über die Tätigkeit des Herrn Dirceo Gasperini ermitteln, von dem man nur weiß, dass er das Textbuch des *Messias* von Händel ins Italienische

Vielleicht der bedeutendste unter ihnen ist Giulio Roberto Sanseverino di Sanmartino (1722–ca. 1800), von dem weiter unten die Rede sein wird.

Obgleich Preußen nicht das bevorzugte Ziel von Bildungsreisen war, registriert man doch zahlreiche Italiener, die während der Regierungszeit Friedrichs II. Berlin und Potsdam besuchten, sehr wahrscheinlich unter Anleitung des Reisebuchs Friedrich Nicolais, das schon 1770, ein Jahr nach Erscheinen der Originalausgabe, in der italienischen Presse positiv besprochen wurde.[58]

Unter den Reisenden, vielen von Stand, finden sich neben Collini z.B. der Bildhauer Bartolomeo Cavaceppi, von dem oben die Rede war, der Illuminat Michele Enrico Sagramoso (1720–1790), der 1777 in Berlin weilte, der Abenteurer Giacomo Casanova (1725–1798),[59] der Physiker Alessandro Volta (1745–1827), der sich 1784 mit dem Kollegen Antonio Scarpa zwei Wochen in Berlin aufhielt, ohne jedoch eine Audienz beim König erwirken zu können, der Dichter Vittorio Alfieri (1749–1803)[60] und der Trientiner Gelehrte Carlo Antonio Pilati (1733–1802), von dem weiter unten die Rede sein wird.

Nicht wenige hinterließen wohlwollende Beschreibungen ihrer Erlebnisse, wie der Abenteurer und Reisende Giuseppe Gorani (1740–1819). Der Mailänder Graf hatte als Offizier im österreichischen Heer am siebenjährigen Krieg teilgenommen und war in preußische Gefangenschaft geraten. In dieser Zeit, von 1759 bis 1763, durfte er jedoch das Land bereisen, um die Reformpolitik des preußischen Königs zu studieren. In Berlin hielt er sich von 1760 bis 1763 auf und hinterließ in seinen Memoiren einen Bericht über Stadt und Land, der „von Anerkennung und Bewunderung geprägt" ist.[61] Ebenfalls positiv fällt die Beschreibung des Marchese Francesco Malaspina aus, die er in seiner 1786 erschienenen „Relazione di una scorsa per varie provincie d'Europa del M. **** a Madama G**" von seinem Besuch Berlins und Potsdams im Jahre 1784 hinerließ,[62] und nicht weniger begeistert äußerte sich der Bühnenarchitekt und -dekorateur Giuseppe Valeriani († 1761), der sich 1742, auf seiner Reise nach Moskau, in Berlin aufhielt und sehr be-

---

übertrug, der 1786 in Berlin bei Unger erschien, und dass er sich, vergebens, beim König um die Nachfolge des eben verstorbenen Hofdichters Landi am 12. Februar 1786 bewarb, s. GStA PK, I. HA Rep. 96 Geheimes Zivilkabinett, ältere Periode, 401 T, fol. 81.

[58] Es handelt sich um den mehrmals aufgelegten Reiseführer von *Nicolai*: Beschreibung der königlichen Residenzstädte, der auch in italienischen Zeitschriften rezensiert wurde, so z.B. in der venezianischen *Europa Letteraria*, Oktober-Heft 1770, S. 73–83.

[59] s. hierzu den Beitrag von *Volker Kapp* im vorliegenden Buch.

[60] s. hierzu den Beitrag von *Klaus Heitmann* im vorliegenden Buch.

[61] *Heitmann*: Das italienische Deutschlandbild, S. 367; s. ferner ebd., S. 322.

[62] Vgl. *Heitmann*: Das italienische Deutschlandbild, S. 330 und 369 f.

eindruckt von der Bautätigkeit des Königs und besonders vom neuen königlichen Opernhaus war.[63]

Viaggiatori, mercanti,
artigiani e letterati

Allo scopo di arricchire il suo paese di personale qualificato in cerca di
occupazione Federico fondò poche settimane dopo essere salito al potere il
cosiddetto Quinto Dipartimento cui affidò il compito di attirare in Prussia
stranieri «di qualsivoglia stato sociale, carattere e tipo». A tal scopo il sovrano emanò già nel 1740 un editto «Degli accresciuti benefici e vantaggi
per i forestieri che si stabiliscono nelle terre di Prussia» cui altri seguirono
nel corso degli anni, e fece compiere diverse azioni per rendere pubblica la
sua politica di insediamento. A tal scopo egli non solo fece, infatti, pubbli-
care avvisi in diversi giornali stranieri rivolgendo a maestranze ed artigiani
stranieri l'appello di recarsi in Prussia, ma creò «centri di assunzione» fissi a
Francoforte sul Meno e ad Amburgo e ricorse ad agenti incaricati di scovare
personale specializzato, allettando questi «cacciatori di teste» con vere e
proprie «taglie per personale assunto». Anche i coloni che si erano già stabi-
liti nelle sue terre furono incoraggiati a far venire amici e parenti dalla loro
antica patria. Non c'è dunque da meravigliarsi se, in conseguenza di ciò, si
registrano nel regno prussiano, ed in particolare a Berlino, anche presenze
italiane.

Nella capitale prussiana vivevano, infatti, al tempo di Federico italiani e
italiane dalle più svariate professioni, la cui venuta era stata favorita dalla
politica d'immigrazione per personale competente inaugurata ed intensamente perseguita da Federico II.

È un variopinto ventaglio di professioni e di personaggi che si offre allo
sguardo di chi affronta questo capitolo, finora trascurato, dell'emigrazione di
lavoratori italiani in Germania e mostra, oltre che cuoche e mercanti che,
come si dirà più avanti, importavano prodotti dall'Italia come parmigiano,
olive toscane e noci di Sorrento, anche vere macchiette, come il piemontese
Gigard, un «lucidatore di pavimenti» al castello di Potsdam che con grande
inventiva era riuscito a convincere Federico ad affidargli quel compito, riu-
scendo, col tempo, a farsi promuovere addirittura custode del castello.

Nella politica di colonizzazione voluta dal re, ricoprono un ruolo del
tutto speciale le maestranze e gli artigiani italiani impiegati nella nascente
manifattura della seta prussiana che Federico volle promuovere, per lo più a

---

[63] s. *Engel*: Das Forum Fridericianum, S. 102.

proprie spese, chiamando personale specializzato dall'estero con la promessa addirittura di una pensione. Ciò è dovuto al fatto che il re volle incoraggiare, fino dal 1751, la lavorazione della seta secondo il «metodo italiano» e che, dunque, soprattutto dal Piemonte, regione più all'avanguardia nel settore, fu reclutato personale specializzato sia nel settore della produzione che in quello della colorazione della seta.

Alcuni nomi sono giunti fino a noi: Francesco Roascia, Giovanni Bolero, Giuseppe Claris (o Clavis), Giovanni Giachetti ed Antonio Gavi. Giunti in Prussia nel 1765 essi formeranno il nucleo della filanda aperta in quegli anni a Potsdam come azienda modello ed ufficio di controllo e di esposizione della produzione. L'opificio ebbe un tale sviluppo che fu ben presto necessario sopraelevare appositamente per esso le due ali dello Jägerhof a Postdam. Vi si aprì addirittura un centro di formazione professionale in cui si sarebbero dovute poter apprendere, per tutta la Prussia, le nozioni necessarie sia alla coltivazione del gelso sia alla produzione e filatura della seta secondo il metodo italiano.

Molti, le fonti parlano di circa duemila, furono gli artigiani ed i lavoranti vennero a Potsdam dall'Italia. Alcuni abbandonarono ben presto il paese a causa del clima rigido ed aspro e della loro scarsa conoscenza del tedesco, tornandosene in Italia, come fece il torcitore di seta Francesco Roascia che si era dapprima offerto di impiantare *ex novo* la sericoltura in Prussia secondo il metodo piemontese, costruendo anche i macchinari all'uopo, ma che poi, come ricorda Manger, si era congedato alla volta dell'Italia.

Molti altri, invece, vi rimasero per decenni guadagnandosi anche la pensione reale che era stata loro promessa.

Tra i piú importanti personaggi italiani impiegati nella manifattura della seta si ricorda il milanese Francesco Catena. Giunto nel 1772 in Prussia e premiato per il suo diligente lavoro, nel 1779, con una promozione ad ispettore reale delle piantagioni e della coltivazione della seta nell'*Altmark* e nella città di Potsdam con diritto di pensione, egli fu incaricato di vari compiti nelle varie fasi della sericoltura e si impegnò, tra l'altro, anche a proprie spese, sia distribuendo, a chi ne fosse interessato, foglie di gelso, uova di bachi e graticci sia facendo costruire particolari attrezzature. Egli cercò anche di trasmettere il proprio sapere impartendo gratis lezioni ai coltivatori locali e pubblicando un manuale sul metodo piemontese di lavorare la seta, uscito in stampa a Berlino nel 1783.

È interessante, inoltre, ricordare che Federico, nel suo impegno ad incoraggiare in ogni modo lo sviluppo della sericoltura in Prussia, si servì di tutti coloro che risultassero in qualche modo esperti in questo campo, qualsiasi ne fosse la formazione. Fu questo il caso del cantante Matteo Liverati, attivo presso l'Opera Buffa di Potsdam, che il re, come si dirà piú avanti, impiegò spesso e volentieri anche come esperto consigliere in questioni concernenti la sericoltura.

Non si sa, invece, se ci fu presenza italiana nel settore della lavorazione dei fiori tratti dai prodotti di scarto nella lavorazione della seta che allora era molto di moda portare. Questa lavorazione era stata importata direttamente dall'Italia e, per questo, veniva chiamata «manifattura italiana di fiori». Essa era di una certa importanza e, sotto la direzione di Madame de Rieux, nel 1769 occupava ben 140 lavoranti.

Sicura è, invece, la presenza di italiani nel settore degli strumenti meccanici, su cui si dirà più avanti a proposito dell'artigiano Schiavetto, tra i figurinisti, gli scalpellini e gli intagliatori di pietre. Tra loro Nicolai ricorda un certo Salviati, abile intagliatore di pietre preziose, di pietre e di conchiglie.

La popolazione di Berlino e di Potsdam e gli ospiti che visitavano queste città potevano acquistare abitualmente sul mercato molti prodotti italiani, venduti anche presso commercianti tedeschi che, come Johann Heinrich Bauermeister in Piazza del Castello, offrivano tra l'altro «inchiostro italiano», venduto «in bottiglie sigillate e dal particolare pregio di non ammuffire né ingiallire». Come riporta il «Lessico del Mercante» di Carl Günther Ludovici, venivano inoltre offerti molti altri prodotti di esclusiva provenienza italiana come spezie e stoffe, con particolare predilezione per la seta, il damasco, il velluto, inoltre pizzi, «guanti di pelle profumati e no», cristalli e porcellana, carta, saponi ed «ogni sorta di oli ed essenze profumate».

Non mancavano, naturalmente, i mercanti italiani che, all'inizio, erano stati semplici venditori ambulanti e che poi, con l'andare del tempo, si erano fatti una posizione rispettabile. Tra i commercianti attivi a Berlino che trattavano quelli che all'epoca venivano chiamati «articoli italiani», e di cui si dirà più avanti, si ricordano i comaschi Giovanni Battista Taddeo e Bernardo Lisonio, i milanesi Giovanni Battista Selvino e Giovanni Valesio, il torinese Giovan Battista Buzzano. I mercanti Francesco Gagino e De Calma commerciavano inoltre in seta cruda. Quest'ultimo era registrato anche come maestranza che lavorava prodotti di seta «a proprie spese» e che disponeva di ben 65 telai.

Una caratteristica particolare dei molti venditori italiani era di offrire la loro merce secondo una specializzazione derivata dalla loro rispettiva appartenenza geografica. Erano, dunque, usualmente milanesi i venditori di quadri ed incisioni, genovesi i commercianti di trappole per topi e pettini, veneziani i venditori di tappeti, di Como, come si dirà più avanti, quelli di termometri e barometri, mentre da Lucca e dintorni provenivano i venditori e fabbricatori di figure di gesso come Francesco Reguli, un «colono» che ottenne la cittadinanza berlinese il 16 ottobre 1766.

A Berlino erano ricercati soprattutto gli «articoli italiani», come venivano chiamate allora le *Delikatessen* alimentari del Bel Paese: ostriche, acciughe, capperi, vini di qualità, rosoli, Arak, liquori, ma anche olio, pasta, come precisa Ludovici «altrimenti chiamata Vermicelli», bottarga, altrimenti nota come «il caviale del mediterraneo», l'allora già molto apprezzato parmigiano ed altri tipi di formaggio, tartufi, olive, mandorle, pistacchi e noci, frutti canditi, in conserva e freschi, con particolare predilezione per i fichi, per i limoni, chiamati «mele degli ebrei», arance, melagrane e meloni. Tali prodotti, la cui importazione e vendita era permessa loro dalla gilda degli speziali, venivano commerciati da mercanti sia italiani sia provenienti da altre regioni, come fu il caso per il Grigione Johann Jacob Brocco, e venduti anche in negozi tedeschi, ad esempio da Christian Stoltzenhagen, da cui si serviva la ballerina Barbarina per preparare i suoi *Soupers*.

Tra i piú famosi commercianti italiani in questi articoli a Potsdam e Berlino si ricordano Tamanti, Domenico Palmiero, cui fu destinata un'abitazione con facciata palladiana, come si è già detto, Domenico Bonseri, Sala Tarrone, Carlo Morino e suo genero Giovan Battista Torchiana. Quest'ultimo, giunto in Prussia da Nesso, un paesino sul lago di Como, divenne il più importante e famoso locandiere e mercante italiano di agrumi e vini a Potsdam, dove risiedeva da ultimo in un sontuoso palazzo. Egli ottenne tra l'altro il privilegio di controllore della qualità e della genuinità dei prodotti alimentari e dei vini importati dall'Italia.

Spesso era possibile anche gustare questi prodotti comodamente seduti direttamente in «Cantine Italiane» situate nei piani bassi dei negozi di alimentari o di osterie gestiti da italiani, come era possibile fare a Potsdam nella «Tanne» di Torchiana o nel «Preußischem Adler» di Colani. Nella seconda metà del Settecento quest'abitudine era così diffusa a Berlino che «italiano» era sinonimo di commerciante in prodotti italiani e della sua bottega e che, addirittura, tedeschi attivi in questo settore e che offrivano cibi italiani nelle loro «cantine» venivano definiti «italiani tedeschi». Alla fine del XVIII secolo l'uso era così diffuso che Ludovici, allorché riscrisse l'articolo dedicato alle merci italiane per la terza edizione del suo «Lessico del Mercante», aggiunse al lemma anche la definizione «Italiener» riferita appunto a quei mercanti italiani «che, in botteghe e cantine, commerciano in *Delikatessen* [...], vini, liquori e frutti».

Le tracce di questo uso sono giunte fino a noi, conservate nel linguaggio colloquiale, poiché ancora oggi a Berlino si usa dire «andare dall'italiano» per dire che si va a mangiare fuori.

Una presenza *sui generis* tra gli italiani a Berlino è il livornese Giovanni Antonio Calzabigi, personaggio di cui Casanova serba non grata memoria, ma che Federico l'8 febbraio 1763 nominò consigliere segreto alle finanze ed in seguito presidente della direzione della Real Lotteria Prussiana che aveva preso a funzionare a Berlino il 31 agosto 1763.

Un vero e proprio ciarlatano fu invece Tommaso Paladino, un italiano giunto a Berlino nel 1748 che affermava di essere in grado di compiere imprese mirabili e soprannaturali. Pare che addirittura giornali esteri ne avessero vantato le capacità consistenti nel «decapitare e dissanguare animali, essendo poi in grado di farli resuscitare nel pieno delle forze», o di «trasformare uomini in cavalli, cani e consimili». Il cronista che ne dà notizia aggiunge tuttavia che la popolazione berlinese seppe ben presto voltargli le spalle.

La presenza italiana piú consistente era rappresentata dal personale addetto all'Opera Reale. Oltre che i cantanti e le ballerine, di cui si dirà piú avanti, figurano tra essi, ad esempio, i suggeritori. Tra essi compaiono, per gli anni 1749 e 1756, un certo Graganelli ed il suo successore, il veneziano Angelo. Probabilmente si tratta, a proposito del primo, di Francesco Grugnanelli attivo, secondo alcune fonti, anche come traduttore di libretti in italiani e tedesco destinati soprattutto all'Opera Buffa.

Sempre nell'ambito di coloro che furono attivi per i teatri musicali di Berlino e Potsdam si ricordano, tra i tanti falegnami e pittori impiegati per realizzare le elaborate architetture sceniche in uso, anche maestranze ed artigiani italiani, giunti in genere alla corte di Federico al seguito dei decoratori e scenografi italiani chiamati a Berlino dal re e di cui si dirà piú avanti. Questo fu il caso per il pittore Carlo Sonnico e per Franceschini registrati nel 1753 al seguito di Giuseppe Galli Bibiena.

Molti furono gli indoratori e gli stuccatori dal nome italiano che, a Berlino ed a Potsdam lavorarono per ville, palazzi e teatri: la dinastia dei Sartori, Giovanni Battista Pedrozzi o Augustini. Si tratta tuttavia, in genere, di artigiani provenienti dall'Austria o della Svizzera italiana, ad eccezion fatta, forse, dello stuccatore Vanoni, giunto a Potsdam nel 1764, che Manger dà come italiano.

Italiani furono gli artisti dell'Opera Reale, su cui ci si soffermerà piú avanti, che furono ingaggiati da emissari di Federico, tesi a cercare i migliori che l'Italia potesse offrire in campo musicale e, tra coloro che il re inviò in Italia alla ricerca di personale qualificato per i suoi teatri musicali, troviamo anche il Corriere Reale italiano Perini Spazzi che Federico impiegò in tale compito nel 1742.

Tra gli studiosi italiani che non erano né membri dell'Accademia delle Scienze né poeti di corte, troviamo il poligrafo Cosimo Alessandro Collini che fu segretario di Voltaire a Potsdam tra il 1751 ed il 1753 rimanendo al suo servizio fino al 1757.

Già dai primi anni di governo di Federico compaiono negli annuari berlinesi alcuni «maestri di lingua italiana»: da Gian Battista De Franzani, professore d'italiano a Berlino a partire dal 1769, ai signori Corno (o Cournon), Philippi, Ludovico Malfalti (o Malfatti) ed Angelo Salviati. Non sarà disutile far notare a questo punto che, nell'anno scolastico 1763–1764, l'italiano viene insegnato alla *Ritterakademie,* l'Accademia per Giovani Nobili, del Duomo della città di Brandenburgo e che, dal 1785, l'italiano compare anche tra le materie di insegnamento di una scuola berlinese: la Königliche Realschule di Friedrichsstadt nella Kochstrasse. Qui il signor Gasperini (o Caspatini), noto in città in quegli anni come traduttore, impartiva lezioni nella sua lingua.

Tra i piú importanti insegnanti troviamo Giulio Roberto Sanseverino di Sanmartino di cui si dirà piú avanti.

Benché la Prussia non fosse certo la meta privilegiata di viaggi di formazione, numerosi furono tuttavia gli italiani che visitarono Berlino e Potsdam durante il regno di Federico II e molti fra loro si servirono, probabilmente, della guida di Berlino e Potsdam di Friedrich Nicolai, qui piú volte citata, che già nel 1770, ad un anno dalla sua uscita, era stata benevolmente recensita anche dalla stampa italiana.

Tra gli altri, molti di rango, troviamo, oltre Collini, lo scultore Bartolomeo Cavaceppi, il poeta Vittorio Alfieri e l'avventuriero Giacomo Casanova, di cui già si è detto, l'illuminato Michele Enrico Sagramoso, in visita a Berlino nel 1777, il fisico Alessandro Volta che, nel 1784, vi giunse con il collega Antonio Scarpa, soggiornandovi due settimane, senza riuscire tuttavia ad ottenere un'udienza presso il re, e il letterato trentino Carlo Antonio Pilati, di cui si dirà più avanti.

Non pochi lasciarono testimonianze benevole delle loro impressioni di viaggio ad esempio l'avventuriero e viaggiatore Giuseppe Gorani. Il conte milanese aveva partecipato come ufficiale dell'esercito austriaco alla Guerra dei Sette Anni ed era caduto in prigionia. Durante questi anni, dal 1759 al 1763, gli era stato tuttavia permesso di viaggiare per la Prussia per studiare la politica delle riforme di Federico II. Del suo soggiorno berlinese negli anni 1760–1763 egli tracciò nelle sue Memorie, uscite nel 1795, una relazione, anche riguardo al paese tutto, dal tono molto ammirato. Altrettanto positiva è la descrizione che di Berlino e Potsdam lasciò il Marchese Francesco Malaspina nella sua «Relazione di una scorsa per varie provincie d'Europa del M. **** a Madama G**», uscita nel 1786, in cui egli descrive il suo soggiorno in queste due città nel 1784. Non meno entusiastiche sono le parole che l'architetto teatrale e scenografo Giuseppe Valeriani dedica a Berlino dove sosta nel 1742 durante il viaggio che lo porterà in Russia e dove è colpito particolarmente dalla fervente attività edilizia voluta dal re e massimamente dalla costruzione della nuova Opera Reale.

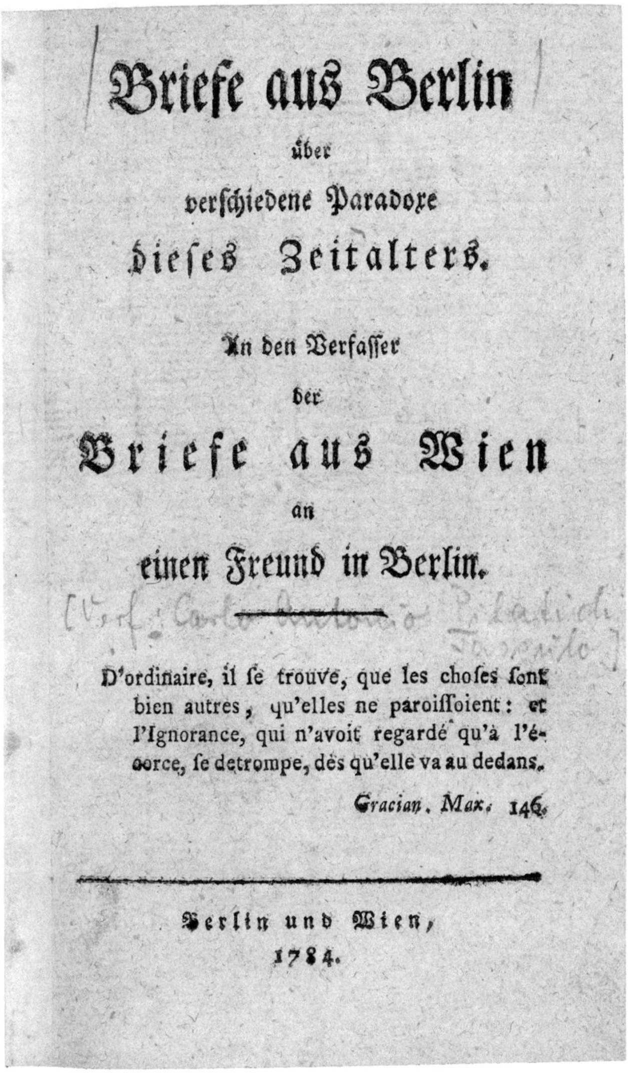

Briefe aus Berlin

über

verschiedene Paradoxe

dieses Zeitalters.

An den Verfasser

der

Briefe aus Wien

an

einen Freund in Berlin.

[Verf: Carlo Antonio Pilati di Tassulo]

D'ordinaire, il se trouve, que les choses sont
bien autres, qu'elles ne paroissoient: et
l'Ignorance, qui n'avoit regardé qu'à l'é-
corce, se detrompe, dès qu'elle va au dedans.

Gracian. Max. 146.

Berlin und Wien,
1784.

Abb. 40: [Carlo Antonio Pilati:] *Briefe aus Berlin über verschiedene
Paradoxe dieses Zeitalters. An den Verfasser der Briefe aus Wien an einen
Freund in Berlin.* Berlin/Wien, 1784
(GStA PK, Dienstbibliothek Sign. 7 P 169)

[Carlo Antonio Pilati:] Briefe aus Berlin über verschiedene Paradoxe dieses Zeitalters. An den Verfasser der Briefe aus Wien an einen Freund in Berlin. Berlin/Wien 1784.

Der Trientiner Gelehrte Pilati reiste 1773 nach Berlin[64] und begab sich sogleich nach Potsdam, wo er zu einer Privataudienz beim König zugelassen wurde, der ihn, wie er ausführlich in seinen „Lettere di un viaggiatore filosofo" berichtet, mit der größten Liebenswürdigkeit empfing und sich, da er sehr gebildet sei, mit ihm über alle erdenklichen Themen unterhielt.[65]

In diesen Briefen zeichnet Pilati, trotz einiger kritischer Einwände, ein recht positives Porträt des „Philosophischen Königs", von dessen Charakter und Lebensgewohnheiten: Er sei von gemäßigter Lebensführung, sehr arbeitsam und bemüht, tolerant und gerecht zu sein, sehr kunst- und kulturliebend und ein wahrer Beschützer der Künste und der Wissenschaften. Er gebe das Geld nicht für privaten Luxus sondern zum Wohle seiner Untertanen aus, über deren Belange, wie über alle staatsrelevanten Geschäfte in seinem Staat, er sich sehr gut informiert halte.

Ferner setze er sich unermüdlich ein, damit sein Land wirtschaftlich und kulturell gedeihe: die Rechtsprechung wirke in Preußen überzeugend, denn es sei gefährlich, bei solch einem König, Gaunereien zu begehen, die Zirkulation der Bücher sei leichter als anderswo, denn die Buchhändler werden nicht behelligt, sondern dürfen drucken und vertreiben, was ihnen beliebe.

Auch die Toleranz in Fragen der Religion werde in Preußen großgeschrieben, aber *cum grano salis* ausgeübt, denn Friedrich erlaube zwar in seinen Staaten die Ausübung jeder Religion, achte aber darauf, dass auch auf diesem Gebiet die Rechte des Staates und der Krone nicht beeinträchtigt werden und alles, auch auf diesem Gebiet, das Gemeinwohl als oberstes Ziel im Auge behalte.[66]

---

[64] s. hierzu *Franco Venturi*: Settecento riformatore. Vol. IV: La caduta dell'Antico regime. T. II: Il patriottismo repubblicano e gli imperi dell'Est. Torino: Einaudi 1990, S. 750 f. und *D'Ancona*: Federico il Grande e gli italiani, S. 3–162: 120–126.

[65] *Pilati*: Lettere di un viaggiatore filosofo, S. 57: Lettera IV, Potzsdam [sic], 18 agosto 1774. Die einschlägige Passage ist weiter unten, im italienischen Abschnitt zu dieser Abbildung, wiedergegeben. Zu Pilati s. immer noch *Maria Rigatti*: Un Illuminista trentino del secolo 18: Carlo Antonio Pilati. Firenze: Valsecchi 1923 (= Collana Storica 9) und *Renato Gaeta*: Carlo Antonio Pilati. Dalle esperienze culturali europee al riformismo trentino (1760–1802). Venezia: Deputazione editrice 1995 (= Deputazione di storia patria per le Venezie. Miscellanea di studi e memorie XXXI) mit weiterführender Literatur.

[66] *Pilati*: Lettere di un viaggiatore filosofo, S. 57–77: 57 f.; 60–62; 70; 76. Die einschlägigen Passagen sind ebenfalls weiter unten, im italienischen Abschnitt zu dieser Abbildung, wiedergegeben.

[Carlo Antonio Pilati:] Lettere da Berlino sui maggiori paradossi di questo secolo. Dal compilatore delle lettere da Vienna ad un amico a Berlino. Berlino/Vienna 1784.

Pilati visitò Berlino nel 1773 e si recò subito a Potsdam dove ebbe un'udienza presso il re di cui dà un resoconto entusiasta nelle sue «Lettere di un viaggiatore filosofo»:

Io mi sono portato qui per procacciarmi un'udienza dal re. Non ci fu la cosa piú facile di questa. Io gli sono stato presentato il giorno dopo il mio arrivo in questa Città [= Potsdam], verso le cinque ore della sera. [ ] Il re mi parlò sempre colla piú grande affabilità del mondo [...]. Io ho parlato ad altri grandi Principi, che mi accolsero quasi colla stessa umanità; ma presso il Re di Prussia ho goduto un vantaggio, che non ho goduto altrove, e fu, che io non mi trovai imbarazzato per la scelta delle cose, di cui doveva io parlargli; perocché egli, avendo di gran cognizioni in tutto, entra, e si dilata in ogni sorta di materie. [57]

In questo scritto Pilati traccia un ritratto vivissimo del «re filosofo», del suo carattere e delle sue abitudini non scevro di accenti critici, ma nel complesso benevolo, mostrando un Federico colto, amante e protettore delle arti e delle scienze, parco e morigerato nella vita quotidiana, gran lavoratore e desideroso di essere tollerante e giusto, ma soprattutto non dissipatore del patrimonio dello stato a fini privati, bensì teso a spendere i denari a sua disposizione per il bene dei suoi sudditi, sui cui bisogni egli si tiene ben informato così come fa anche per tutto quello che concerne la vita pubblica:

Il Re non ama né la caccia, né altro piacere dispendioso, o proprio a dar occasione a troppe distrazioni. Ei non ha Favorite, né sì fatte galanterie. Così stando egli quasi di continuo applicato agli affari dello Stato, ed agli studj suoi, non fa a' suoi sudditi sostenere gl'intrighi e le pazze spese di una Favorita, né la crudeltà, e le furfanterie della bacchettoneria. I denari, che certi altri Principi scialacquano pei loro divertimenti, questo Monarca gl'impiega a provvedere agli abitanti della campagna i più ruinati dei bovi, delle vacche, dei cavalli, ed altre cose richieste a coltivare la terra. [58] [...] Questo Monarca è informato di tutto ciò, che riguarda la popolazione de' suoi Stati in generale, e di ciascuna Provincia, di ciascuna città, e di ciascuna Signoria in particolare; di tutto ciò che concerne l'aumentazione e la diminuzione del Commercio, delle fabbriche, e delle manifatture; del numero, e dello stato di tutte le Famiglie nobili, dei Conventi, delle Chiese, delle Parrocchie, e d'altre Fondazioni perpetue, della qualità, e delle produzioni dei terreni di differenti Paesi; in una parola di tutto ciò, che può aver la menoma influenza nel ben pubblico, e nelle regie rendite. [60 s.]

Tutto il paese trae profitto da un tale governo sotto il quale, sottolinea Pilati, l'amministrazione della giustizia non risulta arbitraria:

i Giudici prussiani decidono gli affari secondo il loro buon senso naturale; e, poiché [...] si deve temer il Re, che non si lascia gettar la polvere negli occhi, la Giustizia è qui così bene amministrata, quanto lo può essere in un secolo, come il nostro. Ella è troppo pericolosa cosa per quelli, che hanno cariche, il commetter delle furfanterie sotto un Re, che non ha né Favorite, né altro. [76]

La libertà di informazione è in Prussia maggiore che altrove, poiché «i librai non sono [...] molestati come altrove. Essi possono far stampare, e spacciare quello, che vogliono» [70] ed anche in materia religiosa, infine, il regno di Federico è, secondo quanto riferisce Pilati, particolare. Pur proclamando, infatti, la tolleranza religiosa, essa viene esercitata *cum grano salis*. Se pure «tutte le Religioni [...] ne' suoi Stati» sono permesse, il re, la cui «teologia è la ragione», è tuttavia oltremodo attento a che «le Dottrine particolari di ogni Religione non possano alcun torto fare né ai diritti della Corona, né a quelli dello Stato» [61], tenendo in assoluto e massimo conto su tutto il resto «il ben pubblico» [62].

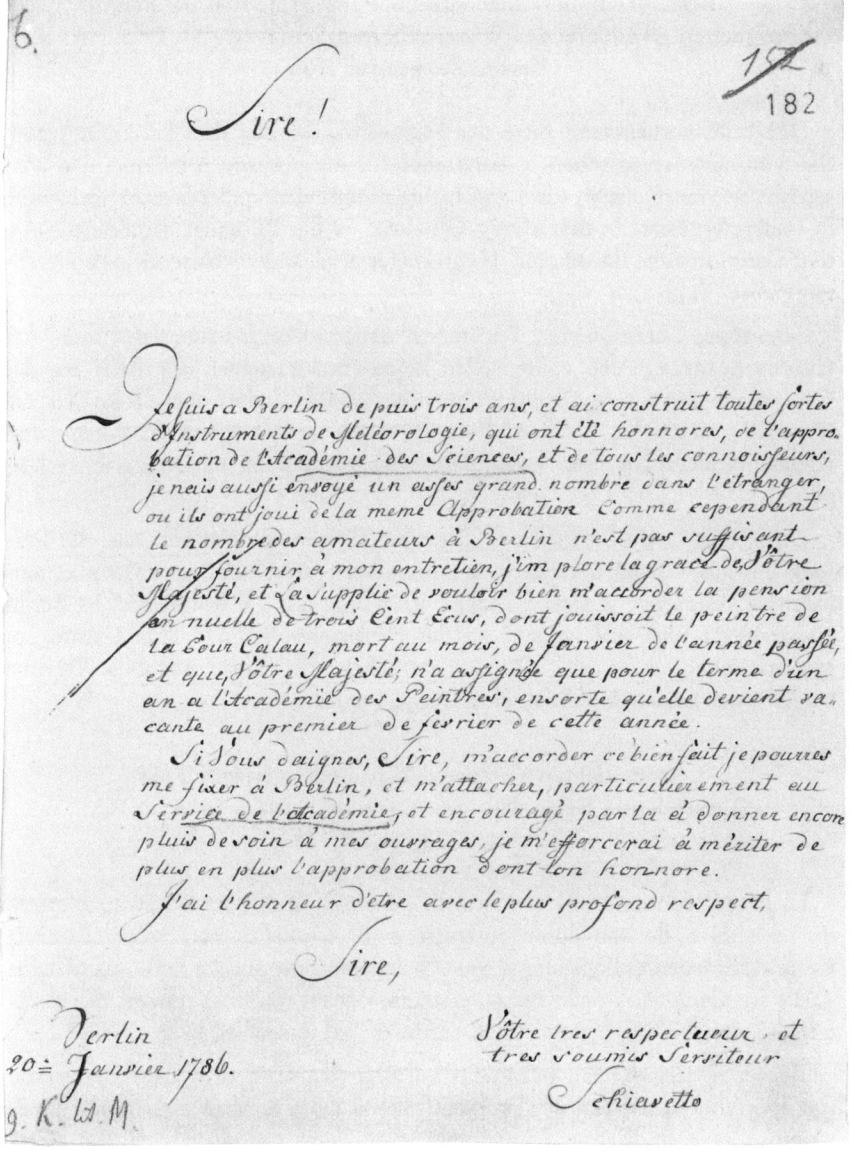

Abb. 41: Brief des Bauers mechanischer Instrumente bei der Königlichen Akademie
der Wissenschaften Schiavetto an Friedrich II., Berlin, 20. Januar 1786
(GStA PK, I. HA Rep. 96 Geheimes Zivilkabinett, ältere Periode, Nr. 434 A, fol. 182)

Brief des Bauers mechanischer Instrumenten bei der
Königlichen Akademie der Wissenschaften Schiavetto an Friedrich II.,
Berlin, 20. Januar 1786

Der Brief enthält eine Bitte des Schiavetto, der seit drei Jahren mit dem Bau von meteorologischen Instrumenten für die Berliner Akademie der Wissenschaften betraut war, um Gewährung einer Pension. Schiavetto verfertigte in seiner Werkstatt in den „Drey Glocken" in der Bernauer Straße „alle Arten Thermometer, Barometer, Hygrometer und andere meteorologische Instrumente"[67].

Teleskope, Thermometer, Barometer und andere Instrumente dieser Art wurden bevorzugt von italienischen Händlern vertrieben, die meist aus der Gegend um den Comer See oder aus dem Mailändischen stammten. Wie die Forschung feststellt, wurden diese Produkte „vorwiegend in Klein- und Kleinstbetrieben im Herkunftsgebiet und später auch in Deutschland hergestellt".[68]

Unter den in Berlin in dieser Branche Tätigen verzeichnet man die Präsenz des aus Lemne bei Como stammenden „physikalischen Instrumentenmachers" Giuseppe Antonio Maggi. Er wurde am 16. April 1755 in Berlin eingebürgert und siedelte sich in der Friedrichstadt an.[69] Aus Carate, im Mailändischen, kam der Wetterglasmacher Giuseppe Antonio Tarrone (*1724), der am 31. Mai 1760 eingebürgert wurde.[70]

Lettera del costruttore di strumenti meccanici per
l'Accademia Reale delle Scienze Schiavetto a Federico II,
Berlino, 20 gennaio 1786

La lettera contiene una richiesta di pensione rivolta da Schiavetto, attivo da tre anni a Berlino come costruttore di strumenti metereologici per la Reale Accademia delle Scienze. Questo artigiano produceva nella sua officina «Alle tre Campane» nella Bernauerstrasse diversi tipi di strumenti meccanici e metereologici: dai termometri ai barometri ed igrometri.

Telescopi, termometri, barometri ed altri strumenti di questo tipo erano una specialità di mercanti italiani provenienti dalla regione intorno al lago di Como. Come studi recenti hanno accertato, questi prodotti venivano di re-

---

[67] *Nicolai*: Beschreibung der königlichen Residenzstädte, T. I, S. 404. Ob es sich bei dem dort verzeichneten Tarone, der ebenfalls Barometer und Thermometer baute, um einen Italiener handelt, konnte nicht festgestellt werden, vgl. *Nicolai*, ebd., S. 403.

[68] *Pichler*: Migration, S. 139.

[69] *Schulz*: 3000 Berliner Kolonisten, S. 71.

[70] *Schulz*: 3000 Berliner Kolonisten, S. 104.

gola costruiti nei paesi d'origine, in piccoli e piccolissimi laboratori, e piú tardi anche in Germania.

Tra questi artigiani si ricorda Giuseppe Antonio Maggi, «costruttore di strumenti fisici» di Lemne presso Como, che divenne cittadino di Berlino il 16 aprile 1755 e si stabilí nella centralissima Friedrichstadt.

Da Carate, nel milanese, venne invece il costruttore di barometri Giuseppe Antonio Tarrone che ottenne la cittadinanza berlinese il 31 maggio 1760.

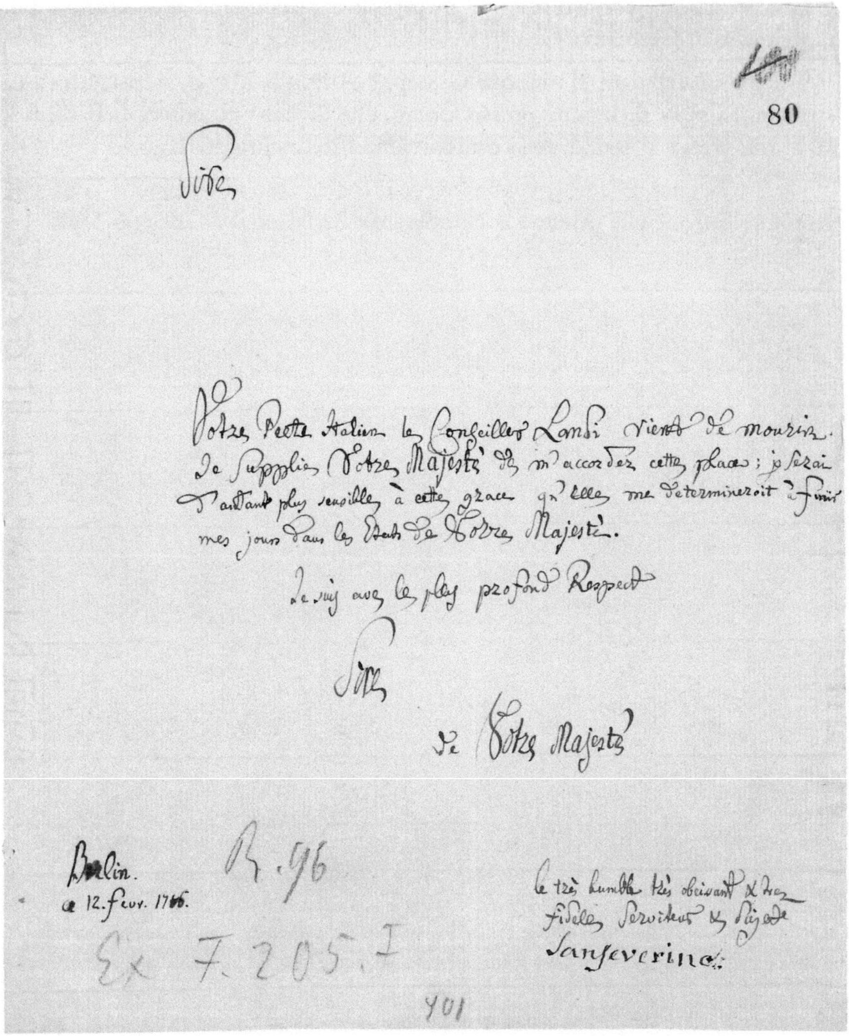

80

Sire

Votre Poete Italien le Conseiller Landi vient de mourir. Je supplie Votre Majesté de m'accorder cette place; je serai d'autant plus sensible à cette grace qu'elle me determineroit à finir mes jours dans les Etats de Votre Majesté.

Je suis avec le plus profond Respect

Sire

de Votre Majesté

Berlin.
ce 12. fevr. 1786.

R. 96

le très humble très obeissant & tres fidele Serviteur & Sujet
Sanseverino.

Ex 7. 205. T

401

Abb. 42: Brief des Giulio Roberto Sanseverino an Friedrich II.,
Berlin, 12. Februar 1786
(GStA PK, I. HA, Rep. 96 Geheimes Zivilkabinett, ältere Periode,
Nr. 401 T, fol. 80)

Brief des Giulio Roberto Sanseverino an Friedrich II., Berlin, 12. Februar 1786

In diesem Brief trägt der Absender seine Bitte vor um Gewährung der nach dem Tod Antonio Landis freigewordenen Stelle des Hofdichters an der königlichen Oper.

Der Toskaner Giulio Roberto Sanseverino di Sanmartino hatte in Bologna und in Modena, bei Ludovico Antonio Muratori, studiert, und war 1754 nach Deutschland und später nach Schweden gekommen, wo er als Prinzenerzieher am Braunschweiger und dann am Stockholmer Hof gewesen war. 1764 hatte er einen Ruf als Professor des Italienischen nach Gießen erhalten und 1764–1765 in Göttingen italienische Sprache und Literatur „natürliche Historie und Landes-Oeconomie" gelehrt,[71] wo er die Bekanntschaft von Johann Georg Meusel (1743–1820) machte. Nach Berlin gekommen, war er dort als Lehrer für die italienische Sprache und Literatur im Umkreis von Prinz Heinrich tätig. Auch unterrichtete er den „duc Frédéric de Bronswick" und betreute sprachlich und stilistisch dessen Korrespondenz mit Italien.[72] In seiner Wohnung, im Langerschen Haus in der Nähe der Königlichen Bibliothek, hielt er ferner wöchentlich Vorlesungen über italienische Sprache und Literatur.[73] In Berlin übersetzte er Horaz, schrieb ferner das historische Drama „Bianca Capello"[74] und einige Libretti, darunter ein *Dramma per Musica*, das Shakespeares Drama „Romeo and Juliet" als Ausgangspunkt hatte,[75] verfasste 1780 den Discours „Le génie de la littérature

---

[71] *Johann Stephan Pütter*: Versuch einer academischen Gelehrten-Geschichte von der Georg-Augustus-Universität zu Göttingen. Bd. 1. Göttingen: Vandenhoek 1765. Reprint Hildesheim: Olms/Weidmann 2006, § 108, S. 205 f. mit einer Bibliographie der Werke Sanseverinos. Zu Sanseverino s. ferner *Denina*: Lettere Brandeburghesi, S. 82 und ders.: La Prusse Littéraire, Bd. III, S. 259–261; *D'Ancona*: Federico il Grande e gli italiani, S. 3–162: 137; *Albert Stimmig*: Geschichte des Unterrichts in den romanischen Sprachen an der Universität zu Göttingen. Von den Anfängen bis 1908, in: Karl Vollmöller (Hrsg.): Kritischer Jahresbericht über die Fortschritte der romanischen Philologie. Bd. 10 (1906). Erlangen 1910, S. 116–141: 137. Zu der Rolle Sanseverinos als Biograph Tassos bei der deutschen Rezeption dieses Autors s. *Achim Aurnhammer*: Johann Georg Jacobis Hallenser Tasso-Vorlesung, in: ders. (Hrsg.): Torquato Tasso in Deutschland: seine Wirkung in Literatur, Kunst und Musik seit der Mitte des 18. Jahrhunderts. Berlin/New York: De Gruyter 1995, S. 398–422.

[72] *Denina*: La Prusse Littéraire, Bd. III, S. 259–261: 260. Es handelt sich wahrscheinlich um Friedrich August, Herzog von Braunschweig-Lüneburg-Oels (1740–1805).

[73] *Nicolai*: Beschreibung der königlichen Residenzstädte, T. I, S. 494.

[74] Storia della vita e tragica morte di Bianca Capello, Gentildonna veneziana e Gran Duchessa di Toscana del Signore Di Sanseverino. Berlin: Mylius 1776.

[75] Das Libretto Sanseverinos wurde von Gottfried Schwanenberger für den Braunschweiger Hof komponiert und 1776 in Berlin aufgeführt.

italienne" sowie geschichtliche Werke. Unter seinen Arbeiten ist besonders bemerkenswert das biographische Lexikon „Les vies des hommes et des femmes illustres d'Italie", das er 1767 verfasste und das von Meusel ins Deutsche übertragen wurde.[76]

Dem König huldigte Sanseverino durch seine Übertragung in *Ottaverime* von dessen Gedicht „Die Kunst des Krieges".[77]

Lettera di Giulio Roberto Sanseverino a Federico II, Berlino, 12 febbraio 1786

Con questa lettera il mittente inoltra la richiesta di assunzione come Poeta di Corte al posto del Consigliere Antonio Landi appena deceduto.

Il toscano Giulio Roberto Sanseverino di Sanmartino aveva studiato a Bologna ed a Modena, presso Ludovico Antonio Muratori. Nel 1754 si era recato dapprima in Germania, poi a Stoccolma, dove era stato rispettivamente educatore dei principi alla corte di Braunschweig ed alla corte svedese. Nel 1764 aveva seguito una chiamata come professore d'italiano a Gießen e nel 1764–1765 aveva insegnato lingua e letteratura italiana, storia naturale ed economia nazionale a Gottinga, dove aveva fatto la conoscenza di Johann Georg Meusel. Giunto a Berlino, fu insegnante d'italiano presso il principe Enrico, curando anche stilisticamente e grammaticalmente la corrispondenza italiana del duca Friedrich August di Braunschweig-Lüneburg-Oels. Nella sua casa situata nei pressi della Biblioteca Reale, teneva settimanalmente lezioni di lingua e letteratura italiana. A Berlino fu attivo come traduttore di Orazio e scrisse inoltre il dramma storico «Bianca Capello», alcuni Libretti, tra cui un *Dramma per Musica* tratto da «Romeo and Juliet» di Shakespeare e, nel 1780, il discorso «Le génie de la littérature italienne» così come opere storiografiche. Tra i suoi lavori piú rimarchevoli si ricorda il lessico biografico «Les vies des hommes et des femmes illustres d'Italie» che egli compilò nel 1767 e che fu tradotto in tedesco da Meusel. Al re Sanseverino rese omaggio traducendo in ottave rime il suo poemetto «Die Kunst des Krieges», L'Arte della Guerra.

---

[76] Les vies des hommes et des femmes illustres d'Italie, depuis le rétablissement des Sciences & beaux arts. Traduit par *Jean-Pierre d'Açarq*. 2 Bde. Paris: Vincent 1767. Die deutsche Version trägt den Titel: Italienische Biographie. Übersetzt von *Johann Georg Meusel* und eingeleitet von *Christian Adolph Klotz*. 2 Bände. Frankfurt am Main und Leipzig 1769–1770.

[77] L'arte della guerra, in ottava rima italiana, tratta dal poema francese del filosofo di Sans-Souci, dal signore di Sanseverino. Parigi 1761 und eine weitere im selben Jahr erschienene Ausgabe mit Druckort Neapel.

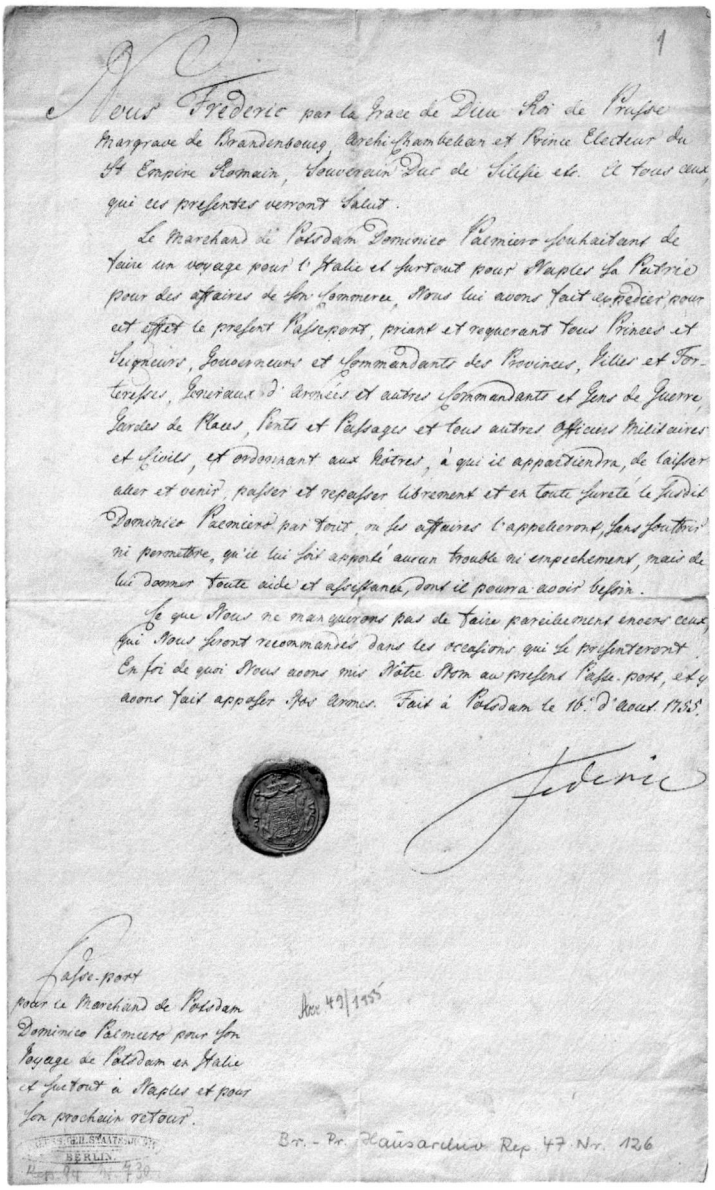

Abb. 43: Paß für den in Potsdam ansässigen neapolitanischen
Händler Domenico Palmiero, 16. August 1755
Lasciapassare per Domenico Palmiero, mercante napoletano a Potsdam,
datato 16 agosto 1755
(GStA PK, BPH, Rep. 47 Kg. Friedrich II., Nr. 126)

Das Königliche Opernhaus

Als erstes öffentliches Gebäude nach seinem Regierungsantritt am 31. Mai 1740 ließ Friedrich II. das Königliche Opernhaus bauen, mit welchem er neue architektonische und städtebauliche Akzente setzte. Das Haus, dessen Grundstein am 5. September 1741 gelegt und das 1743 fertiggestellt wurde, nahmen die Zeitgenossen begeistert auf, denn seine technischen Möglichkeiten, wie z.B. der Fußboden des Parketts, der auf die Höhe der Bühne gehoben werden konnte, gestatteten, dass aus dem Spielsaal auch Berlins größter Ballsaal wurde, was besonders während des Karnevals geschah.[1]

Das Opernhaus wurde von Knobelsdorff nach Vorlagen aus dem zwischen 1717 und 1725 erschienenen „Vitruvius Britannicus" entworfen. Das Buch des Architekten Colin Campbell (um 1676–1729) ist eines der wichtigsten Architekturwerke des englischen klassizistischen Palladianismus, einer Stilrichtung, die für die Baupolitik Friedrichs II. sehr prägend wurde und die ihm durch Algarotti vermittelt worden war.

Zum guten Gelingen des Unterfangens trugen hauptsächlich italienische Kräfte bei.

Um mit den großen Bühnen Europas konkurrieren zu können, ließ Friedrich II. in ganz Europa durch seine Agenten und Gesandten wie den preußischen Agenten Giovanni Cattaneo (um 1691–1761) in Venedig oder den akkreditierten Minister Friedrichs in London, den preußischen Kapitän und Rat des Berliner französischen Obergerichts Johann Heinrich Andrié, namhafte Künstler und Künstlerinnen anwerben. Auch ließ Friedrich durch eigens hierfür nach Italien geschickte Vertraute, wie den königlichen Kapellmeister Carl Heinrich Graun in den Jahren 1740 bis 1741, den italienischen Kabinetts-Kurier Perini Spazzi 1742[2] und den Sänger und Komponisten Jo-

---

[1] s. *Eggeling*: Kat. Nr. VII, 12, in: Zum Maler und zum großen Architekten geboren, S. 273–276 mit weiterführender Literatur, *Giersberg*: Die Bauten Friedrich des Großen, S. 53, *Schneider*: Geschichte der Oper, S. 81–85, *Weddigen*: Geschichte der Berliner Theater, S. 18 und *Ruth Freydank*: Theater in Berlin. Von den Anfängen bis 1945. Berlin: Henschel 1988, S. 54–70.

[2] Man sehe die auf deutsch und italienisch abgefassten Berichte Spazzis, den Schneider irrtümlich Pierino (i) Spary nennt, aus Venedig vom 4. und 29. Juni 1742, in *Schneider*: Geschichte der Oper, Beilagen Nr. VII–IX, S. 27–29. s. ferner den Text zur Abb. 53. Eine Liste der in Berlin auftretenden Sängerinnen und Sänger findet sich am Ende vom Abschnitt ab S. 317 in vorliegender Arbeit.

hann August Koch im Jahr 1782[3] nach geeigneten Künstlern und Künstlerinnen und Meistern ihres Faches suchen.[4]

Von der ersten Aufführung an gehörte zu der Sängertruppe der Bologneser Soprankastrat Paolo Bedeschi, genannt Paolino (1727–1784), der von 1742 bis zu seinem Tod ganze 42 Jahre im Dienste Friedrichs II. blieb.[5] Dessen stimmliche Stärken und Schwächen berücksichtigend, schrieb der König 1749 das Libretto für die Oper „Coriolano". Ebenfalls von 1742 bis zu seinem Tod im Jahre 1783 blieb der von Graun angeworbene Veroneser Kastrat Anton Hubert (1719–1783), genannt Porporino [Farbtafel Nr. 8], dem Königlichen Opernhaus treu. Für ihn zierte Friedrich II. eigenhändig Arien aus. Von Porporino ist der Ausspruch überliefert: „Meine Stimme gehört nur Gott und dem König von Preußen".[6]

Eine maßgebliche Komponente für den erhofften Erfolg der Aufführung waren Bühnenbilder und prächtige Kostüme, denn durch sie wurde die Aufmerksamkeit des Publikums gebunden. Die Opernkleider wurden, nach dem Prinzip der optischen Unterscheidung der Protagonisten, nicht auf die Rolle, sondern auf die Darsteller hin entworfen, und man sparte dabei nicht an kostbaren seidenen, samtenen, gold- und silbergestickten Stoffen.[7] Mit der Aufsicht über die Garderobe und über „das ganze Material der Opernvorstellungen"[8] beauftragte Friedrich ab 1743 den Theaterinspektor Angelo Maria Cori († 1775),[9] den er der Londoner Oper abwarb, wo der Römer 15 Jahre lang dieses Amt innegehabt hatte.

Als Theatermaler und Bühnendekorateure kamen von Anfang an nur italienische Künstler in Frage: für „Cleopatra e Cesare", die erste Oper, die im noch nicht vollendeten Bau am 7. Dezember 1742 aufgeführt wurde, ließ der König Giacomo (Jacopo) Fabris engagieren, der bis 1746 in Berlin blieb.[10] Später wurden die Aufführungen durch aufwendige Bühnenmaschi-

---

[3] s. hierzu S. 321–323 in vorliegender Arbeit.

[4] Friedrich hatte schon 1736 dem in Italien weilenden Knobelsdorff den geheimen, aus Mangel an adäquaten Finanzmitteln unerfüllt gebliebenen Auftrag erteilt, gute Sänger und Sängerinnen für seine Kapelle in Rheinsberg anzuwerben, s. die Briefe Knobelsdorffs an Friedrich II. aus Rom, den 29. Januar 1737, und aus Venedig, den 12. März 1737, abgedruckt in: Zum Maler und zum großen Architekten geboren, S. 15–17 und dort den Aufsatz von *Rahn*: Knobelsdorffs Reise nach Italien, S. 59–66.

[5] Vgl. den sehr informativen Aufsatz von *Henzel*: Zu den Aufführungen der großen Oper Friedrichs II.

[6] *Karl J. Kutsch/Leo Riemens*: Großes Sängerlexikon. 7 Bde. 4. erw. und aktualisierte Auflage. München: Saur 2003: Bd. 5, *ad vocem*, S. 3739. Zum zitierten Spruch Porporinos s. auch *König*: Versuch einer historischen Schilderung, S. 220.

[7] *Henzel*: Zu den Aufführungen, S. 42–45.

[8] Vgl. S. 340 in vorliegender Arbeit.

[9] *Schneider*: Geschichte der Oper, S. 98 f.

nerien noch spektakulärer gestaltet, indem u. a. feuerspeiende Berge und regelrechte Feuerwerkeinsätze darin vorkamen. Hierfür ließ sich Friedrich ebenfalls Fachkräfte aus Italien kommen, wie den berühmten Pyrotechniker Angelo Galiani aus Bologna.

Auch den Dichter, der „Cleopatra e Cesare" in Anlehnung an Corneilles „La mort de Pompé" geschrieben hatte,[11] ließ Friedrich eigens zu diesem Zweck aus Italien kommen: Es war der aus Siena stammende Giovanni Gualberto Bottarelli, den Graun angeworben haben soll und dem viele andere Landsleute als Hofdichter folgten.[12]

L'Opera Reale

L'Opera Reale fu il primo edificio pubblico che Federico II fece costruire subito dopo la sua incoronazione il 31 maggio 1740 e con il quale pose nuovi accenti architettonici ed urbanistici a Berlino.

L'edificio, la cui prima pietra fu posata il 5 settembre 1741 e che fu terminato nel 1743, fu accolto dai contemporanei con grande entusiasmo poiché ad esempio numerosi accorgimenti tecnici, come il sollevamento del pavimento a livello del palcoscenico, permettevano di trasformare il teatro in una sala da ballo, cosa particolarmente apprezzata durante la stagione del carnevale.

Per realizzarlo, l'architetto Knobelsdorff si servì come modello di disegni tratti dal «Vitruvius Britannicus», opera dell'architetto inglese Colin Campbell edita tra il 1717 ed il 1725 che è tra le più importanti del palladianesimo classicista inglese, stile che si rivelò decisivo per l'architettura federiciana. Mediatore del libro fu Algarotti.

Fu soprattutto personale italiano che si adoperò a far sì che al progetto di Federico arridesse il successo.

Per poter competere con i maggiori teatri europei, Federico fece cercare artisti e altro personale qualificato in tutta Europa dai suoi agenti, ambascia-

---

[10] *Henzel*: Zu den Aufführungen, S. 39; *Freydank*: Theater in Berlin, S. 56; zu den weiteren Bühnenbildnern s. S. 275 und, ferner, den Beitrag von *Laurenz Lütteken* im vorliegenden Band.

[11] Zu Bottarellis Oper s. *Walter Rösler*: „... herrschet so viel Pracht und Ordnung, daß ich ganz geblendet wurde ...". Die *Opera Seria* im Berlin Friedrichs des Großen, in: *Giovanni Gualberto Bottarelli/Carl Heinrich Graun*: Cleopatra e Cesare. Programmheft der Staatsoper Unter den Linden. Berlin 1992, S. 40–55; den Bericht über die Uraufführung bei *Schneider*: Geschichte der Oper, S. 88–90 sowie die ausführliche Behandlung bei *Maehder*: Die Librettisten des Königs, S. 265–304: 269–279.

[12] Vgl. ab S. 101 in vorliegender Arbeit.

tori e ministri prussiani residenti all'estero, tra cui figurano Giovanni Cattaneo a Venezia o il ministro prussiano accreditato a Londra Johann Heinrich Andrié. Il sovrano si servì all'uopo anche di uomini di sua fiducia che inviò direttamente in Italia come il maestro di cappella Carl Heinrich Graun tra il 1740 ed il 1741, il Corriere Reale Perini Spazzi nel 1742 ed il direttore dell'Opera Buffa a Potsdam Johann August Koch nel 1782.

Tra i primi cantanti chiamati ad esibirsi nel 1742 troviamo il bolognese Paolo Bedeschi, detto Paolino, rimasto poi per ben 42 anni al servizio di Federico II che lo apprezzò a tal punto da comporre, nel 1749, il libretto per l'opera *Coriolano* tenendo in particolar conto le sue capacità canore. Anche il castrato veronese Antonio Hubert, detto Porporino [tavola a colori nr. 8], fu per lungo tempo, dal 1742 fino alla sua morte avvenuta nel 1783, al servizio di Federico che per lui compose variazioni su arie famose. Di Porporino si tramanda il detto: «La mia voce appartiene solo a Dio e al re di Prussia».

Un ruolo decisivo per il successo della rappresentazione giocavano le scenografie ed i sontuosi costumi di cantanti e ballerini, costumi realizzati senza lesinare i preziosi tessuti in seta e velluto e con ricami in oro ed argento e creati personalizzandoli per ogni interprete e non per il ruolo cui erano destinati. L'ispettore teatrale Angelo Maria Cori, fatto venire dall'opera di Londra dove era stato attivo per 15 anni, fu incaricato di occuparsene e di attendere inoltre a tutto quanto occorresse al buon esito delle rappresentazioni teatrali.

Italiani furono, fin dall'inizio, anche gli scenografi, macchinisti ed architetti teatrali. Per le scenografie di «Cleopatra e Cesare», la prima opera rappresentata nell'ancor non terminata costruzione il 7 dicembre 1742, fu dato l'incarico a Giacomo (Jacopo) Fabris che fu attivo a Berlino fino al 1746. In seguito esse divennero sempre piú elaborate e le macchine di scena diedero vita ad effetti sempre piú spettacolari, offrendo montagne che eruttavano fuoco o veri e propri giochi d'artificio. A tale scopo Federico fece venire da Bologna Angelo Galiani, uno dei piú bravi artificieri dell'epoca.

Anche il poeta di corte fu fatto venire appositamente dall'Italia per scrivere il libretto «Cesare e Cleopatra». Si trattava di Giovanni Gualberto Bottarelli, nativo di Siena. A Berlino era giunto, pare, ingaggiato da Graun durante il viaggio che questi compì in Italia tra il 1740 ed il 1741 come agente di Federico. Egli sarà il primo di una nutrita serie di poeti di corte italiani cui si è già fatto precedentemente cenno nel primo capitolo di questa documentazione.

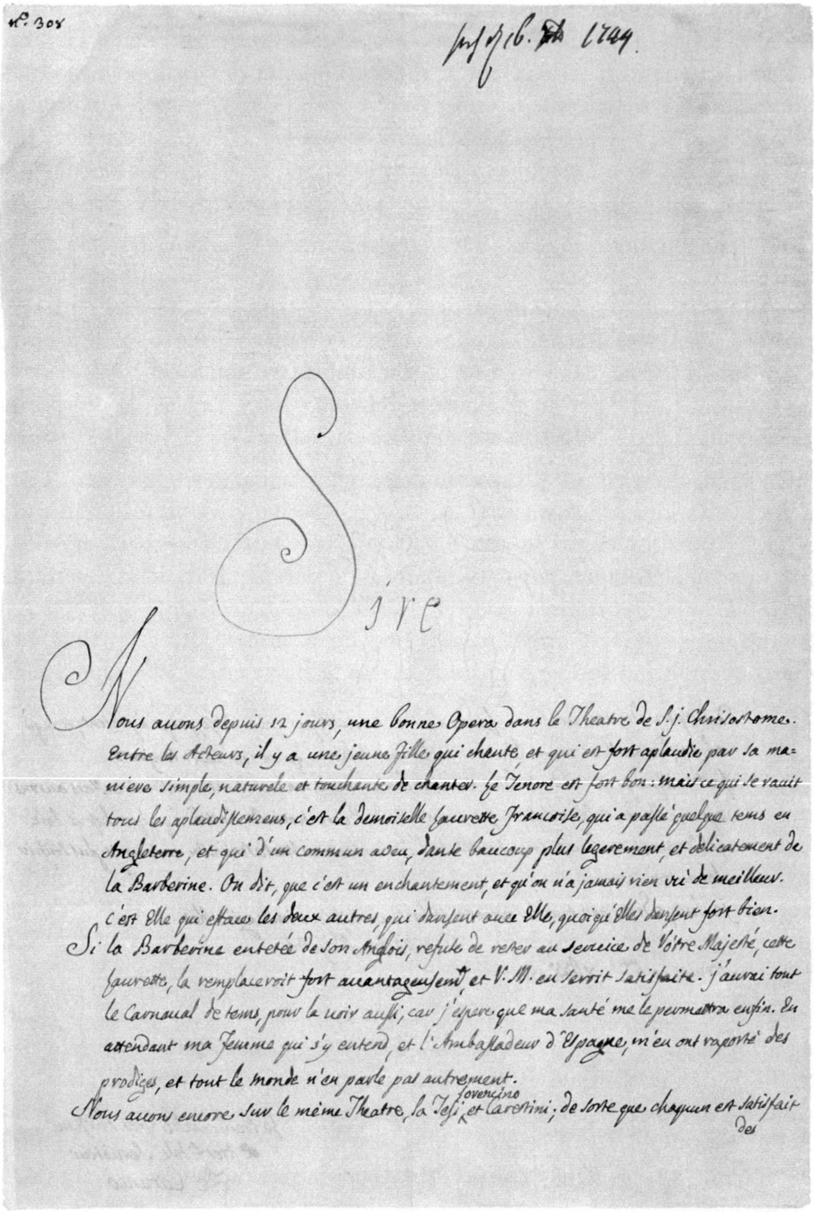

N° 308

praes. 16. Dec. 1744.

Sire

Nous avons depuis 12 jours, une bonne Opera dans le Theatre de S. J. Chrisostome. Entre les Acteurs, il y a une jeune fille qui chante, et qui est fort aplaudie par sa maniere simple, naturele et touchante de chanter. Le Tenore est fort bon: mais ce qui se vaut tous les aplaudissemens, c'est la demoiselle Faurette Francoise, qui a passé quelque tems en Angleterre, et qui d'un commun aveu, danse baucoup plus legerement, et delicatement de la Barberine. On dit, que c'est un enchantement, et qu'on n'a jamais rien vû de meilleur. C'est Elle qui efface les deux autres, qui dansent avec Elle, quoique Elles dansent fort bien.

Si la Barberine entetée de son Anglois, refuse de rester au service de Vôtre Majesté, cette Faurette, la remplaceroit fort avantageusement, et V. M. en serrit satisfaite. J'aurai tout le Carnaval de tems, pour la voir aussi; car j'espere que ma santé me le permettra enfin. En attendant ma Femme qui s'y entend, et l'Ambassadeur d'Espagne, m'en ont raporté des prodiges, et tout le monde n'en parle pas autrement.

Nous avons encore sur le même Theatre, la Tesi, Lorencino et Carestini; de sorte que chaqun est satisfait des

Abb. 44: Brief des Grafen Giovanni Cattaneo an Friedrich II.,
Venedig, 2. Dezember 1744
(GStA PK, I. HA Geheimer Rat, Rep. 11 Akten, Auswärtige Beziehungen:
Venedig, Nr. 288, Fasz. 16, fol. 308)

Brief des Grafen Giovanni Cattaneo an Friedrich II., Venedig, 2. Dezember 1744

In dem hier veröffentlichten Brief berichtet Cattaneo über die am venezianischen Theater S. Crisostomo tätigen Künstler wie die Jesi und Giovanni Carestini, den der König 1750 nach Berlin rufen wird. Unter den in diesem Theater Auftretenden hebt er einen leidlichen Tenor und eine junge Sängerin hervor, die sich wegen ihres natürlichen, einfachen und rührenden Singstils großer Publikumsbeliebtheit erfreute. Die wirkliche Sensation sei aber eine junge Tänzerin, Mademoiselle Laurette Françoise, die noch besser sei als Barbarina, so dass man durchaus erwägen könne, sie an die Stelle der störrischen Tänzerin zu engagieren, wenn diese sich wegen ihrer Liebesgeschichte mit dem schottischen Adligen James Stuart de Mackenzie weiterhin weigere, im Dienste Friedrichs zu bleiben.

Der Polyhistor Giovanni Cattaneo[13] war 1731 zum preußischen „Agenten" in Venedig ernannt worden und als solcher besonders in politischer Berichterstattung tätig. Nur für kurze Zeit, zwischen 1741 und 1742, verleiht ihm Friedrich II. den Titel des Preußischen *Chargé d'affaires,* den er jedoch auf Grund eines Skandals bald verlor. Vom Preußischen Minister-Residenten in Venedig in die Rolle des einfachen Agenten zurückversetzt, wurde er aber weiterhin mit unterschiedlichen Aufgaben betraut: vom Anwerben von Soldaten für das preußische Heer und von guten Künstlern für die Königliche Oper über die Anschaffung seltener Sämereien für des Königs Nutzgärten[14] bis hin zu Berichten über die politische Lage in der *Serenissima.*

Die heiklen, diffizilen und von ihm nicht zufriedenstellend geführten Verhandlungen zum Anwerben der Tänzerin Barbarina, in die er involviert worden war und auf die weiter unten ausführlicher eingegangen wird, wurden Cattaneo zum Verhängnis, denn sie bedeuteten das Ende seiner Karriere im Dienste Preußens. In der Folgezeit betätigte er sich, zwischen 1748 und 1756, als Autor zahlreicher antiaufklärerischer Schriften.

Er starb in Venedig im Jahr 1761, völlig mittellos und gänzlich vergessen.[15]

---

[13] Cesare de Michelis, *ad vocem,* in: Dizionario Biografico degli Italiani. Vol. 22, S. 467 f. Die Schreibweise des Namens schwankt zwischen Cattaneo und Cataneo.

[14] s. den Brief Cattaneos an Friedrich vom 15. Mai 1743, GStA PK, I. HA Geheimer Rat, Rep. 11, Auswärtige Beziehungen: Venedig, Nr. 288, Fasz. 14, fol. 176.

[15] Man sehe hierzu ab S. 299 in vorliegender Arbeit, besonders den Text zur Abb. 53.

Lettera del conte Giovanni Cattaneo a Federico II,
Venezia, 2 dicembre 1744

Nella lettera qui riprodotta Cattaneo segnala al re tra i cantanti del teatro S. Crisostomo di Venezia, oltre alla Jesi ed a Giovanni Carestini, che il re chiamerà a Berlino nel 1750, un tenore abbastanza bravo ed una giovane artista molto applaudita per il suo modo semplice, naturale e commovente di cantare. Egli, inoltre, richiama l'attenzione del re su una certa Mademoiselle Laurette Françoise, una ballerina che a suo parere supererebbe in bravura Barbarina e che, dunque, avrebbe potuto agevolmente sostituire quest'ultima qualora ella si fosse intestardita a continuare la sua romanza con l'amato nobile scozzese James Stuart de Mackenzie rifiutandosi di restare al servizio del re.

Il poligrafo Giovanni Cattaneo era stato nominato agente prussiano già nel 1731 con l'incarico di redigere per il re rapporti sulla politica veneziana. Promosso da Federico II nel 1741 a *Chargé d'affaires*, egli perse questo ruolo diplomatico ufficiale già l'anno seguente a causa di uno scandalo, tornando ad essere, nel 1742, semplice agente. In tal veste si occupò delle piú svariate mansioni per conto della corona: dal reclutare soldati per l'esercito del re all'ingaggio di validi artisti per l'Opera Reale, dall'invio di semi per il giardino reale a resoconti politici. Egli giocò un ruolo importante nelle trattative per l'ingaggio della ballerina Barbarina, cui la lettera qui pubblicata accenna e di cui si avrà modo di trattare piú avanti, ma mal gliene incolse, poiché la delicata, difficile e mal risolta opera di mediazione finí per procurargli il sollevamento dall'incarico prussiano. Dedicatosi dopo il 1748 all'attività di scrittore, egli pubblicò fino al 1756 numerose opere antiilluministe.

Morí a Venezia, povero e dimenticato, nel 1761.

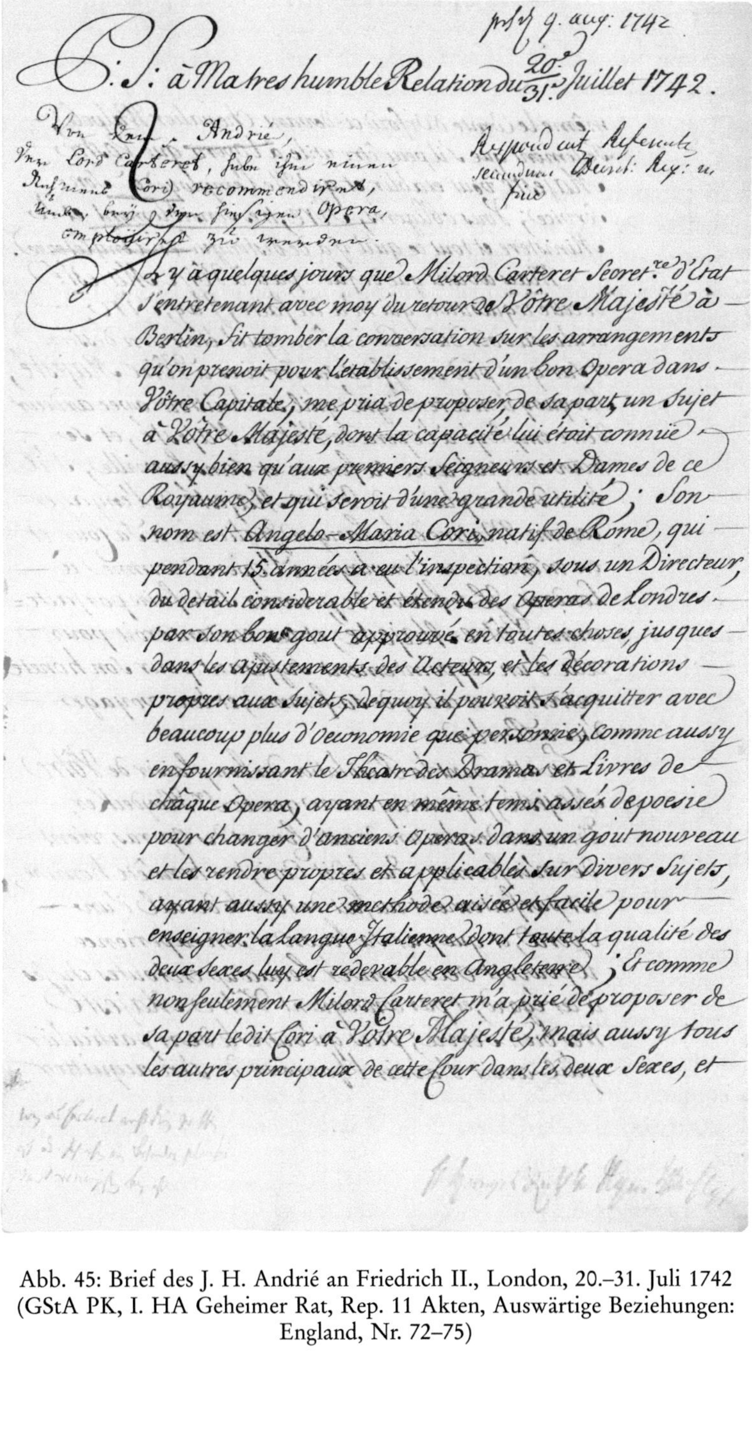

pr. 9. aug: 1742

P: S: à Ma tres humble Relation du 20/31 Juillet 1742.

Il y a quelques jours que Milord Carteret Secret.re d'Etat s'entretenant avec moy du retour de Vôtre Majesté à Berlin, fit tomber la conversation sur les arrangements qu'on prenoit pour l'etablissement d'un bon Opera dans Vôtre Capitale, me pria de proposer de sa part un Sujet à Vôtre Majesté, dont la capacité lui étoit connüe aussy bien qu'aux premiers Seigneurs et Dames de ce Royaume, et qui seroit d'une grande utilité; Son nom est Angelo-Maria Cori, natif de Rome, qui pendant 15 années a eu l'inspection, sous un Directeur, du detail considerable et étendu des Operas de Londres par son bon gout approuvé en toutes choses, jusques dans les ajustements des Acteurs, et les décorations propres aux Sujets, de quoy il pourroit s'acquitter avec beaucoup plus d'oeconomie que personne, comme aussy en fournissant le Theatre des Dramas et Livres de châque Opera, ayant en même tems assés de poesie pour changer d'anciens Operas dans un gout nouveau et les rendre propres et applicables sur divers Sujets, ayant aussy une methode aisée et facile pour enseigner la langue Italienne dont toute la qualité des deux sexes luy est redevable en Angleterre; Et comme non seulement Milord Carteret m'a prié de proposer de sa part ledit Cori à Vôtre Majesté, mais aussy tous les autres principaux de cette Cour dans les deux Sexes, et

Abb. 45: Brief des J. H. Andrié an Friedrich II., London, 20.–31. Juli 1742 (GStA PK, I. HA Geheimer Rat, Rep. 11 Akten, Auswärtige Beziehungen: England, Nr. 72–75)

Brief des J. H. Andrié an Friedrich II., London, 20.–31. Juli 1742

„[...] wenn Ew. Majestät geruhten, ihn als Italienischlehrer und zugleich in der Rolle zu verwenden, die er an der Londoner Oper innehatte [...]".

Der preußische Kapitän und Rat des Berliner französischen Obergerichts Johann Heinrich Andrié war zu dieser Zeit akkreditierter Minister Friedrichs in London, von wo aus er dem König hervorragende Künstler und Facharbeiter für das neu errichtete Theater empfahl. Im hier abgedruckten Brief handelt es sich um die Empfehlung für die Einstellung des Angelo Maria Cori, „très honnête homme". Im Brief werden seine Qualitäten als Theaterinspekteur mit 15jähriger Erfahrung an der Londoner Oper, aber auch als Lehrer für Italienisch gepriesen, denn er habe eine neue Methode entwickelt, damit man diese Sprache schnell und einfach erlerne, weshalb Andrié dem König empfehle, Cori in beiden Bereichen einzusetzen.

In Berlin betätigte sich Cori auch als Sekretär für Fremdsprachen bei der katholischen Gemeinde und unterstütze, in dieser Rolle, nach Kräften die Spendensammlung zugunsten des Baus der Hedwigskirche, wie weiter unten ausgeführt.

Lettera di J. H. Andrié a Federico II, Londra, 20–31 luglio 1742

«[...] se Vostra Maestà si degnasse di impiegarlo come maestro di lingua italiana alla Sua Corte e gli affidasse al tempo stesso il ruolo in cui fu impiegato qui all'Opera di Londra [...]».

Il capitano prussiano e Consigliere del Tribunale Francese di Seconda Istanza Johann Heinrich Andrié, all'epoca ministro prussiano accreditato a Londra incaricato, fra l'altro, di indicare al re artisti e maestranze validi per l'Opera Reale, raccomanda in questa lettera l'assunzione del romano Angelo Maria Cori, «onestissimo uomo», sia come insegnante d'italiano, avendo egli ideato un nuovo e facile modo d'apprendimento di questa lingua, sia come ispettore teatrale all'Opera Reale di Berlino, avendo egli espletato questa funzione per ben quindici anni all'Opera di Londra.

A Berlino Cori ricoprì anche la carica di Segretario per le Lingue Straniere della comunità cattolica, adoperandosi in tal ruolo per la raccolta di fondi per la costruzione della Chiesa di St. Edvige, come si avrà modo di dire piú avanti.

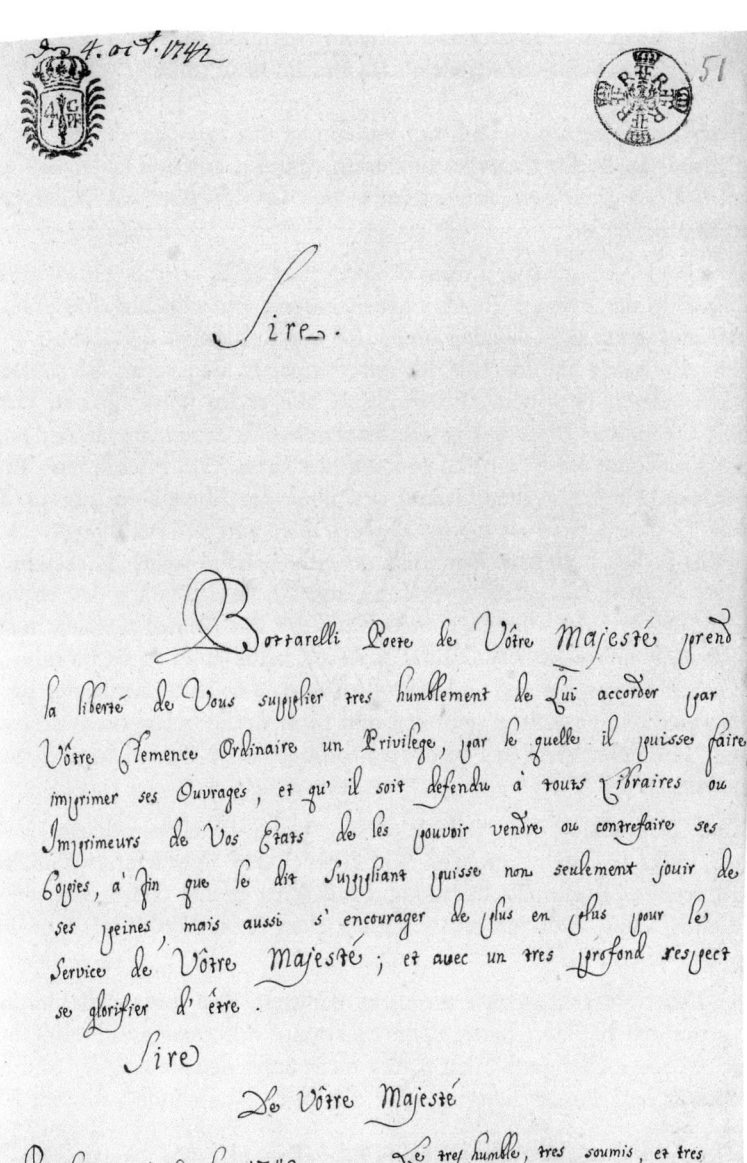

Abb. 46: Brief des Hofdichters Giovanni Gualberto Bottarelli
aus Siena an Friedrich II., Berlin, 4. Oktober 1742
(GStA PK, I. HA, Geheimer Rat, Rep. 9 Allgemeine Verwaltung,
F 2 b, Fasz. 15, fol. 51)

Brief des Hofdichters Giovanni Gualberto Bottarelli
aus Siena an Friedrich II., Berlin, 4. Oktober 1742

Dieser Brief, der ein Gesuch um Verleihung des Privilegs enthält, die eigenen Bücher in Berlin drucken zu dürfen, stammt aus der Feder des ersten *Poeta di Corte* Friedrichs, einer schillernden Gestalt, über die Widersprüchliches überliefert ist.

„In einem Zimmer des dritten Stockwerkes eines armseligen Hauses bot sich ein Bild des tiefsten Elends meinen Augen: ich erblickte eine Frau, vier Kinder und einen schreibenden Mann. Es war Bottarelli". Mit diesen Worten beginnt die kurze Schilderung der unerfreulichen Begegnung Casanova mit dem ehemaligen Hofpoeten Friedrichs II, die er im Jahre 1763 in London hatte.[16] Dahin war Bottarelli gereist, nachdem sein Abenteuer in der preußischen Hauptstadt ein böses Ende genommen hatte. Darüber schreibt, äußerst erbost, der Kappellmeister Graun, der über die Missetaten „dieses Bösewichts" in einem Brief an Georg Philipp Telemann aus Berlin vom 22. Juni 1743 ausführlich berichtet. Bottarelli, so Graun, habe wegen Diebstahls drei Wochen in Spandau gesessen und sei anschließend des Landes verwiesen worden. Das wundere ihn aber nicht, denn der Hofdichter sei auch in seiner Heimat kein unbeschriebenes Blatt gewesen, habe er doch in Florenz „wegen Gotteslästerungen und anderen Übelthaten 3-te halb Jahr in der Inquisition gesessen". Er sei dann geflohen und nach Berlin gelangt, wo er „wegen einiger Geschicklichkeit in Poesie zu Brodte gelangte"[17] und sogar Freimaurer geworden sei.[18]

Diese Darstellung, die jedoch durch keine Quellen erhärtet werden konnte, steht in einem gewissen Widerspruch zur überlieferten Geschichte des Eintreffens Bottarellis in Berlin, wonach es gerade Graun war, der den Hofdichter selbst während seiner italienischen Reise 1740–1741 nach Berlin engagiert haben soll.[19]

Die Invektive erklärt sich vielleicht dadurch, dass Bottarelli Graun am Hof gründlich blamiert hatte, denn er konnte mit seinem Libretto für die Oper „Cesare e Cleopatra" den König nicht zufrieden stellen, der es dreimal umarbeiten ließ. Ferner lieferte er für die Oper „Rodelinde", die mit Musik

---

[16] *Casanova*: Geschichte meines Lebens. Bd. 9, Kap. 13, S. 355 f. s. auch ebd., Bd. 3, Kap. 7, S. 129 und S. 338.

[17] *Telemann*: Briefwechsel, S. 270–272.

[18] Er war mit M. Pérau [= Gabriel-Louis-Calabre] Autor des Buches: L'ordre des francs-maçons trahi et le secret des Mopses devoilé. Amsterdam: Jean Neaulme 1745 und Frankfurt am Main: Van Duren 1745.

[19] s. *Schneider* Geschichte der Oper, S. 65 und *Maehder*: Die Librettisten des Königs, S. 265–304: 269 f. und „The New Grove Dictionary of Music and Musicians", *ad vocem*, Bd. 4. 2. ed. London/New York London: Macmillan/Grove 2001, S. 83.

von Graun am 13. Dezember 1741 im Berliner Schloss aufgeführt wurde, keine „eigene [...] Erfindung", wie er im Vorwort zum Libretto schrieb, sondern eine Umarbeitung der gleichnamigen Oper von Nicola Francesco Haym (1678–1729), die im Londoner *King's Theater* mit Musik von Georg Friedrich Händel (1685–1759) am 13. Februar 1725 uraufgeführt worden war.

Bottarelli, dessen Geburtsjahr unbekannt ist, starb um 1779 an unbekanntem Ort. Er hinterlässt, neben einer 1758 in London erschienenen Übersetzung aus Horaz,[20] zahlreiche Libretti für Aufführungen am Londoner *King's Theatre*.

Lettera del poeta di Corte Giovanni Gualberto Bottarelli di Siena a Federico II, Berlino, 4 ottobre 1742

Questa lettera, contenente la richiesta di privilegio per la stampa dei propri libri, porta la firma del primo *Poeta di Corte* di Federico, un personaggio ambiguo su cui i contemporanei hanno emesso giudizi molto contraddittori.

> «In una stanza al terzo piano di una casa poverissima mi si offrì allo sguardo un quadro di immensa miseria: vidi una donna, quattro bimbi ed uno uomo che scriveva. Era Bottarelli».

Con queste parole inizia la breve descrizione dello spiacevole incontro che Casanova ebbe nel 1763 a Londra con l'ex poeta della corte di Federico. Qui Bottarelli era giunto dopo che, nel 1747, il suo soggiorno nella capitale prussiana era stato bruscamente interrotto. Delle disavventure in cui il poeta senese incorse a Berlino serba ricordo il Maestro di Cappella Graun che, in una lettera a Georg Philipp Telemann del 22 giugno 1743, narra come «questo malvagio» avesse dovuto scontare tre settimane di galera nella fortezza di Spandau per furto e fosse stato poi cacciato dal paese. Graun aggiunge poi che, del resto, Bottarelli anche in patria non sarebbe stato un campione di virtù, essendo finito in carcere a Firenze per blasfemia, da dove sarebbe scappato giungendo poi a Berlino; qui, grazie ad una sua certa abilità in poesia, avrebbe trovato di che sostentarsi, non dimenticando di aggiungere che egli a Berlino era divenuto massone.

Quanto Graun riporta non è tuttavia confortato da prove documentate ed è in contraddizione con il fatto che, secondo altre fonti, sarebbe stato proprio Graun ad assoldare Bottarelli durante il suo viaggio del 1740–1741. Probabilmente egli aveva il dente avvelenato con il poeta di corte prussiano non essendosi questi dimostrato all'altezza del compito affidatogli. Del libretto dell'opera «Cesare e Cleopatra» il re richiese, infatti, la rielaborazione per

---

[20] Del Canzoniere d'Orazio. Londra 1758.

ben tre volte. Inoltre Bottarelli spacciò il libretto dell'opera «Rodalinda» che, con musica di Graun, era stata rappresentata al castello di Berlino il 13 dicembre 1741, come opera propria, mentre invece essa era la rielaborazione dell'opera omonima che, con Libretto di Nicola Francesco Haym e musica di Georg Friedrich Händel, era stata rappresentata la prima volta al *King's Theater* di Londra il 13 febbraio 1725.

Bottarelli, di cui si ignora l'anno di nascita, morì, non si sa dove, nel 1779. Di lui restano una traduzione del Canzoniere d'Orazio, uscita a Londra nel 1758 e numerosi libretti per il *King's Theatre*.

Bühnendekorateure, Maschinisten und Pyrotechniker

Unentbehrlich für den guten Erfolg einer Aufführung waren, neben den prächtigen Kostümen der auftretenden Künstler, die sehr aufwendigen Bühnendekorationen.

Dank der Künste geschickter Bühnenarchitekten und -dekorateure stiegen Götter auf Schwebemaschinen vom Himmel herab bzw. überquerten den Bühnenraum in seiner ganzen Breite, reichgeschmückte geflügelte Wagen lenkend. Die Hölle tat sich auf und Feuerzungen loderten empor, während schrecklich anzusehende Teufel aus der Versenkung auf die Bühne gehoben wurden, tiefe Räume mit Palästen, Gärten und Brunnen wurden vorgetäuscht. Europaweit berühmt auf diesem Gebiet waren italienische Maschinisten, Feuerwerker und Bühnendekorateure. Die besten bemühte sich Friedrich II., an das Berliner Hoftheater zu verpflichten.[1]

Unter den in Berlin Tätigen waren, neben dem Pyrotechniker Angelo Galiani aus Bologna, der „Maestro delle Machine e primo Pittore delle scene" Giacomo Fabris[2] und „Monsieur Fanti". Sie schufen die Dekorationen für die ersten Opernaufführungen, namentlich für „Cleopatra e Cesare" und „La Clemenza di Tito", in den Jahren 1742 und 1743 „avec la plus grande Magnificence, et avec le plus bon goût de tout ce, qui compose ce noble Spectacle."[3]

Während Fanti Berlin wegen anderweitiger Verpflichtungen bald verließ, blieb letzterer bis 1747 am preußischen Hof. 1689 als Sohn deutscher Eltern

---

[1] Leider sind die Bühnenentwürfe dieser Zeit sehr lückenhaft überliefert, da im zweiten Weltkrieg das Museum der Preußischen Staatstheater mit den darin aufbewahrten Sammlungen von Louis Schneider völlig zerstört wurde.

[2] So liest man im Vorwort zum Libretto „Cleopatra e Cesare".

[3] *Avant Própos* des „Inventaire des décorations de l'Opéra du Roi fait en février 1754". Dieses Dokument, als Original aufbewahrt im GStA PK, I. HA Geheimer Rat, Rep. 36 Hof- und Güterverwaltung, Nr. 2628, ist jetzt wiedergegeben in *Henzel*: Zu den Aufführungen der großen Oper, S. 53–56: S. 53 in *Adelheid Rasche*: „Decoratore di Sua Maestà". Giuseppe Galli Bibiena als Bühnenbildner an der Berliner Hofoper Friedrichs II. von Preußen, in: Jahrbuch der Berliner Museen, N. F., 41 (1999), S. 99–131: 126–131: S. 126. Darin werden die Dekorationen aufgelistet, die Fabris, Fanti, Bellavita und Giuseppe Galli-Bibiena bis 1754 schufen. Zu Fabris s. ferner *Robin Thurlow Lacy*: A Biographical Dictionary of Scenographers. 500 B. C. to 1900 A. D. New York et al.: Greenwood Press 1990, S. 205 mit weiterführender Literatur.

in Venedig geboren, war Fabris seit 1719 in Deutschland und seit 1747 in Dänemark tätig, wo er am Hof Christians VI. bis zu seinem Tod im Jahre 1761 als vielbeachteter Theatermaler und Bühnenarchitekt wirkte. Er gilt durch seine Bühnenbilder und seine Lehrtätigkeit, die er in einem fünfbändigen Werk festhielt,[4] als einer der bedeutendsten Vermittler italienischer Theaterarchitektur in diesen Ländern.

Ferner tritt der „königl. Theatralsche[...] Architect[...], Mahler[...], Ingenieur[...]" Girolamo Bon in Erscheinung,[5] der in Potsdam das Intermezzo-Theater leitete.

Unter anderem beeindruckte er das Berliner Publikum in der am 27. März 1749 aufgeführten Oper „Angelica e Medoro" mit dem Bau eines prächtigen Palastes der Venus sowie mit einer Bühnenmaschine, die es ermöglichte, die Göttin Venus zusammen mit ihrem Gefolge vom (Theater-)Himmel auf die Erde herabsteigen zu lassen.[6] Ferner schuf er für die 1750 aufgeführte Oper „Phaethon" den Sonnenwagen, von welchem aus die Titelgestalt vom Himmel herabstürzt, und von ihm stammt auch das seit Schneider[7] fälschlicherweise Bellavita zugeschriebene berühmte Bühnenbild des Isistempels in dieser Oper. Diese Schöpfung versetzte die damaligen Zuschauer in Erstaunen, denn die Säulen, die den Tempel schmückten, waren aus Glasstäben zusammengesetzt und wurden von hinten hell erleuchtet, ein prächtiges Schauspiel, das, wie Borchmann schreibt: „für das Publicum eine recht bezaubernde Er-

---

[4] „Instruction oder Unterrichtung in den geometrischen, perspektivischen und architektonischen Lectionen. Aufgetheilt in fünf Büchern." Die Handschrift befindet sich in der Königlichen Bibliothek Kopenhagen. Nur Bd. IV erschien im Druck unter dem Titel „Instruction in der theatralischen Architektur und Mechanique", Enciclopedia dello Spettacolo. Vol. IV, *ad vocem*, Sp. 1764.

[5] Angelica e Medoro. Dramma per musica da rappresentarsi nel regio teatro di Berlino [...]. Berlino: Haude & Spener 1749, unpag. [S. 4]. Im *Avant Própos*, in: *Henzel*: Zu den Aufführungen der großen Oper, S. 54, und in *Rasche*: „Decoratore di Sua Maestà", S. 126, wird der Beitrag Bons zu den Bühnendekorationen dieser Oper erwähnt. Zu Bon als Leiter der Theatertruppe, die das Intermezzo-Theater in Potsdam bespielte, s. weiter oben, ab S. 185 f. in vorliegender Arbeit.

[6] Schlussbild zu „Angelica e Medoro"; s. hierzu *Henzel*: Zu den Aufführungen der großen Oper, S. 9–57: 40; zu Bon informieren die Beiträge in: Enciclopedia dello Spettacolo. Vol. II, *ad vocem*, Sp. 753 f., und *Lacy*: A Biographical Dictionary of Scenographers, S. 70 f. Bon war in der Zeit zwischen 1735 und 1746 als sehr erfolgreicher Theatermaler in Russland tätig, wo er führender Kunstdekorateur der Hoftheatertruppe war. Zu Bons russischen Jahren s. den Briefwechsel Jacob von Stählins, den *Vladimir Gurewitsch* im Rahmen des Projekts „Musikgeschichte in Mittel- und Osteuropa" am Institut für Musikwissenschaft der Universität Leipzig ediert hat, online unter der Adresse verfügbar: www.uni-leipzig.de/~musik/Gurewitsch/Briefwechsel_Staehlin.pdf.

[7] *Schneider*: Geschichte der Oper, S. 132. Die Urheberschaft Bons ist im *Avant Própos* (*Rasche*: „Decoratore di Sua Maestà", S. 128) festgehalten: „Ce temple fut fait par Mr. Bonn".

scheinung war."[8] Dieses Bühnenbild wurde dann auch von Galli Bibiena verwendet.[9]

Nachhaltig wirkte der „Perspektivmaler aus Verona"[10] Innocente Bellavita (um 1692–1762), auch Bellavite genannt, der 1748 als Nachfolger von Fabris nach Berlin berufen wurde. Hier wirkte er bis zu seinem Weggang nach Kopenhagen als Theatermaler, Bühnenarchitekt und *Decoratore del regio Teatro*, d.h. Dekorateur und Werkstattleiter für Bühnenbildnerei an der Hofoper.[11]

Auf ausdrücklichen Wunsch Friedrichs II. entwarf er zu dessen Zufriedenheit auch den Ruinenberg in Potsdam, der noch heute zu bewundern ist.[12]

Ihm folgte der in ganz Europa berühmte Giuseppe Galli Bibiena (1695–1757), der auf Wunsch des Königs 1754 als Baumeister und Theatermaler nach Berlin kam, wo er bis zu seinem Tode wirkte.[13]

Sein Sohn Carlo (1721–1787) war von 1763 bis 1766, ebenfalls auf Wunsch Friedrichs, in Berlin tätig, wo er Bühnenbilder u.a. für die Oper „Leucippo" und „Achille in Sciro" schuf.

Noch nachhaltiger schrieb sich ein weiterer italienischer Bühnenarchitekt in das Berliner Kulturleben dieser Jahre ein: Bartolomeo Verona (1744–1813).

Er war am 12. Mai 1744 in Adorno (Biella, Piemont) geboren und als Neffe und Schüler Bernardino Galliaris (1707–1794) in dessen Gefolge 1773 nach Berlin gekommen. In der preußischen Hauptstadt konnte sich Verona sehr bald mühelos integrieren: Er heiratete Caroline Koch, eine Tochter des Leiters des Intermezzo-Theaters Johann August Christoph Koch, und be-

---

[8] *Borchmann*: Briefe, zur Erinnerung an merkwürdige Zeiten, 26. Brief, 6ten des Heumonates 1777, S. 205–212: 211.

[9] *Avant Própos* (*Rasche*: „Decoratore di Sua Maestà", S. 128): „Ce temple fut fait par Mr. Bonn, mais depuis a eté emploié [sic] par Mr. Bibiena".

[10] *Nicolai*: Nachricht von den Baumeistern, S. 920. Zu Bellavita s. ferner *Lacy*: A Biographical Dictionary of Scenographers, S. 50, mit weiterführender Literatur.

[11] Vgl. die Liste der Bühnendekorationen im *Avant Própos*, in: *Rasche*: „Decoratore di Sua Maestà", S. 127 f.

[12] *Klaus Dorst*: Potsdam in Arkadien. Knobelsdorffs Blick auf Sanssouci und Kat. Nr. V. 12 und V. 13, in: Zum Maler und zum großen Architekten geboren, S. 106–118: 115 und S. 237–239: 238; s. auch *Manger*: Baugeschichte von Potsdam. Bd. 1, S. 98: „Der erste Entwurf zu diesem Prospecte mahlerischer Ruinen, rührte von Knobelsdorf [sic] her; er ward aber nachher, auf Befehl von Bellavila [sic] verändert"; ferner *Paul Höckendorf*: Sans-Souci zur Zeit Friedrichs des Großen und heute. 2. Auflage. Berlin: Duncker 1903. Beilage 13, S. 161; *Julius Haeckel*: Um den Ruinenberg. Der Ruinenberg, in: Mitteilungen des Vereins für die Geschichte Potsdams. NF VII (1939), Nr. 367, S. 444–469, Absch. 1a: „Der Ruinenberg selbst", S. 444–451. Es sei hier erwähnt, dass in Schloss Sanssouci in Potsdam ein Bild von Bellavita aufbewahrt ist, das ein Ruinencapriccio zeigt.

[13] Vgl. *Rasche*: „Decoratore di Sua Maestà", S. 99–131.

hauptete sich sehr erfolgreich in seinem Fach, denn er blieb bis zu seinem Tod am 16. August 1813 für das königliche Hoftheater tätig. Dieser Meister der spätbarocken Bühne diente unter drei preußischen Königen und entwickelte in seinen späteren Werken auch hochklassizistische und romantische Stilelemente.[14] Außerhalb Berlins schuf er Dekorationen für das Schwedter Theater und 1780 Theaterbilder für das Schauspielhaus in Rheinsberg.

Die Dienste der italienischen Bühnenarchitekten und -dekorateure wurden auch außerhalb des Theaters geschätzt. Innocente Bellavita und Bartolomeo Verona zog man zum Ausschmücken von königlichen Villen und Palästen sowie Privathäusern heran.[15] Letzterer dekorierte private und öffentliche Gebäude, wie 1773 den Vorraum und Sitzungssaal im Akademiegebäude, lieferte die Innenausstattung des 1774–1776 erbauten französischen Komödienhauses auf dem Friedrichsstädtischen Markt, später hierfür auch Dekorationen und, in Rheinsberg, Fresken für das Schlafzimmer von Prinz Heinrich.[16] Unter Friedrich Wilhelm II. malte er 1796 den Gotischen Saal in der Meierei auf der Pfaueninsel aus sowie 1798, unter Friedrich Wilhelm III., die Fasanerie im Neuen Garten.

Auch Arbeiten der Bühnendekorateure Bernardino Galliari und Giacomo Fabris waren außerhalb der angestammten Tätigkeiten dieser Künstler zu finden. Ersterer zeichnete sich in Berlin auch dadurch aus, dass er u. a. 1773 die Kuppelwölbung der Hedwigskirche nach dem Vorbild von Santa Croce in seiner Heimatstadt Turin auf eigene Kosten ausmalte, wie weiter unten ausgeführt. Einige Stücke aus den Arbeiten Fabris' wurden in die Innenarchitektur des Berliner Schlosstheaters eingefügt, das 1753 renoviert wurde.[17]

---

[14] Zu Veronas Wirken s. *Ingvelde Müller*: Der Theaterdekorateur Bartolomeo Verona. Phil. Diss., Masch. Berlin 1945, die auch über im zweiten Weltkrieg unwiederbringlich verlorengegangene Entwürfe und Arbeiten Veronas vor 1793 Auskunft gibt. Unter den zeitgenössischen Quellen erwähnen ihn *Denina*: La Prusse Littéraire, Bd. 3, S. 436–438 und *Nicolai*: Beschreibung der königlichen Residenzstädte, T. I, S. 403.

[15] Zu Bellavitas Anteil an der Ausschmückung des Komödienhauses im Jahre 1748 s. *Manger*: Baugeschichte von Potsdam, Bd. 1, S. 87; zu seinem Anteil an den Ausschmückungen in Rheinsberg s. *Carl Wilhelm Hennert*: Beschreibung des Lustschlosses und Gartens Sr. Königlichen Hoheit des Prinzen Heinrichs, Bruders des Königs, zu Rheinberg, wie auch der Stadt und der Gegend um dieselbe. Nebst einem in Kupfer gestochenen Grundrisse. Berlin: Nicolai 1778. Reprint Potsdam-Sanssouci: Generaldirektion d. Staatl. Schlösser und Gärten 1985, S. 37 und S. 39.

[16] *Nicolai*: Beschreibung der königlichen Residenzstädte, T. II, S. 840 f. Nicolai erwähnt auch Veronas Arbeiten in Hannover in den Jahren 1784 und 1785 im Palast des Herzogs von York, des Bischofs von Osnabrück, wo der Künstler viele Zimmer und Säle ausmalte.

[17] *Frenzel*: Brandenburg-preußisches Schloßtheater, S. 53 f. und *Henzel*: Zu den Aufführungen der großen Oper, S. 9–57: 41.

Pittori teatrali, macchinisti
e pirotecnici

Indispensabili per la buona riuscita di una rappresentazione teatrale erano sia i sontuosi costumi di ballerini e cantanti sia le elaborate decorazioni teatrali.

Grazie all'arte di validi architetti, scenografi e decoratori, il pubblico poteva ammirare divinità che scendevano dal cielo su carri sospesi in aria o che sorvolavano il palcoscenico in tutta la sua ampiezza alla guida di carri alati riccamente adornati; la bocca dell'inferno si spalancava e lingue di fuoco divampavano, mentre orrendi diavoli salivano da botole sul palco ed ampi e profondi spazi raffiguranti sale di palazzi, giardini e fontane perfettamente imitati dal vero si offrivano agli sguardi degli stupefatti spettatori. In questo campo la fama di macchinisti, pirotecnici e scenografi italiani era di risonanza europea e Federico II si adoperò dunque per ingaggiarne i migliori per l'Opera Reale di Berlino.

Nella capitale prussiana furono attivi, oltre al pirotecnico bolognese Angelo Galiani, il «Maestro delle Machine e primo Pittore delle scene» Giacomo Fabris e «Monsieur Fanti» che crearono le scenografie per le prime opere rappresentate, «Cleopatra e Cesare» e «La Clemenza di Tito», rispettivamente negli anni 1742 e 1743 «avec la plus grande Magnificence, et avec le plus bon goût de tout ce, qui compose ce noble Spectacle.»

Mentre Fanti abbandonò presto Berlino per seguire altri impegni, Fabris rimase alla corte prussiana fino al 1747. Figlio di genitori tedeschi, Fabris era nato a Venezia nel 1689 e, dal 1719, soggiornava in Germania, da dove partì nel 1747 per recarsi in Danimarca, dove operò alla corte di re Christian VI fino alla sua morte, sopraggiunta nel 1761, come rispettato e stimato pittore, architetto e scenografo teatrale. Grazie ai suoi lavori ed alla sua attività d'insegnamento, raccolta in un'opera in cinque volumi, di cui tuttavia solo il quarto uscì in stampa, viene considerato tra i maggiori diffusori della «messinscena all'italiana» in questi paesi.

L'«Architetto Teatrale, Pittore, Ingegniere, e Macchinista di Sua Maestà» Girolamo Bon, attivo presso l'Opera Buffa di Potsdam e di cui si dirà più avanti, colpì il pubblico soprattutto nell'opera «Angelica e Medoro», data a Berlino il 27 marzo 1749, per la quale creò un magnifico «Palazzo di Venere», ideando anche una «macchina per scena» che consentiva alla dea Venere ed al suo seguito di scendere dal cielo in terra. Egli creò inoltre, solo per fare qualche esempio tra i molti, il carro da cui Fetonte precipitava dal cielo per l'opera omonima messa in scena a Berlino nel 1750, ma sua è anche la paternità del famosissimo tempio di Iside, sempre per «Fetonte», che a partire da Louis Schneider si attribuisce erroneamente all'architetto teatrale Innocente Bellavita. Questa creazione suscitò lo stupore del pubblico poiché le colonne del tempio erano costituite da bacchette di vetro unite assieme che venivano illuminate dall'interno. Lo spettacolo, come scrive Borchmann, «fu per il pubblico un'apparizione veramente incantevole.» Questa scenografia venne poi usata anche da Galli Bibiena.

Particolarmente influente fu il veronese Innocente Bellavita, chiamato anche Bellavite. Giunto a Berlino nel 1748 per succedere a Fabris, vi aveva operato fino alla sua partenza per Kopenhagen come pittore ed architetto teatrale e come «Decoratore del regio Teatro», come cioè direttore dell'officina addetta alle scenografie per la Reale Opera. Innocente Bellavita progettò con successo, inoltre, su desiderio di Federico II, «Il Monte delle Rovine» di Potsdam, ancora oggi visitabile nel parco di Sanssouci.

A sostituire Bellavita fu chiamato Giuseppe Galli Bibiena, famoso allora in tutta Europa, che giunse a Berlino nel 1754 dove operò fino al 1756, anno della sua morte.

Anche suo figlio Carlo fu attivo a Berlino, dal 1763 al 1766, dove creò scenografie tra l'altro per «Leucippo» ed «Achille in Sciro».

Tra i maggiori nomi legati al mondo dell'Opera Reale di Berlino, nella cui società si era ottimamente inserito, si registra un altro architetto teatrale italiano: Bartolomeo Verona. Nato ad Adorno, in provincia di Biella, il 12 maggio 1744, era giunto a Berlino nel 1773 al seguito dello zio Bernardino Galliari, e vi era rimasto, sposandovi una figlia del direttore dell'Opera Buffa, Caroline Koch, fino alla morte sopravvenuta il 16 agosto 1813 lavorando ininterrottamente per tutti quegli anni per l'Opera Reale. Maestro indiscusso della scenografia tardo-barocca egli fu al servizio di tre re prussiani e sviluppò la sua arte nel corso dei decenni aprendola ad elementi di stile classicistico e romantico.

Fu attivo anche fuori Berlino, creando decorazioni di scena per il teatro di Schwedt e, nel 1780, per il teatro del castello di Rheinsberg.

I servigi di scenografi ed architetti teatrali furono anche richiesti al di fuori del teatro. Innocente Bellavita e Bartolomeo Verona furono ad esempio chiamati ad adornare sia case private che ville e palazzi reali e, mentre il primo progettò, come su detto, il Monte delle Rovine di Potsdam, il secondo dipinse *intérieurs* di palazzi pubblici e privati, come, nel 1773, l'entrata e la sala plenaria dell'Accademia delle Scienze, e, tra il 1774 ed il 1776, *intérieurs* e decorazioni di scena per la *Comédie Française* al Friedrichsstädtischer Markt, nonché affreschi per la camera da letto del principe Enrico nel Castello di Rheinsberg. Sotto Federico Guglielmo II Verona dipinse, nel 1796, la Sala Gotica della «Latteria» sull'Isola dei Pavoni e nel 1798, sotto il regno di Federico Guglielmo III, la *Fasanerie* nel *Neuer Garten*.

Anche Bernardino Galliari e Giacomo Fabris furono attivi in altri campi, dipingendo il primo, tra l'altro, nel 1773 a proprie spese l'interno della cupola della chiesa di Santa Edwige sul modello di Santa Croce a Torino, sua città natale. Alcuni lavori scenici di Fabris trovarono, invece, una nuova sistemazione negli interni del Castello Reale di Berlino durante i lavori di ristrutturazione eseguiti nel 1753.

Abb. 47: Einweihung der St. Hedwigs-Kirche, Denkmünze in Silber,
Durchmesser 4,1 cm, 1773
(GStA PK, VIII. HA Siegel, Wappen, Genealogie, D. 2 Slg. Boldt)

**Einweihung der St. Hedwigs-Kirche, Denkmünze in Silber,
Durchmesser 4,1 cm, 1773. Rückseite: B. Galliari. Qui suo. Aere.
Opificio. Catholicum. S. Hedwig. Temp. Berolini. Decoravit.
Et perfecit. A. MDCCLXXIII.**

Auf der Rückseite der Medaille wird des Beitrags des Opernmalers Bernardino Galliari gedacht, der auf eigene Kosten die Innenkuppel der Kirche ausmalte.

Die Zahl der Katholiken in Berlin war nach dem zweiten Schlesischen Krieg sehr stark angestiegen, so dass Friedrich sich ihrem Wunsch nach einem eigenen Gotteshaus nicht unempfänglich zeigte, zumal er dadurch die Chance erhöht sah, den schlesischen Adel für sich einzunehmen. Bezeichnenderweise der schlesischen Schutzheiligen gewidmet, wurde die „katholische[n] Kirche von Berlin"[18] von Friedrich als Kuppelbau nach dem Vorbild des römischen Pantheon konzipiert, das allen Göttern gewidmet war und ihm somit am geeignetsten schien, den ihm so teuren Grundsatz der Toleranz sinnfällig zum Ausdruck zu bringen.

Der Anstoß zur Errichtung einer katholischen Kirche in Berlin[19] war 1745 durch Eugenio Mecenati (gest. am 6. September 1747 in Berlin) gegeben worden. Diesen Dominikanermönch, den Pilati in seinen „Lettere di un viaggiatore filosofo" als Schurken und skrupellosen Betrüger darstellt,[20] hatte Friedrich zum französischen und italienischen Prediger für die katholische Gemeinde in Berlin ernannt und 1746 mit der Aufgabe betraut, Spenden für diesen Bau zu sammeln.

Die Grundsteinlegung für den Bau der St.-Hedwigs-Kirche nach einem Entwurf von Knobelsdorff[21] hatte bereits am 13. Juli 1747 stattgefunden. Unter den Förderern des Projekts zeichnete sich besonders Kardinal Angelo Maria Querini (1680–1755) aus,[22] der Spenden sammelte und auch selbst als

---

[18] Friedrich II. an Voltaire, Potsdam 9. Oktober 1773, abgedruckt in: Friedrich der Große und Voltaire, S. 70 f.

[19] *Karl Spener*: Geschichte und Beschreibung der neu erbauten catholischen Kirche zu St. Hedwig in Berlin, nebst einer ausführlichen Erzählung und Erklärung aller Ceremonien, welche bey der feyerlichen Einweihung derselben am 1. November 1773. beobachtet worden sind. Berlin: Haude & Spener 1773, S. 5. Zur Hedwigskathedrale s. auch *Nicolai*: Beschreibung der königlichen Residenzstädte, T. I, S. 431 f.; *Heinz Endres*: Die St. Hedwigskathedrale in Berlin. 1773–1793. Leipzig: St. Benno-Verlag 1973; *Sibylle Badstübner-Gröger*: Die St. Hedwigskathedrale zu Berlin. Berlin: Union-Verlag 1976 (= Das christliche Denkmal 99); *Christine Goetz/Constantin Beyer/Victor H. Elbern*: Die St. Hedwigskathedrale zu Berlin. Regensburg: Schnell & Steiner 2000.

[20] *Pilati*: Lettere di un viaggiatore filosofo, S. 73 f.

[21] *Giersberg*: Friedrich als Bauherr, S. 154–194; 254–257; 262 f.; 269; 276 und *Eggeling*: Knobelsdorffs malerischer Geschmack, in: Zum Maler und zum großen Architekten geboren, S. 32.

Mäzen auftrat: Er stiftete u. a. 1750 den Hochaltar der Hedwigskirche und eine eigens für diese Kirche in Venedig von Giovanni Marchiori (1696–1778) verfertigte Gruppe aus weißem carrarischen Marmor.[23] Doch trotz dieses großzügigen Einsatzes musste man die Bauarbeiten bereits im Jahre 1755 aus Geldmangel einstellten. Erst nach dem Ende des Siebenjährigen Krieges konnte der Bau abgeschlossen werden, allerdings nur dank großzügiger im ganzen katholischen Europa gesammelter Spenden, darunter wiederum die von Kardinal Querini, der das prächtige Portal stiftete, dessen Fries heute noch sein Name schmückt.

Bei der Sammlung von Spenden taten sich besonders Algarotti und Angelo Maria Cori hervor. Karl Spener spricht Letztgenanntem ein besonderes Lob aus:

> (Cori) war nehmlich dazumal der hiesigen catholischen Gemeinde Secretaire für die fremden Sprachen, und schrieb in diesem Amte, des Kirchenbaus wegen, viele hunderte Briefe in lateinischer, italienischer, französischer, englischer und spanischer Sprache.[24]

Um die Fertigstellung der Hedwigskirche zu ermöglichen, engagierte sich auch die italienische Gemeinde durch ehrenamtliche Arbeit. Darin zeichnete sich besonders der Bühnendekorateur und -maler Bernardino Galliari aus Adorno Biellese aus.[25] Galliari, der einer in Italien der der Galli Bibienas durchaus vergleichbar berühmten Familie von Theatermalern und Bühnendekorateuren angehörte,[26] war von Friedrich im Jahre 1773 nach Berlin an-

---

[22] Zum Kardinal Querini s. *Paolo Guerrini*: Il Cardinale Angelo Maria Querini nel bicentenario della sua biblioteca. Brescia: Tip. Opera Pavoniana 1951; Cultura, religione e politica nell'età di Angelo Maria Querini. Atti del Convegno di studi promosso dal Comune di Brescia in collaborazione con la fondazione Giorgio Cini di Venezia. Brescia: Morcelliana 1982 und *Alberto Destro/Paola Maria Filippi* (Hrsg.): La cultura tedesca in Italia 1750–1850. Bologna: Patron 1995, S. 41 f.

[23] *Nicolai*: Beschreibung der königlichen Residenzstädte, T. I, S. 600. Vgl. den hier abgedruckten Brief Algarottis an Friedrich II., Berlin, 13. Dezember 1751 (Abb. 9), in dem der Absender mitteilt, dass der Kardinal Querini fünfhundert Golddukaten für den Bau der Kirche gespendet hat. Zur Rolle Algarottis bei der Erteilung des Auftrages an Marchiori s. den Text zur Abb. 48.

[24] *Spener*: Geschichte und Beschreibung, S. 10.

[25] Zu Bernardino Galliari s. *Lacy*: A Biographical Dictionary of Scenographers, S. 234 f., mit weiterführender Bibliographie.

[26] Bernardino war zusammen mit seinen Brüdern, Fabrizio und Giovanni Antonio, und mit Söhnen, Neffen und Enkelkindern ein halbes Jahrhundert lang prägend für das Theaterleben Mailands. Die Galliari-Dynastie verfertigte u. a. das Bühnenbild der *Scala* bei deren Eröffnung im Jahre 1778. Über die Galliari-Familie siehe *Vittoria Morbio Crespi*: I Galliari alla Scala. Torino: Allemandi 2004; *Rossana Bassaglia*: I fratelli Galliari: pittori. Milano: Ceschina 1962; *Mercedes Viale Ferrero*: La scenografia del Settecento e i fratelli Galliari. Torino: Pozzo 1963; *Barbara Oggionni*: I fratelli Galliari: pittori e scenografi 1794–1994. Katalog Ausstellung „I fratelli Galliari", Andorno Micca 23. 9.–2. 10. 1994; Treviglio 8. Oktober–23. Oktober 1994. Andorno

geworben worden, wo er bis 1778 blieb. Hier fertigte er Dekorationen für Aufführungen im Königlichen Opernhaus an, unter anderem zu den Opern „Arminius" und „Demofonte". Mit seiner Werkstatt, zu welcher auch sein Neffe, der in Berlin zu großem Ruhm gelangte Theatermaler Bartolomeo Verona, gehörte, war Galliari auch in Villen und Palästen Berlins und Potsdams sowie bei Dekorationen für das Theater am Schloss Rheinsberg tätig.[27]

Für die Hedwigskirche malte er „die heilige Hedwig vor einem Crucifix niederkniend", schmückte die Kuppel und bearbeitete alle Flächen, „welche einer gemahlten Verzierung fähig waren"[28].

Hochzufrieden mit dem Engagement der italienischen Gemeinde in Berlin, gestattete Friedrich, dass noch vor Beendigung des Baus einige Italiener hier ihr letzte Ruhestätte fanden, u. a. Eugenio Mecenati und Herr Calzabigi.[29] Bei der feierlichen Einweihung am 1. November 1773 durch den Fürstbischof von Ermland, Graf Ignacy Krasicki, sangen zum Hochamt und zum *Te Deum* die besten italienischen Künstler der Hofoper: Giovanni Carlo Concialini (1745–1812), Porporino, Paolo Bedeschi, genannt Paolino, Giuseppe Tosoni (1755–nach 1791) und Luigi Grassi († 1789). Friedrich ließ sich von einem der bedeutendsten Mitglieder der italienischen Gemeinde an seinem Hof, Franz Ignaz Pinto Graf von Barri, vertreten.[30]

Die Innengestaltung der Kirche fiel schon 1931–1932 Umbauarbeiten zum Opfer. Der bedeutendste friderizianische Kirchenbau in Berlin wurde dann im 2. Weltkrieg zerstört und erst 1963, mit völlig veränderter Innengestaltung und Form der Kuppel, vollständig restauriert.[31]

Micca/Comune; Treviglio/Comune 1994; *Simonetta Angrisani*: I Galliari: primi scenografi della Scala. Ausstellungskatalog Milano, Museo Teatrale alla Scala, 19. Februar–26. März 1983. Firenze: Alinari 1983.

[27] s. hierzu *Hennert*: Beschreibung des Lustschlosses und Gartens Sr. Königlichen Hoheit des Prinzen Heinrichs.

[28] *Spener*: Geschichte und Beschreibung, S. 60, ferner *Nicolai*: Beschreibung der königlichen Residenzstädte, T. I, S. 600.

[29] *Spener*: Geschichte und Beschreibung, S. 64.

[30] Vgl. zu Pinto ab S. 219 in vorliegender Arbeit.

[31] *Giersberg*: Die Bauten Friedrich des Großen, S. 72 und ders.: Friedrich als Bauherr, S. 243–284.

Consacrazione della chiesa di S. Edvige, Medaglia commemorativa in argento, diametro 4,1 cm, 1773

Sul retro della medaglia si ricorda l'opera del decoratore teatrale Bernardino Galliari che dipinse l'interno della cupola a proprie spese.

Col crescere dei membri della comunità cattolica di Berlino dopo la seconda guerra slesiana, si sentì la necessità di un luogo di culto adatto ad accogliere i fedeli. Federico ne decise la costruzione, ed un ruolo non piccolo giocò sicuramente la considerazione che in tal modo egli si sarebbe guadagnato le simpatie della nobiltà cattolica slesiana. Per la chiesa, dedicata appunto a santa Edvige, patrona della Slesia, il re scelse la forma di cupola, facendosi ispirare dal pensiero di tolleranza che il Pantheon romano, tempio di tutti gli dei, gli aveva sempre suggerito.

L'iniziativa di una chiesa cattolica a Berlino era partita dal frate domenicano Eugenio Mecenati, morto a Berlino il 6 settembre 1747, un personaggio che Pilati nelle sue «Lettere di un viaggiatore filosofo» ritrae come «il più gran tristo di tutti i Frati» [73] e di cui fornisce notizie biografiche ben poco lusinghiere, ma che Federico aveva dapprima nominato predicatore per la comunità cattolica francese e italiana e poi, nel 1746, aveva incaricato di raccogliere offerte per finanziare il progetto.

La costruzione della chiesa di St. Edvige su progetto di Knobelsdorff fu iniziata con la posa della prima pietra il 13 luglio 1747. Nella raccolta di fondi si distinse tra tutti il Cardinale Angelo Maria Querini che, oltre a raccogliere offerte, fu egli stesso attivo come mecenate donando nel 1750 alla chiesa l'Altare Maggiore ed un gruppo in marmo di Carrara che egli commissionò appositamente per la chiesa berlinese allo scultore veneziano Giovanni Marchiori.

La costruzione della chiesa, già interrotta una prima volta nel 1755 per mancanza di denaro e ripresa solo dopo la fine della Guerra dei Sette Anni, fu portata a termine solo grazie ai fondi raccolti presso la comunità cattolica di tutta l'Europa. Ad essa contribuì di nuovo e sensibilmente il Cardinal Querini, il quale donò il magnifico portale ed il cui nome, a ricordo di ciò, orna ancora il frontone della chiesa. Anche gli esponenti piú in vista della comunità italiana di Berlino, tra cui particolarmente Francesco Algarotti ed Angelo Cori, si adoperarono molto nella raccolta dei fondi. Quest'ultimo, come fonti coeve riportano, inviò come segretario della comunità cattolica della città, centinaia di lettere in svariate lingue europee ed in latino con richieste di aiuto finanziario.

Tra gli italiani a Berlino che sostennero la realizzazione del progetto impegnandosi con attività di volontariato si distinse particolarmente lo scenografo Bernardino Galliari di Adorno Biellese che si impegnò a proprie spese per dare alla chiesa un interno meno spoglio. Proveniente da una dinastia di scenografi teatrali pari in fama a quella dei Galli Bibiena, Galliari era stato chiamato da Federico a Berlino nel 1773 dove rimase fino al 1778. Qui egli aveva creato scenografie importanti, come quella per le opere «Arminio» e «Demofonte» ed aveva inoltre lavorato assieme alla sua «bottega» (di cui faceva parte anche il nipote, il poi famoso Bartolomeo Verona) per abbellire ville e palazzi a Berlino, Potsdam, creando tra l'altro, decorazioni per il teatro di Rheinsberg. Per la chiesa di S. Edvige egli dipinse, come una fonte coeva riporta, sia un affresco raffigurante la santa inginocchiata davanti ad un crocefisso, sia la cupola, sia svariate decorazioni «in ogni parte dell'interno che ne fosse suscettibile».

Federico, oltremodo soddisfatto dell'impegno dispiegato dalla comunità italiana di Berlino, permise che ancor prima che se ne ultimasse la costruzione vi fossero sepolti personaggi come Eugenio Mecenati e Calzabigi.

La chiesa fu inaugurata il 1° novembre 1773 dall'arcivescovo di Ermland, conte Ignacy Krasicki. Alla cerimonia inaugurale parteciparono i migliori cantanti italiani dell'Opera Reale: da Giovanni Carlo Concialini a Porporino, da Paolino Bedeschi a Giuseppe Tosoni ed a Luigi Grassi. Il re inviò a rappresentarlo uno fra i più importanti rappresentanti della comunità: Francesco Ignazio Pinto, conte di Barri.

L'interno subì grandi modifiche già nel 1931–1932 e quello che si poteva considerare l'edificio sacro più significativo dell'epoca federiciana fu poi interamente distrutto nella seconda guerra mondiale. La ricostruzione avvenuta nel 1963 ristrutturò l'interno e la grande cupola in modo del tutto diverso dall'originale.

Abb. 48: Innenansicht der Hedwigskirche vor 1931

Innenansicht der Hedwigskirche vor 1931

Auf diesem Photo ist noch die Innengestaltung der Kuppel durch Galliari erkennbar, der die Kuppelwölbung auf eigene Kosten „mit gemahlten Zierathen aus der Baukunst", d. h. im Kassettenmuster, nach dem Vorbild von Santa Croce in seiner Heimatstadt Turin in Grisaille ausmalte. Ferner brachte er ornamentale Verzierungen an den Friesen, den Chornischen, Bogengewölben, Altären, Gesimsen an und malte die Kannelüren der Säulen.[32] Wie Giersberg anführt, stiftete er darüber hinaus die Kanzel, entwarf die Vorhänge, den Hochaltar und die zwölf Leuchter für den Hauptaltar und die Nischen.[33]

In der Mitte ist noch, auf dem Hochaltar, die Marmorgruppe des *Noli me tangere* von Giovanni Marchiori zu erkennen, die der Kardinal Angelo Maria Querini 1750 stiftete. Bei der Erteilung des Auftrages an den Belluneser Bildhauer Marchiori war Algarotti involviert, wie dessen Brief vom 13. August 1750 an den Bruder Bonomo in Venedig bezeugt.[34]

Interno della Chiesa di St. Edvige prima delle modifiche del 1931

La foto mostra l'interno della Chiesa di St. Edvige con la cupola decorata da Galliari a cassettoni con illusione architettonica sul modello della Chiesa di Santa Croce di Torino, sua città natale. L'artista apportò inoltre fregi, decorò le nicchie del coro, archi, altari e cornici, nonché le scanalature delle colonne. Egli regalò, inoltre, alla chiesa il pulpito, creò i tendaggi e i dodici candelieri che ornavano l'Altar Maggiore.

Al centro della foto si distingue ancora il gruppo in marmo di Carrara scolpito nel 1750 da Giovanni Marchiori su commissione di Angelo Maria Querini. Per la committenza del *Noli me Tangere* allo scultore bellunese si adoperò Algarotti, come si evince dalla di lui lettera al fratello Bonomo del 13 agosto 1750.

---

[32] *Endres*: Die St.-Hedwigs-Kathedrale (1963), S. 16 f.

[33] *Spener*: Geschichte und Beschreibung, S. 17 f.; *Giersberg*: Friedrich als Bauherr, S. 282.

[34] *Campori* (a cura di): Lettere artistiche inedite, Brief Nr. 241, S. 201.

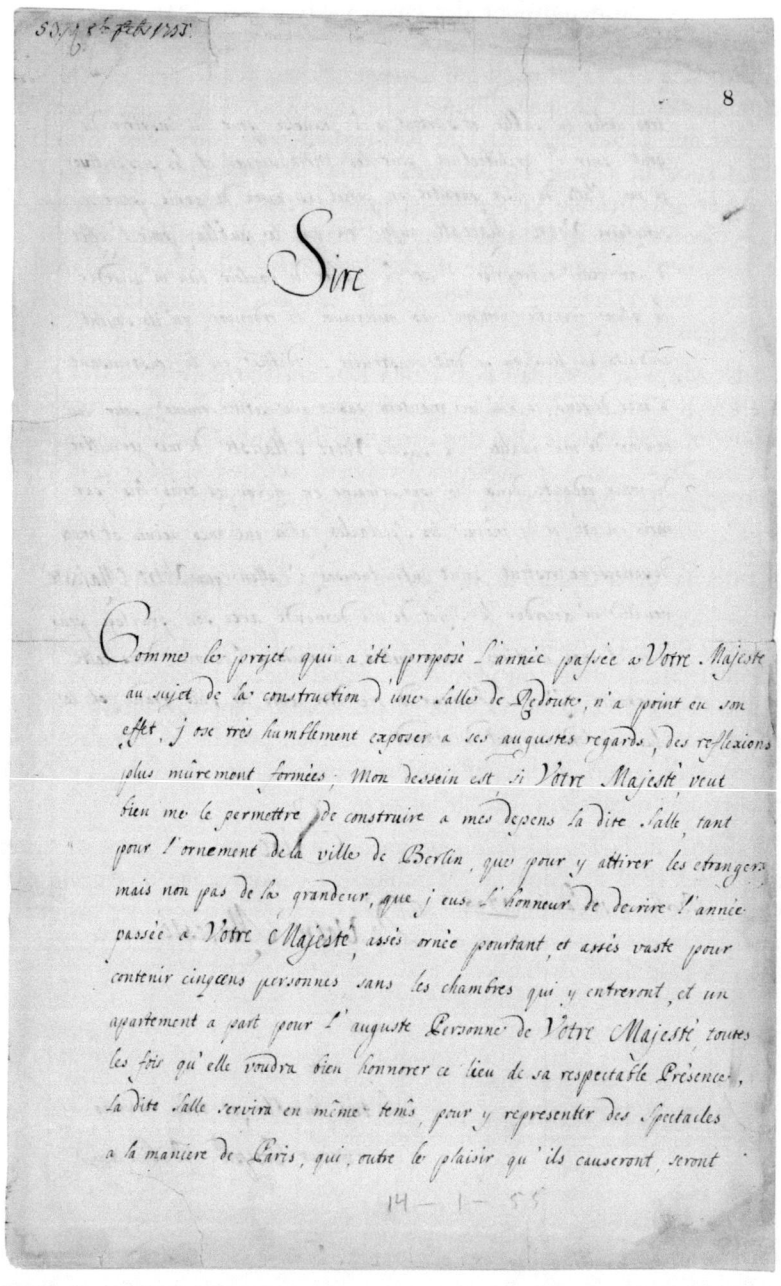

Abb. 49: Brief Giuseppe Galli Bibienas an Friedrich II., Berlin, 14. Januar 1755
(GStA PK, I. HA Geheimer Rat, Rep. 36 Hof- und Güterverwaltung, Nr. 2399, fol. 8)

Brief Giuseppe Galli Bibienas an Friedrich II., Berlin, 14. Januar 1755

Im ausgestellten Brief schlägt Galli Bibiena dem König den Bau eines Ballsaals vor, der besonders dazu geeignet sein sollte, ausländische Besucher nach Berlin anzuziehen. Bibiena bot sich an, den Bau auf eigene Kosten zu errichten, wenn er die Erlaubnis erhielte, die Einnahmen aus darin veranstalteten Bällen und sonstigen publikumswirksamen Aufführungen zu kassieren.

Die Erlaubnis wurde ihm jedoch nicht erteilt, und der Grund, über den die Forschung bislang spekulierte, ist im *Rescribatur* [fol. 9] angegeben, d. h. in der Notiz, mit welcher auf den zu beantwortenden Brief die Antwort festgehalten wurde, die der König zu geben wünschte. Dort steht: „Er würde damit banquerrot werden, es sey hier nicht wie in Paris oder London, also versuchen, davon zu abstrahiren."[35]

Wie der aufwendig ausgestattete, elegante Ballsaal hätte aussehen können, zeigt eine Zeichnung Galli Bibienas, die seit 1972 im *Metropolitan Museum of Art* in New York aufbewahrt ist.[36]

Lettera di Giuseppe Galli Bibiena a Federico II, Berlino, 14 gennaio 1755

In questa lettera Bibiena propone al re un progetto per una sala da ballo a Berlino che a suo avviso sarebbe stato particolarmente indicato per attirare ospiti stranieri nella capitale prussiana. Bibiena si offrì di costruirla a proprie spese a condizione che il re gli concedesse di trattenere gli incassi ottenuti durante i balli e le altre manifestazioni che vi avessero avuto luogo. Il permesso tuttavia non gli fui accordato ed il progetto non venne realizzato.

Il motivo di tale rifiuto, sui cui gli studiosi hanno da sempre fatto supposizioni, è fornito nel *Rescribatur* [fol. 9], l'appunto in cui veniva fissata sulla lettera la risposta che il re desiderava si desse. In esso si legge: « egli andrebbe in bancarotta con un tale progetto, non siamo qui né a Parigi né a Londra, (deve) dunque cercare di togliierselo dalla testa ».

L'aspetto che tale sala avrebbe avuto ci viene mostrato da un disegno conservato dal 1972 al *Metropolitan Museum of Art* di New York.

---

[35] Abgedruckt schon in *Henzel*: Zu den Aufführungen der großen Oper, S. 9–57: 57, jedoch ohne *Rescribatur*, das die Vermutung von *Babette Ball-Krückmann* (L'opera tarda di Giuseppe Galli Bibiena, S. 159) erhärtet, finanzielle Überlegungen hätten die Realisierung nicht gestattet.

[36] Die Zeichnung ist abgebildet in *Ball-Krückmann*: L'opera tarda di Giuseppe Galli Bibiena, S. 155–166: 158. Eine gründliche Behandlung dieses Themas liefert *dies.* in: Giuseppe Galli Bibiena, S. 90–97.

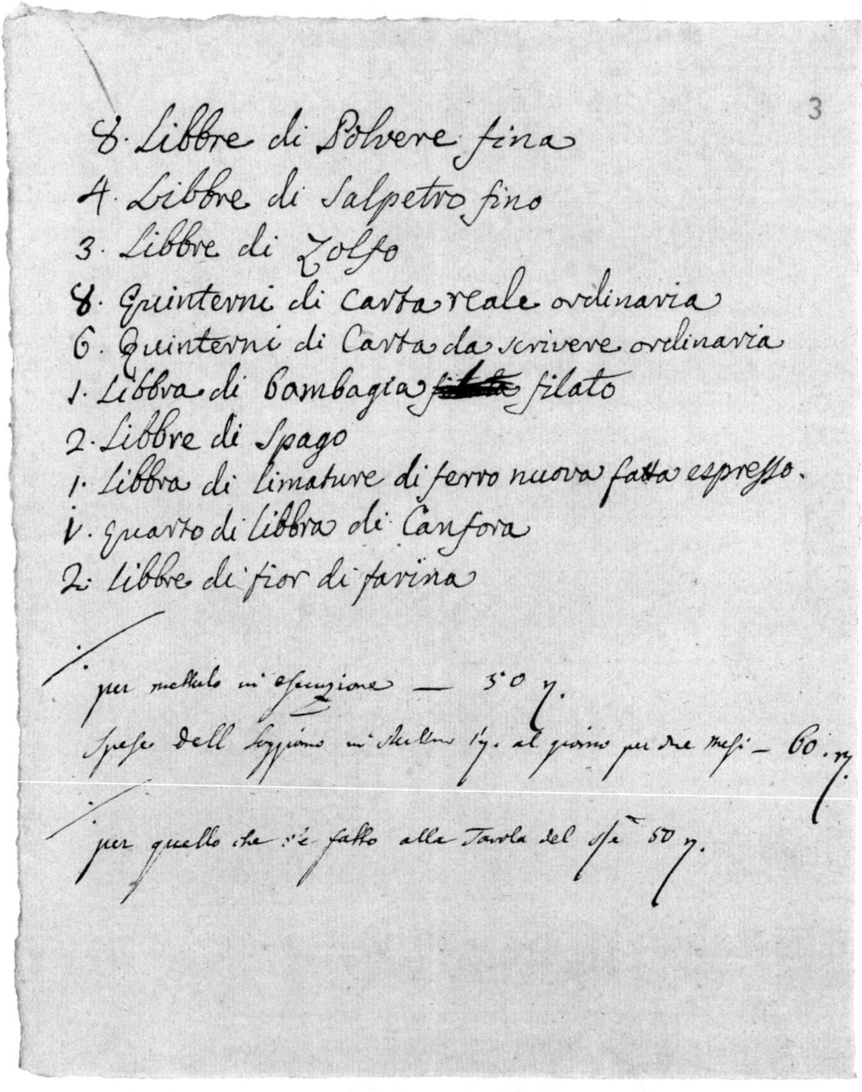

3

8. Libbre di Polvere fina
4. Libbre di Salpetro fino
3. Libbre di Zolfo
8. Quinterni di carta reale ordinaria
6. Quinterni di Carta da scrivere ordinaria
1. Libbra di Bombagia ~~filato~~ filato
2. Libbre di Spago
1. Libbra di limature di ferro nuova fatta espresso.
1. quarto di Libbra di Canfora
2. Libbre di fior di farina

per metterlo in esecuzione — 5·0 ɲ.
Spese dell soggiorno in Stettino 1ɲ. al giorno per tre mesi — 60. ɲ.

per quello che s'è fatto alla Tavola del Sʳ 50 ɲ.

Abb. 50: Liste von Requisiten für Feuerwerk in der Oper „Armida"
(GStA PK, I. HA Geheimer Rat, Rep. 36 Hof- und Güterverwaltung, Nr. 2649, fol. 3)

Liste von Requisiten für Feuerwerk in der Oper „Armida"

Die Oper wurde am 27. März 1751 in Berlin mit großer Pracht gegeben und hierfür wurde eigens der damals berühmte Pyrotechniker Angelo Galiani aus Bologna verpflichtet, der die ihm gestellte Aufgabe glänzend löste, indem er durch ein Feuerwerk den Palast der Armida in Flammen aufgehen ließ.[37]

Der Einsatz von Feuerwerkspektakeln war Friedrich sehr wichtig, der auch hierfür, auf seine gewohnte Art, Zeichnungen anfertigte und mit eigenhändigen Bemerkungen zu deren genauer Ausführung versah.[38]

Lista del fabbisogno di scena per fuochi d'artificio nell'opera «Armida»

L'opera fu data con grande sfarzo a Berlino il 27 marzo. Appositamente per essa fu assunto il famoso pirotecnico bolognese Angelo Galiani che adempì magnificamente al compito assegnatogli simulando con fuochi d'artificio un incendio in cui il palazzo di Armida bruciava.

L'uso di fuochi d'artificio per gli spettacoli di corte era molto apprezzato da Federico che, come a lui consueto, usava fare schizzi completi di suoi appunti a mano per assicurarsi l'esecuzione di tali rappresentazioni secondo i suoi precisi desideri.

---

[37] *Albert Emil Brachvogel*: Geschichte des königlichen Theaters zu Berlin: Ein Beitrag zur Geschichte Berlins und des deutschen Theaters. Nach Archivalien des Königlichen Geh. Staats-Archivs und des Königlichen Theaters. Bd. 1: Das alte Berliner Theater-Wesen bis zur ersten Blüthe des deutschen Dramas. Berlin: Janke 1877, S. 147, *Schneider*: Geschichte der Oper, S. 135.

[38] s. die Abbildung der Zeichnung zu einer Feuerwerkdekoration aus dem Jahre 1765, die eigenhändige Bemerkungen des Königs aufweist, in *Giersberg*: Friedrich als Bauherr, S. 40.

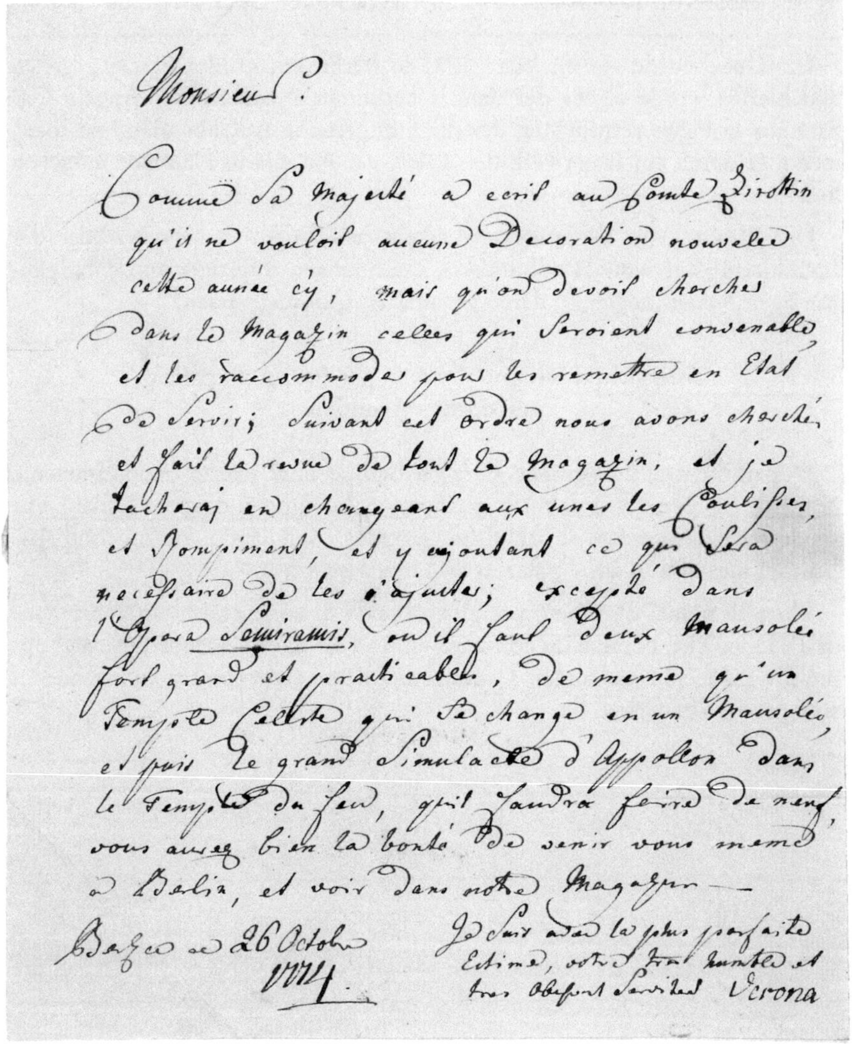

Monsieur!

Comme Sa Majesté a écrit au Comte Firstin
qu'il ne vouloit aucune Decoration nouvelle
cette année cy, mais qu'on devoit chercher
dans le Magazin celles qui Seroient convenables
et les raccommoder pour les remettre en Etat
de Servir; Suivant cet ordre nous avons cherché
et fait la revue de tout le Magazin, et je
tacheraj en changeant aux unes les Coulisses,
et Rompiment, et y ajoutant ce qui Sera
necessaire de les ajuster; excepté dans
l'Opera Semiramis, ou il faut Deux Mausolée
fort grand et practicables, de même qu'un
Temple Celeste qui Se change en un Mausolée,
et puis le grand Simulacre d'Appollon dans
le Temple du feu, qu'il faudra faire de neuf,
vous aurez bien la bonté de venir vous même
a Berlin, et voir dans notre Magazin ——

Berlin le 26 Octobre   Je Suis avec le plus parfaite
1774.   Estime, votre très humble et
                                     très obeissant Serviteur Verona

Abb. 51: Brief Bartolomeo Veronas an Friedrichs Sekretär Stiegel, 26. Oktober 1774
(GStA PK, I. HA Geheimer Rat, Rep. 36 Hof- und Güterverwaltung, Nr. 2675)

Brief Bartolomeo Veronas an Friedrichs Sekretär Stiegel, 26. Oktober 1774

Mit seinen kostspieligen Wünschen für Neuinszenierungen hatte sich Graf Zierotin Lilgenau, Leiter der großen italienischen Oper von 1771 bis 1775, den Missmut Friedrichs zugezogen. Der König hatte einen besonderen *Contrôleur*, den hier erwähnten Sekretär Stiegel, mit der undankbaren Aufgabe betraut, jede einzelne Ausgabe des *Directeur des Spectacles* sehr genau zu prüfen.[39]

Dies geschah auch, als Grauns Oper „Semiramis", am 27. März 1754 uraufgeführt, 1774 auf Wünsch des Königs wieder aufgenommen werden sollte. Verona, der nach dem Weggang seines Onkels Bernardino Galliari im Jahr 1778 dessen Aufgaben übernommen hatte, sollte bei dieser Gelegenheit sein Meisterstück auf der Grundlage der Entwürfe Galliaris liefern, was ihm glänzend gelang.

Im hier abgedruckten Brief teilt Verona Stiegel mit, dass er sich zwar bemühe, die Wünsche des Königs zu erfüllen, alte Dekorationen für die neuen Opern dort zu verwenden, wo dies möglich sei; doch sei dies für die sehr aufwendig auszustattende „Semiramis" nicht möglich, wie er sich durch eigenes Anschauen im Berliner Depot für Bühnendekorationen sicher werde überzeugen können.[40]

Lettera di Bartolomeo Verona a Stiegel, Segretario di Federico, 26 ottobre 1774

Il conte Zierotin Lilgenau, direttore degli spettacoli dell'Opera Reale negli anni 1771–1775, si era attirato le ire di Federico con messe in scena costose ed il re aveva deciso di affiancargli come *Contrôleur* un non meglio identificabile segretario Stiegel cui era affidato l'ingrato compito di esaminare molto attentamente ogni richiesta e spesa del *Directeur des Spectacles*.

Ciò avvenne anche allorché si dovette rappresentare «Semiramide», l'opera di Graun andata in scena a Berlino per la prima volta il 27 marzo 1754 e ripresa, per ordine del re, nel 1774. Verona, che dopo la partenza dello zio Bernardino Galliari nel 1778, al cui seguito era giunto a Berlino e la cui opera era stato chiamato a continuare, avrebbe dovuto dar prova di sé come scenografo per la prima volta in tale occasione, cosa che gli riuscì magistralmente, servendosi egli, tra l'altro, delle bozze per le scenografie che Galliari aveva creato a suo tempo.

---

[39] *Schneider*: Geschichte der Oper, S. 168 f.
[40] Ebd., S. 178.

La lettera qui riprodotta testimonia gli sforzi di Verona per convincere Stiegel che egli avrebbe fatto di tutto per esaudire i desideri del re, servendosi delle vecchie scenografie e decorazioni di scena dove fosse stato possibile, ma che ciò sarebbe stato impossibile nel caso specifico della «Semiramide». Quest'opera avrebbe, infatti, richiesto una messa in scena piú sfarzosa, come Stiegel stesso avrebbe facilmente potuto convincersi se avesse ispezionato personalmente con Verona il deposito di Berlino dove erano custodite le scenografie.

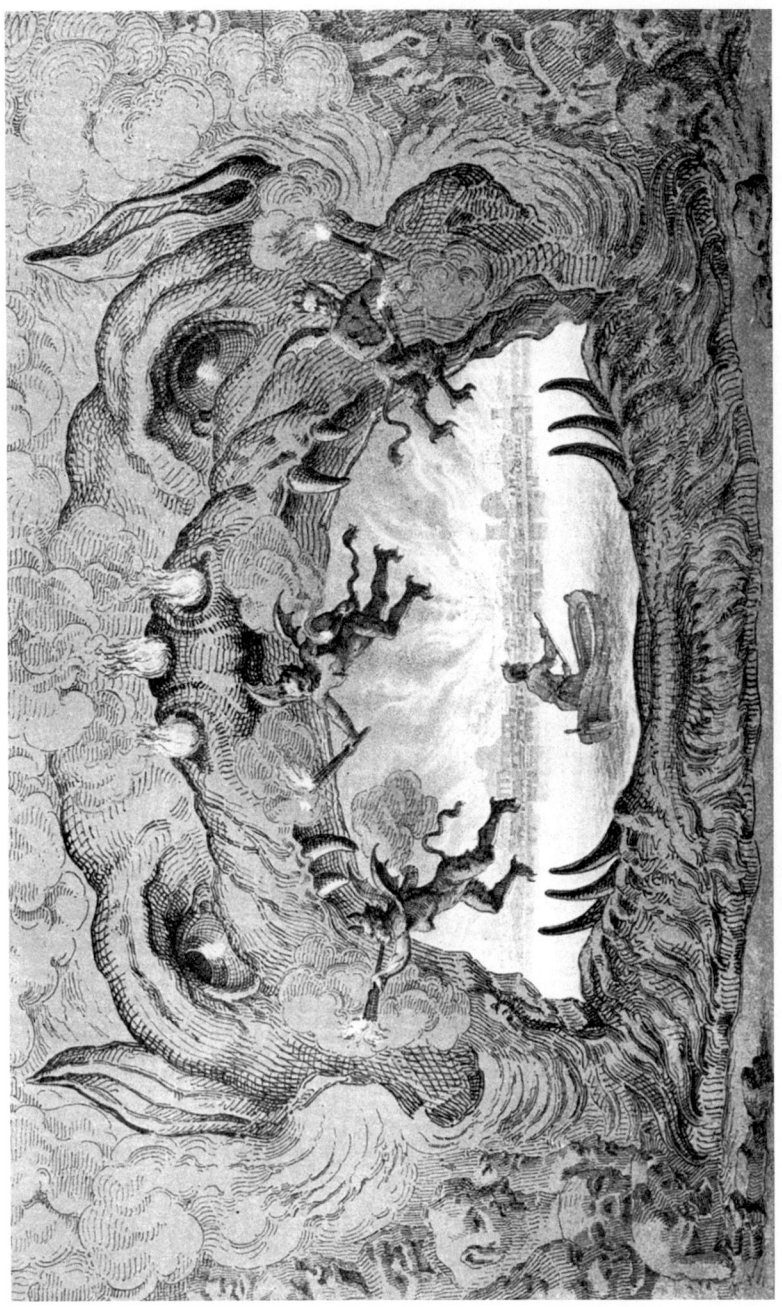

Abb. 52: Bühnenbild zu Grauns *Orfeo* von Bartolomeo Verona,
1785 in Berlin aufgeführt

Bühnenbild zu Grauns Orfeo von Bartolomeo Verona, 1785 in Berlin aufgeführt

Veronas Bühnenbilder aus der Regierungszeit Friedrichs II. sind in Folge von Bombenangriffen während des 2. Weltkriegs unwiederbringlich verloren gegangen. Das hier gezeigte ist stark an eins des berühmten Lodovico Ottavio Burnacini (1636–1707) angelehnt, der diese Höllengruft für die in Wien 1668 aufgeführte Oper „Il Pomo d'Oro" (II, 6), realisierte.

Veronas Dekoration zeigt ein aus den Nasenlöchern Feuer schnaubendes Höllenmaul, das die Augen nach oben richtet. Rechts und links umgeben es monströse Köpfe und Totenschädel, und aus seinem Maul fliegen drei fackeltragende Teufel heraus. Man sieht im aufgerissenen Rachen Orpheus, der über einen See fährt, an dessen Ufer sich die Silhouette einer Stadt abzeichnet.[41]

Diese Höllendarstellungen waren auf der damaligen Opernbühne sehr beliebt.

Scenografia di Bartolomeo Verona per l'opera Orfeo di Graun, 1785

Le scenografie di Verona sono andate irrimediabilmente perdute durante i bombardamenti della seconda guerra mondiale. Quella che è qui di fianco riprodotta richiama una creazione del famoso scenografo barocco Lodovico Ottavio Burnacini per l'opera « Il Pomo d'Oro » (II, 6), data a Vienna nel 1688.

Essa mostra una bocca infernale spalancata dalle cui narici escono fiamme e con gli occhi rivolti verso l'alto. Teschi e teste mostruose la attorniano a destra e sinistra e tre diavoli recanti torce escono in volo da essa. Nelle fauci spalancate si vede Orfeo che attraversa in barca un lago sulla cui riva si staglia il profilo di una città.

Tali rappresentazioni dell'inferno erano, all'epoca, molto popolari.

---

[41] Das Original ist leider unauffindbar, Rechnungen für diese Dekoration aus dem Jahr 1784 befindet sich in GStA PK, I HA Geheimer Rat, Rep. 36 Hof- und Güterverwaltung, Nr. 2650. Siehe ferner *Müller*: Verona, S. 122. Diese Bühnendekoration wurde veröffentlicht bei *Schneider*: Geschichte der Oper, zwischen S. 48 und S. 49.

Die „Affäre" Barbarina

Friedrich II. behielt trotz aller Verpflichtungen und auch in Kriegszeiten die oberste Leitung der Theaterangelegenheiten in seiner Hand und bemühte sich im Laufe der Jahre, die besten Künstler und Künstlerinnen anzuwerben. Er schickte hierfür regelmäßig Vertrauensleute nach Italien und hielt sich ständig über gute Darsteller informiert.[1]

Viele Tänzer und Tänzerinnen konnten für Berlin gewonnen werden: weniger berühmte – wie die Meroni, Barbarinas Schwester Domitilla Campanini, die Ehepaare Moldini und Morelli, Teresa Sempelina, Andriani – und sehr berühmte wie Gaetano Vestris (1729–1808), der 1754 bis 1755 in Berlin auftrat,[2] die Reggiani, genannt *La Parmigianina*, die Paduanerin Santina Zanuzzi, genannt *La Santina* (gest. nach 1775), Maria Burgioni, genannt *La Mantuanina*, die von 1766 bis 1777 in Berlin auftrat, und Santina Olivieri, genannt *La Reggiana*. Diese war 1752 nach Berlin gekommen und erfreute sich bald solcher Beliebtheit, dass die Königin Mutter ihr Porträt bei Antoine Pesne in Auftrag gab.[3] Die Ehre, von Pesne gemalt zu werden, widerfuhr auch der Venezianerin Giovanna Cortini-Denis (1728–nach 1797), genannt *La Pantaloncina*, von der weiter unten die Rede sein wird und die zusammen mit ihrem Mann, dem französischen Ballettmeister und Komponisten Jean-Baptiste Denis, von 1749 bis 1765 in Berlin tätig war.[4]

Am bekanntesten ist wohl die aus Parma gebürtige Barbara Campanini (1721–1799), genannt Barbarina, die trotz ihres jungen Alters über einen fast schon legendären Ruf verfügte und in London und Paris vor Königen und sehr anspruchsvollem Publikum aufgetreten war.[5]

---

[1] Zum Ballet am Hofe Friedrichs II. siehe *Henzel*: Zu den Aufführungen der großen Oper, S. 9–57: 27–31.

[2] s. hierzu den Text zur Abb. 57; vgl. hierzu das Schreiben Fredersdorfs an Friedrich vom 1. Oktober 1753 und den Brief Friedrichs an Fredersdorf vom 20. April 1754 mit der Bemerkung des Königs zu diesem Brief in: Johannes Richter (Hrsg.): Die Briefe Friedrichs des Großen an seinen vormaligen Kammerdiener Fredersdorf. Berlin: Klemm 1926, Brief Nr. 135, S. 233 und Brief Nr. 181, S. 283 f.

[3] Das hier erwähnte Bild, von welchem mehrere Fassungen existieren, hängt im Schloss Sanssouci.

[4] Pesnes Bild „Die Tänzerin Madame Denise geb. Cortini" hängt im Audienz- und Speisezimmer des Schlosses *Sanssouci* in Potsdam.

[5] Über diese Tänzerin sind populäre Werke und Romane erschienen, wie *Willy Norbert*: Barbarina: eine Kurtisane aus galanter Zeit, die Geliebte Friedrich des Gro-

1743, während ihrer Pariser Tournee, erhielt sie das Angebot des Königs von Preußen, nach Berlin zu gehen. Sie sagte zu, änderte jedoch ihre Meinung, als sie beschloss, James Stuart de Mackenzie, ein Mitglied des hohen schottischen Adels, zu heiraten. Auf die Künste der umschwärmten Tänzerin angewiesen, um das Ansehen seiner Hofoper zu steigern, scheute Friedrich II. nicht davor zurück, diplomatische Hebel in Bewegung zu setzen und sogar politische Verwicklungen zu riskieren, um von der venezianischen Regierung die Auslieferung der Widerspenstigen zu erreichen. Die „vor Liebe und Chagreine [sic]"[6] kranke Barbarina ließ er schließlich mit dem Einverständnis der *Serenissima* von einer militärischen Eskorte über Wien nach Berlin bringen, wo sie am 13. Mai 1744, wenige Tagen nach ihrer Ankunft, erstmals auftrat. Barbarinas Erfolg war überwältigend, die Zeitungen überhäuften sie mit Lob, und der König, fasziniert von ihrer Persönlichkeit und ihrem Können, vergaß das unerfreuliche Zwischenspiel.[7]

Bald gehörte sie zu den Protagonisten des Berliner Kulturlebens und dies nicht nur auf der Bühne. Sie war ein gern gesehener Gast auf abendlichen Gesellschaften, bei denen auch der König anwesend war,[8] und war selbst beliebte Gastgeberin, denn sie hielt in der Behrenstrasse, nach ihren Aufführungen, einen der berühmtesten Salons der Stadt, der illustre Besucher wie Algarotti und Maupertuis zählte, vielleicht sogar den König. Sie soll dort, dank ihrer aus der Region Emilia stammenden Köchin, italienische Speisen wie Polenta und Lasagne in Berlin eingeführt haben.[9]

Ihre Karriere als Tänzerin endete 1749, als sie den erstgeborenen Sohn des Justizministers Samuel von Cocceji heiratete. Verärgert wegen dieser Mesalliance sandte Friedrich II. die Eheleute Cocceji in die Verbannung nach Glogau in Niederschlesien, wo Barbarina bis zu ihrem Lebensende blieb, ohne

---

ßen. Historischer Roman. Berlin: Beckmann 1913. Unter den seriösen Abhandlungen finden sich *Dall'Ongaro*: La Barberina; *Otto R. Gervais*: Die Frauen um Friedrich den Großen. Salzburg: Verlag Das Burgenland-Buch 1986 sowie die öfter hier erwähnten Aufsätze von *Christoph Henzel* „Zu den Aufführungen der großen Oper" und „Die Schatulle Friderichs II. von Preußen", passim.

[6] „Kranck vor Liebe und Chagreine [sic] ist sie ist etzliche Tage gewesen", Bericht des Ernst Louis Mayer an Graf Dohna in Wien vom 21. April 1744, GStA PK, I HA Geheimer Rat, Rep. 36 Hof- und Güterverwaltung, Nr. 2516, fol. 18–19: 19 r–v., s. auch *Schneider*: Geschichte der Oper, Beilage Nr. XVII, Nr. 6, S. 38, s. weiter unten den Text zur Abb. 54 und 54a.

[7] s. das dem König zugeschriebene Gedicht zu Ehren der Tänzerin *In Donnam Barberinam* bei der Abb. 55.

[8] *Rödenbeck*: Tagebücher, Eintrag vom 6. Januar 1745, Bd. I, 1, S. 111: „(der König) speis't bei dem General von Rothenburg, seinem Liebling zu Abend, wo mit mehreren Personen auch die Barberini sich befand."

[9] *Dall'Ongaro*: La Barberina, S. 147–149. Die vielen Gerichte à la Barbarina auf Friedrichs Speiseplan sind vielleicht ein fernes Echo dieser Besuche des Königs im Salon der Barbarina, s. weiter oben ab S. 101 in vorliegender Arbeit.

jemals wieder nach Berlin zurückkehren zu dürfen. Hier widmete sie sich nach der Scheidung von ihrem Ehemann der Erziehung junger verarmter Mädchen, für die sie in Barschau eine Stiftung gründete, die bis zum Ersten Weltkrieg bestand.

Am 25. August 1789 wurde sie vom Nachfolger Friedrichs II. zur Gräfin erhoben.

L'«affare» Barbarina

Nonostante tutti i pressanti impegni di governo ed anche in tempo di guerra, Federico II mantenne sempre la direzione degli affari teatrali e si adoperò nel corso degli anni per ingaggiare i migliori artisti, mandando regolarmente persone di fiducia in Italia e tenendosi costantemente informato su cantanti e ballerini dotati.

Molti furono i ballerini di maggior e minor fama chiamati a Berlino: la Meroni, i coniugi Moldini e Morelli, la sorella di Barbarina, Domitilla Campanini, Teresa Sempelina, Andriani, Gaetano Vestris, la Reggiani, detta «La Parmigianina», la padovana Santina Zanuzzi, detta «La Santina», Maria Burgioni, detta «La Mantuanina», che fu a Berlino dal 1766 al 1777, Santina Olivieri, detta «La Reggiana». Quest'ultima giunse a Berlino nel 1752 e divenne in breve così popolare che la Regina Madre desiderò che venisse immortalata dal pennello di Antoine Pesne. Tale onore arrise anche alla ballerina veneziana Giovanna Cortini-Denis, detta «La Pantaloncina», di cui si dirà anche più avanti, che fu attiva a Berlino tra il 1749 ed il 1766 assieme al marito, il ballerino e coreografo francese Jean-Baptiste Denis.

Tra tutte le ballerine italiane presenti a Berlino la più celebre fu senz'altro Barbara Campanini, chiamata Barbarina, nativa di Parma, la cui fama già quasi leggendaria ottenuta in giovanissima età giunse ben presto a Federico che sapeva essa aver danzato a Londra e a Parigi davanti ai re ed aver conquistato il pubblico più esigente. Nel 1743, durante la sua tournée parigina, Barbarina accettò l'invito del re di Prussia di andare a Berlino. Ritornò tuttavia sui suoi passi quando decise di sposare James Stuart de Mackenzie, rappresentante dell'alta aristocrazia scozzese. Non potendo rinunciare ad una tale ballerina, se non al prezzo di far perdere prestigio alla sua Opera Reale, Federico II non esitò a esercitare pressione ad altissimo livello diplomatico, anche a rischio di gravi implicazioni politiche, per ottenere che il governo veneziano gli consegnasse la renitente ballerina. Ottenuto il beneplacito della Serenissima, egli fece accompagnare la Barbarina, malata «d'amore e di pena», da una scorta militare passando per Vienna fino a Berlino, dove la giovane giunse il 13 maggio 1744. Qui Barbarina si esibì già pochi giorni dopo il suo arrivo ottenendo un successo travolgente ed i giornali la colmarono di lodi. Il re, pacificato dalla bravura e dall'affascinante personalità della ballerina, dimenticò lo spiacevole incidente e ne divenne un grande ammiratore, come dimostra la poesia ad essa dedicata, qui sotto riportata, che pare lo stesso re avesse scritto in suo onore.

Ben presto ella divenne protagonista della vita culturale della città, gradita ospite a serate cui lo stesso re partecipava ed amata padrona di casa nel salotto che usava tenere dopo teatro nella Behrenstrasse, uno tra i più famosi della città, frequentato da Algarotti e Maupertuis e, pare, persino dal re. Qui pare usasse servire, grazie alla sua cuoca originaria dell'Emilia Romagna, pietanze italiane quali polenta e lasagne, introducendole a Berlino. Forse i molti piatti «alla veneziana» o «alla Barbarina» che, come già si è accennato nel capitolo I di questa documentazione, si servirono in questi anni alla tavola reale sono un'eco delle leccornie gustate dal re nel salotto della ballerina.

La carriera di Barbarina finì nel 1749, quando sposò il primogenito del ministro Samuel von Cocceij. Offeso a causa di questo matrimonio morganatico, Federico II esiliò i coniugi Cocceij a Glogau nella Bassa Slesia, dove Barbarina dovette rimanere fino alla sua morte senza poter far mai più ritorno a Berlino. Qui, dopo la separazione dal marito, si dedicò all'educazione di giovani nobili povere per le quali fondò a Barschau un istituto esistito fino alla prima guerra mondiale.

Il 25 agosto 1789 il successore di Federico II. le conferì il titolo di contessa.

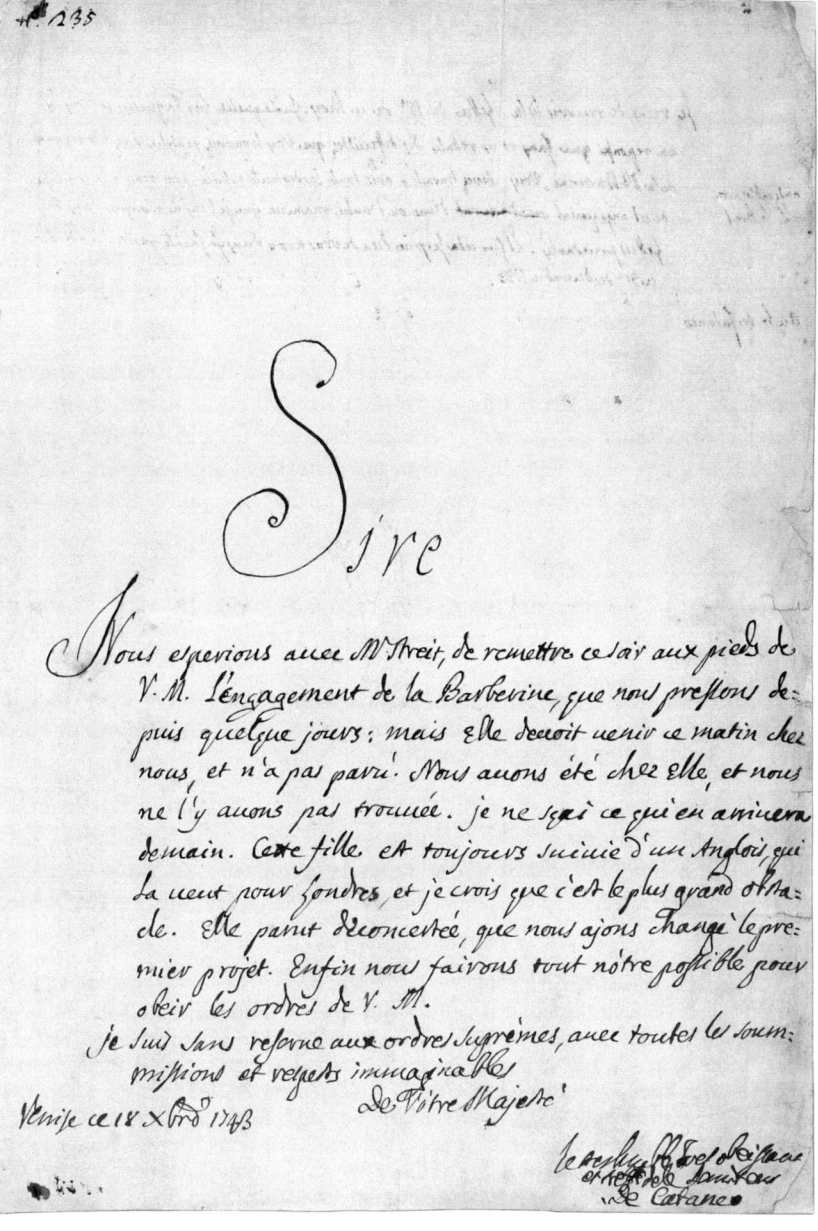

Abb. 53: Brief des Grafen Cattaneo an Friedrich II., Venedig, 18. Dezember 1743
(GStA PK, I. HA, Geheimer Rat, Rep. 11 Akten, Auswärtige Beziehungen: Venedig,
Nr. 288, Fasz. 14, fol. 235)

Brief des Grafen Cattaneo an Friedrich II., Venedig, 18. Dezember 1743

Majestät, Herr Streit und ich hofften, heute Abend Ihrer Majestät den Vertrag der Barbarina zu Füßen zu legen, um den wir uns seit einigen Tagen bemühen: sie sollte heute morgen zu uns kommen und ist aber nicht erschienen [...].

Neben Cattaneo[10] war Sigismund Streit (1687–1775) einer der wichtigen Vermittler zwischen Berlin und Venedig. 1709 mittellos in die *Serenissima* gekommen, hatte sich der Berliner im Laufe der Jahre zu einem bedeutenden Kaufmann emporgearbeitet und, im fortgeschrittenen Alter, als Kunstsammler und Mäzen hervorgetan.[11]

Als „Agent des Königs" in Venedig unterstütze er nach Kräften, wie hier ersichtlich, Friedrichs Bemühungen um den Erwerb guter Künstler für seine Oper. Er war ferner ein wichtiger Ansprechpartner für die Agenten, die auf Befehl Friedrichs nach Venedig kamen, um Künstler zu engagieren, wie dies beim Königlichen Kabinetts-Kurier Perini Spazzi im Jahre 1742 der Fall war.[12]

Lettera del conte Cattaneo a Federico II, Venezia, 18 dicembre 1743

Sire speravamo con il Sigr. Streit di rimettere questa sera ai piedi di V.M. l'ingaggio di Barberina come ci adoperiamo di fare da giorni: ma ella doveva venire questa mattina da noi e, tuttavia, non è comparsa [...].

Oltre a Cattaneo giocò un ruolo importante come mediatore fra Venezia e Berlino anche Sigismund Streit. Giunto poverissimo nella Serenissima dalla natia Berlino nel 1709, Streit aveva saputo conquistarsi un ruolo di spicco come mercante e, verso la fine della sua vita, come collezionista e mecenate.

---

[10] s. hierzu den Text zur Abb. 44.

[11] Zu Streit als Kunstsammler s. *Lothar Altringer*: Ausländische Sammler in Venedig, in: Venezia! Kunst aus venezianischen Palästen. Sammlungsgeschichte Venedigs vom 13. bis zum 19. Jahrhundert." Ausstellungskatalog Bonn, Kunst- und Ausstellungshalle der Bundesrepublik Deutschland, 2. September 2002–12. Januar 2003. Ostfildern-Ruit: Hatje Cantz 2002, S. 263–272: 269 f. und: Blick auf den Canal Grande: Venedig und die Sammlung des Berliner Kaufmanns Sigismund Streit. Ausstellungskatalog Berlin, Gemäldegalerie, 6. September 2002–12. Januar 2003. Hrsg. von der Gemäldegalerie, SM PK. Berlin: Gemäldegalerie SM PK 2002.

[12] s. hierzu seinen Bericht an Fredersdorf vom 29. Juni 1742 bezüglich der Bemühungen Perini Spazzis, Sängerinnen und Sänger für die neugegründete Oper in Berlin anzuwerben, *Schneider*: Geschichte der Oper, Beilage Nr. X, S. 30 und, zu Spazzi, ebd., Beilagen Nr. VII–IX, S. 27–29, wobei Schneider den Namen irrtümlich mit Pierino Spary angibt.

In qualità di «agente del re» a Venezia egli, come si evince dal documento qui esposto, si era adoperato per far scritturare validi artisti per l'Opera Reale. Streit fu, inoltre, un'importante persona di contatto per altri agenti che Federico inviava a questo scopo a Venezia, come avvenne, ad esempio nel caso del Corriere Reale Perini Spazzi, inviato nel 1742 a ricercare artisti per l'allora appena creata Opera Reale, di cui Spazzi si appoggiò per pagamenti.

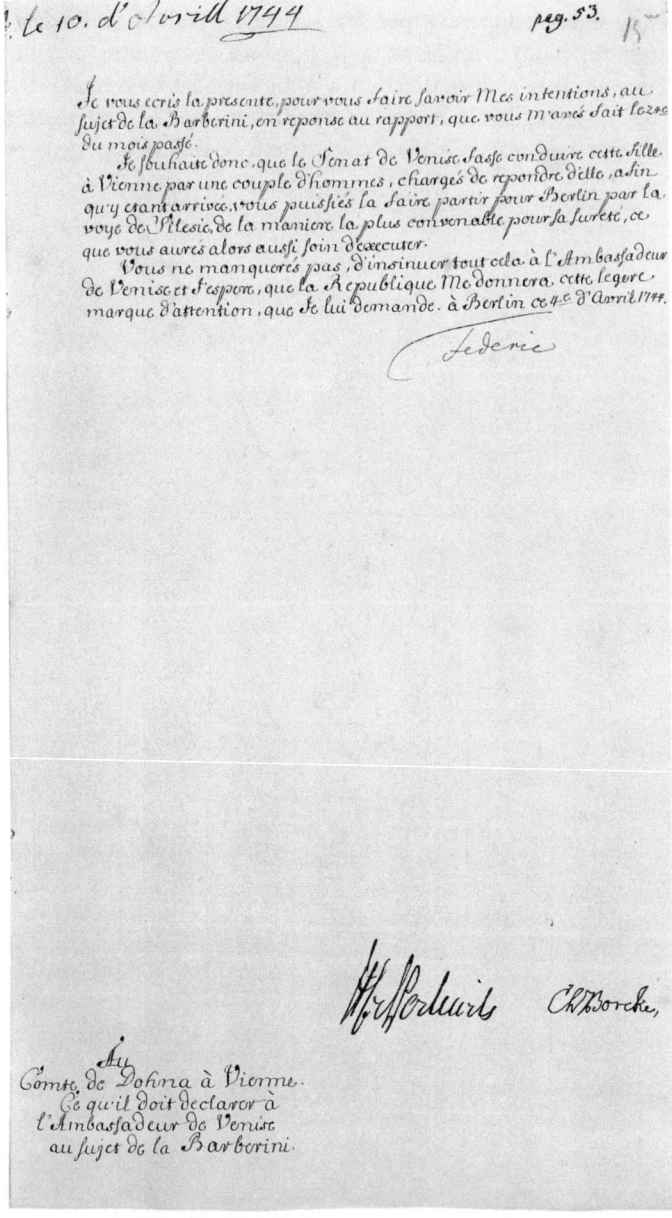

Abb. 54: Cabinetsordre Friedrichs II. an den Preußischen Gesandten
in Wien, Graf Dohna, Berlin, 10. April 1744
(GStA PK, I. HA Geheimer Rat, Rep. 36 Hof- und Güterverwaltung,
Nr. 2516, fol. 15)

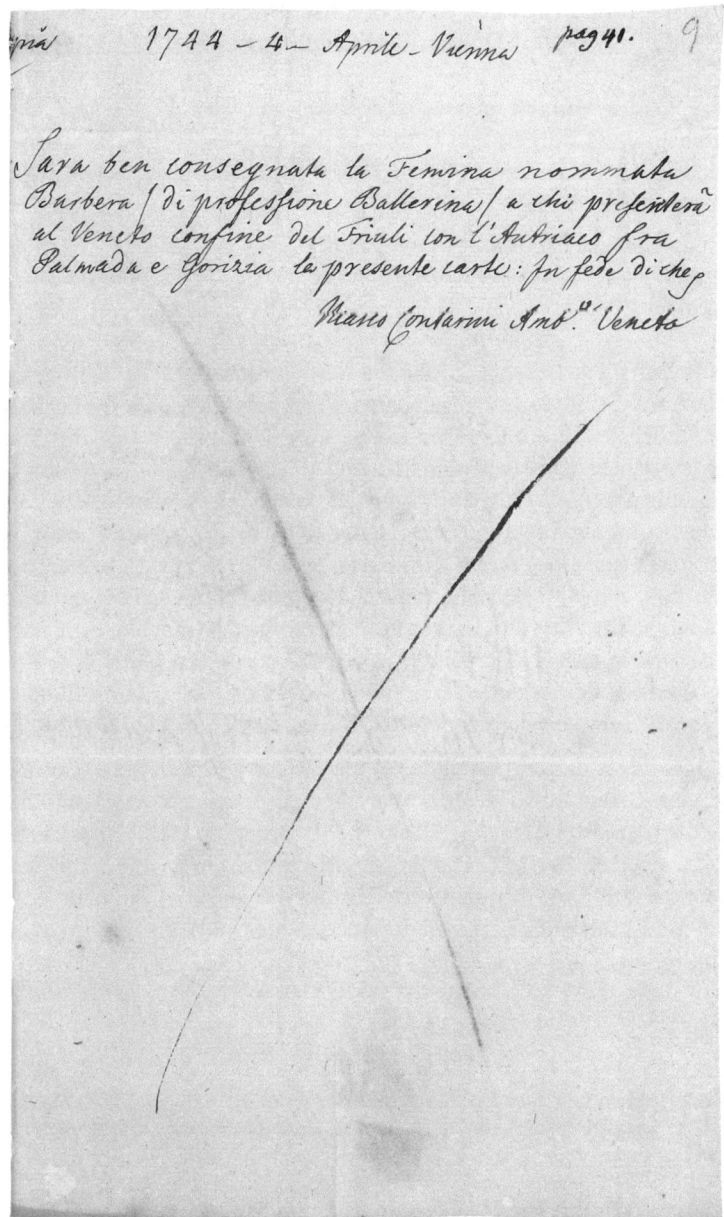

Abb. 54a: Vollmacht des venezianischen Gesandten
in Wien Marco Contarini
(GStA PK, I. HA Geheimer Rat, Rep. 36
Hof- und Güterverwaltung, Nr. 2516, fol. 9)

Cabinetsordre Friedrichs II. an den Preußischen Gesandten in Wien, Graf Dohna, Berlin, 10. April 1744[13]

Diese Ordre enthielt genaue Angaben, was der Preußische Gesandte Friedrich Ludwig Burggraf zu Dohna in der Angelegenheit „Barbarina" dem venezianischen Gesandten in Wien Marco Contarini mitzuteilen habe, und zwar dass Friedrich

> [...] (also) wünsch[t], dass der venezianische Senat das Mädchen durch ein paar Männer, die die Verantwortung für sie übernehmen, nach Wien bringen lasse, damit Sie, sobald sie dort eintrifft, sie über Schlesien nach Berlin fahren lassen können [...].[14]

Das Schriftstück bezeugt Friedrichs Bemühungen, die Einhaltung der von der Tänzerin Barbarina eingegangenen Verpflichtungen, in Berlin aufzutreten, auf höchster diplomatischer Ebene zu erzwingen, wobei die Verhandlungen zwischen der venezianischen und der preußischen Gesandtschaft in Wien geführt werden mussten, da Cattaneo seit 1742 keine offizielle diplomatische Rolle als Preußischer Minister-Resident in Venedig mehr bekleidete, sondern einfacher Agent des Königs war.[15] Der Senat von Venedig hielt es nicht für geraten, Friedrichs Wünsche zu missachten, und Contarini überreichte am selben Tag Dohna die Vollmacht, mittels welcher man Barbarina an der venezianisch-österreichischen Grenze zwischen Görz und Palmada, einem Dorf in der Nähe Palmanovas, das Ende des 18. Jahrhunderts im Zuge von Festungsarbeiten abgerissen wurde, ausliefern würde [Abb. 54a].[16]

Wenige Tage danach erteilte Dohna seinem Hofmeister, Ernst Louis Mayer, den Befehl, die Tänzerin von einem Offizier der venezianischen Republik auf der österreichischen Seite in Empfang zu nehmen und sie nach Berlin zu überführen. Dabei sollte Mayer „Barberina [...] auf alle Weise zu flattiren, ihr die Reise bequem machen und sie in guten Humeur zu setzen suchen" und „versichern, dass sie in eine schöne Stadt, an einen grossen [sic] Hof und in eines gnädigen Königs Dienste käme [...]".[17]

---

[13] Veröffentlicht in *Schneider*: Geschichte der Oper, Beilage Nr. XVII, Nr. 3, S. 38.

[14] Die Cabinetsordre Friedrichs an Dohna vom 17. März 1744 als Antwort auf Dohnas Depesche vom 7. März 1744, in *Schneider*: Geschichte der Oper, Beilage Nr. XVII, Nr. 2, S. 38.

[15] s hierzu auch den hier abgedruckten Brief des Grafen Cattaneo an Friedrich II., Venedig, 2. Dezember 1744, Abb. 44.

[16] Die Vollmacht Marco Contarinis vom 4. April 1744 aus Wien wurde abgedruckt in *Schneider*: Geschichte der Oper, Beilage Nr. XVII, Nr. 4, S. 38 f.

[17] „Instruction des Grafen Dohna für den Transport der Barbarina", in *Schneider*: Geschichte der Oper, Beilage Nr. XVII, Nr. 5, S. 39.

Ordine di Federico II al conte Dohna, Ambasciatore prussiano a Vienna, Berlino, 4 aprile 1744

L'ordine che Federico invia a Friedrich Ludwig Burggraf zu Dohna, ambasciatore prussiano a Vienna, contiene precise istruzioni da trasmettere all'ambasciatore veneziano a Vienna Marco Contarini riguardo alla ballerina Barbarina e, cioè, che egli desidera

[…] dunque che il senato di Venezia faccia condurre questa ragazza a Vienna da un paio di uomini incaricati di risponderne affinché Voi la facciate partire per Berlino passando per la Slesia […].

Il documento rende testimonianza delle trattative diplomatiche intercorse tra Venezia e Berlino tramite le due rispettive ambasciate a Vienna per ottenere che Barbarina adempisse gli impegni assunti per contratto con l'Opera Reale di Berlino. Il ricorso a Vienna si era reso necessario perché Giovanni Cattaneo dal 1742 non ricopriva più il ruolo diplomatico ufficiale di legato prussiano a Venezia ma, come detto precedentemente, era stato degradato a semplice agente del re. Il senato di Venezia non ritenne opportuno ignorare il desiderio di Federico e Contarini trasmise lo stesso giorno a Dohna la delega tramite cui

sarà ben consegnata la Femina nommata Barbera (di professione Ballerina) a chi presenterà al Veneto confine del Friuli con l'Austriaco fra Palmada [= un villaggio, ora scomparso, nei pressi di Palmanova] e Gorizia la presente carta.

Pochi giorni dopo Dohna inviò il suo maggiordomo, Ernst Louis Mayer, a prendere in consegna al confine austriaco la ballerina da un ufficiale veneziano con l'incarico di condurla a Berlino. Mayer ebbe al contempo ordine di

lusingare Barberina in tutti i modi, di renderle gradevole il viaggio e di cercare di metterla di buonumore, assicurandola che sarebbe giunta in una città molto bella, ad una corte importante e che sarebbe entrata al servizio di un re clemente.

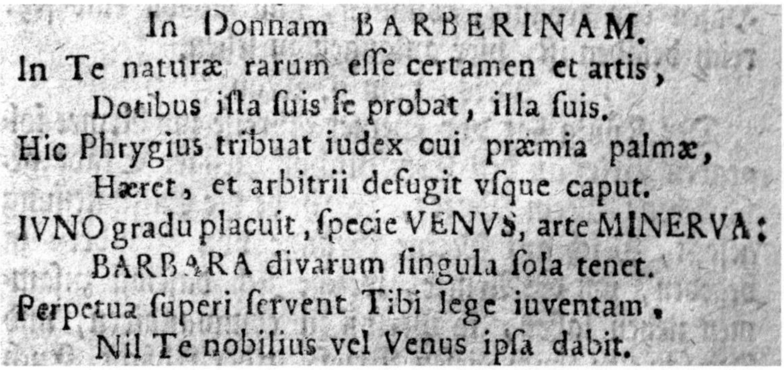

In Donnam BARBERINAM.
In Te naturæ rarum esse certamen et artis,
    Dotibus illa suis se probat, illa suis.
Hic Phrygius tribuat iudex cui præmia palmæ,
    Hæret, et arbitrii defugit vsque caput.
IVNO gradu placuit, specie VENVS, arte MINERVA:
    BARBARA divarum singula sola tenet.
Perpetua superi servent Tibi lege iuventam,
    Nil Te nobilius vel Venus ipsa dabit.

Lateinisches Gedicht über die soeben in Berlin eingetroffene
Tänzerin Barbarina, wahrscheinlich vom König selbst verfasst.

Poesia latina in onore di Barbarina, poco dopo il suo arrivo
a Berlino, probabilmente composta dallo stesso Federico II.

Abb. 55: *Berlinische Nachrichten von Staats- und gelehrten Sachen* Anno 1744,
Nr. LXI.
(GStA PK, Dienstbibliothek 47, 2, IV Bd.)

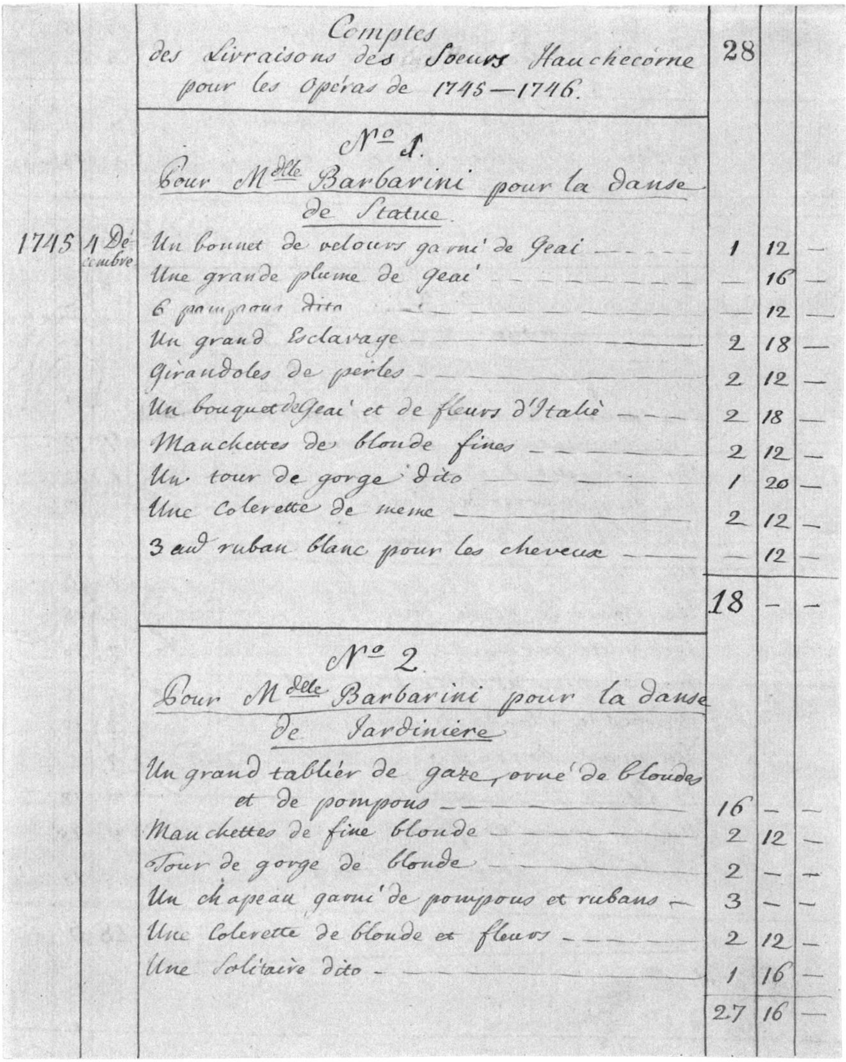

Comptes
des Livraisons des Sœurs Hauchecorne   28
pour les Opéras de 1745–1746.

Nº 1.

Pour Mᵈˡˡᵉ Barbarini pour la danse
de Statue.

1745 4 Décembre	Un bonnet de velours garni de Geai	1	12	—
	Une grande plume de geai		16	
	6 pompons dito		12	
	Un grand Esclavage	2	18	—
	Girandoles de perles	2	12	—
	Un bouquet de Geai et de fleurs d'Italie	2	18	
	Manchettes de blonde fines	2	12	—
	Un tour de gorge dito	1	20	—
	Une Colerette de meme	2	12	—
	3 ½ ud ruban blanc pour les cheveux		12	—

     18   —   —

Nº 2.

Pour Mᵈˡˡᵉ Barbarini pour la danse
de Jardinière

Un grand tablier de gaze, orné de blondes et de pompons	16	—	—
Manchettes de fine blonde	2	12	—
Tour de gorge de blonde	2	—	—
Un chapeau garni de pompons et rubans	3	—	—
Une Colerette de blonde et fleurs	2	12	—
Une Solitaire dito	1	16	—

     27   16   —

Abb. 56: Rechnung der Schwestern Hauchecorne
für Lieferungen der Jahre 1745–1746
(GStA PK, I. HA Geheimer Rat, Rep. 36
Hof- und Güterverwaltung, Nr. 2399, fol. 28)

Rechnung der Schwestern Hauchecorne für Lieferungen
der Jahre 1745–1746

Nr. 1; für M.lle Barbarini für den „Tanz der Statue". 4. Dezember 1745

Der Tanz im Ballett „Pygmalion und Psyche", in dem eine schöne weibliche Statue durch die Liebe des Hirten Pygmalion zum Menschen wird, war eine der Glanzrollen der Barbarina auf der Berliner Bühne.[18]

Unter den Requisiten, die von der Hof-Putzmacherin Julie Hauchecorne hierfür aufgelistet werden,[19] findet sich ein Bouquet mit „Fleurs d'Italie", d.h. mit Blumen aus Seide, deren Verarbeitung in Italien erfunden worden war und die ab 1769 einen Industriezweig in Berlin bilden wird.[20]

In dieser Zeit wurden Ballette nicht als abendfüllende, selbständige choreographische Kompositionen konzipiert, sondern als intermezzoartige Einlagen. Diese Divertissements wurden zwischen den Akten oder am Ende einer Oper angeboten und waren in der Regel relativ eigenständig, d.h. meist war eine Verknüpfung von Tanz und Opernhandlung nicht angestrebt.

„Pygmalion und Psyche" war schon eine kleine Sensation, denn es wurde zwar einer Oper, dem am 29. Dezember 1745 uraufgeführten „Adriano in Siria", eingefügt, es war aber keine der üblichen Ballettarabesken oder Allegorien, sondern ein kleines Tanz-Drama mit einer abgeschlossenen, in sich stimmigen Handlung.[21]

Eine Erinnerung an dieses Erlebnis hat Borchmann festgehalten:

Die so reizend gebildete Barbarini [sic] kam, durch den Fußboden auf das Theater geschoben, ganz allmählig [sic], wie die Sonne, wenn sie, am Morgen, hinter den Gebirgen hervorkommt. Sie stand, als verfertigte Statue des Pygmalion, so leblos da, als wenn alles Blut, in ihren Adern, erstarret wäre. Lany aber, ihr Pygmalion, tanzete so einnehmend um sie, und wußte den Göttern so lange zu schmeicheln, bis die empfindsame Venus sich zum Mitleiden bewegen ließ, und dieser Puppe, dem Abgotte seiner Seele, das Leben gab. Sie fieng [sic] an, sich zu bewegen. Die Bewegung stieg, nach Graden, eines göttlich eingehauchten Funken [sic], welcher um sich griff, bis er eine Flamme ward.

Beyde tanzeten alsdenn, aus Dankbarkeit gegen die Götter, so bezaubernd, daß auch steinerne Schönen hätten erweichet werden mögen.[22]

---

[18] *Freydank*: Theater in Berlin, S. 65.

[19] Diese Rechnung, betreffend die Jahre 1745–1746, wurde von Julie Hauchecorne über 35 Jahre später dem König erneut vorgelegt, da sie noch nicht in der ganzen Höhe beglichen worden war; s. hierzu *Schneider*: Geschichte der Oper, Beilage Nr. XXXV, Nr. 2, S. 91 f.

[20] s. hierzu S. 238; 247 in vorliegender Arbeit.

[21] *Brachvogel*: Geschichte des königlichen Theaters zu Berlin, Bd. 1, S. 126 f. und *Freydank*: Theater in Berlin, S. 65.

Conto delle forniture delle sorelle Hauchecorne per le opere degli anni 1745–1746

Nr. 1; per M.lle Barbarini per la «Danza della Statua». 4 dicembre 1745

La «Danza della Statua» nel balletto «Pigmalione e Psiche», nel quale una bellissima statua viene trasformata in donna dall'amore del pastore Pigmalione, fu uno dei ruoli principali e più applauditi della ballerina Barbarina. Tra gli oggetti dell'elenco della crestaia di corte Julie Hauchecorne, qui riprodotto, è riportato un bouquet di «Fleurs d'Italie», di fiori cioè di seta, all'epoca molto di moda, che venivano prodotti in Italia e che, come si è detto piú sopra, p. 247, di questo libro, diventeranno un ramo dell'industria berlinese dal 1769.

In quest'epoca i balletti non erano rappresentazioni indipendenti cui dedicare serate in esclusiva, bensì intermezzi tra gli atti di un'opera cui essi erano collegati talvolta, ma non necessariamente, per tema o soggetto. «Pigmalione e Psiche», il balletto in cui Barbarina brillò la prima volta il 29 dicembre 1745 durante la prima dell'opera «Adriano in Siria», era una piccola sensazione poiché, pur essendo tradizionalmente inserito all'interno di un'opera, rappresentava un'eccezione. Non era esso, infatti, un arabesco o un'allegoria, bensì un piccolo «Dramma per danza» con un'azione conclusa ed in sé coerente.

Borchmann ha fissato per i posteri il ricordo di questo avvenimento:

La così affascinante Barbarini [sic] appariva sul palcoscenico salendo da una botola nel pavimento, poco alla volta, come fa il sole sorgendo al mattino da dietro i monti. Restava così immobile e senza vita, come statua creata da Pigmalione, come se tutto il sangue nelle vene le si fosse pietrificato. Lany, a sua volta, ballando struggentemente intorno a lei, sapeva lusingare tanto gli Dei al punto che la sensibile Venere veniva mossa a compassione donando a questa bambola, all'idolo della sua anima, la vita. Ella allora iniziava a muoversi. Il movimento saliva a gradi sempre più alti, sino a divenire scintilla animata da fiato divino che si estendeva tutto all'intorno fino a divenire fiamma. Entrambi danzavano poi una così affascinante danza di ringraziamento agli dei che anche bellezze di pietra si sarebbero intenerite.

---

[22] *Borchmann*: Briefe, zur Erinnerung an merkwürdige Zeiten, 23. Brief, am 3ten des Heumonates 1777, S. 192–197: 196 f.

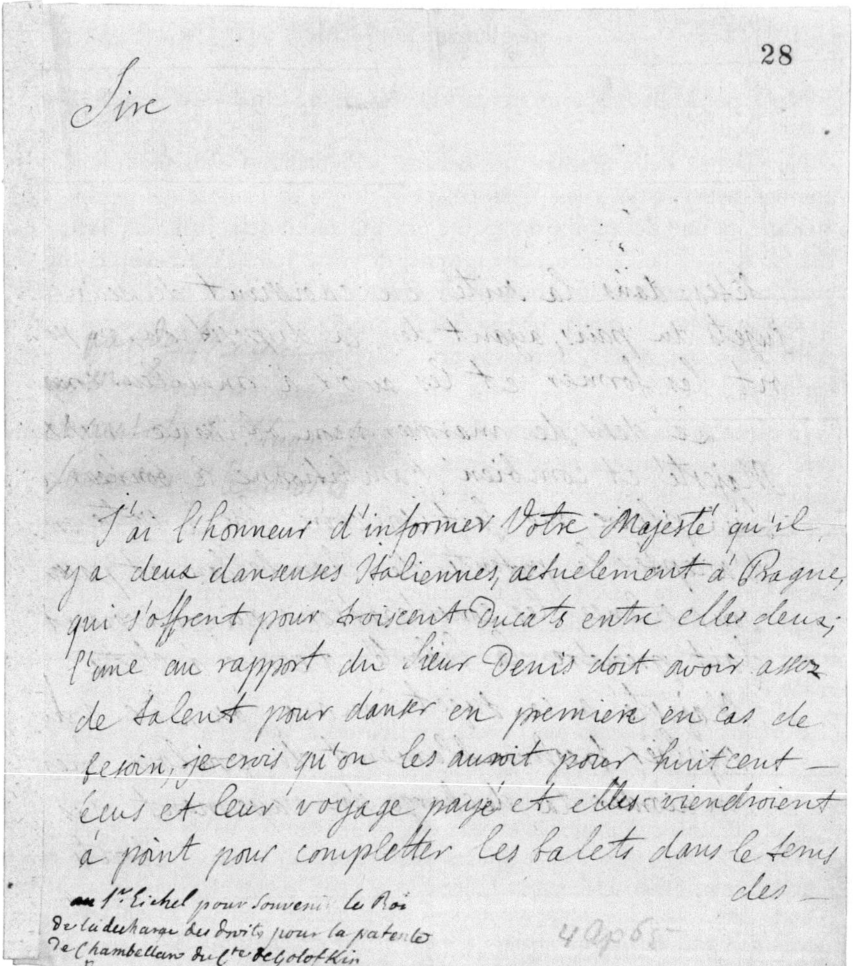

28

Sire

J'ai l'honneur d'informer Votre Majesté qu'il
y a deus danseuses Italiennes, actuelement à Prague,
qui s'offrent pour troiscent Ducats entre elles deus;
l'une au rapport du Sieur Denis doit avoir assez
de talent pour danser en première en cas de
fesoin, je crois qu'on les auroit pour huitcent —
écus et leur voyage payé et elles viendroient
à point pour completter les balets dans le tems
des —

au Sr Lichel pour Souvenir le Roi
de la decharge des droits pour la patente
de Chambellan du Cte de Golofkin

4 Ap 65

Abb. 57: Brief des Theaterdirektors Grafen Alexander von Golofkin
an Friedrich II., Berlin, 4. April, 1765
(GStA PK, I. HA Rep. 96 Geheimes Zivilkabinett, ältere Periode, Nr. 401 T, fol. 28)

Brief des Theaterdirektors Grafen Alexander von Golofkin an Friedrich II., Berlin, 4. April 1765

Sire, ich habe die Ehre, Ew. M. darüber zu informieren, dass es zwei italienische Tänzerinnen gibt, die sich zur Zeit in Prag befinden und ihre Dienste für dreihundert Dukaten für beide zusammen anbieten; eine von ihnen ist nach dem Bericht des Herrn Denis ausreichend talentiert, um, im Notfall, als Erste zu tanzen [...].

Graf Alexander von Golofkin war von 1765 bis 1771 Intendant der preußischen Hofoper und, als *Directeur des Spectacles,* mit der Zusammensetzung des Personals für die Oper und das Ballett beauftragt. Im hier abgedruckten Brief bemüht er sich, Friedrichs stetigen Wunsch, gute Künstler für die Königliche Oper aus ganz Europa zu gewinnen, zu erfüllen. Der von ihm zu Rate gezogene Denis war zu dieser Zeit Chefchoreograph des Königlichen Balletts.

Der französische Tänzer und Ballettmeister Jean-Baptiste Denis war im April 1749 aus Neapel zusammen mit seiner Frau, der berühmten Giovanna Cortini-Denis, *La Pantaloncina,* nach dem Weggang Barbarinas engagiert worden.[23] Das Ehepaar blieb, mit Unterbrechungen, in Berlin bis 1766, wo es gute Erfolge feierte.[24] Denis verstand es, die eigene Position gegen den nicht weniger beliebten Tänzer Gaetano Vestris zu behaupten, indem er bei Androhung ihres Weggangs aus Berlin für sich und seine Frau eine Gagenerhöhung und für sich den Titel eines königlichen Oberballettmeister bei Friedrich durchsetzte.[25] Der König, obgleich sehr erbost über diese „Teatren-bagage",[26] willigte *obtorto collo* ein und gewährte ihnen eine Gagenzulage von 1000 Talern. Den Wunsch Denis' nach dem ersehnten Titel ließ er mit dem lakonischen Satz gewähren: „Er kann ober- und unter-baletmeister seindt!"[27]

---

[23] Zu den neapolitanischen Jahren des Ehepaars Denis gibt Auskunft *Benedetto Croce*: I Teatri di Napoli: secolo XV–XVIII. Napoli: Pierro 1891, S. 400, S. 406, S. 410, S. 413, S. 429–432, S. 440.

[24] s. hierzu *Brachvogel*: Geschichte des königlichen Theaters zu Berlin. Bd. 1, S. 137, S. 154, S. 178, S. 191 f. und *Henzel*: Die Schatulle, S. 51.

[25] s. den das Ehepaar Denis betreffenden Briefaustausch zwischen Fredersdorf und Friedrich, in: Richter (Hrsg.): Die Briefe Friedrichs des Großen an Fredersdorf, Nr. 184, 30. April 1754, S. 289, Nr. 206, August 1754, S. 312, Nr. 207, August 1754, S. 313, Nr. 213, 18. August 1754, S. 321 f., Nr. 214, Ende August 1754, S. 322 f., Nr. 225, 9. Oktober 1754, S. 224 und Nr. 268, 9. April 1755, S. 372 f.; ferner *Henzel*: Die Schatulle, S. 51 f.

[26] Brief Friedrichs des Großen an Fredersdorf, in: Richter (Hrsg.): Die Briefe Friedrichs des Großen an Fredersdorf, Brief Nr. 282, Mai 1755, S. 378–380: 378.

[27] Brief Friedrichs an Fredersdorf, Brief Nr. 269, ebd., S. 373, als Antwort auf Fredersdorfs Brief Nr. 268 vom 29. April 1755.

Lettera del direttore del Teatro Regio, conte Alexander Golofkin, a Federico II, Berlino, 4 aprile 1765

Sire ho l'onore di informare Vostra Maestà che si trovano attualmente a Praga due danzatrici italiane che offrono i loro servigi per trecento ducati in due; una, secondo il rapporto del Signor Denis, deve avere abbastanza talento per danzare come Prima Ballerina in caso di bisogno [...].

Il conte Alexander von Golofkin fu *Directeur des Spectacles* dell'Opera Regia di Berlino dal 1765 al 1771 e, come tale, incaricato dell'assunzione del personale per l'Opera ed il balletto. Nella lettera qui riprodotta egli si adopera per adempiere il desiderio di Federico di acquisire da tutta l'Europa validi artisti per l'Opera Reale e si avvale qui a tal scopo del consiglio di un esperto: Jean-Baptiste Denis, capo del Balletto Reale.

Il ballerino e coreografo francese era giunto a Berlino da Napoli nel 1749 assieme alla moglie, la famosa Giovanna Cortini-Denis, *La Pantaloncina,* dopo l'addio alle scene di Barbarina, esibendosi, con notevole successo, fino al 1766. Denis seppe difendere il proprio ruolo professionale nonostante la concorrenza del famoso ballerino Vestris, minacciando la partenza sua e di sua moglie da Berlino se Federico non avrebbe concesso ad entrambi un aumento di paga e, per sé, il titolo di «Reale Maestro Capo di Balletto». Il re, pur andando in collera con quella «canagliesca gentaglia di teatro», accettò *obtorto collo* le richieste economiche avanzate, concedendo un aumento di 1000 talleri, ed esaudì il desiderio di Denis di ottenere un titolo più prestigioso commentando la sua decisione con la laconica frase: «Egli può essere Maestro Capo o Sottocapo di balletto».

Sänger und Sängerinnen

Ob unter den Musik- und Gesangsvirtuosen, die sich nach Nicolai zahlreich in Berlin und Potsdam aufhielten und ihre Dienste anboten, auch Italiener und Italienerinnen waren, konnte nicht ermittelt werden.[1]

Nachweisbar ist aber, dass so gut wie das ganze künstlerische Personal der Königlichen Hofoper aus Italien kam. Gesandte und Auslandskorrespondenten,[2] ehemalige Schauspieler und Tänzer,[3] Agenten, Kaufleute und in Berlin ansässige Italiener wie Algarotti und Lucchesini beauftragte Friedrich jahrelang mit dem Anwerben guter Sänger und Sängerinnen aus Italien für seine Oper und, ab 1748, für sein Intermezzo-Theater in Potsdam[4].

Leicht hatten es weder Friedrich mit ihnen, die ihn zu oft durch Unbotmäßigkeit oder übertriebene Forderungen erbosten, noch die Sänger und Sängerinnen mit dem König, der sie wie Dienstboten behandelte.[5] Einige weigerten sich deshalb zu kommen, andere kamen und mussten gleich wieder gehen, denn sie hatten dem König missfallen, der nur die besten gewähren ließ. Andere blieben wiederum nur kurze Zeit, denn sie vertrugen die für sie unerfreulichen Lebensbedingungen nicht, und ließen sich von anderen Theatern anwerben. Viele aber blieben, dem König treu ergeben, ihr ganzes Leben in Berlin, wo sie großes Ansehen genossen.

Unter ihnen zeichnete sich besonders Giovanni Carlo Concialini aus.[6] Der 1745 in Siena geborene Kastrat war 1765 nach Berlin engagiert worden,

---

[1] *Nicolai*: Nachricht von den Baumeistern, S. 844 f.

[2] s. die Briefe Cattaneos an Friedrich aus Venedig, GStA PK, I. HA, Rep. 96, Geheimes Zivilkabinett, ältere Periode, Nr. 401 T, fol. 2; GStA PK, I. HA, Rep. 11 Akten, Auswärtige Beziehungen: Venedig, Nr. 288, Fasc. 16, fol. 308 (Abb. 44).

[3] Vgl. den Brief des Giuliano Petti aus Ludwigsburg, 21. Februar 1770, der eine Sängerin für die Königliche Hofoper in Berlin vorstellt, GStA PK, I. HA Geheimer Rat, Rep. 36 Hof- und Güterverwaltung, Nr. 2592.

[4] Während der Karnevalszeit spielte das Intermezzo-Ensemble im Schlosstheater, das im Kurfürstensaal des Berliner Stadtschlosses eingerichtet war; s. hierzu *Otto Weddigen*: Geschichte der Berliner Theater. In ihren Grundzügen bis zur Gegenwart. Berlin: Seehagen 1899, S. 20 und *Schneider*: Geschichte der Oper, S. 124.

[5] Über die schwierigen Beziehungen zwischen Friedrich und den Singenden an der Königlichen Hofoper s. *Walter Rösler*: „Die Canaillen bezahlet man zum Pläsir". Die königliche Schaubühne zu Berlin unter Friedrich II., in: Quander (Hrsg.): Apollini et musis, S. 13–45: 13–32. s. ferner den Text zur Abb. 57.

wo er wegen seiner „unbeschreiblich schönen Stimme und seines schmei-
chelnden und angenehmen Vortrags"[7] sehr berühmt wurde.

Er lebte sich in der Stadt sehr gut ein: Die „beträchtliche Sammlung von
englischen und italiänischen neuen Kupferstichen, besonders die ganze
Sammlung nach Angelika Kaufmann in den vorzüglichsten Abdrücken", die
er in seinem Haus Unter den Linden beherbergte, und der dort von ihm angelegte Garten wegen seiner „vortreflichen [sic] Blumenflor von Ranunkeln,
Tulpen, Nelken und andern Arten von Blumen" zählten zu den Sehenswür-
digkeiten, auf welche die Reiseführer Besucher der Stadt Berlin aufmerksam
machten.[8]

Einigen Sängern, schließlich, dachte Friedrich auch zusätzliche Aufgaben
zu, wie dem Intermezzo-Sänger Liverati, der Koch 1782 aus Italien mit-
gebracht hatte[9]. Dieser wurde vom König als Ratgeber im Bereich der Seidenfabrikation herangezogen, da er ein Mensch sei, „der davon eine gründliche Kenntnis hat und das ordentlich bestellt".[10]

Friedrichs Interesse an den Auftritten von Sängern und Sängerinnen seiner
Oper war so umfassend, dass es sich auch auf ihre Kostüme erstreckte, deren
Verfertigung strikt nach seinen Wünschen zu realisieren war. Das zeigt die
hier reproduzierten Kostümfigurine für den Sänger Domenico Luini [Abb.
62], die diesbezüglich des Königs eigenhändige Vorschläge zu den Farben
zeigt, in denen das Kostüm zu realisieren sei.

Cantanti

A Berlino erano presenti anche cantanti e musicisti non professionisti, tuttavia le fonti non consentono di ricostruire se tra essi ci fossero italiani.

Esse ci rivelano, invece, che quasi tutto italiano era il personale artistico
scritturato per l'Opera Reale di Berlino e, dal 1748, per l'Opera Buffa di
Potsdam, ingaggiato per ordine e desiderio del re tramite agenti, ambascia-

---

⁶ Zu Concialini s. *Thiébault*: Mes Souvenirs de vingt ans, Bd. I, S. 340; *Schneider*:
Geschichte der Oper, S. 153 und *Kutsch/Riemens*: Großes Sängerlexikon, Bd. 2, *ad
vocem*, S. 883.

⁷ *Nicolai*: Nachricht von den Baumeistern, S. 842.

⁸ *Nicolai*: Beschreibung der königlichen Residenzstädte, Bd. I, S. 552; 604 f.

⁹ Zu den Künstlern am Intermezzo-Theater in Potsdam s. S. 185 f. in vorliegender
Arbeit.

¹⁰ „Cabinetsordre an Werder" vom 20. November 1783 betreffend „Anstalten zum
Aufkauf und zur Abhaspelung der Cocons. Bereitung der Filoselseide", in: *Schmoller/
Hintze*: Die Preußische Seidenindustrie, Bd. 2, Nr. 1013, S. 391. s. weiter unten den
Text zur Abb. 58.

tori, ex cantanti e ballerini tornati in Italia o attivi altrove e tramite commercianti ed italiani residenti a Berlino come Algarotti e Lucchesini.

Come si dirà più avanti, né Federico né gli artisti avevano vita facile l'uno con gli altri. Il re, infatti, andava spesso in collera per la loro indisciplinatezza od esosità ed essi, dal canto loro, dovevano sottoposti ad un continuo controllo del rendimento e spesso e volentieri erano inoltre trattati dal sovrano alla stregua della servitù. Non c'è da meravigliarsi, dunque, se alcuni si rifiutassero di accettare l'ingaggio loro offerto e se molti vennero, ma rimasero pochissimo perché il re, esigentissimo, non li aveva trovati all'altezza del ruolo loro affidato. Altri restarono poco perché non sopportavano le condizioni di vita cui dovevano sottoporsi ed accettavano ingaggi presso altre corti. Molti rimasero invece tutta la loro vita a Berlino, in fedele servizio del re di Prussia, guadagnandosi qui grande popolarità ed agiatezza.

Tra loro si distinse il castrato Giovanni Carlo Concialini.

Nato nel 1745 a Siena, era stato scritturato per Berlino nel 1765 e qui era divenuto famoso per la sua «incredibilmente bella voce e per la sua accattivante e gradevole recitazione». Egli s'integrò eccellentemente nella vita cittadina tanto da divenire una vera istituzione. Sia la sua notevole collezione di nuove incisioni italiane ed inglesi, fra cui spiccava quella dedicata alle opere della pittrice Angelika Kaufmann, sia il suo giardino «ricco di ranuncoli, tulipani, garofani ed altri fiori» con i quali aveva arricchito la sua abitazione situata nel centralissimo viale Unter den Linden erano riportate tra le cose degne di essere viste in città dalla guida di Berlino pubblicata da Friedrich Nicolai in quegli anni.

Altri artisti, invece, furono destinati dal re anche a compiti supplementari, come fu il caso per il cantante Matteo Liverati, scritturato da Koch durante il suo viaggio italiano del 1782 per l'Opera Buffa di Potsdam, che Federico assegnò alla supervisione della sericoltura in Potsdam, avendo egli dimostrato buone conoscenze e destrezza in questo settore.

L'interesse di Federico per i suoi cantanti si estendeva fino ai più minuti dettagli nella gestione dell'opera reale tanto che egli imponeva la propria volontà anche in fatto di costumi teatrali, come si evince dal figurino per il cantante Domenico Luini, riprodotto più avanti [ill. 62], sul quale è visibile un appunto del re relativo ai colori in cui realizzare un costume che Luini avrebbe dovuto portare in scena.

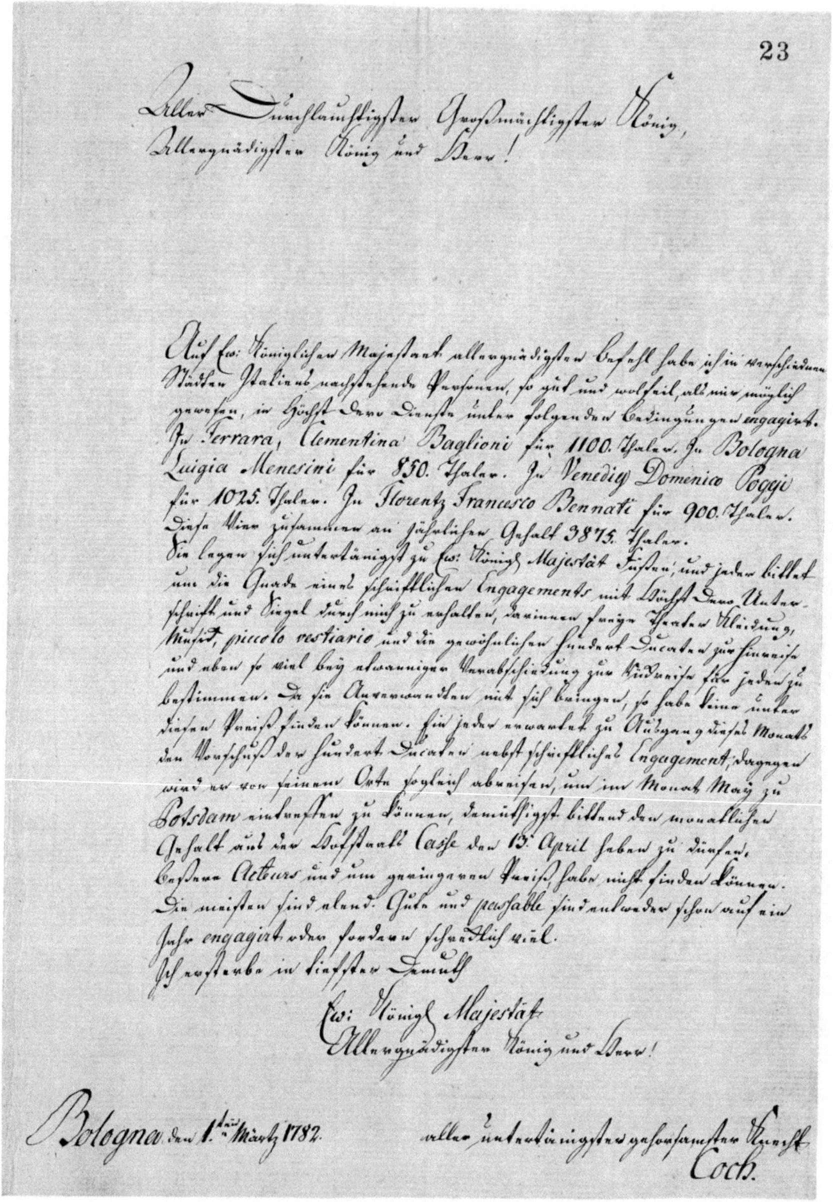

23

Aller Durchlauchtigster Großmächtigster König,
Allergnädigster König und Herr!

Auf Ew: Königlichen Majestaet allergnädigsten Befehl habe ich in verschiedenen Städten Italiens nachstehende Personen, so gut und wolfeil, als mir möglich gewesen, in Höchst Dero Dienste unter folgenden Bedingungen engagirt.
Zu Ferrara, Clementina Baglioni für 1100. Thaler. Zu Bologna Luigia Menesini für 850. Thaler. Zu Venedig Domenico Poggi für 1025. Thaler. Zu Florentz Francesco Bennati für 900. Thaler.
Diese Vier zusammen an jährlichen Gehalt 3875. Thaler.
Sie legen sich unterthänigst zu Ew: Königl. Majestät Füssen; und jeder bittet um die Gnade eines schriftlichen Engagements mit Höchst Dero Unterschrift und Siegel durch mich zu erhalten, darinnen freye Theater Kleidung, Musick, piccolo vestiario und die gewöhnlichen hundert Ducaten zur Hinreise und eben so viel bey etwaniger Verabschiedung zur Rückreise für jeden zu bestimmen. Da sie Anverwandten mit sich bringen, so habe keine unter diesem Preiß finden können. Ein jeder erwartet zu Ausgang dieses Monats den Vorschuß der hundert Ducaten nebst schriftlichen Engagement; dagegen wird er von seinem Orte sogleich abreisen, um im Monath May zu Potsdam eintreffen zu können, demüthigst bittend den monatlichen Gehalt aus der Hofstaats Casse den 15. April haben zu dürfen.
Bessere Acteurs und um geringeren Preiß habe nicht finden können. Die meisten sind elend. Gute und passable sind entweder schon auf ein Jahr engagirt oder fordern schrecklich viel.
Ich ersterbe in tiefster Demuth

Ew: Königl. Majestät
Allergnädigsten König und Herr!

Bologna den 1ten März 1782.

aller unterthänigster gehorsamster Knecht
Coch.

Abb. 58: Brief Johann August Christoph Kochs an Friedrich II.,
Bologna, 1. März 1782
(GStA PK, I. HA Geheimer Rat, Rep. 36 Hof- und Güterverwaltung,
Nr. 2399, fol. 23)

Brief Johann August Christoph Kochs an Friedrich II., Bologna, 1. März 1782[11]

Der Bassbuffosänger, Violinist und Komponist Johann August Christoph Koch war bis 1797 Leiter des Intermezzo-Theaters, d. h. der *Opera Buffa,* in Potsdam.

Zum Ensemble, wie oben erwähnt, gehörten seit der Eröffnung im März 1748 bis zum Jahr 1751 nur zwei Schauspieler: Rosa Ruvinetti Bon und Domenico Cricchi (ca. 1700–1761).[12] Beim „großen Intermezzo", traten zwischen 1752 und 1756, neben Angela (* 1725) und Carlo Paganini, Nunziata Manzi und Filippo und Marianna Sidotti auf, die bis ca. 1778 zum Ensemble gehörten. Zwischen 1756 und 1763 finden sich die Namen von Ninetta Rosenau, Croce,[13] Tedeschini, Ferrari, Masno, Oktavia Gehry, dem Ehepaar Scioti,[14] dem Tenor Francesco Paladini und dem Sopran Armellina Mattei, die 1760 Koch geheiratet hatte.[15]

1782 erhielt Koch von Friedrich den Auftrag, eine Reise nach Italien zu unternehmen, um gute italienische Sänger und Sängerinnen für die Königliche Hofoper in Berlin und das Intermezzo-Theater in Potsdam zu engagieren, das in diesem Jahr völlig neu zusammengesetzt wurde. Wie aus dem im hier abgedruckten Brief hervorgeht, hatte er jedoch große Mühe, den Wunsch des Königs bei den knappen ihm zur Verfügung stehenden finanziellen Mitteln zu erfüllen, denn entweder stünden nur „elende" Künstler zur Verfügung, oder seien die „gute[n] und passable[n] entweder schon auf 1 Jahr engagiert oder fordern schrecklich viel". Aus verschiedenen Städten Italiens hatte er schließlich „so gut und wohlfeil als [ihm] möglich", recht gute Sängerinnen und Sänger wie Clementina Baglioni aus Ferrara, Domenico Poggi aus Venedig, Luigia Menesini aus Bologna und Francesco Bennati aus Florenz gewinnen können. Da die vereinbarte Gage jedoch dem König

---

[11] Dieser Brief ist bei *Schneider*: Geschichte der Oper, Beilage XXXV, Nr. 1, S. 90 f. veröffentlicht.

[12] s. hierzu den Text zur Abb. 27 vorliegender Arbeit.

[13] Der Familienname Croce kommt zu dieser Zeit bei vielen Sängern vor. Es handelt sich hier wahrscheinlich um den Basssänger Giovanni Croce, der nachweislich zwischen 1748 und 1752 in deutschen Städten auftrat, *Kutsch/Riemens*: Großes Sängerlexikon, Bd. 1, *ad vocem*, S. 950.

[14] *Brachvogel*: Geschichte des königlichen Theaters zu Berlin, Bd. 1, S. 179, führt auch „Signor Scioti" und die Witwe D'Argeli, spätere Frau Scioti, unter den Intermezzo-Sängern im Jahre 1763 auf.

[15] s. hierzu ab S. 185 f. in vorliegender Arbeit. Beide Eheleute wurden auch bei Aufführungen der großen Oper aushilfsweise herangezogen, s. *Henzel*: Die Schatulle, S. 42 und *Carl Freiherr von Ledebur*: Tonkünstler-Lexicon Berlin's von den ältesten Zeiten bis auf die Gegenwart. Berlin: Rauh 1861. Reprint Tutzing/Berlin: Schneider 1965, S. 291 f.

„viel zu hoch" erschien,[16] war es zu einem Vertragsabschluß nur mit Bennati und seiner späteren Frau Luigia Menesini gekommen.[17] Ferner konnte er Costanza Liverati (* 1745), einem damals berühmten Sopran, und ihren Mann Matteo anwerben,[18] der sich, wie weiter unten näher ausgeführt, in Potsdam auch im Bereich der Seidenbearbeitung hervortun wird.[19]

Kochs Aufgabe war alles andere als leicht, denn es ließen sich nicht viele dazu überreden, ein Engagement nach Berlin anzunehmen, und dies nicht nur wegen der zu geringen genehmigten Gagen. Es hatte sich vielmehr in einschlägigen Kreisen herumgesprochen, dass die Arbeitsbedingungen unter dem Preußenkönig recht unerfreulich waren, da er dazu neigte, Sänger und Sängerinnen, die ihm missfielen, sofort wieder zu entlassen. Darüber hinaus wusste man, dass Friedrich Künstler und Künstlerinnen, die er für unbotmäßig und unlauter hielt, in die Festung Spandau einsperren zu lassen pflegte, die dadurch zu jener Zeit unter den Künstlern in ganz Europa zu trauriger Berühmtheit gelangte. Aus diesem Grunde hatte sich die venezianische Sängerin Ferrandini schon 1777 geweigert, einem Ruf nach Berlin zu folgen, und hatte unverblümt die Gründe für die Ablehnung dargelegt: Der König stehe in ganz Italien in dem Rufe eines Despoten, der die Künstler wie seine Soldaten behandle.[20]

Lettera di Johann August Christoph Koch a Federico II, Bologna, 1 marzo 1782

Il cantante e violinista Johann August Koch fu direttore dell'Opera Buffa a Potsdam fino al 1797.

All'ensemble erano appartenuti dal 1748 al 1751, come si è avuto modo di dire, cantanti come Rosa Ruvinetti Bon e Domenico Cricchi e, tra il 1752 ed il 1756, i coniugi Angela e Carlo Paganini, Nunziata Manzi, Filippo e Marianna Sidotti che vi fecero parte fino al 1778 circa. Tra il 1756 ed il 1763 troviamo gli artisti Ninetta Rosenau, Croce, Tedeschini, Ferrari, Oktavia

---

[16] Kabinettsorder vom 19. März 1782 mit der Antwort des Königs auf Kochs Vorschlag, zitiert nach *Schneider*: Geschichte der Oper, Beilage XXXV, Nr. 2, S. 91.

[17] Im Brief vom 12. September 1783 aus Potsdam bitten Luigia Menesini und Francesco Bennati den König um Erlaubnis, zu heiraten: „selon nôtre intention, que nous avions deja en Italie avant de nous engager au service de Vôtre Majestè [sic].", GStA, I HA, Rep. 96, Geheimes Zivilkabinett, ältere Periode, Nr. 401 T, fol. 68.

[18] *Henzel*: Die Schatulle, S. 58 und *Kutsch/Riemens*: Großes Sängerlexikon. Bd. 4, *ad vocem*, S. 2758.

[19] s. weiter unten den Text zur Abb. 59.

[20] *Schneider*: Geschichte der Oper, S. 190 f. und *Brachvogel*: Geschichte des königlichen Theaters zu Berlin. Bd. 1, S. 254 und 273.

Gehry, Masno, i coniugi Scioti, il tenore Francesco Paladini ed il soprano Armellina Mattei, moglie di Koch dal 1760.

Koch era stato inviato appositamente in Italia dal re nel 1782 per scritturare cantanti per l'Opera Reale di Berlino e per quella comica di Potsdam il cui ensemble in quell'anno fu completamente rinnovato. Come si evince dalla lettera qui riprodotta, egli ebbe tuttavia grandissime difficoltà ad esaudire il desiderio del re, poiché o si trovavano artisti «miserabili» o, come egli scrive, quelli «buoni e discreti erano o già ingaggiati per un anno o pretendevano cifre spaventosamente esose.» Alla fine egli era riuscito a trovare in varie città d'Italia artisti validi come Clementina Baglioni di Ferrara, Domenico Poggi di Venezia, Francesco Bennati di Firenze e Luigia Menesini di Bologna. Tuttavia, dato che il compenso pattuito da Koch al re era sembrato «troppo alto», si era giunti alla fine ad un contratto solo con Francesco Bennati e con Luigia Menesini che partirono alla volta di Berlino, dove sarebbero poi diventati marito e moglie. Inoltre Koch scritturò Costanza Liverati, all'epoca famoso soprano, e suo marito Matteo, di cui si disse e di cui si dirà anche più avanti a proposito della manifattura della seta a Potsdam.

Il compito di Koch non era facile perché non erano molti a lasciarsi convincere ad accettare un ingaggio per Berlino, e questo non solo a causa delle paghe troppo basse. Si era sparsa, infatti, la voce del pessimo trattamento che il re destinava agli artisti che era ad esempio uso licenziare *stante pede* qualora non gli fossero piaciuti. Soprattutto la fortezza di Spandau era all'epoca tristemente famosa tra gli artisti ben oltre i confini della Prussia, poiché si sapeva che Federico era solito farvi rinchiudere quanti considerasse inaffidabili o dal comportamento poco serio od addirittura ribelle. Non è dunque un caso isolato se, nel 1777, la cantante veneziana Ferrandini non aveva voluto accettare la proposta di scrittura fattale da Berlino, dicendo chiaro e tondo che il motivo del suo rifiuto stava proprio nel fatto che il re aveva fama di despota in tutta Italia e che era cosa risaputa che egli usava trattare gli artisti alla stregua dei suoi soldati.

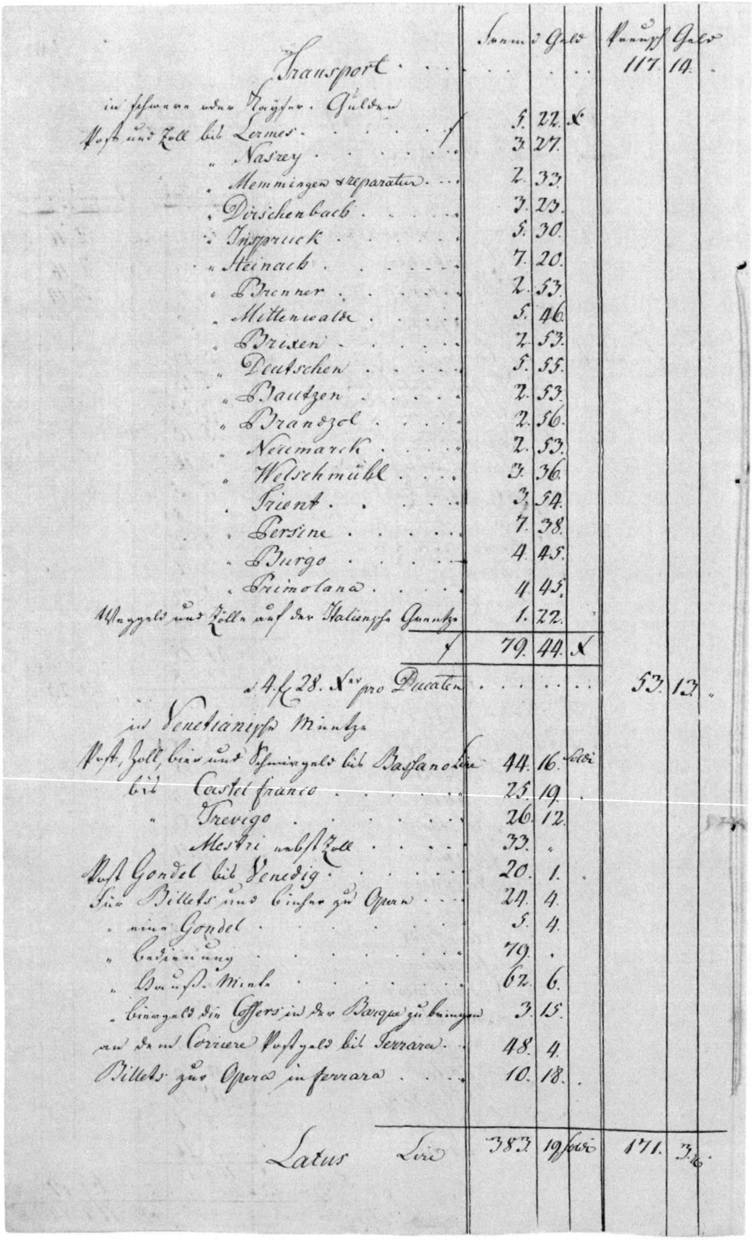

	Summe	Geld	Summe	Geld
Transport . . .			117.	10.
im schweren oder Kayser. Gulden				
Post und Zoll bis Lermes . . .	f 5.	22. x		
" Nasrey . . .	3.	27.		
" Memmingen & reparatur . . .	2.	33.		
" Dirschenbach . . .	3.	23.		
" Inspruck . . .	5.	30.		
" Steinach . . .	7.	20.		
" Brenner . . .	2.	53.		
" Mittenwalde . . .	5.	46.		
" Brixen . . .	2.	53.		
" Deutschen . . .	5.	55.		
" Bautzen . . .	2.	53.		
" Brandzol . . .	2.	56.		
" Neumarck . . .	2.	53.		
" Welschmühl . . .	3.	36.		
" Trient . . .	3.	54.		
" Persine . . .	7.	38.		
" Burgo . . .	4.	45.		
" Primolano . . .	4.	45.		
Weggeld und Zölle auf der Italienischen Grentze	1.	22.		
	f 79.	44. x		
à 4 f 28. xr pro Ducaten . . .			53.	13.
in Venetianischer Müntze				
Post, Zoll, bier und Schmiergeld bis Bassano Lire	44.	16. soldi		
bis Castel franco . . .	25.	19.		
" Trevigo . . .	26.	12.		
" Mestri nebst Zoll . . .	33.	.		
Post Gondel bis Venedig . . .	20.	1.		
Für Billets und Eintritt zur Opera . . .	24.	4.		
" eine Gondel . . .	5.	4.		
" bedienung . . .	79.	.		
" Hauß-Miethe . . .	62.	6.		
" trinkgeld die Coffers in der Barque zu bringen	3.	15.		
an dem Corriere Postgeld bis Ferrara . . .	48.	4.		
Billets zur Opera in ferrara . . .	10.	18.		
Latus Lire	383.	19 soldi	171.	3.

Abb. 59: Rechnung Johann August Christoph Kochs vom 7. Juli 1782 (GStA PK, I. HA Geheimer Rat, Rep. 96 Geheimes Zivilkabinett, ältere Periode, Nr. 401 T, fol. 46v–47r)

Transport . . . . Lire	383	19	171	3
für die Corriera bis Bologna . . .	51			47
Billets zur Opera in Bologna .	8			
die Post von Bologna nach Florenz .	122			
Billets zur Opera nebst Einfuhr .	14	5		
die Post von Florenz nach Bologna .	122			
bis Venedig . . .	139			
die Coffers wegzubringen . .	3	9		
Bedienung in Venedig, Gondel & . Billet	42			
Post Gondel bis Mestri .	15	10		
Miethe und Reparatur von den Wagen .	80	5		
Post bis Padua . .	51	15		
Vicenza . .	53	14		
Verona . .	80	3		
Ala . .	86			
Billets zur Opera in Verona .	4			
Lire	1263			
à 20. Lired pro 1. Ducaten			189	10
in Wiener Gulden				
Post, Thor und Waggald bis Trento nebst Reparatur	21			
bis Brandzoll . .	12	14		
Culmen .	8	10		
Innspruck nebst Zoll und Reparatur	27	5		
Füssen nebst Waggald .	22	7		
	90	36		
à 4/28 X pro Duc:			60	22
in deutsche Gulden				
Aufschlag Boeloe Waggald & Zoll	16	17		
bis Donauwörth, Weg und Spezgald .	26	10		
bis Dietfort nebst Waggald .	8			
Nürnberg .	16	10		
Bamberg .	15			
Coburg, nebst Reparatur am Wagen	13	50		
Graefenthal .	12	52		
	108	19		
à 5 fr pro 3 fl			65	
Latus		47	486	11

Rechnung Johann August Christoph Kochs vom 7. Juli 1782

Es handelt sich um eine Rechnung über die Ausgaben und Kosten der Reise, die Johann August Christoph Koch 1782 von Potsdam nach Florenz und zurück unternahm, um italienische Sänger und Sängerinnen zu engagieren.

Wie oben erwähnt, brachte Koch aus Italien „4 Sänger"[21] mit nach Berlin. Es handelt sich dabei um Francesco Bennati und seine spätere Frau Luigia Menesini und um das Ehepaar Liverati, Costanza (* 1745), einen damals berühmten Sopran, und Matteo,[22] die im neu zusammengestellten Ensemble der *Opera Buffa* auftreten sollten. Letzterer wurde von Friedrich auch als Ratgeber im Bereich der Seidenfabrikation eingesetzt, denn, wie er 1784 in einer Kabinettsorder an den Minister Hans Ernst Dietrich von Werder (1740–1800) erklärt,

> die Leute hier (wissen) noch nicht recht, mit dem Seidenbau umzugehen; sie müssen also darin noch deutlicher unterrichtet werden. [...] Da ist hier der Acteur Liverati [...]; der versteht das recht aus dem Grunde; von dem könntet Ihr einen solchen Unterricht aufsetzen lassen und solchen im Lande bekannt machen.[23]

Das Handbuch erschien 1785 im Druck in Potsdam bei Sommer unter dem Titel: „Anweisung die Seidenwürmer auf Matten bequemer, zahlreicher und vorteilhafter, als es bisher möglich war, zu erziehen: nebst andern hierher gehörigen nützlichen Bemerkungen".[24]

---

[21] Begleitbrief Johann August Christoph Kochs an Friedrich II. zur hier abgedruckten Rechnung, GStA PK, I. HA Rep. 96 Geheimes Zivilkabinett, ältere Periode, Nr. 401 T, fol. 45, mit ausdrücklichem Bezug auf Friedrichs Kabinettsorder vom 19. März 1782 mit der Anweisung, die versprochene Gage zu reduzieren, s. auch den Text zur Abb. 58.

[22] *Henzel*: Die Schatulle, S. 58, und *Kutsch/Riemens*: Großes Sängerlexikon. Bd. 4, *ad vocem*, S. 2758.

[23] „Cabinetsordre an Werder" betreffend die „Näheseide" vom 9. April 1784, in: *Schmoller/Hintze*: Die Preußische Seidenindustrie, Bd. 2, Nr. 1029, S. 407; s. ferner die „Cabinetsordre an Werder" betreffend „Liverati über Seidenbau" vom 25. Juli 1784, ebd., Nr. 1038, S. 428 f. und die „Cabinetsordre an Werder" vom 20. November 1783, die weiter oben angeführt wurde.

[24] Zum weiteren Lehrwerk zur Piemonteser Seidenzucht und -gewinnung, das von Francesco Catena 1783 verfasst wurde, s. auf S. 237 in vorliegender Arbeit.

Conto di Johann August Christoph Koch del 7 luglio 1782

Il conto si riferisce ai costi del viaggio che Johann August Christoph Koch fece nel 1782 da Potsdam a Firenze e ritorno per scritturare cantanti italiani.

Come su accennato [ill. 58], da questo viaggio egli portò con sé a Berlino «4 cantanti» tutti scritturati per il nuovo ensemble dell'Opera Buffa di Potsdam. Si trattava di Francesco Bennati e di Luigia Menesini, che divenne sua moglie a Berlino, e dei coniugi Liverati, Costanza, allora famoso soprano, e Matteo. Di quest'ultimo si fece menzione più sopra e si tornerà a parlare più avanti a proposito della manifattura della seta impiantata a Berlino. Il re ricorse, infatti, al cantante come consigliere avendone appreso la competenza sul settore, incaricandolo di scrivere un libro d'istruzione per la popolazione locale ancora poco esperta della lavorazione della seta «alla piemontese», come si legge in un suo ordine di gabinetto del 1784 al ministro Hans Ernst Dietrich von Werder:

> la gente qui non sa ancora come affrontare la sericoltura, e deve essere istruita ancora meglio in questo campo. [...] Qui c'è l'attore Liverati; egli ne ha conoscenze profonde; da lui potete far scrivere un compendio per l'insegnamento di questa materia e distribuirlo nel paese.

Il manuale, centrato sulla bachicoltura, uscì in stampa a Potsdam nel 1785, poco dopo l'altra guida pratica alla sericoltura pubblicata a Berlino dal milanese Francesco Catena, di cui si è già detto più sopra alle pp. 237 e 246.

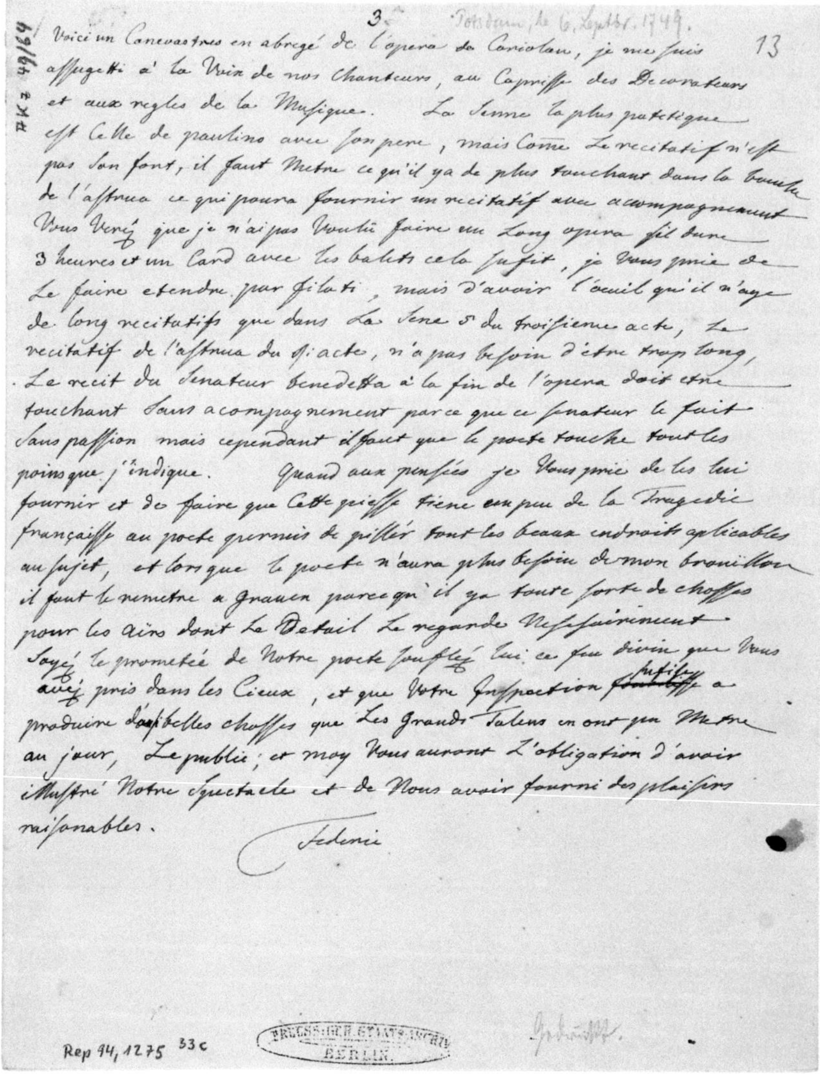
3 Potsdam, le 6. Septbr. 1749. 13

AKz 49/64

Voici un Canevas tres en abregé de l'opera de Coriolan, je me suis
assugetti à la Voix de nos Chanteurs, au Caprisse des Decorateurs
et aux regles de la Musique. La Senne la plus patetique
est Celle de paulino avec son pere, mais Come Le recitatif n'est
pas son fort, il faut Metre ce qu'il ya de plus touchant dans la bouche
de l'astrua ce qui poura fournir un recitatif avec acompagnement
Vous Verez que je n'ai pas Voulu faire un Long opera s'il dure
3 heures et un Card avec les balets cela sufit, je Vous prie de
Le faire etendre par Vilati, mais d'avoir l'oeuil qu'il n'aye
de long recitatifs que dans La Sene 5 du troisieme acte, Le
recitatif de l'astrua du 3 acte, n'a pas besoin d'etre trop long,
Le recit du Senateur benedetta à la fin de l'opera doit etre
touchant sans acompagnement par ce que ce senateur le fait
sans passion mais cependant il faut que le poete touche tout les
poins que j'indique. Quand aux pensées je Vous prie de les lui
fournir et de faire que Cette piesse tiene un peu de la Tragedie
françaisse au poete permeis de pillér tout les beaux endroits aplicables
au sujet, et lorsque le poete n'aura plus besoin de mon brouillon
il faut le remetre a Grauen parceque il ya toute sorte de chosses
pour les airs dont Le Detail Le regarde Nessesairement
Soyé le prometée de Notre poete souflé lui ce feu divin que Vous
avez pris dans les Cieux, et que Votre Inspection ~~[illegible]~~ inutile a
produire d'aussibelles chosses que Les Grands Talens en ont pu Metre
au jour, Le public et moy Vous auront L'obligation d'avoir
illustré Notre Spectacle et de Nous avoir fourni des plaisirs
raisonables.

Federic

Rep 94, 1275 33c

PREUSS. GEH. STAATSARCHIV BERLIN

Abb. 60: Brief Friedrichs II. an Algarotti, Potsdam, 6. September 1749
(GStA PK, BPH, Rep. 47 Kg Friedrich II., Nr. 434, fol. 13)

Brief Friedrichs II. an Algarotti, Potsdam, 6. September 1749[25]

[...] Hier haben Sie ein sehr gekürztes Canevas der Oper „Coriolano". Ich habe mich nach der Stimme unserer Sänger, den Launen der Bühnendekorateure und den Regeln der Musik gerichtet. Die pathetischste Szene ist die Paolinos mit seinem Vater; da aber das Recitativo nicht seine Stärke ist, muß man die rührendsten Stellen der Astrua anvertrauen [...] Ich bitte Euch, [den Text der Oper] von Villati ausführen zu lassen [...]. Seien Sie der Prometheus unsers Dichters. [...]

Wie weiter unten ausgeführt, befasste sich der König gerne mit der Abfassung von Libretti, zu deren Begutachtung und Ausarbeitung er es liebte, Algarotti heranzuziehen, dem sich hier der Hofdichter de Villati gesellte. Vorliegender Brief bezeugt einerseits die Unselbständigkeit der Librettisten, die sich auf königlichen Wunsch lediglich mit der Bearbeitung des Textes ohne Anspruch auf ästhetische Autonomie zu begnügen hatten, anderseits die Unterordnung des Librettos unter die von deutschen Komponisten, hier von Graun, im italienischen Stil geschriebene Musik, ebenfalls auf Friedrichs ausdrücklichen Wunsch. Der hier erwähnte Leopoldo de Villati beschränkte sich meist auf die Umwandlung französischer Tragödien zu italienischen Opernlibretti, an denen Algarotti und der König weiterarbeiteten.[26]

Neben Giovanna Astrua[27] trat in „Coriolano" auch der im Brief erwähnte Kastrat Paolino, d.h. Paolo Bedeschi, auf. Er war 1727 in Bologna geboren und wurde 1742 für Berlin angeworben, wo er ab 1752 reguläres Mitglied der Hofkapelle war. Er blieb bis zu seinem Tod im Jahre 1784 im Dienst des Königs.[28]

Dass die Oper anlässlich der Uraufführung am 3. Dezember 1749 nicht den erhofften Erfolg hatte, führte Friedrich auf die schlechte Interpretation des Sopransängers Felice Salimbeni (1712–1751) zurück, für den er ebenfalls eigens eine Arie komponiert hatte. Daraufhin ersuchte der gekränkte Salimbeni den König um Abschied, der ihm jedoch erst ein Jahr später gewährt wurde. Als Ersatz wurde der berühmte Kastrat Giovanni Carestini (1700–1760) engagiert, der bis 1754 in Berlin blieb.[29]

---

[25] Veröffentlicht in: Œuvres de Frédéric le Grand. Bd. XVIII, Nr. 48, S. 63 f.

[26] Zu der strengen Kontrolle über die Libretti und ihre Dichter durch den König s. *Maehder*: Die Librettisten des Königs, S. 265–304, besonders S. 270 f. und 279.

[27] s. weiter unten ab S. 338 in vorliegender Arbeit.

[28] *Henzel*: Zu den Aufführungen der großen Oper, S. 89.

[29] Zu Carestini s. *Korsmeier*: Der Sänger Giovanni Carestini, besonders S. 141–145.

Lettera di Federico II ad Algarotti, Potsdam, 6 settembre 1749

[…] Eccovi un brevissimo abbozzo molto accorciato dell'opera di «Coriolano». Mi sono assoggettato alla voce de' musici, al capriccio degli apparecchiatori delle scene, ed alle regole della musica. La scena più patetica è quella di Paolino con suo padre; ma, dato che il recitativo non è il suo forte, bisognerà affidare ciò che è di più toccante all'arte dell'Astrua […]. Vi prego di farla estendere da Villati […]. Siate il Prometeo del nostro poeta. […][30]

Come si dirà più avanti, il re si occupava volentieri di persona della composizione di Libretti, che faceva, in genere, rivedere criticamente e rielaborare da Algarotti. Questi si fece assistere per il «Coriolano» dal poeta di corte de Villati. La lettera qui riprodotta prova da un lato come il librettista fosse assolutamente assoggettato alla volontà del re che ne limitava fortemente l'indipendenza estetica privilegiando la mera composizione del testo mentre, d'altro canto, risulta evidente come il re auspicasse la subordinazione del testo alla musica, composta di regola da tedeschi, qui Graun, in stile italiano. Il poeta di corte Leopoldo de Villati si limitava in genere a trasformare tragedie francesi in libretti italiani e su questo testo poi lavorava il re coadiuvato da Algarotti.

Accando a Giovanna Astrua si esibì il castrato Paolo Bedeschi, alias Paolino, di cui Federico parla in questa lettera. Egli era nato nel 1727 a Bologna ed era stato scritturato già nel 1742 per Berlino dove fu, a partire dal 1752, membro regolare dell'orchestra reale. Rimase al servizio del re fino alla sua morte, sopraggiunta nel 1784.

A Federico dispiacque molto che alla prima di quest'opera il 3 dicembre del 1749 non arridesse il successo sperato. Il re diede la colpa del fiasco al cantante Felice Salimbeni per cui egli stesso aveva composto appositamente un'aria. L'artista se la prese a male e chiese il congedo da Berlino che tuttavia gli fu concesso solo l'anno dopo. Fu chiamato a sostituirlo il famoso castrato Giovanni Carestini che rimase a Berlino fino al 1754.

---

[30] Die italienische Übersetzung dieser Passage stammt zum Teil aus *Michelessi*: Memorie, S. 73.

Abb. 61: Kostümfigurine für Felice Salimbeni

Kostümfigurine für Felice Salimbeni

Salimbeni, 1712 in Mailand geboren, war einer der größten Sänger seiner Zeit. Er war Ende 1743 von Cattaneo für Berlin engagiert worden, wo er zu einem Liebling des Publikums wurde. Nach Verstimmungen mit dem König erwirkte er seine Entlassung. 1750 verließ er Berlin und folgte einem Ruf nach Dresden. Ein Jahr darauf starb der Lungenkranke in Laibach, auf der Rückreise von einem Kuraufenthalt in Dresden. In den wärmsten Tönen schildert Johann Friedrich Borchmann die Leistung dieses Sopransängers am Tag seines Debüts in der Königlichen Oper in Berlin im Januar 1744 in der Rolle des Caesar in Grauns „Catone in Utica":

> Salimbeni [...] verbindet mit einer sehr vortheilhaften Gestalt das Reizende, das Zärtliche der vollkommensten Pantomime, und der Silberton seiner Stimme ist so erweichend, daß ihm kaum das unempfindlichste Herz widerstreben kann.[31]

Figurino per Felice Salimbeni

Salimbeni, nato a Milano nel 1712, fu uno dei più grandi artisti del suo tempo. Giunto a Berlino da Venezia per mediazione di Cattaneo sul finire del 1743, vi rimase fino al 1750 divenendo un vero beniamino del pubblico. A causa dei dissapori col re cui sopra si accennava, Salimbeni lasciò Berlino per Dresda. Gravemente malato di tubercolosi polmonare, vi fu attivo solo un anno, poiché morì nel 1751 a Laibach, tappa del suo viaggio di ritorno da un soggiorno di cura. Nei toni più caldi Johann Friedrich Borchmann descrive la prima apparizione di Salimbeni a Berlino nel gennaio del 1744 nel ruolo di Cesare nell'opera di Graun «Catone in Utica»:

> Salimbeni [...] unisce al bell'aspetto la leggiadria, la delicatezza della più perfetta pantomima, ed il timbro argenteo della sua voce intenerisce al punto che neppure il cuore il meno sensibile gli può resistere.

---

[31] *Borchmann*: Briefe zur Erinnerung an merkwürdigen Zeiten, 17. Brief vom 15.6.1777, S. 145–152: 149, Hervorhebung im Text. Zu Salimbeni s. *Schneider*: Geschichte der Oper, S. 96, *Kutsch/Riemens*: Großes Sängerlexikon. Bd. 6, *ad vocem*, S. 4106 und besonders *Johann Adam Hiller*: Lebensbeschreibungen berühmter Musikgelehrten und Tonkünstler, neuerer Zeit. Leipzig: Dyk 1784. Reprint Leipzig: Edition Peters 1975, S. 232–240.

Abb. 62: Kostümfigurine für Domenico Luini

Kostümfigurine für Domenico Luini

Der in Brescia um 1730 geborene Kastrat Luini, genannt „Il Bonetto", sang als Sopran zwischen 1755 und 1758 in Berlin. Nach seinem Weggang kam er an den Zarenhof, wo er bis 1769 blieb und sehr reich und berühmt wurde. Hier begegnete Casanova dem „sehr befähigten Musiker [...], [dem] hübschen und liebeswürdigen Kastraten", bei welchem er „ausgezeichnet speiste".[32] 1770 kehrte Luini nach Italien zurück. Es ist unbekannt, wo und wann er starb.[33]

Neben der Figurine sieht man einen Textvermerk von der Hand des Königs, der, wie für ihn auch auf anderen Gebieten üblich, seine Vorstellungen und Wünsche zur Ausführung des Kostüms notierte.

Figurino per Domenico Luini

Il castrato Luini, chiamato «Il Bonetto», era nato a Brescia intorno al 1730. Fu attivo a Berlino nel ruolo di soprano dal 1755 al 1758, anno in cui si recò in Russia. Alla corte dello Zar, dove rimase fino al 1769, egli divenne ricco e famoso. Qui lo incontrò Casanova che alla sua tavola «pasteggiò magnificamente» e che lo descrisse come «musicista di grande talento [...] e castrato di aspetto e modi piacevoli».

Nel 1770 Luini tornò in Italia. Non se ne conoscono né il luogo né la data in cui morì.

Accanto al figurino si riconosce un appunto a mano di Federico che, come egli era solito fare anche in altri campi, annota i suoi desideri riguardo alla realizzazione del costume.

---

[32] *Casanova*: Geschichte meines Lebens, Bd. 10, 5. Kap., S. 118, s. auch S. 121 und S. 430 mit weiterführender Bibliographie.

[33] *Kutsch/Riemens*: Großes Sängerlexikon. Bd. 4, *ad vocem*, S. 2814 f.

Liste der in Berlin 1740–1786 auftretenden italienischen Sänger und Sängerinnen

Im Folgenden werden jene Künstler verzeichnet, deren Auftritte in Berlin sicher nachweisbar sind. Auf Grund der auf dem Gebiet der Theatergeschichte Berlins zu verzeichnenden Quellenverluste, die besonders im zweiten Weltkrieg erlitten wurden, erheben diese Angaben keinen Anspruch auf Vollständigkeit.

Lista dei cantanti attivi a Berlino tra il 1740 ed il 1786

Qui di seguito sono elencati quegli artisti la cui presenza a Berlino negli anni indicati è sicuramente documentabile. Si fa presente che, a causa delle gravi perdite subite nel settore della storia dei teatri berlinesi di questi anni da archivi e biblioteche particolarmente durante la seconda guerra mondiale, la lista seguente non pretende di essere esaustiva.

Amadori, Giovanni; Kastrat, Primouomo, 1754–1755 in Berlin

Astrua, Giovanna (ca. 1720–1757); 1747–1756 in Berlin

Bartolotti (Bartholdi, Batelotti) Frau/signora; 1764–1765 in Berlin

Bedeschi, Paolo (1727–1784), alias Paolino; Kastrat, 1742–1784 in Berlin

Bellaspica, Francesco (* ca. 1745); Kastrat, Alt, Sopranist, ca. 1784–1786 in Berlin

Bennati, Francesco und/e Luigia; 1782 im Intermezzo – Theater in Berlin/Potsdam

Betti, Giuliano

Bruscolini, Pasquale, alias Pasqualino; Kastrat, Alt, 1744–1753 in Berlin

Camati, Maria (Camal), alias La Farinella; zweite Rollen/secondi ruoli, 1741–1742 in Berlin

Campolungo, Anna, s./cfr. Lorio Campolungo, Anna

Carara, Frau/Signora, 1784 in Berlin

Carestini, Giovanni (1700–1760), alias Il Cusanino; Kastrat, Primouomo, 1750–1754 in Berlin

Cassati; Kastrat, 1744–1745 in Berlin

Coli, Giovanni (1748–1801); Kastrat, 1764–1801 in Berlin

Colizzi, Frau/Signora, 1757 in Berlin

Concialini, Giovanni Carlo (1744–1812); Kastrat, Alt, Sopran, 1765–1812 in Berlin

Cricchi, Domenico (ca. 1700–1761); Theaterdirektor, Baßbuffo, 1748–1752 im Inter-mezzo-Theater in Berlin/Potsdam

Croce, Giovanni; 1754–1756 im Intermezzo-Theater in Berlin/Potsdam

D'Argeli; 1763 im Intermezzo-Theater in Berlin/Potsdam

Farinella; wahrscheinlich Tochter der Maria Camal/forse figlia di Maria Camal, 1769–1770 in Berlin

Ferrari; 1756–1757 im Intermezzo-Theater in Berlin/Potsdam

Francia, Antonio, alias Perelino; 1749 in Berlin

Gasparini, Giovanna (Gasperini) (1707–1776); Primadonna, ab 1747/dal 1747 zweite Rollen/secondi ruoli, 1741–1776 (?) in Berlin

Gervasio Frau/Signora, 1780–1781 in Berlin

Gheri, Marianna s./cfr. Sidotti, Marianna

Girelli (Girella), Frau/Signora, 1765–1766/1767 in Berlin

Grandis, Marianne; Sängerin, Primadonna, 1765–1766/1767 in Berlin

Grassi, Luigi; Kastrat, Tenor, 1768–1788 in Berlin

Hubert, Anton (1719–1783) (Huber, Uber, Uberti, Uberi), alias Porporino; Kastrat, Primouomo, 1742–1783 in Berlin

Koch, Armellina (* Mattei) († 17??); Sopran, 1756–1764 im Intermezzo-Theater in Berlin/Potsdam

Leonardi, Stefano; Kastrat, Primouomo, 1742–1743 in Berlin

Liverati, Costanza (*1745); ab/dal 1782 im Intermezzo-Theater in Berlin/Potsdam

Liverati, Matteo; ab/dal 1782 im Intermezzo-Theater in Berlin/Potsdam

Lorio Campolongo, Anna; zweite Rollen/secondi ruoli, 1741–1754 in Berlin

Luini, Domenico (ca. 1730–†?); Kastrat, Primouomo, 1755–1757 in Berlin

Manzi, Nunziata (Mansi oder Marsi); Sopran, ab Juni 1751/dal giugno 1751 im Inter-mezzo-Theater in Berlin/Potsdam

Mariotti, Maria, zweite Rollen/secondi ruoli, 1741–1742 in Berlin

Mariotti, Mattia, 1742–1743 in Berlin

Martinengo; Kastrat, dritte Rollen/terzi ruoli, 1743–1745 und 1754–1755 in Berlin nachgewiesen/presenza documentata a Berlino per gli anni 1743–1745 e 1754–1755

Masi, Maria, alias La Morsarola; zweite Rollen/secondi ruoli, 1747–1748 in Berlin

Masno; 1756–1757 im Intermezzo-Theater in Berlin/Potsdam

Mattei, Armellina, s./cfr. Koch, Armellina

Mazzanti, Ferdinando; Kastrat, 1741–1743 in Berlin

Molteni, Benedetta Emilia (1722–1780), 1742–1752

Monticelli Herr/Signor

Paganini, Angela; 1753–1756 im Intermezzo-Theater in Berlin/Potsdam

Paganini, Carlo; 1753–1756 im Intermezzo-Theater in Berlin/Potsdam

Paladini, Francesco; Tenorist, Mezzosopran, 1763 im Intermezzo-Theater in Berlin/Potsdam

Paolino, s./cfr. Bedeschi, Paolo

Pasqualino, s./cfr. Bruscolini, Pasquale

Petti, Giuliano

Pinetti, Gaetano; Basso, dritte Rollen/terzi ruoli, 1741–1743 in Berlin

Porporino, s./cfr. Hubert, Antonio

Potenza, Nina, alias La Nina, 1773 in Berlin

Reginelli, Niccolò (1710–1751); Kastrat, 1749–1751 in Berlin

Ricciarelli, Giuseppe; Kastrat, mezzosoprano, 1752–1753 in Berlin

Romani, Antonio (Romano) († 1768); Kastrat, Tenor, 1744–1768 in Berlin

Rosenau, Ninetta, 1756–1757 im Intermezzo-Theater in Berlin/Potsdam

Ruvinetti Bon, Rosa, 1748–1751 im Intermezzo-Theater in Berlin/Potsdam

Salimbeni, Felice (1712–1751); Kastrat, Primouomo, 1743–1750 in Berlin

Santarelli, Giuseppe; Kastrat, Primouomo, 1741–1742 in Berlin

Santurini; Kastrat, dritte Rollen/terzi ruoli, 1743–1745 in Berlin

Scioti, Frau (Witwe D'Argeli/Vedova D'Argeli), 1763 im Intermezzo-Theater in Berlin/Potsdam

Scioti, Herr/Signor, 1763 im Intermezzo-Theater in Berlin/Potsdam

Sidotti, Filippo, 1756–1781 im Intermezzo-Theater in Berlin/Potsdam

Sidotti Gheri, Marianna, 1756–1781 im Intermezzo-Theater in Berlin/Potsdam

Ste(f)fanino; Kastrat, 1755–1756 in Berlin

Tedeschi, Giovanni, alias Amadoni

Tedeschini, 1756–1757 im Intermezzo-Theater in Berlin/Potsdam

Tombolini, Raffaele (1766–1839); Kastrat, Sopranist, 1784–1839 in Berlin

Tosoni, Giuseppe (1755–nach/dopo 1791); Kastrat, noch 1786 in Berlin/ancora nel 1786 a Berlino

Triulzi, Giovanni; Kastrat, zweite Rollen/secondi ruoli, 1741–1743 in Berlin

Venturini, Madame; zweite Rollen/secondi ruoli, 1743–1745 in Berlin

Friedrichs II. Oper „Sylla"

Eine Episode aus dem Leben des römischen Politikers und Feldherrn Lucius Cornelius Sulla (138–78 v. Chr.) liefert das Sujet für die Oper „Sylla", die am 27. März 1753 im Königlichen Opernhaus uraufgeführt wurde.

Die Musik stammt von Carl Heinrich Graun, Autor des Librettos ist der König selbst, der sich dabei an die 1701 in Paris uraufgeführte Oper „Sylla" von Joseph-François Duché de Vancy (1668–1724) anlehnte. Darin thematisierte Friedrich anhand eines historischen Stoffes die eigene Staatsführung, indem er den römischen Diktator als „ersten Diener seines Staates" darstellte.[1]

Wie für ihn üblich, fertigte der König eine französische Vorlage in Prosa an,[2] die er dann von einem dichterisch begabten Muttersprachler in italienische Verse gießen ließ.[3]

Für die italienische Übersetzung von „Sylla" gewann der König Giovanni Pietro Tagliazucchi, der im September 1752 in Berlin eintraf.[4] Friedrichs Hofpoet, der in Italien als Mitglied der italienischen Dichterakademie *Arcadia* großes Ansehen genoss, wird sich kurz darauf auch als Vermittler zwischen Deutschland und Italien besondere Meriten erwerben, denn er steht mit seiner 1755 in Potsdam veröffentlichten Übersetzung des Gedichts „Der Frühling" von Ewald von Kleist (1715–1759) am Anfang der Geschichte italienischer Übersetzungen literarischer Werke aus dem Deutschen. Im Vorwort zu dieser Übertragung liefert er darüber hinaus einen der ersten Versuche, die im damaligen Europa verschmähte deutsche Literatur in den Augen ihrer Kritiker aufzuwerten.

Doch nicht nur ein italienischer Hofpoet trug zum Erfolg der Oper aus des Königs Hand bei.

---

[1] *Heinz Klüppelholz*: Sulla, Cinna und das Libretto: zur Oper „Sylla" von Friedrich II., in: Ziechmann (Hrsg.): Fridericianische Miniaturen, Bd. 2., S. 131–146.

[2] Zur Musik am Hofe Friedrichs s. den Beitrag von *Laurenz Lütteken* im vorliegenden Band.

[3] *Maehder*: Die Librettisten des Königs, S. 281, *Susanne Oschmann*: Gedankenspiele – Der Opernheld Friedrichs II. von Preußen, in: Opernheld und Opernheldin im 18. Jahrhundert. Hrsg. von Klaus *Hortschansky*. Hamburg, Eisenach 1991, S. 175–193.

[4] s. zu Tagliazucchi ab S. 101 in vorliegender Arbeit.

Ausschließlich aus Italien stammten die in „Sylla" auftretenden Sänger und Sängerinnen: der Sopranist Carestini, genannt „il Cusanino", ein sehr berühmter Kastrat, der als Ersatz für Salimbeni 1750 nach Berlin gekommen war, wo er bis 1754 blieb; der Alt-Kastrat Pasquale Bruscolini, genannt Pasqualino, der 1743 an die Königliche Oper verpflichtet wurde, wo er bis 1753 als hochgeschätzter und gefeierter Sänger blieb. Für ihn kreierte Graun eigens die Rolle des Lentulo in „Sylla".[5]

Wir begegnen ferner Antonio Romani, erstem und zeitlebens einzigem Tenor im Ensemble der Hofoper,[6] der von 1744 bis zu seinem Tod im Jahre 1768 in Berlin lebte; der Giovanna Gasparini [Farbtafel Nr. 3], die 1741 von Graun aus Bologna nach Berlin geholt worden war, wo sie zuerst als Primadonna, dann ab 1747 nur als zweite Sängerin tätig war und in der Hauptstadt 1776 starb; der Römerin Anna Lorio Campolongo,[7] die ebenfalls von Graun 1741 nach Berlin gebracht wurde, wo sie als Sängerin in der 2. Rolle bis 1754 blieb, und schließlich Paolo Bedeschi, genannt Paolino, und Porporino, von denen schon oben die Rede war. Unter den weiteren Interpreten findet sich ferner Giovanna Astrua, ein großer Star der damaligen Opernszene.

Die Primadonna Giovanna Astrua [Farbtafel Nr. 4] war in Graglia bei Vercelli um 1720 geboren und hatte ihren ersten Auftritt 1739 in Turin gehabt. Sie wurde bald in ganz Italien so bekannt, dass der König sie 1747 auf Cattaneos Empfehlung nach Berlin kommen ließ, wo sie „als die erste Sängerin ihrer Zeit" galt. Eigens für sie komponierten Musiker wie Johann Georg Benda (1713–1752) und Carl Heinrich Graun Konzertarien und Opernpartien. Als sie 1756 ihre Stimme verlor, gewährte ihr Friedrich eine Pension und ließ sie wieder nach Italien zurückkehren. Sie starb am 28. Oktober 1785 in Turin.[8]

Unter den auftretenden Tänzerinnen zeichnete sich die Venezianerin Giovanna Cortini-Denis aus, Tochter des berühmten Pantalone-Darstellers Andrea Cortini (oder Corrini) [Farbtafel Nr. 5], weshalb sie *La Pantaloncina*, d.h. die Kleine des Pantalone, genannt wurde. Schon in jungen Jahren in Venedig erfolgreich, war sie 1741 nach Neapel gekommen, wo sie 1748 den französische Ballettmeister und Solisten Jean-Baptiste Denis geheiratet

[5] Unbekannt sind Ort und Jahr sowohl seiner Geburt als auch und seines Todes, s. *Kutsch/Riemens*: Großes Sängerlexikon, Bd. 5, *ad vocem*, S. 3548.
[6] s. die Liste der auftretenden Personen in „Sylla" in GStA PK, I. HA, Rep. 96, C Slg. Itzenplitz, Nr. 7, fol. 11.
[7] Siehe die Quittung der Sängerin Anna Lorio Campolongo für die Kürzung einer Perücke für ihren Auftritt in der Oper „Sylla", GStA PK, I. HA Geheimer Rat, Rep. 36 Hof- und Güterverwaltung, Nr. 2654, fol. 21 b.
[8] *Schneider*: Geschichte der Oper, S. 119 f. und *Kutsch/Riemens*: Großes Sängerlexikon, Bd. 1, *ad vocem*, S. 169.

hatte. Das Ehepaar kam 1749 nach Berlin und wirkte dort, mit Unterbrechungen, bis 1766.[9]

Kaum Nachrichten sind nach diesem Jahr überliefert, außer dass Giovanna noch 1797 in Florenz lebte.[10]

Für die prächtigen Kostüme hatte, wie immer, der Römer Angelo Maria Cori gesorgt, und die beeinduckenden Bühnenbilder waren das Werk des aus Parma gebürtigen Giuseppe Galli Bibiena, dessen Berliner Gehilfenkreis einige Italiener wie den Maler Carlo Sonnico und einen gewissen Franceschini aufwies.[11] Dabei bediente sich Galli Bibiena, wie damals üblich, einiger Kulissenteile und Entwürfe, die der von 1748 bis 1754 in Berlin tätige Bellavita für die Opern „Cinna" und „Coriolano" entworfen hatte.[12]

Die Uraufführung der Oper „Sylla" am 27. März 1753 legt ein beredtes Zeugnis ab von der bislang so wenig beachteten und doch so fruchtbaren Begegnung deutscher und italienischer Kultur, die am Hofe Friedrichs II. stattfand.

Dieser Begegnung war die Ausstellung
und ist der sie dokumentierende Band gewidmet.

L'opera « Silla » di Federico II

Un episodio della vita del console romano Lucio Cornelio Silla (138–78 a.C.) è il soggetto dell'opera Silla. La musica fu scritta da Carl Heinrich Graun e l'autore del libretto è il re stesso che si ispirò all'opera « Sylla » di Joseph-François Duché de Vancy, data per la prima volta a Parigi nel 1701. In essa Federico rappresenta il dittatore Silla come « primo servitore dello stato » trattando in tal modo, per tramite di un personaggio storico, un tema attuale a lui particolarmente caro.

---

[9] Über die Begegnung der *Pantaloncina* mit dem venezianischen Abenteurer in Berlin s. *Casanova*: Geschichte meines Lebens, Bd. 10, S. 80–83 und Anm. 19, S. 376 f.; s. ferner den Beitrag *Volker Kapps* sowie ab S. 299 in vorliegender Arbeit, und den Text zur Abb. 57. Eine Kostümfigurine zu Grauns „Sylla" für Madame Denis ist auf der Tafel nr. 3 zu sehen.

[10] *Wilhelmine von Lichtenau*: Mémoires de la Comtesse de Lichtenau: écrits par elle même en 1808 souvis d'une correspondance relative a ses mémoires et tirée de son portfeuille. Traduit de l'Allemand par J. F. G. P. Paris: Buisson 1809, S. 264, S. 278, S. 313 ff.

[11] GStA PK, I. HA, Rep. 36, Nr. 2653, fol. 6 und passim.

[12] *Avant Própos,* in *Rasche*: „Decoratore di Sua Maestà", S. 129; die Bühnenausstattung dieser Oper wird bei *Rasche* (ebd., S. 113 f.) sehr präzise behandelt.

Come di consueto Federico scrisse un testo in prosa in francese da far mettere poi in versi italiani da un madrelingua dotato di talento poetico. Per «Silla» egli si servì di Giovanni Pietro Tagliazucchi, membro dell'Accademia dell'Arcadia, giunto a Berlino nel 1752, che di lì a poco si farà onore come uno fra i primi mediatori culturali fra Germania ed Italia. Con la traduzione de «La primavera» di Ewald von Kleist, pubblicata a Potsdam nel 1755, Tagliazucchi diventerà infatti il capostipite dei traduttori italiani di opere letterarie tedesche, offrendo nella prefazione di questa traduzione uno dei primi tentativi di rivalutazione della letteratura tedesca, all'epoca vilipesa in tutta Europa.

Non fu solo un poeta italiano ad adoperarsi perché all'opera scritta dal re prussiano arridesse il successo.

Esclusivamente italiani furono i cantanti che la eseguirono: il famoso castrato Carestini, chiamato «Il Cusanino», giunto a Berlino per sostituire Salimbeni nel 1750 e rimastovi fino al 1754; il castrato Pasquale Bruscolini, detto Pasqualino, stella incontrastata dell'Opera Reale di Berlino dal 1743 al 1753, per cui Graun creò appositamente il ruolo di Lentulo in «Silla»; Antonio Romani, attivo a Berlino dal 1744 alla morte avvenuta nel 1768 come primo e, per tutta la sua vita, unico tenore dell'ensemble dell'Opera Reale; Giovanna Gasparini [tavola Nr. 3], ingaggiata da Graun a Bologna nel 1741 e che a Berlino fu Primadonna fino al 1747, poi cantante in ruoli secondari fino al 1776, anno in cui morì; la romana Anna Lorio Campolongo, anche essa venuta con Graun dall'Italia nel 1741 ed attiva a Berlino come seconda cantante fino al 1754 ed infine Paolo Bedeschi, detto Paolino e Porporino, di cui già si è avuto ripetutamente modo di accennare. Non mancò tra gli interpreti il soprano Giovanna Astrua, una vera star dell'epoca

La Primadonna Giovanna Astrua [tavola nr. 4], nata a Graglia nei pressi di Vercelli intorno al 1720, aveva calcato le scene per la prima volta nel 1739 a Torino ed era divenuta tanto famosa in tutta Italia da attirare l'attenzione di Federico, che, su indicazione di Cattaneo, l'aveva chiamata a Berlino nel 1747. Qui fu considerata «una delle maggiori cantanti dell'epoca» e musicisti come Johann Georg Benda e Carl Heinrich Graun composero appositamente per lei arie per concerti e ruoli per l'opera. Allorché Giovanna, nel 1756, perse la voce, il re le concesse una pensione e le permise di tornare in Italia. Morì a Torino il 28 ottobre 1785.

Tra i ballerini che si esibirono in «Silla» troviamo la veneziana Giovanna Cortini-Denis [tavola nr. 5], cui pure si è già accennato, chiamata *La Pantaloncina* perché figlia del famoso «Pantalone» Andrea Cortini (o Corrini). Già nota a Venezia in giovanissimi anni, calcò le scene di Napoli dal 1741 dove, nel 1748, sposò il ballerino e coreografo francese Jean-Baptiste Denis. I due furono chiamati a Berlino nel 1749 dove Giovanna sostituì Barbarina, entrando presto nelle grazie del pubblico berlinese davanti al quale si esibì assieme al marito, seppure con interruzioni, fino al 1766.

Poco si sa degli anni seguiti al soggiorno berlinese tranne che, ancora nel 1797, viveva a Firenze.

Ai sontuosi costumi aveva provveduto, come sempre, il romano Angelo Maria Cori, mentre le imponenti scenografie venivano dalla bottega del parmense Giuseppe Galli Bibiena, nella quale lavoravano italiani come il pittore Carlo Sonnico ed un certo Franceschini. Galli Bibiena all'uopo si basò, modificandole, su scenografie create tra il 1748 ed il 1754 per le opere «Cinna» e «Coriolano» da un altro famoso architetto teatrale italiano attivo a Berlino anni prima e di cui già si disse: Innocente Bellavita.

La prima dell'Opera «Silla» il 27 marzo 1753 rende, così, testimonianza tra le più eloquenti di quell'incontro tanto proficuo, eppur finora trascurato dagli studi, tra la cultura italiana e tedesca alla corte di Federico II.

A tale incontro fu dedicata la mostra
ed è ora dedicato il volume che la documenta.

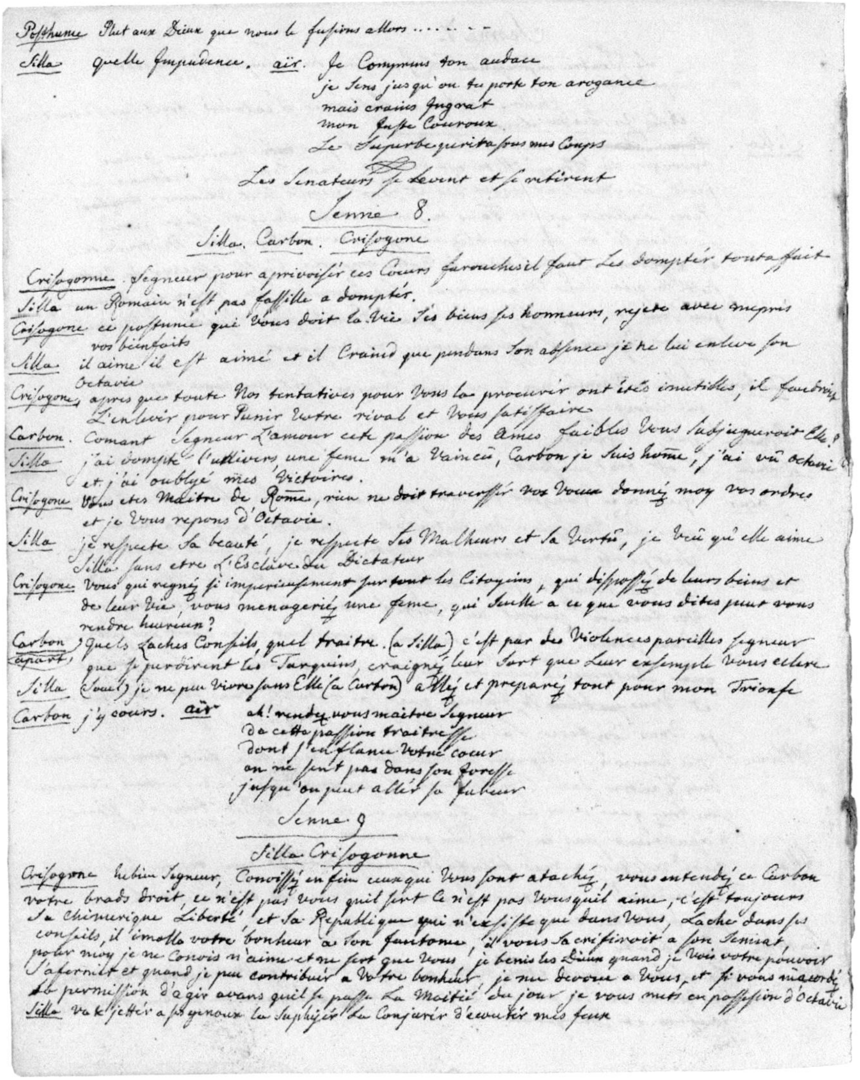
Posthume Plut aux Dieux que nous le fussions allors ......
Silla quelle impudence. aïr. Je Connois ton audace
je sens jusqu'ou tu porte ton arogance
mais crains ingrat
mon juste Couroux
Le Superbe perira sous mes Coups
Les Senateurs se levent et se retirent
Scene 8.
Silla. Carbon. Crisogone
Crisogone. Segneur pour aprivoiser ces Coeurs farouches il faut Les dompter tout a fait
Silla un Romain n'est pas facille a dompter.
Crisogone ce posthume qui vous doit la Vie ses biens ses honneurs, rejette avec mepris vos bienfaits
Silla il aime il est aimé et il Craind que pendant son absence je ne lui enleve son Octavie
Crisogone apres que toute Nos tentatives pour Vous la procurer ont étés inutilles, il faudroit L'enlever pour Punir Votre rival et Vous satisfaire
Carbon. Comant Segneur L'amour cete passion des ames faibles Vous subjugueroit Elle?
Silla j'ai dompté l'univers une feme m'a Vaincu, Carbon je suis home, j'ai vu Octavie et j'ai oublié mes Victoires.
Crisogone Vous etes Maitre de Rome, rien ne doit traverser vos Voeux donnés moy vos ordres et je Vous repons d'Octavie.
Silla je respecte sa beauté, je respecte ses Malheurs et sa Vertu, je veu qu'elle aime Silla sans etre L'Esclave du Dictateur
Crisogone Vous qui regnés si imperieusement sur tout les Citoyens, qui disposés de leurs biens et de leur Vie, vous menageriés une feme, qui seulle a ce que vous dites peut vous rendre heureux?
Carbon apart Quels Laches Conseils, quel traitre. (a Silla) c'est par des Violences pareilles segneur que se perdirent les Tarquins, craignés leur Sort que Leur exemple Vous eclaire
Silla (seul) je ne peu vivre sans Elle (a Carbon) allés et preparés tout pour mon Triomfe
Carbon j'y cours. aïr ah! rendés vous maitre Segneur
de cette passion traitresse
dont s'enflame Votre coeur
on ne sent pas dans son ivresse
jusqu'ou peut aller sa fureur
Scene 9
Silla Crisogonne
Crisogone hebien Segneur, Conoissés enfin ceux qui Vous sont atachés, vous entendés ce Carbon votre brads droit, ce n'est pas vous quil sert Ce n'est pas Vous quil aime, c'est toujours sa chimerique Liberté et sa Republique qui n'existe que dans Vous, Lache dans ses conseils, il imolle votre bonheur a son fantome il vous sacrifiroit a son Senat. pour moy je ne Conois n'aime et ne sert que Vous je benis les Dieux quand je Vois votre pouvoir s'afermir et quand je peu contribuer a Votre bonheur je me devoue a Vous, et si vous m'acordés la permission d'agir avans quil se passe La Moitié du jour je vous mets en possession d'Octavie
Silla va te jetter a ses genoux la Supplier la Conjurer d'ecouter mes feux

Abb. 63: Eigenhändiges Manuskript Friedrichs II. des Librettos zu der von ihm verfassten Oper „Sylla“

Manoscritto di mano di Federico II del libretto d'opera per „Silla“ composto dal re

(GStA PK, I. HA Rep. 96 C Slg. Itzenplitz, Nr. 7, fol. 5)

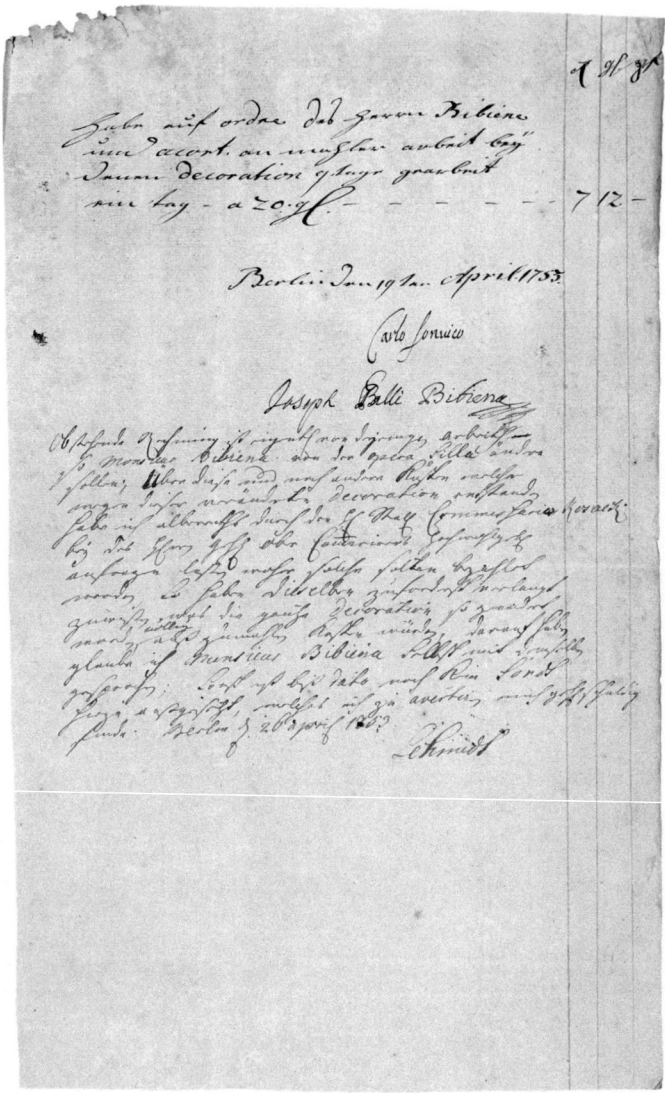

Abb. 64: Rechnung des Malers Carlo Sonnico für seine im Auftrag von Giuseppe
Galli Bibiena geleistete Mitarbeit an den Bühnendekorationen der Oper *Sylla*
mit eigenhändiger Unterschrift beider Beteiligter, Berlin, den 19. April 1753

Conto del pittore Carlo Sonnino per lavori alle scenografie dell'Opera „Silla"
svolti per incarico di Giuseppe Galli Bibiena a firma autografa di entrambi,
Berlino 19 aprile 1753

(GStA PK, I. HA Geheimer Rat, Rep. 36 Hof- und Güterverwaltung,
Nr. 2653, nach fol. 12)

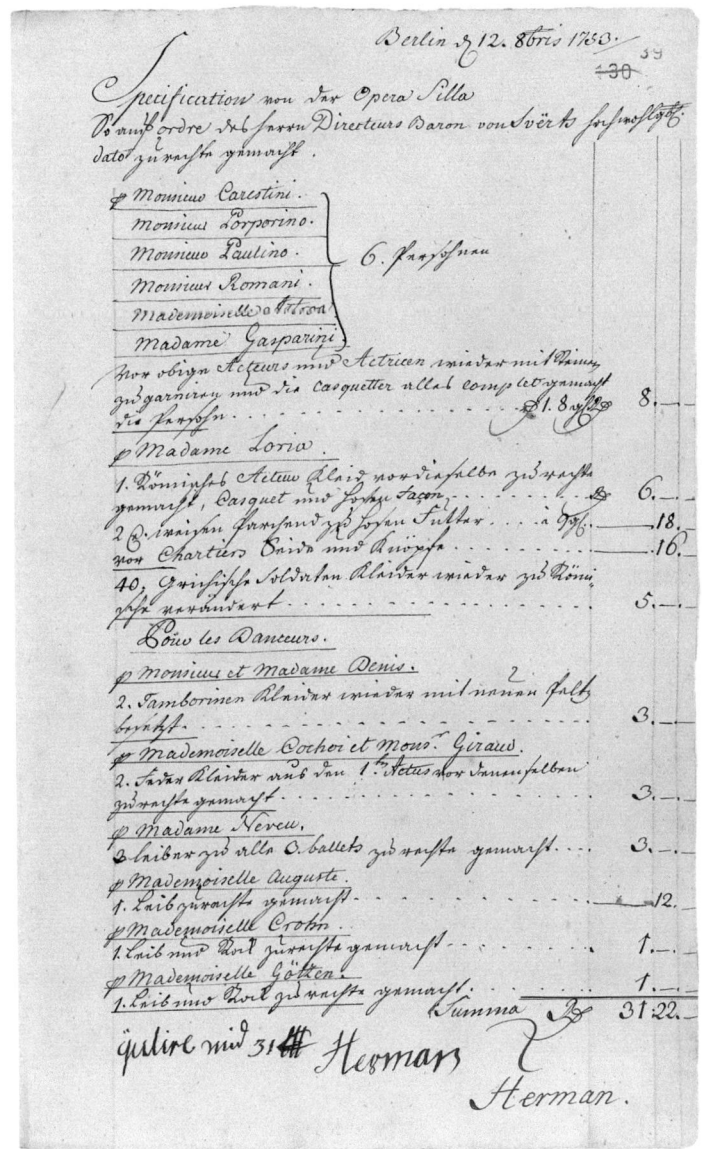

Abb. 65: Liste der Aufwendungen für den Auftritt von Sängern und Sängerinnen
sowie Tänzer und Tänzerinnen, die an der Oper „Sylla" beteiligt waren
Lista delle Spese sostenute per cantanti e ballerini nell'opera „Silla".
(GStA PK, I. HA Geheimer Rat, Rep. 9 Allgemeine Verwaltung,
Nr. LL 7 c, Fasz. 9, fol. 39)

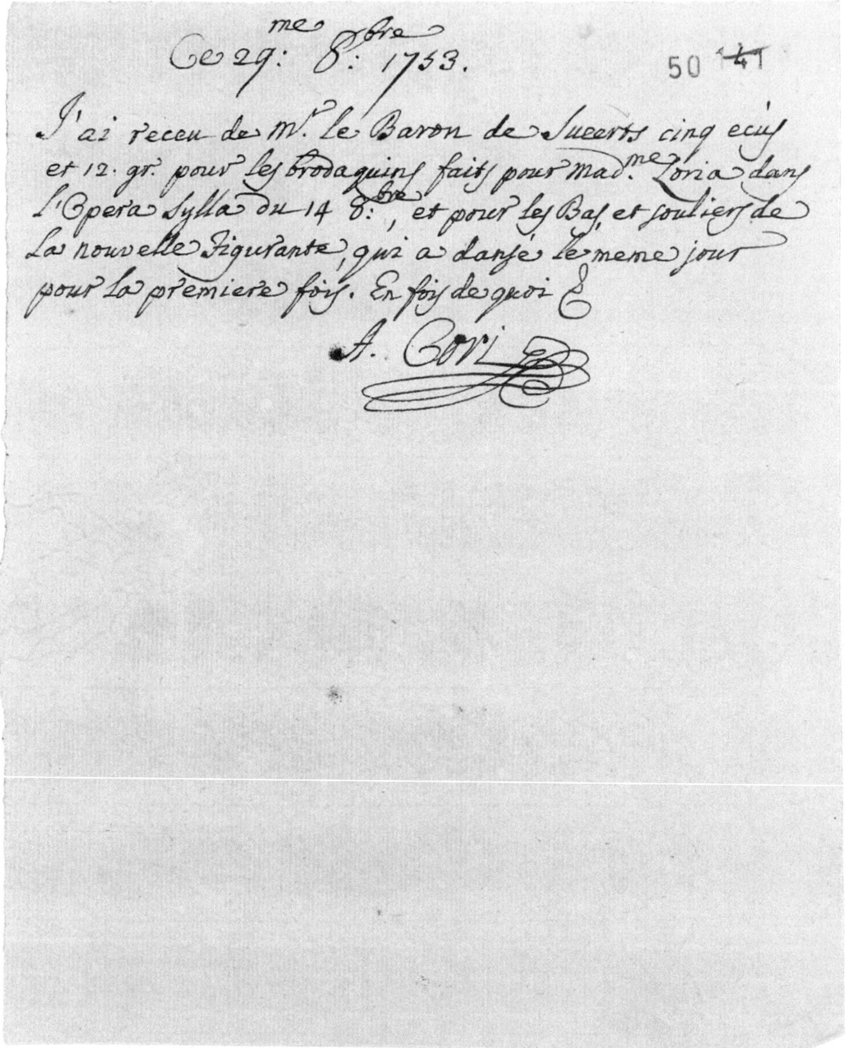

Ce 29: 8bre: 1753.

50

J'ai receu de M.r le Baron de Sweerts cinq ecus et 12. gr. pour les brodaquins faits pour Mad.me Loria dans l'Opera Sylla du 14 8bre, et pour les Bas et souliers de la nouvelle Figurante, qui a dansé le meme jour pour la premiere fois. En foy de quoi &

A. Cori

Abb. 66: Bestätigung einer Anzahlung an den Bühneninspektor Angelo Maria Cori
für Ausgaben für die Oper „Sylla"
Ricevuta di pagamento per l'ispettore teatrale Angelo Maria Cori
per spese sostenute per l'Opera „Silla"
(GStA PK, I. HA Geheimer Rat, Rep. 9 Allgemeine Verwaltung,
Nr. LL 7 c, Fasz. 9, fol. 50)

Farbtafel Nr. 6: Kostümfigurine des Antonio Romani († 1768)

Als der aus Piacenza stammende Romani[13] nach Berlin kam, hatte er bereits große Erfolge gefeiert. In der Königlichen Oper debütierte er in der Titelrolle der Oper „Catone in Utica" von Graun, die im Januar 1744 aufgeführt wurde. In einer Besprechung dieser Aufführung, die von besonderem Interesse für die musikalische und literarische Ästhetik dieser Zeit ist, schildert Borchmann Romani bei diesem Auftritt mit folgenden, begeisterten Worten:

> ein sehr geschickter Acteur und der beste Tenorist, stellete den Cato mit so vieler Natur vor, daß man den Cato selbst zu sehen glaubte. [...] Seine vollkommene Action machte in die Herzen aller Fühlenden einen solchen Eindruck, daß wir alles für würkliche Begebenheiten, und nicht nur für ein bloßes Spiel hielten.[14]

Romani sang als Tenor im Ensemble bis 1768, dem Jahr seines Todes.

Tavola a colori nr. 6: Figurino per Antonio Romani

Quando Romani, nativo di Piacenza, giunse a Berlino, egli godeva già di grande fama. Il suo debutto nella capitale prussiana avvenne nel gennaio 1744 come protagonista dell'opera «Catone in Utica» con musica di Graun.

Borchmann ce ne lascia un ricordo vibrante d'entusiasmo ed ammirazione, definendolo «attore molto versato» e capace di interpretare il suo ruolo con una naturalezza tale da dare agli spettatori l'illusione di aver dinnanzi agli occhi Catone stesso in carne ed ossa. Secondo quanto Borchmann riferisce in quella che si rivela essere una testimonianza di grande importanza per l'estetica teatrale e musicale dell'epoca, la sua interpretazione fece una tale impressione «sui cuori di tutti gli spettatori sensibili che noi avemmo l'impressione di assistere a vicende vere e non ad una mera rappresentazione teatrale.» Romani cantò come tenore nell'ensemble berlinese fino alla sua morte, avvenuta nel 1768.

---

[13] Unbekannt ist das Jahr seiner Geburt, s. zu Romani auch *Kutsch/Riemens*: Großes Sängerlexikon, Bd. 6, *ad vocem*, S. 3993 und *Henzel*: Zu den Aufführungen der großen Oper, S. 25.

[14] *Borchmann*: Briefe zur Erinnerung an merkwürdige Zeiten, 17. Brief vom 15.6.1777, S. 145–152: 149 f.

Italienerinnen und Italiener in Berlin und Potsdam
1740–1786

Alfieri, Königl. Kammerdiener/cameriere particolare

Alfieri, Vittorio (1749–1803), Dichter/poeta

Algarotti, Francesco, Graf (1712–1764), Polyhistor/poligrafo

Amadori, Giovanni, Sänger/cantante

Andriani, Tänzer/ballerino

Angelo, Souffleur/suggeritore

Astrua, Giovanna (ca. 1720–1757), Sängerin/cantante

Baglioni, Clementina, Sängerin/cantante

Bailo, Pietro, Kunstmaler/pittore

Ballestrem di Castellengo, Johann (Giovanni Battista Angelo) Graf von, italienischer
Soldat

Bartolotti (Bartholdi, Batelotti), Sängerin/cantante

Bastiani, Giovan Battista (1714–1786), Geistlicher/Religioso

Bedeschi, Paolo (1727–1784), alias Paolino, Sänger/cantante

Bellaspica, Francesco (* ca. 1745), Sänger/cantante

Bellavita (Bellavite), Innocente (um 1692–1762), Bühnenarchitekt und -dekorateur/
Architetto e scenografo

Bennati, Francesco, Sänger/cantante

Bennati Menesini, Luigia, Sängerin/cantante

Bentivegni, Johann Hieronymus de, Soldat/soldato

Betti, Giuliano, Sänger/cantante

Bolero, Giovanni, Seidenmoulinieur/sericoltore

Bon, Girolamo (ca. 1700–nach 1766), Maschinenmeister, Bühnenarchitekt/Macchinista
ed architetto teatrale

Bonseri, Domenico, Kaufmann/mercante

Borell du Vernay, Jakob von, Soldat/soldato

Bottarelli, Giovanni Gualberto, Hofpoet/poeta di corte

Brünett, Moritz von, Soldat/soldato

Bruscolini, Pasquale, alias Pasqualino, Sänger/cantante

Burgioni, Maria, alias La Mantuanina, Tänzerin/ballerina

Buzzano, Giovan Battista, Kaufmann/mercante

Cagnoni, Carlo De' († vor 1790), Akademiker/accademico

Calam, Bildhauer, Steinmetzmeister/maestro intagliatore

Calzabigi, Giovanni Antonio (ca. 1714–1764), Abenteuerer/avventuriero

Camati, Maria (auch Camal), alias La Farinella, Sängerin/cantante

Campanini, Barbarina, alias Barbarina (1721–1799), Tänzerin/ballerina

Campanini, Domitilla, Tänzerin/ballerina

Campigli, Giovanni, Maler/pittore

Cantelli Tagliazucchi, Veronica (1716–ca. 1783), Schriftstellerin/scrittrice, Malerin/ pittrice

Carara, Sängerin/cantante

Carestini, Giovanni (1700–1760), alias Il Cusanino, Sänger/cantante

Carloni, Adam, Vergolder und Stuckateur/indoratore e succatore

Casanova, Giacomo (1725–1798), Abenteuerer/avventuriero

Cassati, Sänger/cantante

Castiglione, Giovanni (1708–1791) (Salvemini da Castiglione, Giovanni Francesco und Castillion, Jean Salvemini de) Akademiker/accademico

Catena, Francesco (Franz), Seidenkultur- und Plantageninspektor/ispettore nella sericoltura

Cavaceppi, Bartolomeo (1717–1799), Bildhauer/scultore

Cavalcabo, Karl Wilhelm Melchior Marquis de, Soldat/soldato

Chaumontet, Alexander von, Soldat/soldato

Chaumontet, (Emanuel) Franz Eugen von († 1788), Soldat/soldato

Claris, Giuseppe (oder Clavis), Seidenmoulinieur/torcitore di seta

Cocci, Felice, Bildhauer/scultore

Colani, Soldat/soldato; Wirt in Potsdam/oste a Potsdam

Coli, Giovanni (1748–1801), Sänger/cantante

Colizzi, Sängerin/cantante

Collini, Cosimo Alessandro (1727–1806), Polyhistor/poligrafo

Concialini, Giovanni Carlo (1744–1812), Sänger/cantante

Cori, Angelo Maria († 1775), Theaterinspekteur/ispettore teatrale

Corno, (auch Cournon), Sprachlehrer/insegnante di lingua

Cortini-Denis, Giovanna (1728–nach/dopo 1797), alias La Pantaloncina, Tänzerin/ballerina

Cricchi, Domenico (ca. 1700–1761), Sänger und Direktor im Intermezzo-Theater/cantante e direttore dell'Opera comica

Croce, (Giovanni), Sänger/cantante

D'Argeli, Sängerin/cantante

De Calma, Seidenhändler/mercante di seta

Denina, Carlo Giovanni Maria (1731–1813), Polyhistor/poligrafo, Akademiker/accademico

Fabris, Giacomo (Jacopo) (1689–1761), Bühnenarchitekt und -dekorateur/Architetto e scenografo

Fanti, Bühnenarchitekt und -dekorateur/Architetto e scenografo

Farinella, Sängerin/cantante

Favrat, Franz Andreas Jaquier de Berney von (1730–1804), Soldat/soldato

Ferrari, Sänger/cantante

Fontana, Filippo Nepomuceno, Sardinischer Gesandte in Preußen/ambasciatore sardo in Prussia

Franceschini, Bühnenarbeiter/artigiano scenografo

Francia, Antonio, alias Perelino, Sänger/cantante

Franzani, Gian Battista De, Sprachlehrer/insegnante di lingua

Gagino, Francesco, Kaufmann/mercante

Galiani, Angelo, Pyrothechniker/pirotecnico

Galli Bibiena, Carlo (1721–1787), Bühnenarchitekt und -dekorateur/Architetto e scenografo

Galli Bibiena, Giuseppe (1695–1757), Bühnenarchitekt und -dekorateur/Architetto e scenografo

Galliari, Bernardo (1707–1794), Bühnenarchitekt und -dekorateur/Architetto e scenografo

Gasparini (Gasperini), Giovanna (1707–1776), Sängerin/cantante

Gasperini (Caspatini), Dirceo, Sprachlehrer/insegnante di lingua, Übersetzer/traduttore

Gavi, Antonio, Seidenplanteur/sericoltore

Gervasio, Sängerin/cantante

Giachetti, Giovanni, Seidenmoulinieur/torcitore di seta

Gigard, Frotteur des Fußbodens/lucidatore di pavimenti

Girelli (Girella), Sängerin/cantante

Girola, Matteo (oder Giuseppe), Bildhauer/scultore

Gorani, Giuseppe (1740–1819), Abenteurer; Reisender

Graganelli, Souffleur/suggeritore

Grandis, Marianne, Sängerin/cantante

Grasecki, Philipp de, Soldat/soldato

Grassi, Luigi († 1789), Sänger/cantante

Grugnanelli, Francesco, Übersetzer/traduttore

Guanery, Johannes, Soldat/soldato

Guglielmi, Gregorio (1714–1773), Maler/pittore

Hubert (Huber, Uber, Uberi, Uberti), Anton (1719–1783), alias Porporino, Sänger/cantante

Lagrange (De la Grange/Lagrangia/Lagranges), Luigi Giuseppe (1736–1813), Akademiker, accademico

Landi, Antonio (1729–1785), Hofpoet/poeta di corte

Leonardi, Stefano, Sänger/cantante

Lisonio, Bernardo, Kaufmann/mercante

Liverati, Costanza (*1745), Sängerin/cantante

Liverati, Matteo, Sänger/cantante

Lorio Campolongo, Anna, Sängerin/cantante

Lubonis, Melchior von, Soldat/soldato

Luc v. Maisons, Johann Jakob de, Soldat/soldato

Lucchesini, Girolamo Marchese (1751–1825), Diplomat/diplomatico, Polyhistor/poligrafo

Luini, Domenico (ca. 1730–†?), Sänger/cantante

Lusi, Spridino Graf von (1742–1815), Soldat/soldato

Maggi, Giuseppe Antonio, Instrumentenmacher/costruttore di strumenti meccanici

Malaspina, Francesco Marchese, Reisender/viaggiatore

Malfalti (Malfatti), Ludovico, Sprachlehrer/insegnante di lingua

Manzi (Mansi oder Marsi), Nunziata, Sängerin/cantante

Mariotti, Maria, Sängerin/cantante

Mariotti, Mattia, Sänger/cantante

Marteningo, Johann Estor Graf von, Soldat/soldato

Martinenck-Barey, Johann de, Soldat/soldato

Martinengo, Sänger/cantante

Masi, Maria, alias La Morsarola, Sängerin/cantante

Masiger, Martin, Zuckerbäcker/pasticcere

Masini (Massini) della Massa, Vincenzo (Vinzenz) Bernardini, Soldat/soldato

Masno, Sängerin/cantante

Mattei Koch, Armellina, Sängerin/cantante

Mazzanti, Ferdinando, Sänger/cantante

Mecenati, Eugenio († 1747), Geistlicher/Religioso

Meroni, Tänzerin/ballerina

Michelessi, Domenico (1735–1773), Polyhistor/poligrafo

Moldini, Tänzerehepaar/coppia di ballerini

Molteni, Benedetta Emilia (1722–1780), Sängerin/cantante

Monticelli, Sänger/cantante

Morelli, Tänzerehepaar/coppia di ballerini

Morino, Carlo, Kaufmann/mercante

Mutius, Bartolomeo, Zuckerbäcker/pasticcere

Nardey, Josef von, Soldat/soldato

O, Jean Bartholomäus d', Soldat/soldato

Olivieri, Santina, alias La Reggiana, Tänzerin/ballerina

Paganini, Angela (* 1725), Sängerin/cantante

Paganini, Carlo, Sänger/cantante

Paladini, Francesco, Sänger/cantante

Paladino, Tommaso, Charlatan/ciarlatano

Palmiero, Domenico, Kaufmann/mercante

Perini Spazzi (auch Pierino/i/Spary), Kabinetts-Kurier/Corriere Reale

Philippi, Herr, Sprachlehrer/insegnante di lingua

Pilati, Carlo Antonio (Carlantonio) (1733–1802), Polyhistor/poligrafo

Pinetti, Gaetano, Sänger/cantante

Pinto, Francesco Ignazio (Franz Ignaz) (1725–1788), Soldat/soldato

Poggi, Domenico, Sänger/cantante

Potenza, Nina, alias La Nina, Sängerin/cantante

Reggiani, alias La Parmigianina, Tänzerin/ballerina

Reginelli, Niccolò (1710–1751), Sänger/cantante

Reguli, Francesco (* 1716), Gipsfigurenmacher/fabbricatore di figure di gesso

Rezzonico, Seidenfärber/tintore della seta

Ricciarelli, Giuseppe, Sänger/cantante

Roascia, Francesco, Seidenmoulinieur/torcitore di seta

Romani (Romano), Antonio († 1768), Sänger/cantante

Rosenau, Ninetta, Sängerin/cantante

Rosetti, Giovanni, Koch/cuoco

Ruvinetti Bon, Rosa, Sängerin/cantante

Sagramoso, Michele Enrico (1720–1790), Polyhistor/poligrafo; Reisender/viaggiatore

Salimbeni (Salinbeni), Felice (1712–1751), Sänger/cantante

Salimbeni, Seidenfärber/tintore della seta

Salviati, Angelo, Sprachlehrer/insegnante di lingua

Salviati, Steineschneider/intagliatore di pietre

Sanseverino, Giulio Roberto di Sanmartino (1722–ca. 1800), Sprachlehrer/insegnante di lingua, Übersetzer/traduttore

Santarelli, Giuseppe, Sänger/cantante

Santurini, Sänger/cantante

Scarpa, Antonio (1752–1832), Akademiker/accademico

Schiavetto, Instrumentenmacher/costruttore di strumenti metereologici

Scioti D'Argeli, Sängerin/cantante

Scioti, Sänger/cantante

Selvino, Giovanni Battista, Kaufmann/mercante

Sempelina, Teresa, Tänzerin/ballerina

Serafini, Franziskus de, Soldat/soldato

Sidotti Filippo und/e *Marianna,* Sänger/cantanti

Silvano, Brüder, Bildhauer/scultore

Sonnico, Carlo, Theatermaler und -dekorateur/pittore e decoratore teatrale

St. Pie, Johann Amadeus de, Soldat/soldato

Ste(f)fanino, Sänger/cantante

Taddeo, Giovanni Battista, Kaufmann/mercante

Tagliazucchi, Giovanni Pietro (1716–1768), Hofpoet/poeta di corte, Übersetzer/ traduttore

Tamanti, Konditor/pasticcere

Tarrone, Giuseppe Antonio, Wetterglasmacher/costruttore di barometri

Tarrone Sala, Kaufmann/mercante

Tedeschi, Giovanni, alias Amadoni, Sänger/cantante

Tedeschini, Sänger/cantante

Tombolini, Raffaele (1766 1839), Sänger/cantante

Torchiana, Giovan Battista, Kaufmann/mercante

Tosoni, Giuseppe (1755–nach/dopo 1791), Sänger/cantante

Triulzi, Giovanni, Sänger/cantante

Valeriani Giuseppe († 1761), Bühnenarchitekt und -dekorateur/Architetto e sceno- grafo, Reisender/viaggiatore

Valesio, Giovanni, Kaufmann/mercante

Vanoni, Stuckateur/stuccatore

Venturini, Sängerin/cantante

Verona, Bartolomeo (1744–1813), Bühnenarchitekt und -dekorateur/Architetto e scenografo

Vestris, Gaetano, Tänzer/ballerino

Villati, Leopoldo de († 1752), Hofpoet/poeta di corte

Volta, Alessandro (1745–1827), Wissenschaftler/scienziato

Zanuzzi, Santina († nach/dopo 1775), alias La Santina, Tänzerin/ballerina

Bibliographie

Die Aufstellung verzeichnet ausschließlich Titel, auf die im vorliegenden Band Bezug genommen wurde.

La lista seguente contiene solo opere citate nel presente studio.

Primärliteratur / Fonti

Werke Friedrichs des Großen

Die Briefe Friedrichs des Großen an seinen vormaligen Kammerdiener Fredersdorf. Hrsg. v. Johannes Richter. Berlin: Klemm 1926.

Die Werke. Hrsg. von Gustav Berthold Volz. 10 Bde. Berlin: Reiner Hobbing 1912–1915

L'arte della guerra, in ottava rima italiana, tratta dal poema francese del filosofo di Sans-Souci, dal signore di Sanseverino. Parigi: s. t. 1761.

Œuvres de Frédéric le Grand. Säkularausgabe. Hrsg. v. Johann David Erdmann Preuss. 30 Bde. Berlin: Decker 1846–1857.

Œuvres posthumes. 15 Bde u. 6 Suppl. Bde. Berlin/Köln: 1788–1789.

Politische Correspondenz. Hrsg. v. Johann Gustav Droysen et al. 47 Bde. Berlin: Duncker 1879–1939, Köln et al.: Böhlau 2003.

Schriften und Briefe. Frankfurt am Main: Röderberg 1986 (= Röderberg-Taschenbuch 149).

Weitere Primärwerke

Adres-Calender der Königlich-Preußischen Haupt- und Residenzstadt Berlin, besonders der daselbst befindlichen hohen und niederen Collegien, Instanzien und Expeditionen. Berlin: Unger 1783.

Agricola, Johann Friedrich: Schreiben eines reisenden Liebhabers der Musik von der Tiber, an den Critischen Musikus an der Spree. Berlin [o. V.] 1749.

Alfieri, Vittorio: Opere. A cura di Francesco Maggini. Vol. 9: Rime. Asti: Casa d'Alfieri 1954.

– Opere. A cura di Lanfranco Caretti. Vol. 14: Epistolario. Asti: Casa d'Alfieri 1963.

– Vita. A cura di Anna Dolfi. Milano: Mondadori 1987.

– Vita. A cura di Giulio Cattaneo. Milano: Garzanti 1977.

Algarotti, Francesco: Il Newtonianismo per le dame ovvero dialoghi sopra la luce e i colori, Napoli, o.V., 1737, dt. Übersetzung: Newton's Welt – Wissenschaft für das Frauenzimmer oder Unterredungen über das Licht, die Farben und die anziehende Kraft. Braunschweig: o. V. 1745.

– Opere di Francesco Algarotti e Saverio Bettinelli. A cura di Ettore Bonora. Milano/Napoli: Ricciardi 1960.

– Opere. 10 voll. Cremona: Manini 1778–1784.

– Opere. Edizione nuovissima. 17 voll. Venezia: Palese 1791–1794.

– Saggio sopra l'opera in musica. o.O. 1755.

– Versuch über die musicalische Opera, in: ders.: Versuche über die Architektur, Mahlerey und musicalische Opera aus dem Italiänischen des Grafen Algarotti übersetzt von R[udolf] E[rich] Raspe, Hochf. Hessischen Rath und Prof. der Alterthümer. Kassel: Hemmerde 1769, S. 217–300.

– Versuch über die musicalische Opera, in: Wöchentliche Nachrichten und Anmerkungen die Musik betreffend, 3, 1768/69, S. 387–394, S. 395–402 u. Anhang, S. 1–8, S. 9–16 u. S. 17–22.

– Viaggi di Russia. A cura di William *Spaggiari.* Parma: Guanda 1991.

Allgemeine Schatzkammer der Kaufmannschaft oder vollständiges Lexicon aller Handlungen und Gewerbe so wohl in Deutschland als auswärtigen Königreichen und Ländern […]. 5 T. Leipzig: Heinsius 1741–1743.

Angelica e Medoro. Dramma per musica da rappresentarsi nel regio teatro di Berlino […]. Berlino: Haude & Spener 1749

Anonym: Nachricht von dem gegenwärtigen Zustande der Oper und Musik des Königs, in: Friedrich Wilhelm Marpurg (Hrsg.): Historisch=Kritische Beyträge zur Aufnahme der Musik. 2 Bde. Berlin: Wittwe Schütz 1754/1755. Reprint Hildesheim, New York: Olms 1970.

Baden, Torkel (Hrsg.): Briefe über die Kunst von und an Christian Ludwig von Hagedorn. Leipzig: Weidmann und Mohr 1797.

Bernoulli, Johann: Sammlung kurzer Reisebeschreibungen und anderer zur Erweiterung der Länder- und Menschenkenntniß dienender Nachrichten. Bd. 1. Berlin: Altenburg und Richter 1781.

Boileau, Nicolas: L'art poétique. Paris: D. Thierry 1674.

– Satires. Paris: Thierry 1657–1705.

Borchmann, Johann Friedrich: Briefe, zur Erinnerung an merkwürdige Zeiten, und rühmliche Personen, aus dem wichtigen Zeitlaufe, von 1740, bis 1778. Berlin: Spener 1778.

Caminer, Domenico: Storia della vita di Federico II il Grande, Re di Prussia […]. Tratta da originali e classici documenti […] Aneddoti e ritratti. Venezia: Pitteri 1787.

Campolieti, N. M.: Discorsi di Federico II di Prussia. Diario del Marchese Girolamo Lucchesini. Roma: Voghera 1911 (Sonderdruck aus Rivista militare italiana, 1911).

Campori, Giuseppe (a cura di): Lettere artistiche inedite. Modena: Soliani 1866.

Casanova, Giacomo: Geschichte meines Lebens. Hrsg. und kommentiert von Günter Albrecht in Zusammenarbeit mit Barbara Albrecht. 12 Bde. München: Beck 1985–1989.

– Histoire de ma vie suivie de textes inédits. Édition présentée et établie par Francis Lacassin. Paris: Laffont 1993.

Catena, Franz: Versuch einer Anweisung die Seide zu haspeln nach Piemonteser Art. Potsdam 1783.

Cavaceppi, Bartolomeo: Raccolta di antiche statue, busti, teste cognite ed altre sculture antiche scelte restaurate dal Cavalier Bartolomeo Cavaceppi. 3 voll. Roma: Salomoni 1768–1772.

Cesarotti, Melchiorre: Opere scelte. A cura di Giuseppe Ortolani. Bd. 1. Firenze: Le Monnier 1945.

Collini, Cosimo Alessandro: Mon séjour auprès de Voltaire et lettres inédites que m'écrivit cet homme célèbre jusqu'à la dernière année de sa vie. Paris: Collin 1807.

Denina, Carlo: Brandenburgische Briefe; Welche der Geschichte der Litteratur zur Fortsetzung dienen. H. 1. 2. Berlin 1786–1788.

– Apologie de Frédéric II, roi de Prusse, sur la Préférence qu'il parut accorder à la Littérature Françoise. Dessau: Heybruch 1787.

– Autobiografia berlinese 1731–1792. A cura di Fabrizio Cicoira. Bergamo: Lubrina 1990.

– Bibliopea o sia l'arte di compor libri. Ristampa a cura di Emilio Mattioli. Modena: Mucchi 1994 (Torino: Reycends [1]1776).

– Discorso sopra le vicende della letteratura. Edizione critica a cura di Carlo Corsetti. Roma: Librerie editrici Universitarie Tor Vergata 1988.

– Discorso sopra le vicende della letteratura. Torino: Stamperia Reale 1760.

– Discours sur les vicissitudes de la littérature. Traduit de l'italien sous les yeux de l'auteur. Berlin 1786.

– Essai sur la vie et le règne de Frédéric II, Roi de Prusse, pour servir de préliminaire à l'édition de ses œuvres posthumes. Berlin: Rottmann 1788.

– La Prusse Littéraire sous Frédéric II ou histoire abrégée de la plupart des auteurs, des académiciens et des artistes qui sont nés ou qui ont vécu dans les états prussiens depuis MDCCXL jusqu'à MDCCLXXXVI par ordre alphabétique. Précédée d'une Introduction, ou d'un tableau général des progrès qu'ont faits les arts & les sciences dans les pays qui constituent la monarchie prussienne. 3 Bde. Berlin: Rottmann 1790–1791.

– Lettere Brandeburghesi. A cura di Fabrizio Cicoira. Torino: Centro studi piemontesi 1989.

– Lettres critiques pour servir de supplément au discours sur la question: que doit-on à l'Espagne. Berlin: Decker 1786.

– Réponse à la question que doit-on à l'Espagne. Discours lu à l'Académie de Berlin dans l'Assemblé Publique du 26. Janvier pour le jour anniversaire du Roi par Mr. l'Abbé Denina. Berlin: Decker 1786.

Dutens, Louis: Dutens Lebensbeschreibung oder Memoiren eines Gereisten, der ausruht. Aus dem Französischen übersetzt von Johann Friedrich von Meyer. 3 T. Amsterdam: Kunst und Industrie-Comptoir 1808.

Fabbriche antiche disegnate da Andrea Palladio Vicentino e date alla luce da Riccardo Conte di Burlington. Londra 1730. Reprint in Mikrofiche-Ausgabe Urbana, Ill.: The Cicognara Programm, Undergraduate Library, University of Illinois 1998 (= The Cicognara Library 597).

Fortsetzung der Nachricht von dem berlinischen Operntheater, in: Marpurg, Friedrich Wilhelm (Hrsg.): Historisch=Kritische Beyträge zur Aufnahme der Musik. Bd. 1. (Neudrucke Hildesheim u. New York, Olms, 1970). Berlin: Wittwe Schütz 1754.

General-Privilegium und Gülde-Brief der Materialisten in der Chur- und Marck Brandenburg, dies- und jenseits der Oder und Elbe, insonderheit der combinirten Materialisten-Gülde in Berlin. De Dato Berlin, den 9. August. 1735, in: Corpus Constitutionum Marchicarum, Oder Konigl. Preußis. und Churfürstl. Brandeburgische in der Chur- und Marck Brandenburg, auch incorporirten Landen publicirte und ergangene Ordnungen, Edicta, Mandata, Rescripta [et]c.: Von Zeiten Friedrichs I. Churfürstens zu Brandenburg [et]c. biß ietzo unter der Regierung Friderich Wilhelms, Königs in Preußen [et]c. ad annum 1736. [...] colliget und ans Licht gegeben von Christian Otto Mylius. Berlin und Halle. Zu finden im Buchladen des Waysenhauses [1737–]1755, V: Teil, II. Abteilung Anhang, Abt. X, Cap. von den Zünften, Nr. L, Sp. 533 ff.: 535–537.

Giornale Enciclopedico, Februarheft 1777.

Goethe, Johann Wolfgang: Poetische Werke. Vollständige Ausgabe. Bd. 9.: Autobiographische Schriften. Bd. 2. Stuttgart: Cotta 1953.

Gorani, Giuseppe: Le memorie. Milano: Mondadori 1936 (= collezione settecentesca N. S. 3)

Gozzi, Carlo: Chiacchiera di Carlo Gozzi intorno alla lingua letteraria italiana e alcune ricerche sopra il libro intitolato ‚Saggio sopra la lingua italiana" dell'abate Melchiorre Cesarotti, segretario dell'Accademia di Padova per le belle lettere, il tutto diretto ai lettori della ‚Marfisa bizzarra", poema faceto. A cura di Guido Mazzoni. Roma: Sommaruga 1885.

Hagedorn, Christian Ludwig von: Lettre à un Amateur de la Peinture avec des Eclaircissemens historiques sur un Cabinet et les Auteurs des Tableaux qui le composent. Ouvrage entremêlé de Digressions sur la vie de plusieurs Peintres modernes. Dresden: Walther 1755.

Hiller, Johann Adam: Lebensbeschreibungen berühmter Musikgelehrten und Tonkünstler, neuerer Zeit. Leipzig: Dyck 1784. Reprint Leipzig: Peters 1975.

Horvath, Carl Christian: Potsdam's Merkwürdigkeiten beschrieben und durch Plans und Prospekte erläutert. Potsdam: Horvath 1798.

Hotteterre, Jacques Martin: Principes de la flute traversière ou flute d'Allemagne, de la flute a bec ou flute douce, et du haut-bois, divisez par traitez. Amsterdam: Roger [1710]. [Faksimile] Mit deutscher Übertragung und Nachwort von Hans Joachim Hellwig. Kassel et al.: Bärenreiter 1982 (= Documenta Musicologica 1, 34).

König, Anton Balthasar: Versuch einer historischen Schilderung der Hauptveränderungen, der Religion, Sitten, Gewohnheiten, Künste, Wissenschaften etc. der Residenzstadt Berlin seit den ältesten Zeiten, bis zum Jahre 1786. Fünften Theils zweyter Band. Enthält die Regierungsgeschichte König Friedrich des Zweiten, von 1740 bis 1786. Berlin: Buchhandlung Pauli 1799. Nachdruck Berlin: Scherer 1991.

Lehndorff, Ernst Ahasverus Heinrich von: Des Reichsgrafen Ernst Ahasverus Heinrich Lehndorff Tagebücher nach seiner Kammerherrnzeit. Gotha: Perthes 1921.

Lichtenau, Wilhelmine von: Mémoires de la Comtesse de Lichtenau: écrits par elle même en 1808 souvis d'une correspondance relative a ses mémoires et tirée de son portfeuille. Traduit de l'Allemand par J. F. G. P. Paris: Buisson 1809.

Ligne, Charles-Joseph Prince de: Mémoires, lettres et pensées. Hrsg. V. Alexis Payne. Vorwort von Chantal Thomas. Paris: Bourin 1989.

Liverati, Matteo: Anweisung die Seidenwürmer auf Matten bequemer, zahlreicher und vorteilhafter, als es bisher möglich war, zu erziehen: nebst andern hierher gehörigen nützlichen Bemerkungen. Potsdam: Sommer 1785.

Lucchesini, Girolamo: Das Tagebuch des Marchese Lucchesini (1780–1782). Gespräche mit Friedrich dem Großen Hrsg. von Friedrich von Oppeln-Bronikowski und Gustav Berthold Volz. München: Hueber, 1926 (= Romanische Bücherei 5).

Ludovici, Carl Günther: Neu eröfnete Academie der Kaufleute, oder encyclopädisches Kaufmannslexicon [...] vormals herausgegeben von Prof. Carl Günther Ludovici. Und nun für das Bedürfniß jetziger Zeiten durchaus umgearbeitet von Johann Christian Schedel. Theil 3: G–Lei. Leipzig: Breitkopf/Härtel 1798.

– Eröffnete Akademie der Kaufleute, oder vollständiges Kaufmanns-Lexicon [...]. Zweyte vermehrte und verbesserte Ausgabe. 5 T. Leipzig: Breitkopf 1767–1768.

– Eröffnete Akademie der Kaufleute, oder vollständiges Kaufmanns-Lexicon: woraus sämmtliche Handlungen und Gewerbe, mit allen ihren Vortheilen, und der Art, sie zu treiben, erlernet werden können; und worinnen alle Seehäfen, die vornehmsten Städte und Handelsplätze ... beschrieben und erkläret werden/Mit vielem Fleiße aus den besten Schriftstellern zusammengetragen von Carl Günther Ludovici, ordentlichem Proffessorn der Vernunftlehre auf der Hohen Schule zu Leipzig [...]. Teil: 3: H–M. Leipzig: Breitkopf 1754.

Lusi, Spiridione: Le opere di Luciano tradotte dalla greca nell'italiana favella. 4 voll. Londra (Venezia): 1764–1768.

Malaspina, Francesco: Relazione di una scorsa per varie provincie d'Europa del M. **** a Madama G** in Parigi. Pavia 1786.

Manger, Heinrich Ludwig: Baugeschichte von Potsdam, besonders unter der Regierung König Friedrichs des Zweiten. 3 Bde. Berlin/Stettin: Nicolai 1789–1790. Reprint Leipzig: Zentralantiquariat der DDR 1987.

Marpurg, Friedrich Wilhelm (Hrsg.): Der critische Musicus an der Spree. Berlin: Haude und Spener 1749/1750.

– Historisch=Kritische Beyträge zur Aufnahme der Musik, Bd. 2. Berlin: Lange, 1756, Nachtrag S. 271–[273].

Michelessi, Domenico: Memorie intorno alla vita ed agli scritti del Conte Francesco Algarotti Ciambellano di S. M. il Re di Prussia e cavaliere del Merito. Venezia: Pasquali 1770.

Muratori, Lodovico Antonio: Della perfetta poesia italiana. A cura di Ada Ruschioni. 2 voll. Milano: Marzorati 1971.

Nachricht von dem gegenwärtigen Zustande der Oper und Musik des Königs, in: Marpurg, Friedrich Wilhelm (Hrsg.): Historisch=Kritische Beyträge zur Aufnahme der Musik. Bd. 1. Berlin: Wittwe Schütz 1754, S. 75–84. [= Neudrucke Hildesheim u. New York, Olms, 1970].

Nicolai, Friedrich (Hrsg.): Anekdoten von König Friedrich II. von Preußen und von einigen Personen, die um Ihn waren. 6 Hefte. Berlin/Stettin 1788–1792.

– Beschreibung der königlichen Residenzstädte Berlin und Potsdam, aller daselbst befindlicher Merkwürdigkeiten, und der umliegenden Gegend. Dritte, völlig umgearbeitete Auflage. Berlin: Nicolai 1786, in: ders.: Sämtliche Werke, Briefe, Dokumente. Kritische Ausgabe mit Kommentar. Hrsg. v. Philipp M. Mitchell. Bd. 8. Historische Schriften I. 2 Teile. Bearb. v. Ingeborg Spriewald. Bern u. a.: Lang 1995.

– Nachricht von den Baumeistern, Bildhauern, Kupferstechern, Malern, Stukkateuren und andern Künstlern welche vom dreyzehnten Jahrhundert bis jetzt in und um Berlin sich aufgehalten haben und deren Kunstwerke zum Theil daselbst noch vorhanden sind, in: ders.: Sämtliche Werke, Briefe, Dokumente. Kritische Ausgabe mit Kommentar. Hrsg. v. Philipp M. Mitchell. Bd. 8. Historische Schriften I. Teil 2. Bearb. v. Ingeborg Spriewald. Bern u. a.: Lang 1995.

Oesterreich, Matthias: Beschreibung und Erklärung der Grupen [sic], Statuen, ganzen und halben Brust-Stücke, Basreliefs, Urnen und Vasen von Marmor, Bronze und Bley, sowohl von antiker als moderner Arbeit, welche die Sammlung Sr. Majestät, des Königs von Preußen, ausmachen [...]. Berlin: Decker 1775. Reprint Potsdam: Generaldirektion der Staatlichen Schlösser und Gärten Potsdam-Sanssouci 1990.

Orsi, Giovan-Gioseffo: Considerazioni del Marchese Giovan-Gioseffo Orsi sopra La Maniera di ben pensare ne' componimenti, già pubblicata dal Padre Domenico Bouhour della Compagnia di Gesù; s'aggiungono tutte le Scritture che in occasione di questa letteraria contesa uscirono a favore e contro al detto Marchese Orsi. Colla Vita di lui, e colle sue Rime in fine. Modena: Bartolomeo Soliani 1735.

Palladio, Andrea: Architecture de Palladio, divisée en quatre livres, dans lesquels, après un Traité des cinq Ordres, joint aux observations les plus nécessaires pour bien bâtir [...] Avec des notes d'Inigo Jones [...] le tout revu, dessiné et nouvellement mis au jour par Jacques Leoni. Trad. de l'Italien [par Nicolas DuBois]. La Haye: Gosse 1726.

– Architettura di Andrea Palladio con le osservazioni dell'Architetto N. N. [= Francesco Muttoni] e con la traduzione francese. Di nuovo ristampata, e di figure in rame diligentemente intagliate arricchita, corretta, e accresciuta di moltissime Fabbriche inedite. Venezia: Pasinelli 1740–1748.

– I quattro libri dell'architettura di Andrea Palladio. Ne' quali, dopo un breue trattato de' cinque ordini, & di quelli auertimenti, che sono piu necessarij nell fabricare; si tratta delle case priuate, delle vie, de i ponti, delle piazze, de i xisti, et de' tempij. Venezia: Dominico de' Franceschi 1570.

– Le terme dei Romani disegnate da Andrea Palladio e ripubblicate con la giunta di alcune osservazioni da Ottavio Bertotti Scamozzi giusta l'esemplare del Lord Conte di Burlingthon [sic] impresso in Londra l'anno 1732. Vicenza: Modena 1785.

Pilati, Carlo Antonio: Lettere di un viaggiatore filosofo. Germania Austria Svizzera. A cura di Giovanni Pagliero. Bergamo: Lubrina 1990.

Plümicke, Karl Martin: Entwurf einer Theatergeschichte von Berlin: nebst allgemeinen Bemerkungen über den Geschmack, hiesige Theaterschriftsteller und Behandlung der Kunst, in den verschiedenen Epochen. Berlin/Stettin: Nicolai 1781.

Quantz, Johann Joachim: Versuch einer Anweisung die Flöte traversière zu spielen; mit verschiedenen, zur Beförderung des guten Geschmacks in der praktischen Musik dienlichen Anmerkungen begleitet, und mit Exempeln erläutert. Nebst XXIV. Kupfertafeln. Berlin: Voß 1752. Repr. mit einem Vorwort von Hans-Peter Schmitz. Mit einem Nachwort, Bemerkungen, Ergänzungen und Registern von Horst Augsbach. München: Deutscher Verlag/Kassel et al.: Bärenreiter 1992 (= dtv/Bärenreiter 4900).

Rödenbeck, Karl Heinrich Siegfried: Tagebuch oder Geschichtskalender aus Friedrich's des Großen Regentenleben (1740–1786), mit historischen und biographischen Anmerkungen zur richtigen Kenntniß seines Lebens und Wirkens in allen Beziehungen. 3 Bde in 6 Abt. Berlin: Plahn 1840–1842. Reprint Braunschweig: Archiv-Verlag 2003.

Rosa, Michele: De epidemicis et contagiosis acroasis. Accessit scheda ad catarrhum, seu tussim, quam Russam nominant, pertinens. Modena: 1782.

Sanseverino di Sanmartino, Giulio Roberto: Italienische Biographie. Übersetzt von Johann Georg Meusel und eingeleitet von Christian Adolph Klotz. 2 Bände. Frankfurt am Main und Leipzig 1769–1770.

– L'arte della guerra, in ottava rima italiana, tratta dal poema francese del filosofo di Sans-Souci, dal signore di Sanseverino. Parigi/Napoli 1761.

– Les vies des hommes et des femmes illustres d'Italie, depuis le rétablissement des Sciences & beaux arts. Traduit par Jean-Pierre d'Açarq. 2 Bde. Paris: Vincent 1767.

– Storia della vita e tragica morte di Bianca Capello, Gentildonna veneziana e Gran Duchessa di Toscana del Signore Di Sanseverino. Berlin: Mylius 1776.

– Romo e Giulia. dramma per musica in due atti. Berlino 1776.

Schöning: Friedrich der Zweite, König von Preußen. Über seine Person und sein Privatleben. Ein berichtigender Nachtrag zur Charakteristik vom verstorbenen Geheimen-Rath Schöning. Berlin: Oehmigke 1808.

Spallanzani, Lazzaro: Dissertazioni di fisica animale e vegetabile. Modena: Società tipografica 1780.

Spener, Karl: Geschichte und Beschreibung der neu erbauten catholischen Kirche zu St. Hedwig in Berlin nebst einer ausführlichen Erzählung und Erklärung aller Ceremonien, welche bey der feierlichen Einweihung derselben am 1. November 1773 beobachtet worden sind. Berlin: Haude & Spener 1773.

Staël, Anne Germaine de: De la littérature. Édition établie par Gérard Gengembre et Jean Goldzink. Paris: Flammarion 1991.

Stählin, Jacob von: Briefwechsel, in: www.uni-leipzig.de/~musik/Gurewitsch/Brief wechsel_Staehlin.pdf.

Tagliazucchi, Veronica de': Progne. Tragedia. Modena: Soliani 1766.

– Rime. Berlino 1760.

Telemann, Georg Philipp: Briefwechsel. Sämtliche erreichbare Briefe von und an Telemann. Hrsg. von Hans Grosse und Hans Rudolf Jung. Leipzig: Deutscher Verlag für Musik 1972.

Thiébault, Dieudonné: Mes Souvenirs de vingt ans de séjour à Berlin ou Frédéric le grand, sa famille, sa cour, son gouvernement, son académie, ses écoles et ses amis Littérateurs et philosophes. 5 Bde. Paris: Buisson 1804.

Vehse, Carl Eduard: Die Höfe zu Preußen. T. 2: Friedrich II., der Große: 1740 bis 1786. Mit dreißig zeitgenössischen Abbildungen. Hrsg. v. Wolfgang Schneider. Ausgewählt und bearbeitet von Annerose Reinhardt. Leipzig: Kiepenhauer 1993.

Walch, Johann Georg: Philosophisches Lexicon: worinnen die in allen Theilen der Philosophie, vorkommenden Materien und Kunst-Wörter erkläret, aus der Historie erläutert, die Streitigkeiten der ältern und neuern Philosophen erzehlet, beurtheilet, und die dahin gehörigen Schriften aufgeführet werden. Mit nöthigen Registern versehen. 2 Theile. Leipzig: Gledisch 1775.

Zimmermann, Johann Georg Ritter von: Fragmente über Friedrich den Großen zur Geschichte seines Lebens, seiner Regierung und seines Charakters. 3 Bde. Leipzig: Weidmann 1790.

Sekundärliteratur / Studi

Adolf Menzel 1815–1905. Das Labyrinth der Wirklichkeit. Ausstellungskatalog Paris, Musée d'Orsay, 15. April–28. Juli 1996/Washington, National Gallery of Art, 15. September 1996–5. Januar 1997/Berlin, Nationalgalerie im Alten Museum, 7. Februar–11. Mai 1997. Hrsg. von Claude Keisch/Marie-Ursula Riemann-Reyher. Berlin: Nationalgalerie und Kupferstichkabinett SMB PK 1996.

Albrecht, Michael (Hrsg.): Moses Mendelssohn im Spannungsfeld der Aufklärung. Stuttgart/Bad Canstatt, Fromann-Holzboog 2000.

364   Bibliographie

Altringer, Lothar: Ausländische Sammler in Venedig, in: „Venezia! Kunst aus venezianischen Palästen. Sammlungsgeschichte Venedigs vom 13. bis zum 19. Jahrhundert." Ausstellungskatalog Bonn, Kunst- und Ausstellungshalle der Bundesrepublik Deutschland, 2. September 2002–12. Januar 2003. Ostfildern-Ruit: Hatje Cantz 2002, S. 263–272.

Amburger, Erik: Die Mitglieder der deutschen Akademie der Wissenschaften zu Berlin: 1700–1950. Berlin: Akademie-Verlag 1950.

Angrisani, Simonetta: I Galliari: primi scenografi della Scala. Ausstellungskatalog Milano, Museo Teatrale alla Scala, 19. Februar –26. März 1983. Firenze: Alinari 1983.

Annoni, Ada: L'Europa nel pensiero italiano del Settecento. Milano: Marzorati 1959.

Arato, Franco: Il secolo delle cose, scienza e storia in Francesco Algarotti. Genova: Marietti 1991.

Augel, Johannes: Italienische Einwanderung und Wirtschaftstätigkeit in rheinischen Städten des 17. und 18. Jahrhunderts. Bonn: Röhrscheid 1971 (= Rheinisches Archiv 78).

Aurnhammer, Achim (Hrsg.): Torquato Tasso in Deutschland: seine Wirkung in Literatur, Kunst und Musik seit der Mitte des 18. Jahrhunderts. Berlin/New York: De Gruyter 1995.

Badstübner-Gröger, Sibylle: Die St. Hedwigskathedrale zu Berlin. Berlin: Union-Verlag 1976 (= Das christliche Denkmal 99).

Bailleu: Art. „Lucchesini", in: Allgemeine Deutsche Biographie. Bd. 19. Berlin: Duncker & Humblot 1969, S. 345–351.

Ball-Krückmann, Babette: Giuseppe Galli Bibiena: Ein unbekanntes Umbauprojekt für die Berliner Oper, in: Florian Fiedler (Hrsg.): Opernbauten des Barock. Eine internationale Tagung des Deutschen Nationalkomitees von ICOMOS und der Bayerischen Verwaltung der staatlichen Schlösser, Gärten und Seen. Bayreuth, 25.–26. September 1998. München: Lipp 1999 (= ICOMOS. Hefte des Deutschen Nationalkomitees 31), S. 90–97.

Ball-Krückmann, Babette: L'opera tarda di Giuseppe Galli Bibiena: i lavori per Dresda e Berlino, in: I Bibiena una famiglia europea. A cura di *Deanna Lenzi/Jadranka Bentini.* Ausstellungskatalog Bologna, Pinacoteca Nazionale, Sala delle Belle Arti, 23. September 2000–7. Januar 2001. Venezia: Marsilio 2000, S. 155–166.

Bandini Buti, Maria: Poetesse e scrittrici. Vol. 1. Roma: Tosi 1941–1942 (= Enciclopedia bio-bibliografica italiana 6).

Barbieri, Francesco/*Taddei,* Ferdinando: L'Accademia Nazionale di Scienze, Lettere ed Arti di Modena. Dalle Origini al 2005. T. 1: La storia e i soci. Modena: Mucchi 2006.

Bassaglia, Rossana: I fratelli Galliari: pittori. Milano: Ceschina 1962.

Battafarano, Italo Michele (Hrsg.): Deutsche Aufklärung und Italien. Bern et al.: Lang 1992.

Becker, Markus: Sammlung und Capriccio: der friderizianische Alte Markt in Potsdam, in: Brunhilde Wehinger (Hrsg.): Geist und Macht. Friedrich der Große im

Kontext der europäischen Kulturgeschichte. Berlin: Akademie Verlag 2005, S. 211–224.

– Sammlung und Capriccio: der friderizianische Alte Markt in Potsdam. Unveröff. Magisterarbeit, Humboldt-Universität zu Berlin, Phil. Fak. III, Kunstgeschichtliches Seminar, 2004.

Beheim-Schwarzbach, Max: Hohenzollernsche Colonisationen. Ein Beitrag zu der Geschichte des preußischen Staates und der Colonisation des östlichen Deutschlands. Leipzig: Duncker & Humblot 1874.

Beller, Manfred: Eingebildete Nationalcharaktere. Vorträge und Aufsätze zur literarischen Imagologie. Göttingen: Vandenhoeck & Ruprecht 2006.

Berger, Günter: Die Deutschen kommen: Carlo Denina als Vermittler deutscher Literatur, in: Giorgio Cusatelli/Maria Lieber/Heinz Thoma/Edoardo Tortarolo (Hrsg.): Gelehrsamkeit in Deutschland und Italien im 18. Jahrhundert – Letterati, erudizione e società scientifiche negli spazi italiani e tedeschi del '700. III. Deutsch-Italienisches Kolloquium im Interdisziplinären Zentrum für die Erforschung der Europäischen Aufklärung der Martin-Luther-Universität Halle-Wittenberg, 9.–11. Juni 1996. Tübingen: Niemeyer 1999 (= Hallische Beiträge zur Europäischen Aufklärung 8).

Blanning, Timothy Charles William: Das alte Europa 1660–1789. Kultur der Macht und Macht der Kultur. Oxford: Oxford University Press 2002.

Bled, Jean-Paul: Friedrich der Große. Biographie. Aus dem Französischen von Wolfgang Hartung. Düsseldorf: Artemis & Winckler 2006.

Blick auf den Canal Grande: Venedig und die Sammlung des Berliner Kaufmanns Sigismund Streit. Ausstellungskatalog Berlin, Gemäldegalerie, 6. September 2002–12. Januar 2003. Hrsg. von der Gemäldegalerie, SM PK. Berlin: Gemäldegalerie SM PK 2002.

Börsch-Supan, Helmut: Das Portrait als Historienbild. Menzels Bildnisse friderizianischer Generale, in: Forschungen zur brandenburgischen und preußischen Geschichte, N. F., 14, 2004, S. 113–121.

Brachvogel, Albert Emil: Geschichte des königlichen Theaters zu Berlin: Ein Beitrag zur Geschichte Berlins und des deutschen Theaters. Nach Archivalien des Königlichen Geh. Staats-Archivs und des Königlichen Theaters. Bd. 1: Das alte Berliner Theater-Wesen bis zur ersten Blüthe des deutschen Dramas. Berlin: Janke 1877.

Bury, Mariane: La nostalgie du simple. Essai sur les représentations de la simplicité dans le discours critique au XIXe siècle. Paris: Champion 2004.

Bushart, Bruno: „Es ist das schwerste, was es gibt, solch ein Kronleuchter". Zu Menzels Hoffestbildern, in: Adolph Menzel. Gemälde, Gouachen, Aquarelle, Zeichnungen aus der Sammlung-Dr.-Georg-Schäfer-Stiftung, Schweinfurt. Ausstellungskatalog Bad Homburg v. d. Höhe 19. Oktober–13. Dezember 1998. Hrsg. von Jens Christian Jensen. München: Hirmer 1998, S. 45–49.

Calcaterra, Carlo: Il nostro imminente Risorgimento: Gli studi e la letteratura in Piemonte nel periodo della Sampaolina e della Filopatria. Torino: Società editrice internazionale 1935.

Calella, Michele: Metastasios Dramenkonzeption und die Ästhetik der friderizianischen Oper, in: Laurenz Lütteken/Gerhard Splitt (Hrsg.): Metastasio im Deutschland der Aufklärung. Bericht über das Symposium Potsdam 1999. Tübingen: Niemeyer 2002 (= Wolfenbütteler Studien zur Aufklärung 28.) S. 103–123.

Cantor, Moritz: Art. „Castillon, Jean", in: Allgemeine deutsche Biographie. Bd. 4. Leipzig: Duncker & Humblot 1876, S. 67–69.

Cerruti, Marco/*Danna,* Bianca (a cura di): Carlo Denina fra Berlino e Parigi (1782–1813). Giornata di Studio. Torino, Accademia delle Scienze, 30 Novembre 2000. Alessandria: Edizioni dell'Orso 2001.

Crespi Morbio, Vittoria: I Galliari alla Scala. Torino: Allemandi, 2004.

Croce, Benedetto: Uomini e cose della vecchia Italia. Bari: Laterza 1927.

– I Teatri di Napoli: secolo XV–XVIII. Napoli: Pierro 1891.

Cultura, religione e politica nell'età di Angelo Maria Querini. Atti del Convegno di studi promosso dal Comune di Brescia in collaborazione con la fondazione Giorgio Cini di Venezia. Brescia: Morcelliana 1982.

D'Ancona, Alessandro: Federico il Grande e gli Italiani, in: ders.: Memorie e documenti di storia italiana dei secoli XVIII e XIX. Firenze: Sansoni 1913/1914, S. 3–162.

– Friedrich der Große und die Italiener. Deutsche Übersetzung von Albert Schnell. Rostock: Stiller 1891 ([2]1902).

Dall'Ongaro, Giuseppe: La Barberina. Novara: De Agostini 1987.

de Michelis, Cesare: Art. „Giovanni Cattaneo" in: Dizionario Biografico degli Italiani. Vol. 22, S. 467 f.

Deisenroth, Karlheinz: Märkische Grablege im höfischen Glanze. Der Bornstedter Friedhof zu Potsdam. Hrsg. vom Militärgeschichtlichen Forschungsamt. Berlin: Trafo 2003.

Demps, Laurenz: Der Gensd'armen-Markt. Gesicht und Geschichte eines Berliner Platzes. Berlin: Henschel 1987.

– Der schönste Platz Berlins: Der Gendarmen-Markt in Geschichte und Gegenwart. Berlin: Henschel 1993.

Destro, Alberto/*Filippi,* Paola Maria (Hrsg.): La cultura tedesca in Italia 1750–1850. Bologna: Patron 1995.

Dizionario Biografico degli Italiani. Voll. 1, Roma: Istituto della enciclopedia italiana 1960.

Dorka, Oskar: Die Leibesübungen in der Ritterakademie auf dem Dom zu Brandenburg. Ein Rückblick auf die Zeit 1705–1914. Masch. Schrift.

Dorst, Klaus: Potsdam in Arkadien. Knobelsdorffs Blick auf Sanssouci, in: Zum Maler und zum großen Architekten geboren – Georg Wenzeslaus von Knobelsdorff (1699–1753). Ausstellung zum 300. Geburtstag Berlin, Schloss Charlottenburg, 18. Februar–25. April 1999. Hrsg. v. der Stiftung Preußische Schlösser und Gärten

Berlin-Brandenburg. Red. Ute-G. Weickardt. Berlin: Stiftung Preußische Schlösser und Gärten Berlin-Brandenburg 1999, S. 106–118; 237–239.

Dubowy, Norbert: Arie und Konzert. Zur Entwicklung der Ritornellanlage im 17. und frühen 18. Jahrhundert. München: Katzbichler 1991 (= Studien zur Musik 9).

Eggeling, Tilo: Knobelsdorffs malerischer Geschmack – „gout pittoresque", in: Zum Maler und zum großen Architekten geboren – Georg Wenzeslaus von Knobels-dorff (1699–1753). Ausstellung zum 300. Geburtstag Berlin, Schloss Charlotten-burg, 18. Februar–25. April 1999. Hrsg. v. der Stiftung Preußische Schlösser und Gärten Berlin-Brandenburg. Red. Ute-G. Weickardt. Berlin: Stiftung Preußische Schlösser und Gärten Berlin-Brandenburg 1999, S. 21–53.

Enciclopedia dello Spettacolo. A cura d Silvio d'Amico. 11 voll. Roma: Le maschere 1954–1968.

Endres, Heinz: Die St. Hedwigskathedrale in Berlin. 1773–1793. Leipzig: St. Benno-Verlag 1973.

– Die St.-Hedwigs-Kathedrale in Berlin. Baugeschichte und Wiederaufbau. Leipzig: St. Benno-Verlag 1963.

Engel, Martin: Das Forum Fridericianum und die monumentalen Residenzplätze des 18. Jahrhunderts. Phil. Diss. FU Berlin 2001, Druck online 2004, http://www.diss. fu-berlin.de/2004/161/index.html

Felten, Hans: Die Italienischen Staaten, in: Jürgen Ziechmann (Hrsg.): Panorama der Fridericianischen Zeit: Friedrich der Große und seine Epoche. Ein Handbuch. Bre-men: Ziechmann 1985 (= Forschungen und Studien zur Fridericianischen Zeit), S. 842–850.

Finscher, Ludwig: Art. „Fiorillo", in: Die Musik in Geschichte und Gegenwart, Per-sonenteil 6. Kassel [usw.]: Bärenreiter/Metzler, 2001, Sp. 1223–1229.

– Die Entstehung nationaler Stile in der europäischen Musikgeschichte, in: Forum Musicologicum IV. Winterthur: Amadeus 1984, S. 33–56.

Fischer, P. D.: Friedrich der Große und die Italiener, in: Deutsche Rundschau 15 (1888), S. 400–418.

Fischer-Lichte, Erika: Theater im Kulturwandel des 18. Jahrhunderts: Inszenierung und Wahrnehmung von Körper – Musik – Sprache. Göttingen: Wallstein 1999 (= Das Achtzehnte Jahrhundert Supplementa 5).

Fontius, Martin: Voltaire in Berlin. Zur Geschichte der bei G. C. Walther veröffent-lichten Werke Voltaires. Berlin: Rütten & Loening 1966.

Frenzel, Herbert Alfred: Brandenburg-preußisches Schloßtheater: Spielorte und Spiel-formen vom 17. bis zum 19. Jahrhundert. Berlin: Selbstverlag der Gesellschaft für Theatergeschichte, 1959 (= Schriften der Gesellschaft für Theatergeschichte 59).

Freydank, Ruth: Theater in Berlin. Von den Anfängen bis 1945. Berlin: Henschel 1988.

Friedrich der Große und Voltaire. Ein Dialog in Briefen. Ausstellungskatalog Pots-dam, Neues Palais im Sanssouci, 25. Januar–20. Februar 2000. Hrsg. v. der Gene-raldirektion der Stiftung Preußische Schlösser und Gärten Berlin-Brandenburg

SPSG/Forschungszentrum Europäische Aufklärung e.V. FEA Red. Uwe Steiner. Potsdam: SPSG/FEA 2000.

Friedrich der Große: Sammler und Mäzen. Ausstellungskatalog München, Kunsthalle der Hypo-Kulturstiftung, 28. November 1992–28. Februar 1993. Hrsg. von Johann Georg Prinz von Hohenzollern. München: Kunsthalle der Hypo-Kulturstiftung/ Hirmer 1992.

Friedrich und die Kunst. Katalog der Ausstellung zum 200. Todestag Potsdam, Neues Palais in Sanssouci, 19. Juli–12. Oktober 1986. Hrsg. von der Generaldirektion der Staatlichen Schlösser und Gärten Potsdam/Sanssouci SPSG. Red. Hans-Joachim Giersberg/Claudia Meckel. Potsdam: Generaldirektion der Staatlichen Schlösser und Gärten Potsdam/Sanssouci SPSG 1986.

Fumaroli, Marc (Hrsg.): Quand l'Europe parlait français. Paris: De Fallois 2001.

Gaeta, Renato: Carlo Antonio Pilati. Dalle esperienze culturali europee al riformismo trentino (1760–1802). Venezia: Deputazione editrice 1995 (= Deputazione di storia patria per le Venezie. Miscellanea di studi e memorie XXXI).

Gandert, Klaus-Dietrich: Vom Prinzenpalais zur Humboldt-Universität. Die historische Entwicklung des Universitätsgebäudes in Berlin mit seinen Gartenanlagen und Denkmälern. 3. bearb. und erw. Auflage. Berlin: Henschel 1992.

Garst, Tobias: Ein Vorstoß zur Erneuerung der Grabmalkunst. Das Algarotti Monument im Camposanto zu Pisa und der Beitrag Friedrichs des Großen, in: Forschungen zur brandenburgischen und preußischen Geschichte, N. F. 12, 2002, S. 175–209.

Gasparri, Carlo/*Ghiandoni,* Olivia: Lo studio Cavaceppi e le collezioni Torlonia. Roma 1994 (= Rivista dell'Istituto Nazionale d'Archeologia e Storia dell'Arte, III Serie, A. XVI, 1993).

Génetiot, Alain: Le classicisme. Paris: Presses Univ. de France 2005.

Gervais, Otto R.: Die Frauen um Friedrich den Großen. Salzburg: Verlag Das Burgenland-Buch 1986.

Giersberg, Hans-Joachim: Die Bauten Friedrich des Großen, in: Friedrich der Große: Sammler und Mäzen. Ausstellungskatalog München, Kunsthalle der Hypo-Kulturstiftung, 28. November 1992–28. Februar 1993. Hrsg. von Johann Georg Prinz von Hohenzollern. München: Kunsthalle der Hypo-Kulturstiftung/Hirmer Verlag, 1992, S. 52–82.

– Friedrich als Bauherr. Studien zur Architektur des 18. Jahrhunderts in Berlin und Potsdam. Berlin: Siedler 1986.

– Schloss Sanssouci. Berlin: Nicolai 2005.

Giersberg, Hans-Joachim/*Ibbeken,* Hillert: Schloss Sanssouci. Die Sommerresidenz Friedrichs des Großen. Berlin: Nicolai 2005.

Giersberg, Hans-Joachim/*Schendel,* Adelheid: Potsdamer Veduten. Stadt- und Landschaftsansichten vom 17. bis 20. Jahrhundert. Potsdam-Sanssouci: Generaldirektion der Staatlichen Schlösser und Gärten 1984.

Goetz, Christine/*Beyer,* Constantin/*Elbern,* Victor H.: Die St. Hedwigskathedrale zu Berlin. Regensburg: Schnell & Steiner 2000.

Goralczyk, Peter: Der Platz der Akademie in Berlin. Berlin: Verlag für Bauwesen 1987.

Guerrini, Paolo: Il Cardinale Angelo Maria Querini nel bicentenario della sua biblioteca. Brescia: Tip. Opera Pavoniana 1951.

Haeckel, Julius: Rund um den Ruinenberg. Der Ruinenberg, in: Mitteilungen des Vereins für die Geschichte Potsdams. NF, VII (1939), Nr. 367/1a, S. 444–469.

Harnack, Adolf von: Geschichte der Königlich Preußischen Akademie der Wissenschaften. Bd. I: Von der Gründung bis zum Tode Friedrichs des Großen. Berlin: Reichsdruckerei 1900. Reprint Hildesheim: Olms 1970.

Hartkopf, Werner: Die Berliner Akademie der Wissenschaften: ihre Mitglieder und Preisträger 1700–1900. Berlin: Akademie Verlag 1992.

Hartkopf, Werner/*Wangemann,* Gert: Dokumente zur Geschichte der Berliner Akademie der Wissenschaften von 1700 bis 1990. Heidelberg u. a.: Spektrum/Akademie Verlag 1991 (= Berliner Studien zur Wissenschaftsgeschichte; 1 Spektrum Geschichte).

Heitmann, Klaus: Das italienische Deutschlandbild in seiner Geschichte. Bd. 1: Von den Anfängen bis 1800. Heidelberg: Winter 2003 (= Studia Romanica 114).

Helm, Ernest Eugene: Music at the Court of Frederick the Great. Norman: University of Oklahoma Press 1960.

Hennert, Carl W.: Beschreibung des Lustschlosses und Gartens Sr. Königlichen Hoheit des Prinzen Heinrichs, Bruders des Königs, zu Reinsberg, wie auch der Stadt und der Gegend um dieselbe. Berlin: Nicolai 1778. Reprint Potsdam-Sanssouci: Generaldirektion d. Staatl. Schlösser und Gärten 1985.

Henning, Herzeleide/*Henning,* Eckhart: Bibliographie Friedrich der Große 1786–1986. Das Schrifttum des deutschen Sprachraums und der Übersetzungen aus Fremdsprachen. Berlin et al.: De Gruyter 1988.

Henzel, Christoph (Hrsg.): Quellentexte zur Berliner Musikgeschichte im 18. Jahrhundert. Wilhelmshaven: Heinrichshofen 1999 (= Taschenbücher zur Musikwissenschaft 135).

– Art. „Graun", in: Die Musik in Geschichte und Gegenwart, Personenteil 7. Kassel [usw.]: Bärenreiter/Metzler, 2002, Sp. 1506–1525.

– Die Schatulle Friedrichs II. von Preußen und die Hofmusik (T. 1), in: Jahrbuch des Staatlichen Instituts für Musikforschung Preußischer Kulturbesitz 1999, S. 36–66.

– Die Schatulle Friedrichs II. von Preußen und die Hofmusik (T. 2), in: Jahrbuch des Staatlichen Instituts für Musikforschung Preußischer Kulturbesitz 2000, S. 175–209.

– Zu den Aufführungen der großen Oper Friedrichs II. von Preußen 1740–1756, in: Jahrbuch des Staatlichen Instituts für Musikforschung Preußischer Kulturbesitz 1997, S. 9–57.

Herzfeld, Erika: Preußische Manufakturen. Großgewerbliche Fertigung von Porzellan, Seide, Gobelins, Uhren, Tapeten, Waffen, Papier u. a. im 17. und 18. Jahrhundert in und um Berlin. Berlin: Verlag der Nationen 1994.

Heymann, Jochen: Aufklärungsdiskussion und Aufklärungsskepsis im Werk von Carlo Denina (1731–1813). Phil Diss. Erlangen, Nürnberg 1988.

– Carlo Denina, Historiograph und Apologet Friedrichs II., in: Jürgen Ziechmann (Hrsg.): Fridericianische Miniaturen 1. Forschungen und Studien zur Fridericianischen Zeit. Bd. II. Bremen: Ziechmann, 1988, S. 53–64, 210–212.

Hildebrand, Karl Friedrich/*Zweng,* Christian: Die Ritter des Ordens *Pour le Mérite* 1740–1918 namentlich erfasst und nach den Stufen des Ordens gegliedert. Osnabrück: Biblio-Verlag 1998.

Hoffmann, Hildegard: Handwerk und Manufaktur in Preußen 1769 (Das Taschenbuch Knyphausen). Berlin: Akademie-Verlag 1969.

Höhm, Willy: Der Einfluß des Marquis von Lucchesini auf die preußische Politik 1787–1792. Frankfurt a. O.: Beholtz 1925.

Holländer, Hans: Karl Wilhelm Ramler und die Schachkultur des 18. Jahrhunderts, in: Laurenz Lütteken/Ute Pott/Carsten Zelle (Hrsg.): Urbanität als Aufklärung. Karl Wilhelm Ramler und die Kultur des 18. Jahrhunderts. Göttingen: Wallstein 2003 (= Schriften des Gleimhauses Halberstadt 2), S. 39–57.

Holschneider, Andreas: Johann Sebastian Bach in Berlin, in: Hellmut Kühn (Hrsg.): Preußen-dein Spree-Athen. Beiträge zu Literatur, Theater und Musik in Berlin. Reinbek: Rowohlt 1981 (= Preußen. Versuch einer Bilanz 4), S. 135–145.

Howard, Seymour: Bartolomeo Cavaceppi, Eighteenth-Century Restorer. New York: Garland Pub. 1982.

Hünecke, Saskia: Von der Schönheit weißen Marmors. Zum 200. Todestag Bartolomeo Cavaceppis. Ausstellungskatalog, Wörlitz, Schloß Wörlitz/Galerie am Grauen Haus, 19. Juni–5. September 1999. Hrsg. von Thomas Weiss. Dessau: Kulturstiftung Dessau-Wörlitz 1999 (= Wissenschaftliche Bestandskataloge der Kulturstiftung Dessau-Wörlitz 2), Kat. Nr. 49, S. 135–137.

Indice Biografico Italiano. A cura di Tommaso *Nappo.* 3. ed. corr. ed ampliata. MF, München: Saur 2002.

Johann Georg Prinz von Hohenzollern: Fürstliches Sammeln, in: Friedrich der Große: Sammler und Mäzen. Ausstellungskatalog München, Kunsthalle der Hypo-Kulturstiftung, 28. November 1992–28. Februar 1993. Hrsg. von Johann Georg Prinz von Hohenzollern. München: Kunsthalle der Hypo-Kulturstiftung/Hirmer Verlag 1992.

Jung, Karin Carmen: Die böhmische Weberkolonie Nowawes 1751–1767 in Potsdam-Babelsberg. Bauliche und städtebauliche Entwicklung. Berlin: Haude und Spener 1997.

Kaeber, Ernst: Die Bürgerbücher und die Bürgerprotokollbücher Berlins von 1701–1750. Berlin: Gsellius 1934 (= Veröffentlichungen der historischen Kommission für die Provinz Brandenburg und die Reichshauptstadt Berlin I, 4).

Kapp, Julius (Hrsg.): 200 Jahre Staatsoper im Bild. Aus Anlaß des 200jährigen Jubiläums der Berliner Staatsoper. Im Auftrag der Generalintendanz der Preußischen Staatstheater. Berlin: Hesse 1942.

Kapp, Volker: Das Erhabene in Menzinis *Dell'Arte Poetica* und Boileaus Deutung von Longinos *Peri hypsous,* in: Werner Helmich/Helmut Meter/Astrid Poier-Bernhard (Hrsg.): Poetologische Umbrüche. Romanistische Studien zu Ehren von Ulrich Schulz-Buschhaus. München: Fink 2002, S. 224–239.

– Der Abenteurer als Demonstrationsobjekt und Skandalon der französischen Aufklärung. Zum Funktionswechsel von erlebten Abenteuern, in: Euphorion, Heft 79 (1985), S. 232–250.

– Die Unterminierung des Modellcharakters der griechisch-römischen Antike durch die französische und italienische Romantik, in: Volker Kapp/Helmuth Kiesel/Klaus Lubbers/Patricia Plummer (Hrsg.): Subversive Romantik. Berlin: Duncker & Humblot 2004, S. 170–175.

– Muratori e l'idea della Repubblica Letteraria d'Italia, in: Romanische Forschungen, Heft 114 (2002), S. 191–205.

– Vom kaiserlichen Librettisten zum New Yorker Buchhändler. Lorenzo da Ponte, in: Horst Albert Glaser/Sabine Kleine-Roßbach (Hrsg.): Abenteurer als Helden der Literatur oder: Wie wurden oder machten sich Schwindler, Spione, Kolonialisten oder Militärs zu großen Gestalten der europäischen Literatur? Stuttgart u. Weimar: Metzler 2002, S. 215–226.

Kapp, Volker/*Hausmann,* Frank Rutger/*Arnold,* Stefani/*Asiaban,* Christine (Hrsg.): Bibliographie der deutschen Übersetzungen aus dem Italienischen von 1730 bis 1990. Bd. II/1. Tübingen: Niemeyer 2005.

Keisch, Claude: Adolph Menzels „Ansprache Friedrichs des Großen an seine Generale vor der Schlacht bei Leuthen", in: Staatliche Museen zu Berlin, Forschungen und Berichte, 26 (1987), S. 259–282.

Klüppelholz, Heinz: Sulla, Cinna und das Libretto: zur Oper Sylla von Friedrich II., in: Fridericianische Miniaturen. Hrsg. v. Ziechmann, Bd. 1, S. 131–146.

Knott, Anja: Die Tafelfreuden der preußischen Könige. München: Collection Rolf Heyne 2005.

Kohle, Hubertus: Adolph Menzels Friedrich-Bilder: Theorie und Praxis der Geschichtsmalerei im Berlin der 1850er Jahre. München/Berlin: Deutscher Kunstverlag 2001.

Korsmeier, Claudia Maria: Der Sänger Giovanni Carestini (1700–1760) und ‚seine" Komponisten. Die Karriere eines Kastraten in der ersten Hälfte des 18. Jahrhunderts. Eisenach: Wagner 2000 (= Schriften zur Musikwissenschaft aus Münster 13).

Koser, Reinhold: Geschichte Friedrichs des Großen. 4 Bde. Neudruck der 6. und 77. Auflage von 1925. Darmstadt: Wissenschaftliche Buchgesellschaft 1963.

Kraus, Hans-Christof: Friedrich der Große als Philosoph von Sanssouci, in: Bernd Heidenreich/Frank-Lothar Kroll (Hrsg.): Macht- oder Kulturstaat? Preußen ohne Legende. Berlin: Berlin-Verl. Spitz 2002.

Krieger, Bogdan: Friedrich der Große und seine Bücher. Berlin/Leipzig: Giesecke & Devrient 1914.

Kugler, Franz: Geschichte Friedrichs des Großen. Gezeichnet von Adolph Menzel. Leipzig: Seemann, 1840–1842.

Kunisch, Johannes: Friedrich der Große. Der König und seine Zeit. Vierte Auflage. München: Beck 2005.

Kürenberg, Joachim von [= Joachim von Reichel]: Der letzte Vertraute Friedrichs des Großen: Marchese Girolamo Lucchesini. Berlin: Universitas 1933.

Kutsch, Karl J./*Riemens,* Leo: Großes Sängerlexikon. 7 Bde. 4. erw. und aktualisierte Auflage. München: Saur 2003.

Lacy, Robin Thurlow: A Biographical Dictionary of Scenographers. 500 B. C. to 1900 A. D. New York et al.: Greenwood Press 1990.

Lammel, Gisold: Adolf Menzel. Frideriziana und Wilhelmiana. Dresden: Verlag der Kunst 1988.

– Zwischen Legende und Wahrheit – Bilderfolgen zur brandenburgisch-preußischen Geschichte. Münster: Lit-Verl. 1997.

Langen, Stefanie von: Die Fresken von Gregorio Guglielmi. München: Herbert Utz Verlag 1994 (= TUDUV-Studien. Reihe Kunstgeschichte 64).

Ledebur, Carl Freiherr von: Tonkünstler-Lexicon Berlin's von den ältesten Zeiten bis auf die Gegenwart. Berlin: Rauh 1861.

Lehmann, Gustaf: Die Ritter des Ordens *Pour le Mérite.* Bd. 1: 1740–1811. Berlin: Mittler 1913.

Leiner, Wolfgang: Das Deutschlandbild in der französischen Literatur. Darmstadt: Wiss. Buchges. 1989.

Lepre, Aurelio: Federico il Grande e l'Algarotti, in: Belfagor 16 (1961), S. 284–297.

Lölkes, Herbert: „Der Tod Jesu" in den Vertonungen von Graun und Telemann. Kontext – Werkgestalt – Rezeption. Kassel et al.: Bärenreiter 1999 (= Marburger Beiträge zur Musikwissenschaft 8).

Lope, Hans Joachim: Zum Bild Friedrichs des Großen im Spanien des 18. Jahrhunderts, in: Ziechmann (Hrsg.): Fridericianische Miniaturen I., Bd. 2. S. 159–170.

Lütteken, Laurenz (Hrsg.): Die Musik in den Zeitschriften des 18. Jahrhunderts. Eine Bibliographie. Mit Datenbank auf CD-ROM. Kassel et al.: Bärenreiter 2004 (= Catalogus Musicus 18).

– „Die Tichter, die Fideler, und die Singer". Zur Rolle Bodmers und Breitingers in der musikalischen Debatte des 18. Jahrhunderts, in: Schweizer Jahrbuch für Musikwissenschaft. N. F., 20 (2000), S. 39–61.

– Das Monologische als Denkform in der Musik zwischen 1760 und 1785. Tübingen: Niemeyer 1998 (= Wolfenbütteler Studien zur Aufklärung 24).

- Moses Mendelssohn und der musikästhetische Diskurs der Aufklärung, in: Michael Albrecht/Eva J. Engel (Hrsg.): Moses Mendelssohn im Spannungsfeld der Aufklärung. Stuttgart-Bad Canstatt: Fromann-Holzboog 2000, S. 159–193.

- Musikästhetische Reflexion im hugenottischen Berlin um 1760. Yves Marie André, Jean Henri Samuel Formey und Ernst Gottlieb Baron, in: Neues Musikwissenschaftliches Jahrbuch, 9 (2000), S. 49–65.

Maehder, Jürgen: Die Librettisten des Königs. Das Musiktheater Friedrichs des Großen als theatralische und linguistische Italien-Rezeption, in: Theater im Kulturwandel des 18. Jahrhunderts. Hrsg. v. Erika Fischer-Lichte und Jürgen Schönert. Göttingen: Wallstein 1999, S. 265–304.

Merola, Nicola: Francesco Algarotti saggista e scrittore di viaggio, in: Elvio Guagnini (a cura di): La regione e l'Europa. Viaggi e viaggiatori emiliani e romagnoli nel Settecento. Bologna: Il Mulino 1987, S. 89–104.

Mielke, Friedrich: Das Bürgerhaus in Potsdam. Tübingen: Wasmuth 1972 (= Das deutsche Bürgerhaus 15).

Müller, Ingvelde: Der Theaterdekorateur Bartolomeo Verona. Masch. Phil. Diss. Berlin, 1945.

Negri, Luigi: Carlo Denina, un accademico piemontese del '700 (sulla scorta di documenti inediti). Torino 1933 (= Memorie della Reale Accademia delle Scienze di Torino, Ser. II, vol. LXVII).

Neues allgemeines Deutsches Adels-Lexicon im Vereine mit mehreren Historikern hrsg. v. Ernst Heinrich Kneschke. Bd. 3. Leipzig: Voigt 1861.

Norbert, Willy: Barbarina: eine Kurtisane aus galanter Zeit, die Geliebte Friedrich des Großen. Historischer Roman. Berlin: Beckmann 1913.

Oggionni, Barbara: I fratelli Galliari: pittori e scenografi 1794–1994. Ausstellungskatalog „I fratelli Galliari", Andorno Micca 23.9.–2.10.1994/Treviglio 8.10.–23.10.1994. Andorno Micca/Comune; Treviglio/Comune 1994.

Oleskiewicz, Mary A.: Quantz and the Flute at Dresden. His Instruments, His Repertory and Their Significance for the Versuch and the Bach circle. Ann Arbor: Diss. Duke Univ. 1999.

Oppeln-Bronikowski, Friedrich von: Abenteurer am Preußischen Hofe 1700–1800. Berlin/Leipzig: Paetel 1927.

Oschmann, Susanne: Gedankenspiele – Der Opernheld Friedrichs II. von Preußen, in: Opernheld und Opernheldin im 18. Jahrhundert. Hrsg. von Klaus Hortschansky. Hamburg: Eisenach 1991, S. 175–193.

Ottenberg, Hans-Günter (Hrsg.): Der Critische Musicus an der Spree. Berliner Musikschrifttum von 1748 bis 1799. Eine Dokumentation. Leipzig: Reclam 1984 (= Reclam Universal Bibliothek 1061).

- Die 1. Berliner Liederschule im Urteil der zeitgenössischen Presse, in: Busch, Gudrun/Harper, Anthony J. (Hrsg.): Studien zum deutschen weltlichen Kunstlied des 17. und 18. Jahrhunderts. Amsterdam/Atlanta: Rodopi 1992 (= Chloe 12), S. 247–268.

Pasquali, Susanna: Francesco Algarotti, Andrea Palladio e un frammento di marmo di Pola, in: Annali di Architettura, 2 (2002), S. 159–166.

Petersilka, Corinna: Die Zweisprachigkeit Friedrichs des Großen. Ein linguistisches Portrait. Tübingen: Niemeyer 2005 (= Zeitschrift für romanische Philologie 331).

Petrat, Gerhardt: Die letzten Narren und Zwerge bei Hofe. Reflexionen zu Herrschaft und Moral in der Frühen Neuzeit. Bochum: Winkler 1998.

Pfeifer, Ingo: Cavaceppi und seine Beziehungen nach Anhalt-Dessau, in: Von der Schönheit weißen Marmors. Zum 200. Todestag Bartolomeo Cavaceppis. Ausstellungskatalog, Wörlitz, Schloß Wörlitz/Galerie am Grauen Haus, 19. Juni–5. September 1999. Hrsg. von Thomas Weiss. Dessau: Kulturstiftung Dessau-Wörlitz 1999 (= Wissenschaftliche Bestandskataloge der Kulturstiftung Dessau-Wörlitz 2), S. 73–77.

Pichler, Edith: Migration, Community-Formierung und ethnische Ökonomie. Die italienischen Gewerbetreibenden in Berlin. Berlin: Ed. Parabolis 1997.

Pietrobelli, Pierluigi: Tartini, Algarotti e la corte di Dresda, in: Analecta Musicologica, 2 (1965), S. 72–84.

Piperno, Franco: Das Produktionssystem bis 1780, in: Lorenzo Bianconi/Giorgio Pestelli (Hrsg.): Geschichte der italienischen Oper. Systematischer Teil. Bd. 4. Die Produktion: Struktur und Arbeitsbereiche. Laaber: Laaber 1990, S. 15–79.

Preuss, Johann David Erdmann: Friedrich der Große. Eine Lebensgeschichte, 5 Bde. Berlin: Nauck, 1832–1834.

Priesdorff, Kurt von (Hrsg.): Soldatisches Führertum. Bd. 1. Hamburg: Hanseatische Verlagsanstalt 1937.

– Soldatisches Führertum. Bd. 3: Die preußischen Generale von 1763 bis zum Tode Friedrichs des Großen. Hamburg: Hanseatische Verlagsanstalt 1937.

Puhlmann, Wilhelm: Italienischer Kultureinfluß in Berlin, in: Tausend Jahre deutsch-italienischer Beziehungen. Die Ergebnisse der deutsch-italienischen Historikertagungen 1953–1959. Braunschweig: Limbach 1960 (= Schriftenreihe des internationalen Schulbuchinstituts 5), S. 182–187.

Pütter, Johann Stephan: Versuch einer academischen Gelehrten-Geschichte von der Georg-Augustus-Universität zu Göttingen. Bd. 1. Göttingen: Vandenhoek 1765. Reprint Hildesheim: Olms/Weidmann 2006.

Quander, Georg (Hrsg.): Apollini et Musis. 250 Jahre Opernhaus unter den Linden. Frankfurt a. M./Berlin: Propyläen 1992.

Rahn, Daniel: Knobelsdorffs Reise nach Italien. Anmerkungen zum Skizzenbuch der Italienreise, in: Zum Maler und zum großen Architekten geboren – Georg Wenzeslaus von Knobelsdorff (1699–1753). Ausstellung zum 300. Geburtstag Berlin, Schloss Charlottenburg, 18. Februar–25. April 1999. Hrsg. v. der Stiftung Preußische Schlösser und Gärten Berlin-Brandenburg. Red. Ute-G. Weickardt. Berlin: Stiftung Preußische Schlösser und Gärten Berlin-Brandenburg 1999, S. 59–66.

Rasche, Adelheid: „Decoratore di Sua Maestà". Giuseppe Galli Bibiena als Bühnenbildner an der Berliner Hofoper Friedrichs II. von Preußen, in: Jahrbuch der Berliner Museen, N. F., 41 (1999), S. 99–131.

Rheinsberg: eine märkische Residenz des 18. Jahrhunderts. Ausstellung zur 650-Jahrfeier der Stadt Rheinsberg. Schloß Rheinsberg, 21.–29. Juni 1985. Hrsg. von den Staatlichen Schlössern und Gärten Potsdam-Sanssouci. Potsdam: Staatliche Schlösser und Gärten Potsdam-Sanssouci 1985.

Rigatti, Maria: Un Illuminista trentino del secolo 18: Carlo Antonio Pilati. Firenze: Valsecchi 1923 (= Collana Storica 9).

Rösler, Walter: „... herrschet so viel Pracht und Ordnung, daß ich ganz geblendet wurde ..." Die *Opera Seria* im Berlin Friedrichs des Großen, in: Bottarelli, Giovanni Gualberto/Graun, Carl Heinrich: Cleopatra e Cesare. Programmheft der Staatsoper Unter den Linden. Berlin 1992, S. 40–55.

– „Die Canaillen bezahlet man zum Pläsir". Die königliche Schaubühne zu Berlin unter Friedrich II., in: Georg Quander (Hrsg.): Apollini et musis – 250 Jahre Opernhaus Unter den Linden. Belrin: Propyläen 1992, S. 13–45.

Rüdiger, Horst: Literarisches Klischee und lebendige Erfahrung. Über das Bild des Deutschen in der italienischen Literatur und des Italieners in der deutschen Literatur. Düsseldorf: Dt. Fraternitas-Vereinigung für Brüderl. Verständigung [1975] (= Fraternitas-Reihe zur Untersuchung der Stereotypen 3).

Sabrow, Martin: Herr und Hanswurst. Das tragische Schicksal des Hofgelehrten Jacob Paul von Gundling. Stuttgart/München: Dt. Verl.-Anst. 2001.

Santifaller, Maria: In margine alle ricerche tiepolesche. Un ritrattista germanico di Francesco Algarotti: Georg Friedrich Schmidt, in: Arte Veneta, XXX (1976), S. 204–209.

Schaal, Richard: Dokumente zur Münchener Hofmusik 1740–1750, in: Die Musikforschung, Jg. 26 (1973), S. 334–341.

Scherer, Carl: Gertrud Elisabeth Schmeling und ihre Beziehungen zu Rudolf Erich Raspe und Carl Matthaei. Ein Beitrag zur Lebensgeschichte der Künstlerin in den Jahren 1766–1774, in: Vierteljahrsschrift für Musikwissenschaft 9 (1893), S. 99–127.

Schieder, Theodor: Friedrich der Große. Ein Königtum der Widersprüche. Frankfurt a. M. u. Berlin: Propyläen-Verlag 1983.

Schmidt, Hilde-Lore: Friderizianische Siedlungspolitik in der Mark Brandenburg, in: Jahrbuch für brandenburgische Landesgeschichte, 12 (1961), S. 100–120.

Schmoller, Gustav von/Otto *Hintze*: Die Preußische Seidenindustrie im 18. Jahrhundert und ihre Begründung durch Friedrich den Großen. Bd. 1–3. Berlin: Parey 1892. Reprint Frankfurt am Main: Keip 1986–1987 (= Acta Borussica. Denkmäler der Preußischen Staatsverwaltung im 18. Jahrhundert. Neu hrsg. im Auftrag der Historischen Kommission zu Berlin von Wilhelm Treue. 2: Die einzelnen Gebiete der Verwaltung. 4: Seidenindustrie).

Schneider, Herbert: Die Rezeption der Opern Lullys im Frankreich des Ancien Régime Tutzing: Schneider 1982 (= Mainzer Studien zur Musikwissenschaft 16).

Schneider, Louis: Geschichte der Oper und des Königlichen Opernhauses in Berlin mit den architektonischen Plänen des 1740 vom Freiherrn von Knobelsdorff und des 1844 vom Königlichen Ober-Bau-Rath Langhans neuerbauten Berliner Opernhauses. Berlin: Duncker & Humblot 1852.

Schüddekopf, Otto-Ernst: Das preußische Rom. Italienische Kultureinflüsse in Berlin, in: Tausend Jahre deutsch-italienischer Beziehungen. Die Ergebnisse der deutschitalienischen Historikertagungen 1953–1959. Braunschweig: Limbach 1960 (= Schriftenreihe des internationalen Schulbuchinstituts 5), S. 205–220.

Schulz, Carl: 3000 Berliner Kolonisten und Kolonistensöhne: 1686–1812. Neustadt an der Aisch: Degener 1972 (= Schriftenreihe der Stiftung Stoye der Arbeitsgemeinschaft für mitteldeutsche Familienforschung 3).

Schulz-Buschhaus, Ulrich: Honnête Homme und Poeta doctus – Zum Verhältnis von Boileaus und Menzinis poetologischen Lehrgedichten, in: ders.: Moralistik und Poetik. Hamburg: Lit-Verl. 1997, S. 155–176.

– Moralistik und Poetik. Hamburg: Lit-Verlag 1997.

Seidel, Paul: Friedrich der Große als Kronprinz in Rheinsberg und die bildenden Künste, in: Jahrbuch der Königlich-Preußischen Kunstsammlungen, 9 (1888), S. 108–128.

– Friedrich II. und die bildende Kunst. Berlin/Leipzig: Giesecke und Devrient 1922.

Seidel, Wilhelm: Art. „Stil", in: Die Musik in Geschichte und Gegenwart, Sachteil, 8, 1998, Sp. 1740–1759.

– Saint Evremond und der Streit um die Oper in Deutschland, in: Wolfgang Birthel/ Christoph-Hellmut Mahling (Hrsg.): Aufklärungen. Studien zur deutsch-französischen Musikgeschichte im 18. Jahrhundert. Einflüsse und Wirkungen. Heidelberg: Winter 1986 (= Annales Universitatis Saraviensis. Reihe Philosophische Fakultät 20), S. 46–54.

Selmi, Francesco: Art. „Veronica Cantelli Tagliazucchi", in: Iconografia Italiana degli uomini e delle donne celebri dall'epoca del Risorgimento delle scienze e delle arti fino ai giorni nostri. Milano: Locatelli 1836–1845, vol. II, S. I–III.

– Iconografia dei celebri vignolesi. Bd. 5: Biografie ed elogi. Modena: Lupi 1839.

Sinopoli, Franca: Storiografia e comparazione: le origini della storia comparata della letteratura tra Settecento ed Ottocento. Roma: Bulzoni 1996.

Stamm, Thomas: Art. „Lucchesini", in: Neue Deutsche Biographie. Bd. 15. Berlin: Duncker & Humblot 1987, S. 274 f.

Stanzel, Franz K.: Europäer. Ein imagologischer Essay. 2., aktualisierte Auflage. Heidelberg: Winter 1998.

Steindorf, Eberhard: „Wie von altem Gold". 450 Jahre Sächsische Staatskapelle in Dresden. Kassel et al.: Bärenreiter 1998.

Steiner, Uwe: Auch ein Gespräch über die Poesie, in: Friedrich der Große und Voltaire. Ein Dialog in Briefen. Ausstellungskatalog Potsdam, Neues Palais im Sanssouci, 25. Januar–20. Februar 2000. Hrsg. v. der Generaldirektion der Stiftung Preußische Schlösser und Gärten Berlin-Brandenburg SPSG/Forschungszentrum Europäische Aufklärung e.V. FEA Red. Uwe Steiner. Potsdam: SPSG/FEA 2000.

Steinkamp, Volker: Zum Preußen-Bild in *La Prusse Littéraire* von Carlo Denina, in: Klaus Heitmann/Teodoro Scamardi (Hrsg.): Deutsches Italienbild und italienisches Deutschlandbild im 18. Jahrhundert. Tübingen: Niemeyer 1993, S. 170–179.

Steinmetz, Kurt (Hrsg.): Friedrich II., König von Preußen, und die deutsche Literatur des 18. Jahrhunderts. Texte und Dokumente. Stuttgart: Reclam, 1985 (= UB 2211).

Stimmig, Albert: Geschichte des Unterrichts in den romanischen Sprachen an der Universität zu Göttingen. Von den Anfängen bis 1908, in: Karl Vollmöller (Hrsg.): Kritischer Jahresbericht über die Fortschritte der romanischen Philologie. Bd. 10 (1906). Erlangen: Junge 1910, S. 116–141.

The New Grove Dictionary of Music and Musicians. 2. ed. Ed. by Stanley Sadie/John Tyrell/George Grove. 29 Bde. London/New York London: Macmillan/Grove 2001.

Thieme, Ulrich/*Becker*, Felix: Allgemeines Lexikon der bildenden Künstler von der Antike bis zur Gegenwart. 37 Bde. Leipzig: Engelmann et al. 1907–1950.

Toldo, Pietro: L'Algarotti oltr'Alpe, in: Giornale storico della letteratura italiana, 71 (1918), S. 1–48.

Treat, Ida Frances: Un cosmopolite italien du XVIIIᵉ siècle: Francesco Algarotti. Trévoux: Jeannin 1913.

Tröger, Hansjörg: Die kurmärkischen Spinnerdörfer. Ein Beitrag zur Wirtschafts- und Siedlungspolitik Friedrichs des Großen. Nach den Akten des Geheimen Preußischen Staatsarchivs dargestellt. Leipzig: Gebrüder Gerhardt 1936.

Unfer Lukoschik, Rita (Hrsg.): Elisabetta Caminer Turra (1751–1796): Una letterata veneta verso l'Europa. Verona: Essedue 1998.

– Friedrich Schiller in Italien (1785–1861). Eine quellengeschichtliche Studie. Berlin: Duncker & Humblot 2004.

– Salomon Geßner fra Aurelio de' Giorgi Bertòla ed Elisabetta Caminer Turra, in: Andrea *Battistini* (Hrsg.): Un europeo del Settecento. Aurelio de' Giorgi Bertòla riminese. Akten des internationalen Kongresses Aurelio de' Giorgi Bertòla riminese. Un europeo del Settecento. Rimini 10.–12. Dezember 1998. Ravenna: Longo, 2000, S. 401–424.

Vehse, Carl Eduard: Die Höfe zu Preußen. Friedrich II. der Große. 1740 bis 1786. Mit dreißig zeitgenössischen Abbildungen. Leipzig: Kiepenheuer 1993.

Venezia! Kunst aus venezianischen Palästen. „Sammlungsgeschichte Venedigs vom 13. bis zum 19. Jahrhundert." Ausstellungskatalog Bonn, Kunst- und Ausstellungshalle der Bundesrepublik Deutschland, 2. September 2002–12. Januar 2003. Ostfildern-Ruit: Hatje Cantz 2002.

Venturi, Franco: Settecento riformatore. Vol. IV: La caduta dell'Antico regime. T. II: Il patriottismo repubblicano e gli imperi dell'Est. Torino: Einaudi 1990.

Viale Ferrero, Mercedes: La scenografia del Settecento e i fratelli Galliari. Torino: Pozzo 1963.

Vincenti, Leonello (a cura di): Viaggiatori del Settecento. Torino: UTET 1950.

– Alfieri e lo ‚Sturm und Drang" e altri saggi di letteratura italiana e tedesca. Firenze: Olschki 1966.

Viola, Corrado: Traduzioni letterarie a confronto: Italia e Francia nella polemica Orsi-Bouhours. Verona: Fiorini 2001.

Vitale, Maurizio: La Questione della lingua. Palermo: Palumbo 1960.

Volz, Gustav Bertold: Friedrich der Große im Spiegel seiner Zeit. Berlin: Hobbing 1926/1927.

Vom Lustschloss zum Museumsschloss. Schloss Friedrichsfelde und seine wechselvolle Geschichte. Ausstellungskatalog Berlin, 7. Juni–9. August 2002. Berlin: Stiftung Stadtmuseum Berlin 2002.

Von der Schönheit weißen Marmors. Zum 200. Todestag Bartolomeo Cavaceppis. Ausstellungskatalog, Wörlitz, Schloß Wörlitz/Galerie am Grauen Haus, 19. Juni–5. September 1999. Hrsg. von Thomas Weiss. Dessau: Kulturstiftung Dessau-Wörlitz 1999 (= Wissenschaftliche Bestandskataloge der Kulturstiftung Dessau-Wörlitz 2).

Waquet, Françoise: Le modèle français et l'Italie savante: conscience de soi et perception de l'autre dans la république des lettres (1660–1750). Rome: École française de Rome 1989.

Weddigen, Otto: Geschichte der Berliner Theater. In ihren Grundzügen von den ältesten Zeiten bis zur Gegenwart. Berlin: Seehagen 1899.

Winner, Matthias: Der Pinsel als „Allégorie réelle" in Menzels Bild „Kronprinz Friedrich besucht Pesne auf dem Malgerüst in Rheinsberg", in: Jahrbuch der Berliner Museen, N. F., 45, 2003, S. 91–130.

Winter, Eduard (Hrsg.): Die Registres der Berliner Akademie der Wissenschaften (1746–1766). Dokumente für das Wirken Leonhard Eulers in Berlin. Zum 250. Geburtstag. Berlin: Akademie Verlag 1957.

Wipprecht, Ernst: Schloss Friedrichsfelde – Ein Schicksal zwischen Abriß und Aufbau zu einem Museumsschloss, in: Jahrbuch Stiftung Stadtmuseum Berlin, 5 (1999), S. 178–294.

Ziechmann, Jürgen (Hrsg.): Fridericianische Miniaturen. 4 Bde. Bremen: Ziechmann 1988–1997.

– Panorama der Fridericianischen Zeit: Friedrich der Große und seine Epoche. Ein Handbuch. Bremen: Ziechmann 1985 (= Forschungen und Studien zur Fridericianischen Zeit 1).

Zum Maler und zum großen Architekten geboren – Georg Wenzeslaus von Knobelsdorff (1699–1753). Ausstellung zum 300. Geburtstag Berlin, Schloss Charlottenburg, 18. Februar–25. April 1999. Hrsg. v. der Stiftung Preußische Schlösser und Gärten Berlin-Brandenburg. Red. Ute-G. Weickardt. Berlin: Stiftung Preußische Schlösser und Gärten Berlin-Brandenburg 1999.

Bildnachweis/
Referenze iconografiche

Verlag und Autorin danken den Bildgebern für die freundliche Genehmigung, die Abbildungen im vorliegenden Band zu reproduzieren.

Wenn nicht anders vermerkt, stammen die Abbildungen vom Geheimen Staatsarchiv PK, Berlin (Foto: Joachim Kirchmair).

Abb. 5a: Biblioteca Comunale dell'Archiginnasio di Bologna

Abb. 10; 11; 13; Farbtafel 10: Stiftung Preußische Schlösser und Gärten Berlin-Brandenburg

Abb. 12 a; 17: Bildarchiv Foto Marburg

Abb. 16; 19: Archiv der Hessischen Hausstiftung, Schloß Fasanerie, Eichenzell bei Fulda

Abb. 21: Biblioteca dell'Accademia dei Concordi, Rovigo

Abb. 48: Brandenburgisches Landesamt für Denkmalpflege und Archäologisches Landesmuseum GStA PK, Berlin

Abb. 61; 62; Farbtafel 3; 4; 5; 6; 7; 8: aus: Julius *Kapp* (Hrsg.): 200 Jahre Staatsoper im Bild. Aus Anlaß des 200jährigen Jubiläums der Berliner Staatsoper. Im Auftrag der Generalintendanz der Preußischen Staatstheater. Berlin: Hesse 1942

Farbtafel 2: Privatbesitz

Personenverzeichnis/
Registro dei nomi

Es wurden die Stichwörter „Friedrich II/Friedrich der Große" nicht aufgenommen. Die Namen der Autoren aus der Sekundärliteratur wurden kursiv gesetzt.

Non sono state comprese nel registro le voci «Federico II/Federico il Grande». I nomi degli autori di studi sono messi in corsivo.

Printed by Libri Plureos GmbH
in Hamburg, Germany